So grünen und blühen
sie am schönsten

# ZIMMER PFLANZEN

So grünen und blühen sie am schönsten

# ZIMMER PFLANZEN

Halina Heitz

Mit Porträts und Pflegetips
beliebter Grün- und Blüten-Pflanzen
sowie Novitäten und Raritäten.
Mit Grünteil

350 Farbfotos
von Friedrich Strauß, Max Wetterwald,
Hermann Eisenbeiss und anderen
bekannten Pflanzenfotografen.
140 Farbzeichnungen
von Ushie Dorner

# INHALT

*Die Glockenblume (Campanula isophylla) zählt zu den wenigen Zimmerpflanzen, die kalkhaltiges Gießwasser vertragen.*

*Das grafische Blatt einer Fächerpalme (hier: Washingtonia).*



*Lycaste skinneri, eine epiphytische Bergorchidee aus Zentralamerika.*

*Die Früchte der Kumquat (Fortunella margarita) sind eßbar. Aus ihren Kernen lassen sich neue Pflanzen ziehen.*



*Die Pflanzen auf Seite 4/5 von links nach rechts:*

**Mediterranes Fenster mit sonnenliebenden Zimmerpflanzen**
Hintere Reihe: Calamondin-Orange (*x Citrofortunella mitis* 'Variegata'), Bougainvillee (*Bougainvillea*), Rosetten-Dickblatt (*Aeonium arboreum* 'Atropurpureum'), Zimmerakazie (*Acacia armata*), Bougainvillee-Hybride, Passionsblume (*Passiflora caerulea*).
Vordere Reihe: Topfrose (*Rosa chinensis*), Wüstenrose (*Adenium obesum*), Topfrose (*Rosa chinensis*), Lavendel (*Lavandula angustifolia*), Zylinderputzer (*Callistemon citrinus*), Chamelaucium (*Chamelaucium*), Oleander (*Nerium oleander*), Mittagsblume (*Dorotheanthus bellidiformis*), Echeverie (*Echeveria*), Fetthenne (*Sedum*-Art).

# Artgemäße Pflege mit Herz und Verstand

**So kostbar und rar wie Gold oder Salz waren Zimmerpflanzen, als sie vor etwa 300 Jahren aus fernen Ländern nach Europa gelangten. Hoch schätzen wir sie auch heute noch, da sie unser Zuhause verschönern. Viele Pflanzenfreunde haben aber vergessen, daß unsere Zimmerpflanzen fast ausschließlich in tropischen oder subtropischen Ländern beheimatet sind und deshalb besondere Lebensansprüche haben. Wer sie kennt, besitzt bereits den Schlüssel zum Erfolg beim Zimmergärtnern.**

Wie hat man mehr Erfolg mit Zimmerpflanzen? Autorin und GU Naturbuch-Redaktion haben in diesem GU Ratgeber diese komplexe Frage auf einen Nenner gebracht: durch artgemäße Pflege. Das heißt nichts anderes, als die individuellen Bedürfnisse tropischer oder subtropischer Pflanzen zu kennen und nachzuahmen. Wußten Sie zum Beispiel, daß manche Pflanzen Ruhezeiten haben, andere wieder nicht? Daß sich an Wuchsform und Blättern bereits Licht- oder Wasserbedürfnisse einer Pflanze ablesen lassen? Wer Herkunft und Lebensbedingungen seiner Pflanzen kennt, weiß, was ihnen gut tut und macht nichts Grundsätzliches mehr falsch.
Kernteil dieses Ratgebers ist der Pflanzenpflegeteil. In brillanten Farbfotos und genauen Pflegeanleitungen, die auch den Anfängern unter den Zimmergärtnern Erfolg bescheren, sind mehr als 300 Zimmerpflanzen für Wohnung, Büro und Wintergarten dargestellt und beschrieben – beliebte, bekannte ebenso wie aparte Neuheiten und bezaubernde Raritäten.
Aber damit nicht genug: Der GRÜNTEIL vermittelt dem Pflanzenfreund kurz gefaßt und kompakt nützliches Wissen.
PRAXIS-Seiten mit informativen Schritt-für-Schritt-Zeichnungen zeigen, leicht nachvollziehbar für jeden, Umtopfen, Gießen und Vermehren. Schädlingen und Krankheiten kommt man schnell auf die Spur durch Symptom-Zeichnungen und präzise Anleitungen zur Abhilfe.
Die brillanten Farbfotos – zum großen Teil exklusiv für dieses Buch aufgenommen – beweisen, wie prachtvoll gut gepflegte Zimmerpflanzen aussehen und bieten darüber hinaus eine Fülle von Ideen und Gestaltungsmöglichkeiten – von der Ampel, über Pflanzkombinationen in Gefäßen bis hin zu traumhaften Pflanzengruppierungen am Fenster.

Viel Freude und Erfolg mit Zimmerpflanzen wünschen Ihnen die Autorin und die GU Naturbuch-Redaktion.

**Die Autorin**
Halina Heitz, GU-Autorin, eine der besten Kennerinnen unserer Zimmerpflanzen, leitete 15 Jahre das Ressort Zimmerpflanzen bei »mein schöner Garten«. Durch ihre Zusammenarbeit mit Gärtnern, Botanikern sowie durch hunderttausende Leserkontakte ist sie mit allen Fragen der Zierpflanzenpflege vertraut.

Autorin und Verlag danken dem Fotografen Friedrich Strauß für die zahlreichen prachtvollen Fotos, die er extra für dieses Buch neu erstellte, und Ushie Dorner für die informativen Zeichnungen.
Ein besonderer Dank gilt allen Beratern:
Frau Dr. Susanne Amberger-Ochsenbauer, Diplom-Agraringenieurin der Richtung Gartenbau mit Schwerpunkt Zierpflanzen; früher wissenschaftliche Mitarbeiterin am Lehrstuhl für Zierpflanzenbau der TU München-Weihenstephan.
Herrn Franz Becherer, Kakteenspezialist.
Herrn Emil Lückel, Präsident der Deutschen Orchideengesellschaft.
Herrn Prof. Dr. Werner Rauh, ehemals Leiter des Instituts für Systematische Botanik und Pflanzengeographie der Ruprecht-Karls-Universität, Heidelberg.

**Wichtig:** Damit die Freude an Ihrem Hobby ungetrübt bleibt, beachten Sie bitte die »Wichtigen Hinweise« auf Seite 240.

**Weiße Tellerhortensie**
*Ihre zauberhaften Blütendolden bestehen aus sterilen Einzelblüten. Hortensien lieben leicht saure Erde und müssen reichlich gegossen werden.*

*Vom südamerikanischen Naturstandort her ist die Amaryllis fette und dürre Zeiten gewohnt.*

# ALLES ÜBER ZIMMER-PFLANZEN

**Prächtige Blüten kommen nicht von allein. Ein bißchen Wissen krönt die Pflanzenliebhaberei erst mit Erfolg. Das Nachempfinden heimatlicher Bedingungen ist eines der großen Pflegegeheimnisse. Auf den folgenden Seiten erfahren Sie alles Wissenswerte rund um die Zimmerpflanzengärtnerei.**

Ehrwürdige Gummibäume mit bis an den Boden reichenden Luftwurzeln (→ Foto, Seite 141), mannshohe Hecken aus leuchtendroten Weihnachtssternen (→ Foto, Seite 89), Kokospalmen an goldsandigen Stränden (→ Foto, Seite 205), grüne Sümpfe aus Zypergras, dicht mit farbenprächtigen Orchideen und Bromelien besetzte Urwaldriesen (→ Fotos, Seite 13 und 213), Wälder aus Eukalyptus, Araukarien und Bambus, Kakteenmonumente im flirrenden Wüstenlicht (→ Foto, Seite 223) – das sind unsere Zimmerpflanzen am Heimatstandort.

# Lernen Sie Ihre Pflanzen kennen

**Botanik und Pflanzengeschichte sind spannender und aufschlußreicher, als viele glauben. Wer weiß, woher eine Pflanze stammt, wie sie aufgebaut ist und lebt, weshalb sie so und nicht anders aussieht, versteht ihre Bedürfnisse besser.**

Gäste also aus fernen Ländern, die sich bei uns in Töpfen wohlfühlen sollen, sich an lichtarme Winter und trockene Heizungsluft gewöhnen müssen. Zürnen Sie Ihrer Zimmerpflanze daher nie, wenn sie einmal schlapp die Blätter hängen läßt. Versuchen Sie, ihr Heimatgefühle zu vermitteln, sich in ihre Bedürfnisse hineinzuversetzen. Das gelingt ganz leicht, wenn Sie mehr über Ihren exotischen Gast wissen und ihn sich genau ansehen.

## Heimatstandorte und Klimazonen

Zimmerpflanzen sind nicht winterhart, müssen also das ganze Jahr über vor Minusgraden geschützt werden. Sie stammen aus tropischen und subtropischen Regionen und sind von ihren Heimatstandorten geprägt. Im folgenden die wichtigsten Klimazonen im Überblick, wobei nicht vergessen werden darf, daß sich diese Zonen häufig überschneiden oder sich in ihnen durch geographische Besonderheiten andersartige Klima-Inseln bilden können.

### Standort Tropen

Als Tropen bezeichnet man die Zone zu beiden Seiten des Äquators. Grenzen sind die Wendekreise von Krebs und Steinbock bei jeweils 23½° nördlicher und südlicher Breite. Wie ein breiter Gürtel umgeben die Tropen den »Bauch der Erde« und machen etwa 40 Prozent der Erdoberfläche aus. Die klimatischen Bedingungen in dieser Zone sind recht unterschiedlich und reichen vom schwülfeuchten Klima um den Äquator über das von Regen- und Trockenzeiten gekennzeichnete Klima der Savannen und Steppen bis hin zu trockenheißen Hochlagenprärien und feuchtkühlen Gebirgswäldern innerhalb dieser Regionen. So können die tropischen Pflanzen recht unterschiedliche Standortbedingungen vorfinden, was den Regen, die Temperatur und die Luftfeuchte angeht – zwei Lebensbedingungen sind jedoch für alle gleich:

- Tropische Pflanzen sind von Temperatur und Licht her keinem Jahreszeitenwechsel unterworfen.
- Tropische Pflanzen erhalten das ganze Jahr über eine gleichmäßige Lichtdauer, denn in den Tropen herrscht immerwährende Tages- und Nachtgleiche.

Pflanzen des tropischen Regenwalds leben in einem natürlichen Treibhaus! Der Regenwald erstreckt sich zu beiden Seiten des Äquators und zeichnet sich durch dampfende, bleierne Hitze mit spürbarer nächtlicher Abkühlung, Luftfeuchte zwischen 90 und 99 Prozent und starke Regenfälle ohne eigentliche Trockenzeiten aus. Die üppige Flora besteht aus immergrünen Bäumen, Lianen, Epiphyten, am Boden lebenden Riesensträuchern und krautigen, oft großblättrigen Gewächsen, die in 3 Stockwerken oder Schichten übereinander leben. Regenwaldpflanzen im Zimmer vertragen Sonne und trockene Heizungsluft schlecht. Sie brauchen keine Ruhezeit, sind aber durch unsere dunkle Jahreszeit quasi dazu gezwungen, im Herbst und Winter ihr Wachstum zu drosseln.

Pflanzen aus tropischen Regionen mit Regen- und Trockenzeiten. Hierzu gehören Pflanzen aus Savanne und Steppe, aber auch solche aus Gebieten, die durch Winde wie Monsun und Passat beeinflußt werden.

Diese Pflanzen sind an den starken Wechsel von Feuchtigkeit und Trockenheit gewöhnt und brauchen dies auch am Fenster.

Pflanzen des tropischen Bergwalds hingegen haben wieder andere Ansprüche. Ihr Heimatstandort zeichnet sich durch Regenfälle, Nebelbildung, starkes Sonnenlicht und Kühle aus, die, je höher man kommt, bis zur Frostgrenze gehen kann.

*Epiphyten wie Geweihfarn, Dendrobium und Tillandsie siedeln in den Astgabeln der Tropenbäume.*

Auch im Zimmer lieben tropische Gebirgspflanzen daher viel Licht und hohe Luftfeuchte bei gleichzeitiger Kühle.

Pflanzen aus Wüstenregionen sind gezwungenermaßen Überlebenskünstler. Glühende Hitze am Tag mit Temperaturen bis zu 50 °C im Schatten, ein erbarmungslos grelles Licht, eine oft steife Brise und eine Wasserverdunstung, die ganzjährig weit höher ist als die Niederschläge, sowie bis nahe an den Gefrierpunkt absinkende Nachttemperaturen sind in der Tat unwirtliche Bedingungen für ein Pflanzenleben. Oft fällt monate-, ja jahrelang kein Regen und wenn, dann so wolkenbruchartig, daß der Boden das Wasser gar nicht aufnehmen kann. Wüstenpflanzen haben deshalb gelernt, mit Kondenswasser, Nebel oder Tau auszukommen. Wer sie daheim pflegt, darf sie im Sommer nicht übergießen und muß sie im Winter fast trocken halten. Und daß sie volle Sonne brauchen, ist selbstverständlich.

### Standort Subtropen

Hier handelt es sich um jenen Bereich, der zwischen den Tropen und der gemäßigten Zone liegt, in der wir leben. Die Durchschnittstemperatur des kältesten Monats beträgt 10 bis 18 °C. Klima, Niederschlag und Tageslichtlänge schwanken je nach Jahreszeit. Es gibt warme Sommer und milde Winter sowie Winter- und Sommerregengebiete. Die Winterregengebiete liegen im Mittelmeerraum, Südafrika und Kalifornien, die Sommerregengebiete im Süden der USA, Neuseelands und in Teilen Chinas.

Subtropische Pflanzen sind häufig mit Wasserspeichern und einem Verdunstungsschutz ausgestattet. Sie lieben nachts absinkende Temperaturen und machen eine Ruhezeit durch. Vertreter aus Sommerregengebieten brauchen im Sommer Wärme und Wasser und müssen im Winter kühl und relativ trocken stehen, solche aus Winterregengebieten wollen – bei ausreichend Licht und Wärme – auch im Winter gegossen werden.

**Mein Tip:** Wer bei uns die verschiedenen Klimazonen mit ihrer charakteristischen Flora näher kennenlernen möchte, dem empfehle ich einen Besuch des Frankfurter Palmengartens (→ Adressen, Seite 238). Hier sind nicht nur die Hauptzonen, sondern auch die klimatischen Zwischen- und Sonderbereiche vortrefflich dargestellt.

## Botanik von der Wurzel bis zur Blüte

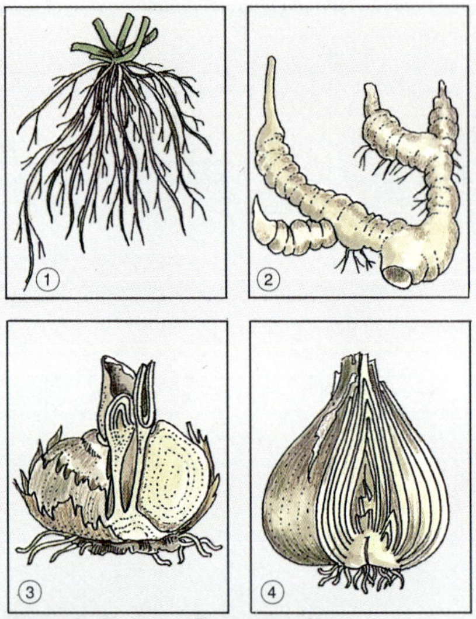


**Unterirdische Pflanzenteile**
*1 Wurzeln, bestehend aus Haupt- und Seitenwurzeln.*
*2 Rhizom mit Wurzeln.*
*3 Knolle mit Wurzeln.*
*4 Zwiebel mit Wurzeln.*

### Vom Lebensziel der Pflanzen

Der Sinn eines Pflanzenlebens besteht darin, zu wachsen, zu blühen und zu fruchten, also sich fortzupflanzen, um die Art zu erhalten. Dies ist die einzige Lebensaufgabe, auf die jede Zelle, jedes Organ, das ganze Wachstum ausgerichtet ist. Ober- und unterirdische Pflanzenteile arbeiten dafür in der Natur seit Jahrmillionen harmonisch zusammen. Wird dieses Zusammenspiel gestört, versuchen Gewächse durch ständiges Regenerieren doch noch ihr Lebensziel zu erreichen. Viele Blütenpflanzen lassen sich so überlisten. Der Schnitt ihrer Blüten veranlaßt sie zu vermehrtem Blühen. Die Blüte – oft Ziel all unserer Pflege – ist für die Pflanze nur ein notwendiges Durchgangsstadium. Es ist der Beginn ihrer Geschlechtsreife, deren Ziel die Fortpflanzung ist.

### Das Leben unter der Erde

Die unterirdischen Teile der Pflanzen, Wurzeln, Zwiebeln, Knollen oder Rhizome (→ Zeichnungen, Unterirdische Pflanzenteile), haben keinen Lichtkontakt und sind meist braun oder weiß. Wie sie geformt sind, und ob sie im Boden flach oder tief, stark oder schwach wurzeln, ist art- und standortbedingt.
Die Wurzeln sorgen für die Verankerung im Boden, für Aufnahme und Weitertransport von Wasser und Nährstoffen.
Weitere unterirdische Pflanzenteile. Manche Pflanzen besitzen darüber hinaus Wurzelknollen oder umgewandelte Sprosse wie Rhizome, Sproßknollen oder Zwiebeln, die als unterirdische Vorratsspeicher Wasser und Nährstoffe für die Pflanze bereithalten.

**Die oberirdischen Teile einer Pflanze**
*bestehen aus Hauptsproß, Seitensprossen, Blättern, Blüten und Früchten.*

**Verschiedene Blattformen von Zimmerpflanzen**
*1 linealisch (Chlorophytum), 2 länglich (Brunfelsia), 3 eiförmig (Beloperone), 4 pfeilförmig (Caladium), 5 rundlich (Saintpaulia), 6 dreieckig (Ficus deltoidea), 7 schildförmig (Jatropha), 8 herzförmig (Sparmannia), 9 keilförmig (Euphorbia milii), 10 nierenförmig (Ceropegia woodii).*

Wichtig für die Pflege: Wird beispielsweise durch Übergießen oder Verletzungen beim Umtopfen ein Teil der Wurzeln geschädigt, dann werden auch oberirdische Pflanzenteile in Mitleidenschaft gezogen oder können sogar absterben.

### Das Leben über der Erde

Alle oberirdischen Pflanzenteile wie Sprosse, Blätter, Blüten und Früchte sind dem Licht zugewandt. Teile mit dem eingelagerten Pflanzenfarbstoff Chlorophyll sind grün und können Kohlendioxid und Wasser mit Hilfe von Licht in Zucker umsetzen (assimilieren).

Sprosse (sie heißen auch Stengel oder Triebe) zeigen, wie alle anderen Pflanzenteile auch, den Formenreichtum der Natur. Sie können verzweigt oder unverzweigt, fadendünn und flaschendick, krautig und saftig oder holzig und hart sein, können kriechen, ranken oder sich winden. Ihre Aufgabe ist es, die Blätter und Blüten zu tragen, mit Nährstoffen zu versorgen und die Blätter in eine möglichst günstige Position zum Licht zu bringen.

Die Blätter sind in Größe, Form und Farbe vielgestaltig (→ Zeichnungen, Blattformen) und häufig sehr reizvoll. Ob sie nun klein und nadelfein (→ *Asparagus*, Seite 146), groß und flächig (→ *Alocasia,* Seite 143), pergamentdünn (→ Frauenhaarfarn, Seite 196) oder armdick (Agave) sind, immer sind sie der Lebensnerv und die grüne Lunge der Pflanze. Denn hauptsächlich in ihnen spielen sich Photosynthese (→ Seite 78) und Atmung (→ Seite 69) ab.

Die Blüten spiegeln häufig eine fast unglaubliche Raffinesse der Natur wider. Sie sind ausschließlich darauf angelegt, zu befruchten und befruchtet zu werden. Zu diesem Zweck sind sie mit männlichen Pollenkörnern und weiblichen Eizellen ausgestattet (→ Zeichnung, Aufbau einer Blüte). Farbe, Form (→ Zeichnungen, Verschiedene Blütenformen) und Duft sind lebendig gewordene Verführungskünste. Sie locken Tiere an, die dann die Blüten bestäuben. Mit dem Blühen wird die Pflanze geschlechtsreif und stellt sich innerlich auf die Befruchtung ein. Alle Energie soll den späteren Früchten und Samen zukommen, deshalb reduziert ein blühender Trieb oft sein Wachstum.

Früchte und Samen sind die Folge einer erfolgreichen Befruchtung. Die oft farbenfrohen Früchte dienen als Lockmittel für Tiere, die den Samen weitertragen. Die Samenbildung kostet die Pflanze viel Kraft. Wer seine Zimmerpflanze nicht vermehren will, sollte deshalb Verblühtes rechtzeitig entfernen.

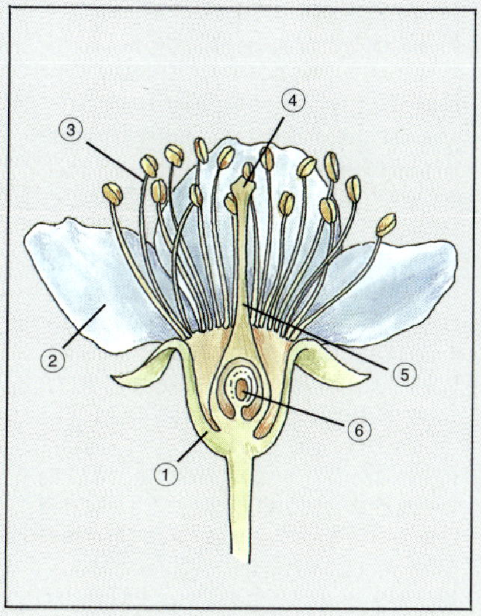


**Aufbau einer Blüte**

*1 Kelch mit Kelchblättern.*
*2 Blumenkrone mit Blütenblättern.*
*3 Männliche Staubblätter mit Staubbeuteln und Staubfäden.*
*4 Narbe.*
*5 Griffel.*
*6 Fruchtknoten mit Samenanlage.*
*Narbe, Griffel und Fruchtknoten sind die weiblichen Teile einer Blüte und werden zusammen Stempel genannt.*

**Verschiedene Blütenformen**

*1 Glockenförmige Blüte, zum Beispiel bei Schönmalve (Abutilon).*
*2 Trichterförmige Blüte, zum Beispiel bei Drehfrucht (Streptocarpus).*
*3 Schmetterlingsblüte, zum Beispiel bei Geißklee (Cytisus).*
*4 Röhrenblüte, zum Beispiel bei Schamblume (Aeschynanthus).*

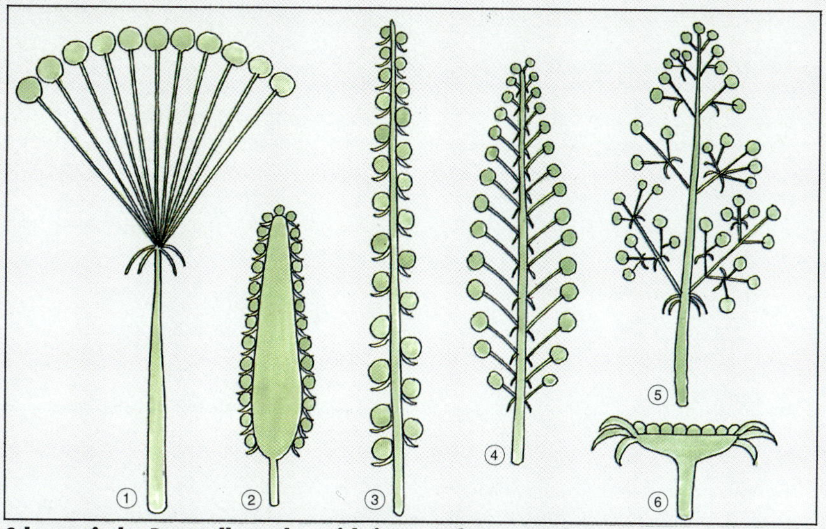


**Schematische Darstellung der wichtigsten Blütenstände**

*1 Dolde (Pentas, Clivia, Ixora, Pelargonium grandiflorum). 2 Kolben (Anthurium, Spathiphyllum). 3 Ähre (Acalypha, Crossandra, Pachystachys, Vriesea). 4 Traube (Cymbidium, Smithiantha). 5 Rispe (Phalaenopsis, Medinilla). 6 Körbchen (Chrysanthemum, Gynura, Senecio).*

## Was das Aussehen verrät

Ursache für die Pflanzenvielfalt sind die unterschiedlichen Standorte, an die sich die Gewächse, jedes auf seine Art, anzupassen hatten. Als standortgebundene Lebewesen waren sie gezwungen, im Laufe der Jahrmillionen Lebensrhythmus, Lebensdauer, Wuchsform und Aussehen so lange zu perfektionieren, bis ihre Arterhaltung gesichert war.
Für ihre zahlreichen Probleme erfanden sie verblüffende Lösungen, die uns für die Pflege wichtige Hinweise liefern (→ Tabelle, unten).

## Wuchsform und Lebensdauer

Jede Pflanze hat ihr arteigenes genetisches Programm, das festlegt, wie alt und groß sie wird und welche Gestalt sie annimmt. Allerdings werden beispielsweise Bäume und Sträucher, die in ihrer Heimat von meterhoch bis in den Himmel wachsen, im begrenzten Erdraum des Topfes nur einen Bruchteil ihrer möglichen Größe erreichen, vom Aussehen her mehr oder weniger Jungpflanzen bleiben und selten Früchte tragen.

Die wichtigsten Wuchsformen:
- aufrecht wachsend, zum Beispiel Keulenlilie (*Cordyline*),
- kletternd oder schlingend, zum Beispiel Zimmerwein (*Cissus*),
- kriechend oder bodenbedeckend, zum Beispiel Bubiköpfchen (*Soleirolia*),
- überhängend wachsend, zum Beispiel Schamblume (*Aeschynanthus*) oder Kolumnee (*Columnea*).

Pflanzen können darüberhinaus ein recht unterschiedliches Alter erreichen. Sie wachsen einjährig, zweijährig oder mehrjährig, bleiben krautig oder verholzen wie Halbsträucher, Sträucher oder Bäume.
Einjährige Pflanzen wie *Browallia grandiflora* oder zweijährige wie das Blaue Lieschen vollziehen Keimung, Wachstum, Blüten-, Fruchtbildung und Samenreife in einem beziehungsweise zwei Jahren. Danach haben sie in der Natur ihre Fortpflanzungsaufgabe erfüllt und sterben ab. Natürlich leben ein- oder zweijährige Pflanzen auch bei der Zimmerpflege nicht länger, so daß der Pflanzenliebhaber nach ein bis zwei Jahren neue erwerben oder seine liebgewordenen Pflanzengäste selbst vermehren wird.
Mehrjährige Pflanzen wie Stauden (zum Beispiel *Anthurium*-Scherzerianum-Hybriden, *Campanula*, *Chrysanthemum*-Hybriden, *Cyperus*) oder Zwiebelblumen (zum Beispiel *Hippeastrum*) bilden überdauernde Wurzeln, Knollen oder Zwiebeln, die in jeder Vegetationsperiode neue Sprosse hervorbringen. Diese Pflanzen kann man bei optimaler Pflege auch im Zimmer über Jahre halten.
Halbsträucher (zum Beispiel *Asparagus setaceus*, *Beloperone*) besitzen krautige Teile, die absterben und verholzte, die jedes Jahr neu austreiben können. Sie sind auch im Topf relativ langlebig.
Sträucher und Bäume (zum Beispiel *Araucaria, Ardisia, Cupressus, Gardenia, Grevillea, Ficus, Medinilla, Sparmannia*) sind besonders langlebige immergrüne oder laubabwerfende Gehölze, die im Exil bei guter Pflege ein ganz beachtliches Alter erreichen können.

### Überlebensstrategien von Pflanzen

**Lichtschutz.** Zu diesem Zweck legten sich Pflanzen Behaarungen, Bereifungen, Filz und einen eher silber- bis bläulichgrünen Wachsüberzug zu (zum Beispiel *Echeveria*, Agave, *Crassula*).
Das sagt uns: Pflanzen, die so aussehen, vertragen volles Licht.

**Schutz vor Verdunstung.** Um den Feuchtigkeitsverlust zu verringern, erfanden die Pflanzen Wachsschichten, viele kleine oder harte, bis zu Nadeln oder Dornen reduzierte Blätter, ledrige Blätter sowie dichte Behaarungen, (zum Beispiel Kakteen und Euphorbien, *Hoya*, *Ixora*, *Leptospermum*, *Myrtus*).
Das sagt uns: Diese Pflanzen vertragen trockene Luft.

**Suche nach Licht.** Dabei verließen manche Regenwaldpflanzen den Boden und siedelten sich in den Astgabeln der Bäume an. Andere wieder statteten sich mit Riesenblättern aus, die regelrechte Lichtfallen sind oder bildeten Lianen, um sich in die Gipfel der Urwaldbäume emporhangeln zu können.
Das sagt uns: Baumbewohner, wie (epiphytische Orchideen, Bromelien und Farne), gehören nicht in Erde, Pflanzen mit Riesenblättern wie *Alocasia*, *Fatsia*, *Ficus lyrata*, *Ficus elastica* und Lianen wie *Philodendron* und *Tetrastigma* brauchen relativ wenig Licht.

**Schutz vor Trockenzeiten.** Manche Pflanzen wappneten sich mit unterirdischen Speicherorganen (*Achimenes*, *Cyclamen*, *Gloriosa*, *Sinningia*, *Zantedeschia*), sukkulenten Blättern (*Crassula*, *Hoya*, *Kalanchoe*) oder Stämmen (*Beaucarnea*, *Jatropha*, *Pachira*).
Das sagt uns: Pflanzen mit Wasserspeichern müssen behutsam gegossen werden.

**Zum Aufsaugen atmosphärischer Feuchte** dienen Saugschuppen (zum Beispiel Bromelien), Luftwurzeln (zum Beispiel Orchideen) oder Haare (zum Beispiel Usambaraveilchen).
Das sagt uns: Diese Pflanzen brauchen feuchte Luft.

**Bezaubernde Zimmerazaleen**
*Rhododendron-Simsii-Hybriden gibt es in unzähligen Farben und Formen.*
*1 'Euratom', 2 'Rosa Perle', 3 'Rosalie', 4 'Memoria Karl Glasen', 5 'Schnee', 6 'Rex', 7 'Flamenco', 8 'De Waele's Favorite', 9 'Stella Maus', 10 'Leopold Astrid'.*

## Namensgebung – die Visitenkarte der Pflanzen

Pflanzen haben nicht nur in jedem Land einen oder mehrere nationale oder volkstümliche Namen, sie besitzen als echte Weltbürger bereits einen international gültigen Paß: den botanischen oder wissenschaftlichen Namen, der aus dem großgeschriebenen und an erster Stelle stehenden Gattungsnamen und dem nachfolgenden, klein geschriebenen Artnamen besteht. Zum Beispiel: *Clivia miniata* für die Klivie. Gezüchtete Sorten haben sogar eine dritte Benennung, den Sortennamen, zum Beispiel *Camellia japonica* 'Barbara Clark'.

Carl von Linné, der als »Vater der Botanik« bezeichnet wird, hat 1753 in seinem Werk »Species Plantarum« diese binäre (zweiteilige) Nomenklatur (Namensverzeichnis) eingeführt. Seitdem gibt es keine Wortungetüme für Pflanzen mehr, wie zum Beispiel *Cyclamen orbiculato folio inferne purpurascente*, was übersetzt heißt: Erdscheibe mit kreisrunden, unterseits purpurlichem Blatt – ein beschreibender Name für *Cyclamen purpurascens*, das wilde Alpenveilchen.

Aussagekräftig und sprachlich farbig sind die Bezeichnungen, die griechische und lateinische Elemente enthalten, aber geblieben. Sie beziehen sich auf die Namen der Entdecker, Taufpaten oder Erstbeschreiber, weisen auf Herkunftsgebiete, charakteristische Eigenschaften oder Aussehen der Pflanze hin oder sind Latinisierungen aus der Sprache des Ursprungslandes. Besonders individuell und aufschlußreich sind die Artbezeichnungen.

### Beispiele für beschreibende Artnamen

*hispida* = steifhaarig, bei *Acalypha* (→ Katzenschwanz, Seite 90);
*miniata* = mennigerot bei *Clivia* (→ Klivie, Seite 103);
*nutans* = nickend bei *Billbergia* (→ Billbergie, Seite 96);
*lyrata* = leierförmig bei *Ficus* (→ Geigenfeige, Seite 164);
*infundibuliformis* = trichterförmig bei *Crossandra*, (→ Crossandra, Seite 104);
*polyanthum* = vielblütig bei *Jasminum* (→ Jasmin, Seite 119);
*magnifica* = großartig bei *Medinilla* (→ Medinille, Seite 122);
*aeranthos* = Blüten in luftiger Höhe bei *Tillandsia aeranthos* (→ Tillandsie, Seite 134).

## Gäste aus aller Welt

*Aus Südamerika kommen Strauchbegonien und Dieffenbachie, aus dem tropischen Afrika Drachenbaum und Zypergras (im Hintergrund von links nach rechts). Das Bubiköpfchen (vorne links) ist im Mittelmeergebiet zu Hause, die Davallie (vorne rechts) in China.*

## Die Geschichte der Zimmerpflanzen

Es ist kaum zu glauben – aber der Ursprung der Zimmerpflanzenkultur liegt in Skandinavien, wo man seit altersher Pflanzen ins Haus holte, wenn die Öde des langen Winters begann. Allerdings handelte es sich hier anfangs sicher nicht um exotische Pflanzen. Die gelangten erst nach Europa, als große Schiffe die Weltmeere befuhren und die Kontinente erforscht wurden. Die Kakteengeschichte jedenfalls begann mit der Entdeckung Amerikas und vermutlich brachten Christoph Kolumbus und seine »Santa Maria« so manche Pflanzenrarität aus der Neuen Welt mit nach Hause.

- 1570 führte ein englischer Apotheker als botanische Kostbarkeit einen *Melocactus* vor, der vermutlich aus der Hinterlassenschaft der »Santa Maria« stammte.
- 1620 wurde die Belladonnalilie aus Kapland eingeführt.
- 1644 wuchsen bereits im Jardin du Roi von Paris Zimmerkallas.
- 1690 schon wurde die Ananas mit Erfolg in fürstlichen Gärten gezogen und die Meertraube (*Coccoloba*) nach Europa gebracht.
- 1698 wuchs *Aloe arborescens* bereits in europäischen Gewächshäusern.
- 1733 blühte die erste tropische Orchidee in Europa. Es war *Bletia verrecunda* von den Bahamas.
- 1774 und danach wurden zahlreiche blattduftende Pelargonien aus Kapland eingeführt.
- 1770 sammelte der Schweizer Botaniker Frederik Allamand in Südamerika Samen der später nach ihm benannten *Allamanda* und schickte ihn an Linné.
- 1779 brachten Captain Cook und Sir Joseph Banks die Zimmertanne aus Neuseeland mit.
- 1819 kam eine Amaryllis-Art aus Brasilien nach Europa.

Die Mehrzahl der Zimmerpflanzen gelangte im Verlauf des 19. Jahrhunderts zu uns. Das lag an der Erfindung der Heizung und der Glashäuser, die es ermöglichten, die exotischen Gäste unbeschadet durchzubringen.

Auf welche Weise die Pflanzen allerdings zu uns kamen, liest sich wie ein Abenteuerroman. Gärtner, Botaniker, Missionare und Forscher, aber auch Glücksjäger und an Pflanzen total uninteressierte Haudegen setzten dabei sogar ihr Leben aufs Spiel. Um an die in Europa hochdotierten Raritäten zu kommen, mußten sie sich mit Tropenkrankheiten, Insekteninvasionen, Giftschlangen, Raubtieren, feindseligen Eingeborenen und den unberechenbaren Klimaverhältnissen herumschlagen. Hinzu kamen rücksichtslose Konkurrenzkämpfe, Korruption, Spionage und vermutlich wurde bei den astronomischen Preisen, die manche Pflanzen erzielten, auch vor Mord nicht zurückgeschreckt.

Für die Pflanzen war die Reise nach Europa nicht minder schlimm. Sie vegetierten monatelang in ungelüfteten Holzkisten, wurden von Ungeziefer verspeist oder verfaulten einfach. Bis der englische Arzt und Naturforscher Nathaniel Ward aufgrund einer zufälligen Entdeckung einen verschließbaren Glasbehälter erfand, in dem die Erde immer die gleiche Feuchte behielt. Dieser »Wardsche Kasten« ging in die Geschichte der Botanik ein, wurde das ideale Transportmittel für empfindliche Tropenpflanzen, später der Prototyp der englischen Ferneries sowie unserer modernen Zimmergewächshäuser und Vitrinen.

Einmal abgesehen von Impulsivkäufen aus reiner Freude an einer schönen Pflanze – jedem Pflanzenkauf sollten einige Erwägungen vorausgehen, damit die richtige Pflanze an den richtigen Platz kommt und die zukünftige »Wohngemeinschaft« für Mensch und Pflanze zu einem gedeihlichen Vergnügen wird.
Die erste Überlegung muß daher immer heißen: Welchen Standort (Licht und Temperatur) habe ich meiner auserwählten Pflanze anzubieten, und entspricht er in etwa den Bedingungen und Gegebenheiten an ihrem Heimatstandort?
Die zweite Überlegung: Welche Pflanzen passen zur Größe meiner Wohnung und zum Stil meiner Einrichtung?

# Tips zu Planung, Kauf und Gestaltung

**Was man mit Zimmerpflanzen alles machen kann: Sich ein Stück Natur aus fernen Ländern ins Haus holen, bunte Blickfänge und grüne Ruheinseln schaffen, sein Heim mit exotischen Düften bereichern oder auch nur die Schönheit der eigenen Einrichtungsgegenstände unterstreichen. Wichtigste Voraussetzung für den Erfolg: Der Standort muß stimmen.**

## Auf das Licht kommt es an

Licht ist das Brot der Pflanzen. In der freien Natur erhalten sie es meist von allen Seiten, in der Wohnung oft nur von einer. Vergessen wir auch nicht, daß viele Zimmerpflanzen aus tropischen Regionen mit gleichlangen Tagen und Nächten stammen und unsere Herbst-/Wintersaison für sie mit spürbarem Lichtmangel verbunden ist. Pflanzen gedeihen immer dann am besten, wenn sie das Licht ihres Heimatstandortes bekommen. An diese Bedingungen haben sie sich in Abertausenden von Jahren angepaßt – vor allem ihre Blätter darauf eingestellt. An ihnen läßt sich bei vielen Pflanzen der Lichtbedarf ablesen (→ Seite 26/27). Achten Sie bei Auswahl und Kauf von Pflanzen, die Sie nicht kennen, auf deren Blätter und erkundigen Sie sich sicherheitshalber nach ihrem Lichtbedarf. Häufig werden Pflanzen mit ihren gedruckten Pflegehinweisen verkauft, ihre Lichtansprüche sind darauf folgendermaßen charakterisiert:

- Sonnig = ein Platz am Südfenster mit maximaler Lichtintensität oder ein vollsonniger Standort im Freien. In Zahlen ausgedrückt bedeutet das 20 000 Lux und darüber.
- Hell = ein Platz direkt am Fenster mit kurzfristiger Sonne am Morgen oder am Abend, wie ihn Ost- oder Westlagen bieten. In Lichtintensität ausgedrückt 10 000 bis 20 000 Lux.
- Halbschattig = ein Platz am Nordfenster oder in Fensternähe ohne direkte Sonne. Die Lichtintensität beträgt dort 5 000 bis 10 000 Lux.
- Schattig = ein Platz an einem kleinen Nordfenster oder Standorte im Zimmer mit einer Lichtintensität von 2 500 bis 5 000 Lux.

An bewölkten Wintertagen kann die Lichtintensität nur 400 bis 500 Lux, an sonnigen Sommertagen dagegen bis 90 000 Lux betragen. Das Minimum an Licht, das eine Pflanze zum Leben braucht, liegt bei 700 bis 1 000 Lux, viele Pflanzen beginnen aber erst ab 10 000 Lux zu gedeihen.

## Was die Lichtmenge relativiert

Die Himmelsrichtungen, nach denen Fenster oder andere Lichtquellen ausgerichtet sind, bestimmen natürlich das Lichtangebot und sind deshalb auch die »klassischen« Lichtmesser. Ihre Lichtwerte müssen allerdings von Wohnlage zu Wohnlage relativiert werden, denn sie treffen nur dort wirklich zu, wo das Licht frei und ungehindert eindringen kann. So bietet ein unverbautes freies Nordfenster im 4. Stock eines Hochhauses weit mehr Licht als ein Südfenster im Erdgeschoß mit Balkonvorbau darüber oder einer großen Kastanie davor.
Wer eine Pflanze nicht direkt ans Fenster stellen möchte, muß darüberhinaus bedenken, daß nicht nur dichtgewebte Vorhänge, sondern auch bereits transparente Stores und Jalousien das Licht beträchtlich filtern. Außerdem nimmt die Lichtintensität mit der Entfernung von der Lichtquelle ab:

- bei 1 m Entfernung vom Fenster bleiben der Pflanze 80 bis 50 % der Lichtintensität erhalten,
- bei 1,5 m 50 bis 25 %,
- bei 2 m 25 bis 10 %.

**Hochstämmchen mit gelben Blütenkerzen**

*Einen sehr hellen, aber auf keinen Fall sonnigen Standort wünscht sich die Goldähre (Pachystachys lutea). Was viele nicht wissen: Die eigentlichen Blüten sind die kleinen weißen Zipfel, die aus den sonnengelben Deckblättern hervorlugen.*

**Mein Tip:** Bevor Sie sich zum Kauf einer großen, teuren Zimmerpflanze entschließen, prüfen Sie mit einem Luxmeter den zukünftigen Standort. Dieses Lichtmeßgerät, das man mit dem Belichtungsmesser eines Fotoapparats vergleichen kann, ist eine einmalige Anschaffung, die sich bei jeder weiteren Zimmerpflanze bewährt. Pflanzen mit sonnigen oder hellen Standortwünschen sollten Sie sich also nur zulegen, wenn Sie ihnen einen direkten Fensterplatz nach Süden, Osten oder Westen – oder eine Pflanzenleuchte bieten können. Wollen Sie sie einmal kurzfristig dunkler stellen, zum Beispiel als Tischdekoration, brauchen Sie kein Zusatzlicht.

## Wichtig: Zimmertemperatur

Überprüfen Sie den Standort Ihrer künftigen Zimmerpflanze auch unter dem Aspekt Wärme. Im Sommer sollte es kein Fenster sein, hinter dessen Scheibe schnell ein Hitzestau ensteht, im Winter gibt es mehreres zu bedenken. Unproblematisch ist die Nachtabsenkung der Heizung wie sie in den meisten Haushalten üblich ist. Sie entspricht oft den Verhältnissen der Pflanzen am Heimatstandort und wird von allen akzeptiert. Die Heizung unter dem Fenster oder die Fußbodenheizung, genauer deren aufsteigende Wärme, werden von Pflanzen geschätzt, da sie ihnen Bodenwärme spenden. Schlecht ist allerdings die damit verbundene Austrocknung der Luft und des Substrats. Viele Pflanzen brauchen in dieser Zeit eine zusätzliche Erhöhung der Luftfeuchte (→ Seite 43).
Eine Reihe von Pflanzen möchte kühl und hell überwintert werden. Bedenken Sie vor dem Kauf solcher Pflanzen, ob Sie ihnen das angemessene Winterquartier einrichten können!

## Standortbeschreibungen

In jeder Wohnung, in jedem Raum bestimmen individuelle Licht- und Temperaturverhältnisse, welche Pflanzen dort gut gedeihen. Hier einige klassische Standorte.
Der ganzjährig warme, sonnige bis helle Platz bietet durchschnittliche Tagestemperaturen von 20 °C und mehr und nachts nicht unter 15 °C. Die Beschreibung trifft in der Regel auf Fensterplätze in ständig genutzten Wohnräumen und den wohnlich geheizten Wintergarten zu. Die Pflanzen sind hier einige Stunden am Tag der Sonne ausgesetzt, am Südfenster mittags, am Ostfenster vormittags, am Westfenster nachmittags und abends, im beheizten Wintergarten beinahe ganztags. Fürs heiße Südfenster mit seiner prallen Mittagssonne sind nur Pflanzen geeignet, die auch in ihrer Heimat unter praller Sonne leben, zum Beispiel Buntnessel (*Coleus*) oder Elefantenfuß (*Beaucarnea*). Ost- und Westfenster hingegen sind ideale Standorte für alle lichthungrigen Pflanzen, die keine pralle Sonne vertragen.
Der kühle, sonnige bis helle Platz, zum Beispiel Fenster im schwach beheizten Schlafzimmer, im nur gelegentlich warmen Bad, im Hausflur oder der nicht zum Wohnen gedachte Wintergarten, bieten einige Stunden viel Licht, im Sommer warme und im Winter kühle Temperaturen zwischen 10 und 15 °C. Hier gedeihen Pflanzen der Subtropen, des mediterranen Raums und solche aus tropischen Hochgebirgsregionen, zum Beispiel Schönmalve (*Abutilon*), Zimmertanne (*Araucaria*), Orangenbäumchen (*Citrus*), Hohlnarbe (*Coelogyne*), Zimmerzypresse (*Cupressus*), Palmfarn (*Cycas*), Dendrobium (*Dendrobium*), Australische Silbereiche (*Grevillea*), Myrte (*Myrtus*), Azaleen (*Rhododendron*-Hybriden).
Der warme, schattige Platz bietet Temperaturen von 15 bis 21 °C und erhält überhaupt keine Sonne. Er kann unmittelbar an einem Nordfenster, an einem beschatteten anderen Fenster oder mitten in einem sehr hellen Raum liegen. Hier gedeihen alle Waldbewohner, die Schatten oder gefiltertes Licht gewohnt sind wie Farne, tropische Palmen und Aronstabgewächse.
Der kühle, schattige Platz. Das kann jeder im Winter schwach geheizte, im Sommer schattierte, nach Norden, Osten oder Westen gerichtete Raum oder Wintergarten sein. Bei Durchschnittstemperaturen von 10 bis 15 °C gedeihen im Schatten Pflanzen aus tropischen und subtropischen Bergwäldern, zum Beispiel Schusterpalme (*Aspidistra*), Nestfarn (*Asplenium*), Efeu (*Hedera*), Saumfarn (*Pteris cretica*), Steckenpalme (*Rhapis*) und Bubiköpfchen (*Soleirolia*).
Der feuchtwarme, helle Platz bietet viel Licht ohne direkte Sonne, Luftfeuchte über 60 % sowie Temperaturen, die nie unter 18 °C gehen. Erreichbar ist dieses Milieu in klimatisierten Blumenfenstern, Vitrinen und Zimmergewächshäusern. Tropische Regenwaldbewohner wie Maranten, Farne, viele Gesnerien- und Aronstabgewächse sowie epiphytische Orchideen, Bromelien und Tillandsien gedeihen hier vortrefflich.

## Planen und Gestalten mit Zimmerpflanzen

Denken Sie bei Auswahl und Kauf von Zimmerpflanzen auch daran, daß sie dekorative Eigenschaften besitzen, mit der Sie die Atmosphäre und Einrichtung Ihres Heims bestimmen oder unterstreichen können. Wer wie Innenarchitekten oder Stylisten genau hinsieht, findet an jeder Pflanze Wesenszüge, charakteristische Formen oder Farben, die besonders gut mit einigen Wohnstilen harmonieren (→ Tabelle, Seite 25).

### Zimmerpflanzen brauchen Platz

Keine Pflanze bleibt so, wie Sie sie kaufen. Wie groß sie wird, hängt von mehreren Faktoren ab: Dem genetischen Wuchsprogramm und von dem Gefäß, in dem Sie die Zimmerpflanze kultivieren, aber auch von der Pflege, die Sie ihr angedeihen lassen (→ Wachstumsfaktoren, Seite 36). Arten, die in ihrer Heimat als hohe Bäume oder Büsche wachsen wie Palmlilie (*Yucca*), *Ficus*-Arten, Zimmerlinde (*Sparmannia*) oder Kentia-Palme (*Howeia*) können auch im Haus bei guter Pflege die Zimmerdecke erreichen oder mächtig in die Breite gehen wie der Schraubenbaum (*Pandanus*). Denken Sie also schon bei Auswahl und Kauf Ihrer künftigen Zimmerpflanze an zweierlei: Reservieren Sie ihr einen Platz, an dem sie ungestört gedeihen kann und an dem ihre ganz besondere Ausstrahlung optisch gut zur Wirkung kommt. Der Platzbedarf großer Solitärpflanzen ist mit dem eines Möbelstückes gleichzusetzen.

*Aparte Kombination von Blattpflanzen und Gefäß.*

*Bezauberndes Arrangement mit Zwiebelblumen.*

### Weitere Tips zur Gestaltung

- Große Pflanzen wirken als Solitär oder Leitpflanze am besten. In kleinen Räumen höchstens eine verwenden!
- Großlaubige Pflanzen mildern unruhige Tapetenmuster und bilden flächige Hintergründe für kleinblättrige.
- Die grafischen Konturen von Palmwedeln, Farnen oder *Yucca*-Schöpfen werden durch Gegenlicht besonders gut hervorgehoben.
- Kleinere Pflanzen sehen in Gruppen schöner aus. Beispiel: Korb oder Schale mit einem Dutzend Usambaraveilchen (→ Foto, Seite 128), Frühlingsprimeln, Mini-*Cyclamen* oder Drehfrucht-Hybriden in verschiedenen Violett- und Rosatönen.
- Wiederholen Sie mit Blütenfarben Farben von Vorhängen, Tapeten, Sofakissen, Bildern oder setzen Sie Kontrapunkte, zum Beispiel rote Flamingoblumen zu schwarzen Möbeln.
- Machen Sie Ihren Hausflur mit einer schönen Pflanze einladender. Bei Lichtmangel Pflanzenleuchte installieren.
- Begrünen Sie Wände, auf die volles Licht fällt, mit Kletterpflanzen. Als Kletterhilfe wirkt ein klassisches Spaliergitter am schönsten. Man kann es auch in einem größeren Kasten verankern und mit Pflanzen berankt als Raumteiler einsetzen.
- Hängen Sie sich in hohen Altbauwohnungen Grün unter die Decke. Zum Beispiel eine Konstruktion aus quer und längs verlaufenden, miteinander verbundenen Bambusstangen, die in Schlingen an Deckenhaken hängen. Man kann sie über die gesamte Decke ziehen und daran an jeder beliebigen Stelle Ampeln plazieren.

### Möbel für Pflanzen

Wenn der Zimmergarten über das Fensterbrett hinauswächst und die schönsten Plätze auf Kommoden oder Konsolen bereits vergeben sind, können Sie noch auf »Pflanzenmöbel« ausweichen. Der Markt bietet heute eine Vielfalt an Blumenbänken, Beistelltischen, Blumenkrippen, Blumentreppen oder Etagèren (→ Foto, Seite 146). Sehr attraktiv wirken Pflanzen in Glasregalen, die überall Licht durchlassen. Für Solitärs, besonders aber für anmutig überhängende Exemplare wie Grünlilie (→ Foto, Seite 151), Schwertfarn (→ Foto, Seite 200) oder klassische Ampelpflanzen eignen sich Säulen aus Keramik oder Blumenständer aus Holz sehr gut (→ Bezugsquellen, Seite 238).

### Schöne Übertöpfe und Gefäße

Schöne Übertöpfe sind Gestaltungselemente, die Zimmerpflanzen erst so richtig zur Wirkung bringen. Sie sind in zauberhaften Farben und wunderschönen Formen sowie in verschiedenen Materialien von Keramik, Porzellan, Holz, Korb, Rattan über Kunststoff, Metall und Glas erhältlich (→ Bezugsquellen, Seite 238).

Achten Sie bei der Wahl der Übertöpfe darauf, daß sie größer sind als der Pflanzentopf (zwischen Topf und Übertopf muß ein fingerdicker Freiraum sein) und daß Pflanze und Gefäß farblich und von der Form her miteinander harmonieren. Immer passend: Weiße Übertöpfe, Terrakottatöpfe und naturfarbene Körbe. Hier ein paar Tips zum Abwechseln:

- Bei buntblättrigen Pflanzen wie Kroton (*Codiaeum*), Buntnessel (*Coleus*) oder Rex-Begonien (*Begonia*) einfarbige Töpfe in der dominierenden Blattfarbe wählen, zum Beispiel Rot oder Violett.

*Pflanzen beleben den Arbeitsplatz und können das Raumklima verbessern.*

- Rustikal und mediterran wirkende Pflanzen wie Geldbaum (*Crassula*) oder Orangenbäumchen (*Citrus*) in schlichte Töpfe aus Ton, Steingut oder glasierter Keramik setzen.
- Nostalgische Pflanzen wie Alpenveilchen (*Cyclamen*), blattduftende Pelargonien (*Pelargonium*), Topfrosen (*Rosa*) oder Usambaraveilchen (*Saintpaulia*) sehen in Porzellanübertöpfen mit Blümchenmuster oder in farblich passend lackierten Körben hübsch aus.
- Zu grünweißen oder grünsilbrig panaschierten Pflanzen wie Kolbenfaden (*Aglaonema*) oder Fittonie (*Fittonia*) passen oliv- oder meergrüne Gefäße.
- Architektenlieblinge wie Palmen, Palmlilie (*Yucca*), *Ficus*-Arten und Zimmerlinde (*Sparmannia*) dürfen in entsprechender Umgebung auch einmal in quadratischen oder runden Metallgefäßen stehen.
- Kakteen sehen, solange sie nicht blühen, in knallbunten Töpfchen besonders fröhlich aus.

## Tips für den Kauf

Wo Sie Ihre Pflanzen kaufen, spielt keine Rolle. Achten Sie nur darauf, wie diese dort behandelt werden.

- Kaufen Sie keine Pflanzen, die in dunklen Ecken oder zugigen Passagen angeboten werden.
- Grünpflanzen sollten harmonisch gewachsen sein, mit mehreren Trieben und saftigen, makellosen Blättern. Pflanzen mit gelbbraunen Flecken auf den Blättern oder vergeilten Trieben (lange Triebe mit großen Abständen zwischen den Blättern) nicht nehmen.
- Blütenpflanzen sollten viele Knospen besitzen, die kurz vor dem Aufbrechen sind. Keine voll aufgeblühten Exemplare oder solche mit »steckengebliebenen« (eingetrocknet wirkenden) Knospen wählen.
- Nehmen Sie nur schädlingsfreie Pflanzen. Dazu genau auf Triebspitzen (Blattläuse) und Blattunterseiten (Spinnmilben, Schildläuse) sehen. An den Blüten sind die kleinen, länglichen Thripse am ehesten zu erkennen.
- Verzichten Sie auch auf Pflanzen in völlig ausgetrocknetem Substrat oder mit Moosbelag. In beiden Fällen können die Wurzeln geschädigt sein.
- Besonders empfehlenswert: Pflanzen mit Namensschildern und Pflegeanleitungen.

## Das Angebot übers Jahr

Während man Blattpflanzen in der Regel rund ums Jahr erhält, gibt es Blütenpflanzen nur zu ihrer arteigenen oder vom Gärtner gesteuerten Blütezeit. Einige Blütenpflanzen wie Usambaraveilchen (*Saintpaulia*), Elatiorbegonien (*Begonia*), Flamingoblumen (*Anthurium*) oder Flammendes Käthchen (*Kalanchoe*) blühen monatelang oder sind fast das ganze Jahr über blühend erhältlich.

## Pflanzen von Mini bis Maxi

Zimmerpflanzen sind, bedingt durch Mode und Trends, sehr variantenreich geworden. Züchter und Gärtner tun längst mehr, als nur Blütezeiten zu manipulieren oder durch Züchtung neue Farben und Formen bei Blüten oder Panaschierungen bei Blättern zu erzielen. Sie »erziehen« Pflanzen auch zu einem nicht unbedingt arteigenen, aber dekorativen Wuchs oder halten sie klein, entweder durch Reduzierungen des Erdvolumens, zum Beispiel durch Kultur in fast fingerhutgroßen Töpfen, durch Hemmstoffbehandlung oder durch Züchtung. Hier einige Beispiele, was angeboten wird:

Blütenpflanzen-Minis von Chrysantheme, Einblatt (→ Foto, Seite 133), Flamingoblume, Flammendes Käthchen (→ Foto, Seite 120), Rosen (→ Foto, Seite 128), Usambaraveilchen (→ Foto, Seite 128) und Zimmer-Azalee.

Blattpflanzen-Minis von Drazänen, Farnen, Kroton, Palmen und Zwergpfeffer.

Hochstämme von Chrysantheme (→ Foto, Seite 101), Geißklee, Goldähre (→ Foto, Seite 21), Hibiskus, Weihnachtsstern und Zimmer-Azalee.

Ampeln mit Pflanzen, die einen kriechenden, kletternden oder überhängenden Wuchs besitzen (→ Fotos, Seite 30/31).

Bonsais von verschiedenen *Ficus*-Arten (→ Foto, Seite 48), Glücksbaum, Myrte, Steckenpalme, Zimmer-Azaleen und Zimmertanne.

Minsais von *Aeonium,* Balsamapfel, Elefantenfuß, Gummibaum, Ixore und Kroton. Hier handelt es sich um bonsai-ähnliche Miniaturen mit einem speziellen Bewässerungssystem (→ Bezugsquellen, Seite 238).

Über den Bogen gezogene Pflanzen, von Bougainvillea, Dipladenie (→ Foto, Seite 106), Jasmin (→ Foto, Seite 119), Kletterlilie (→ Foto, Seite 112), Kranzschlinge (→ Foto, Seite 133), Losbaum, Passionsblume (→ Foto, Seite 124) und Wachsblume.

Gedrehte oder geflochtene Stämme bei *Ficus*-Arten (→ Zeichnung, Seite 44).

Bepflanzte Schalen oder andere Arrangements (→ Fotos, Seite 23 und 29), die häufig eher nach optischen als nach artgerechten Gesichtspunkten zusammengestellt sind.

Bepflanzte Miniaturgewächshäuser mit Pflanzen-Minis (→ Foto, Seite 39), die hohe Luftfeuchte benötigen.

Bepflanzte Lavaquellen, die den Pflanzen optimale Luftfeuchte bieten und diese auch an die Umgebung abgeben. Sie sind im Fachhandel in verschiedenen Größen erhältlich (→ Bezugsquellen, Seite 238).

**Mein Tip:** Sehr häufig angeboten werden auf Steine geklebte Tillandsien. Abgesehen davon, daß es sich hier meist um vom Heimatstandort geplünderte Pflanzen handelt (Artenschutz), ist diese Kulturform für die Pflanzen nicht artgerecht. Ein wirklicher Tillandsienfreund kauft bei uns aus Samen oder vegetativ vermehrte und auf Äste aufgebundene Pflanzen (→ Foto, Seite 46). Auskunft gibt die Deutsche Bromeliengesellschaft (→ Adresse, Seite 238).

## Positive Wirkungen von Pflanzen

Pflanzen sind nicht nur wunderbare Gestaltungsobjekte, sie sind auch gut für unser Wohlbefinden. Ihre Schönheit ist eine sinnliche Freude, die Beschäftigung mit ihnen lenkt von Streß und Sorgen ab und vermittelt ein wenig Erdkontakt und Naturnähe. Eine Studie über Pflanzen am Arbeitsplatz ergab, daß Zimmerpflanzen die Gesundheit und Stimmung der Testpersonen auffallend positiv beeinflußten.

Aber Pflanzen können noch viel mehr:

Sie verbessern die Luft. Sie befeuchten die trockene Heizungsluft und filtern Staub aus, der sich auf den Blättern niederläßt und abgeduscht oder abgewaschen werden kann. Außerdem produzieren sie, wenn auch nur in relativ kleinen Mengen, tagsüber Sauerstoff.

Sie filtern Schadstoffe aus der Luft. Eine abgeschlossene Studie der NASA besagt, daß Grünlilie, Philodendron, Efeutute, Sansevierie die Formaldehydkonzentration in der Luft deutlich senken. Die beste Wirkung gegen Benzol und Trichloräthylen zeigten Chrysantheme und Gerbera.

### Zimmerpflanzen für jeden Wohnstil

**Zur »klassischen Einrichtung«** mit Biedermeiermöbeln, englischen oder französischen Stilmöbeln passen besonders gut Alpenveilchen, Azaleen, Blüten- und Strauchbegonien, Efeu, Farne, Gloxinien, Kamelien, Palmen und Usambaraveilchen.

**Zum strengen Art Déco und zum Jugendstil** passen Pflanzen mit scharf umrissenen Konturen sowie ornamentaler und eleganter Wirkung, zum Beispiel Alokasie, Amaryllis, Anthurie, Einblatt, Fensterblatt, Gardenie, Kalla, Kranzschlinge, Leuchterblume, Passionsblume.

**Exotische Möbel** aus Rattan harmonieren mit allen tropischen und subtropischen Pflanzen, vor allem aber mit Aronstabgewächsen, Bromelien, *Ficus*-Arten, blühenden Gesneriengewächsen, Maranten, Medinille, Orchideen, Palmen und Passionsblume.

**Zu Möbeln im Japan-Look** passen streng formale oder ostasiatische Pflanzen wie Azaleen, Bambus, Kalmus, Steckenpalme sowie alle Zimmer-Bonsais.

**Zu modernen Designer-Möbeln** aus Stahl, Glas und Marmor passen Pflanzen, die grafisch oder wie Skulpturen wirken, zum Beispiel *Asparagus,* Drazänen, Euphorbien, Farne, Fensterblatt, große *Ficus*-Arten, Kakteen, Palmen, Schefflera, Schusterpalme, Radermachera, *Yucca*, Zimmerlinde, Zimmertanne, Zimmerweine.

**Rustikale Möbel** wie Bauern-, Schweden- und Korbmöbel brauchen fröhlichbunte Blütenpflanzen wie Alpenveilchen, Blütenbegonien, Flammendes Käthchen, Fleißiges Lieschen, Glockenblumen, Oster- und Weihnachtskaktus, Pelargonien, Primeln, Strauchbegonien, Weihnachtsstern, Zimmerhafer, oder handfeste Blattpflanzen wie Geweihfarn, Schefflera, Zimmeraralie.

**Mediterrane Möbel** aus Pinienholz harmonieren besonders gut mit Agave, Aloe, Bougainvillee, Bubiköpfchen, Echeverien, Elefantenfuß, Euphorbien, Fetthenne, Geldbaum, Hibiskus, Kakteen, Myrte, Pellefarn, *Yucca* sowie mit Zitronen- und Orangenbäumchen.

## Die Blätter verraten die Lichtwünsche

Fast immer machen sie den eigentlichen Reiz einer Pflanze aus. Dem Kenner verraten sie oft auch ihren Lichtbedarf:

Fleischige oder zu Dornen reduzierte Blätter: Volles Licht und Sonne. Beispiele: Echeverien, Fetthenne (1), Flammendes Käthchen, Kakteen, Euphorbiengewächse, Kußmäulchen, Sansevierien.

Ledrige Blätter: Viel Licht, aber keine Sonne. Beispiele: Gummibaum, Ixore, Kaffeebaum, Kamelie, Kranzschlinge, Wachsblume (2).

Kleine, oft nadelfeine Blätter: Volle Sonne. Beispiele: *Asparagus,* Christusdorn, Myrte (3).

Große, meistens weiche Blätter: Keine Sonne, hell bis halbschattig. Beispiele: Fensterblatt, Flamingoblume, Gloxinie, Philodendron, Schusterpalme, Zimmeraralie, Zimmerlinde (4).

Weiß- oder gelbgrün panaschierte Blätter: Nie sonnig, aber immer heller als die grünlaubigen Arten. Beispiele: Efeu (5), Efeutute, Grünlilie, Henne mit Küken, Purpurtute, Schraubenbaum, Spindelstrauch, Tradeskantie. Ausnahme: Dieffenbachie, Kolbenfaden, die besser halbschattig stehen.

Bunte Blätter: Hell bis halbschattig, aber nie sonnig. Beispiele: Rex- und andere Blattbegonien, *Calathea, Ctenanthe,* Drazänen, *Hypoestes,* Kroton, Marante (6), Neoregelie, Nidularie, Pfeffer, *Stromanthe,* Versteckblüte. Ausnahme: Buntnessel, Iresine, die volle Sonne lieben.

Gefiederte Blätter: Keine Sonne, hell bis halbschattig. Beispiele: Farne (7), Fiederaralie, Palmen.

Graugrüne Blätter: Viel Licht. Beispiele: Australische Silbereiche, Leuchterblume (8), graue Tillandsien.

Rosettig angeordnete weiche Blätter: Halbschattig. Beispiele: Drehfrucht, Primeln, Usambaraveilchen (9).

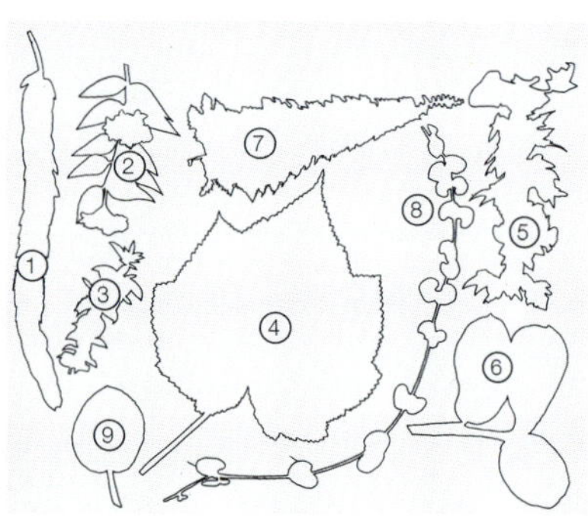

### Zimmerpflanzen für heiße und sonnige Standorte

Wüstenrose, *Adenium* (→ Seite 91)
Rosetten-Dickblatt, *Aeonium* (→ Seite 142)
Bitterschopf, *Aloe* (→ Seite 144)
Elefantenfuß, *Beaucarnea* (→ Seite 147)
Bougainvillee, *Bougainvillea* (→ Seite 139)
Glücksbaum, *Brachychiton* (→ Seite 149)
Dickblatt, *Crassula*-Arten (→ Seite 155)
Echeverien, *Echeveria*-Arten (→ Seite 107)
Euphorbien, sukkulente *Euphorbia*-Arten (→ Seite 108, 163)
Blutblume, *Haemanthus* (→ Seite 113)
Haworthie, *Haworthia* (→ Seite 168)
Roseneibisch, *Hibiscus* (→ Seite 113)
Flaschenpflanze, *Jatropha* (→ Seite 119)
Flammendes Käthchen, *Kalanchoe* (→ Seite 120)
Pachira, *Pachira* (→ Seite 174)
Passionsblume, *Passiflora* (→ Seite 124)
Blattpelargonien, *Pelargonium* (→ Seite 176)
Kanarische Dattelpalme, *Phoenix canariensis* (→ Seite 210)
Harfenstrauch, *Plectranthus* (→ Seite 180)
Erbsenpflanze, *Senecio* (→ Seite 193)
Palmlilie, *Yucca* (→ Seite 190)

### Pflanzen, die duften

Orangenbäumchen, *Citrus* (→ Seite 102)
Alpenveilchen, *Cyclamen* (→ Seite 105)
Blaues Lieschen, *Exacum* (→ Seite 110)
Gardenie, *Gardenia* (→ Seite 111)
Wachsblume, *Hoya bella, Hoya carnosa* (→ Seite 115)
Jasmin, *Jasminum* (→ Seite 119)
Blattpelargonien, *Pelargonium* (→ Seite 176)
Kranzschlinge, *Stephanotis* (→ Seite 133)

### Zimmerpflanzen für schattige Standorte

Frauenhaarfarn, *Adiantum*-Arten (→ Seite 196)
Schusterpalme, *Aspidistra* (→ Seite 147)
Blattbegonien, *Begonia* (→ Seite 148)
Grünlilie (grüne Art), *Chlorophytum* (→ Seite 151)
Königswein, *Cissus rhombifolia* (→ Seite 152)
Sichelfarn, *Cyrtomium* (→ Seite 198)
Büchsenfarn, *Davallia* (→ Seite 198)
Drachenbaum, *Dracaena marginata* (→ Seite 160,161)
Efeuaralie, x *Fatshedera*
Zimmeralie, *Fatsia* (→ Seite 163)
Kentia-Palme, *Howeia* (→ Seite 209)
Kleiner Schuppenfarn, *Microlepia* (→ Seite 199)
Zwergpfeffer, *Peperomia*-Arten (→ Seite 177)
Kletter-Philodendron, *Philodendron scandens* (→ Seite 178)
Geweihfarn, *Platycerium* (→ Seite 202)
Saumfarn, *Pteris* (→ Seite 203)
Henne mit Küken, *Tolmiea* (→ Seite 189)

### Pflanzen für Wassergärten im Zimmer

<u>Wasser- und Schwimmpflanzen</u>
Wasserkelch, *Cryptocoryne wendtii, Cryptocoryne pontederiifolia*
Schwertpflanze, *Echinodorus*-Hybriden
Kleine Seerose, *Nymphaea daubenyana*
Wassersalat, *Pistia stratiotes*
<u>Sumpfpflanzen</u>
Papyrus und Zypergras, *Cyperus papyrus, Cyperus alternifolius, Cyperus haspan, Cyperus pumilus*
*Anubias*-Arten
Simse, *Scirpus* (→ Seite 185)
<u>Feuchte liebende Zimmerpflanzen</u>
Zwergkalmus, *Acorus gramineus* (→ Seite 142)
Schlangenbart, *Ophiopogon jaburan* (→ Seite 193)
Einblatt, *Spathiphyllum* (→ Seite 133)

**Mein Tip:** Für kleinere Pflanzen reicht eine Schale von 6 cm Höhe, für größere empfiehlt sich ein tieferes Gefäß. Wichtig: Der Standort muß sehr hell sein!

## Pflanzen für Kinder

Am spannendsten sind solche, bei denen sich etwas tut.
<u>Die Erdnuß</u> *(Archais hypogaea)* blüht nur wenige Stunden und welkt nach der Selbstbestäubung. Danach verlängert sie ihren Blütenstiel, senkt ihn nach unten und dringt damit in die Erde ein, wo die Samenreife stattfindet (daher der Name Erdnuß). Wer seinen Kindern dieses seltsame Verhalten zeigen möchte, sät im Februar Erdnüsse aus (natürlich keine gesalzenen!). Samen von der braunen Hülle befreien und jeweils 3 in einen Topf stecken. Töpfe hell und warm stellen. Gut feucht halten.
<u>Die Baumwolle</u> *(Gossypium herbaceum)* kann wie die Erdnuß im Frühjahr ausgesät werden. Sie blüht etwa 6 Monate nach der Aussaat mit malvenähnlichen, cremegelben Blüten, die sich selbst befruchten. Nach 9 Wochen bilden sich grüne Kapseln, die später platzen und weiße »Wattebällchen« freigeben.
<u>Die Mimose</u> *(Mimosa pudica)*, reagiert, wenn man sie mit dem Finger antippt oder den Topf ein wenig schüttelt. Sie klappt dann ganz schnell ihre Fieder zusammen, bei stärkeren Reizen senkt sich sogar das viergliedrige Blatt mitsamt dem Stiel.
<u>Die Venusfliegenfalle</u> *(Dionaea muscipula)* schließt ihre mit Fühlborsten besetzten Fallendeckel zusammen, wenn man sie berührt. Sie ist in Zimmerkultur allerdings nicht ganz einfach zu halten (→ Seite 192).

## Dekorative Idee – Pflanzen im Paludarium

*Ein Glasgefäß, gefüllt mit wasserspeicherndem Tongranulat, ist ideal für Simse, Zypergras und Zimmerkalla, die alle konstante Feuchte lieben. Wer möchte, daß die Zimmerkalla wieder blüht, muß sie allerdings ab Ende Mai aus der Gemeinschaft herausnehmen und 2 Monate lang in einem anderen Gefäß fast trocken halten. Danach kann sie – wieder eingetopft werden.*

# AMPELN

**Kein Platz mehr auf der Fensterbank? Ampeln sind die beste Möglichkeit, mit Pflanzen in die Luft zu gehen.**

*Die Felsen-Drehfrucht (Streptocarpus saxorum), liebt einen sonnigen Platz und weist mit fleischigen Blättchen darauf hin, daß sie nur wenig Wasser benötigt. Im Winter kühl halten!*

*Von Februar bis März erfreut das Glockenspiel des Madagaskarglöckchens (Kalanchoe manginii).*

## Kaskaden von Blüten und Blättern

Ampeln bieten überhängenden, kletternden, rankenden und niederliegenden Pflanzen die Möglichkeit, sich nach allen Seiten entfalten zu können. Blätter dürfen darin wie Wasserfälle stürzen, Blüten überschäumen, Kindel oder Ausläufer frei herunterbaumeln. Allerdings – ganz pflegeleicht sind Pflanzen in Ampeln nicht.

Beim Gießen ist Fingerspitzengefühl gefragt. Da die Pflanzen oft recht belaubt sind, verdunsten sie viel Wasser und trocknen zudem in luftiger Höhe noch schneller aus als unten. Bei warmen Temperaturen empfiehlt es sich daher, zweimal wöchentlich zu gießen. Am besten geht dies mit einer englischen Gewächshaus-Gießkanne aus leichtem Kunststoff, für die es einen etwa 60 cm langen gebogenen Gießaufsatz gibt (→ Bezugsquelle, Seite 238). Wichtig: Nur soviel Wasser geben, wie die Pflanzen verdunstet haben könnten – nicht vergessen, die meisten Ampelgefäße haben keine Abzugslöcher. Zur Vermeidung von Staunässe gibt man daher bei geschlossenen Keramikampeln eine 2 cm dicke Schicht aus Tongranulat in das Ampelgefäß, bevor man den Topf hineinstellt. Gefäße mit Abzugslöchern holt man am besten einmal die Woche herunter, stellt sie in die Badewanne und überbraust sie durchdringend mit sanftem, lau-

*Das Markenzeichen des Judenbarts (Saxifraga stolonifera) sind die fadenförmigen Ausläufer.*

warmem Strahl. Um Möbel und Fußboden zu schonen, hängt man die Pflanzen erst wieder auf, wenn sie völlig abgetropft sind.

## Empfehlenswerte Ampelpflanzen

Besonders robust sind: *Asparagus, Billbergia, Ceropegia, Chlorophytum, Cissus, Hoya, Saxifraga stolonifera*, sukkulente *Senecio*-Arten, *Setcreasea, Tradescantia, Zebrina*.
Ampelpflanzen für nur mäßig beheizte Räume: *Ampelopsis, Ficus pumila, Hedera, Jasminum, Pelargonium odoratissimum, Peperomia, Schlumbergera*-Hybriden, *Scirpus, Tolmiea*.
Ampelpflanzen, die Wärme und hohe Luftfeuchte benötigen: *Aeschynanthus, Columnea, Hypocyrta, Dipladenia, Episcia, Epipremnum, Ficus sagittata, Monstera, Nepenthes, Philodendron, Syngonium*, außerdem Blatt- und Strauchbegonien und natürlich viele Farne.
Da man die Pflanzen wegen der Möbel schlecht einsprühen kann, empfiehlt sich hier das Aufstellen eines Luftbefeuchters.
**Mein Tip:** Wer Pflanzenstrahler an den Seitenwänden anbringt, kann Ampelpflanzen auch mitten ins Zimmer hängen.

*Beim Hornklee (Lotus berthelotii), darf der Ballen niemals trocken werden.*

*Die Efeutute (Epipremnum pinnatum) kann bis zu 10 m lange Triebe bilden.*

*Sedum morganianum wird im Volksmund auch scherzhaft Affenschwanz genannt.*

# Zimmerpflanzen erfolgreich pflegen

**Richtig gießen, düngen, umtopfen und schneiden sind wichtig und wollen gelernt sein. Aber zur Pflanzenpflege gehören auch Zuneigung, Fingerspitzengefühl und Wissen um die individuellen Bedürfnisse einer Pflanze.**

Dein Garten will dich jeden Tag sehen, heißt eine alte Bauernweisheit. Sie trifft auch auf die Pflanzen im Haus zu. Pflanzen brauchen wie Haustiere die Fürsorge des Menschen und leiden, wenn man sich nicht um sie kümmert. Doch mit Gießen und Düngen allein ist es nicht getan. Gummibaum und Alpenveilchen gedeihen in einer entspannten, positiven Atmosphäre nachweislich besser. Begegnen Sie ihnen also mit Sympathie – oder besser: umgeben Sie sich nur mit Pflanzen, die Ihnen auch wirklich sympathisch sind. Eine Pflanze zu pflegen, die man mag, ist keine Arbeit, sondern ein ständiges Vergnügen, dem man gern ein wenig Freizeit opfert.

## Erste Pflege nach dem Kauf

Vergegenwärtigen wir uns einmal die Lage einer Zimmerpflanze. Wieviel Streß hat sie schon durchgemacht, bevor wir sie in unsere Obhut nahmen! Zuerst wird sie im Gartenbaubetrieb mit allen nur erdenklichen Raffinessen aufgepäppelt. Dann reißt man sie aus dieser zwar nicht heimatlichen, aber gedeihlichen Umgebung, um sie gleich palettenweise in einem Lastwagen Hunderte von Kilometern durchs Land zu schicken. Schließlich wird sie auf dem Blumengroßmarkt sozusagen zwischengelagert, landet danach im Blumenladen, wird gekauft, erneut transportiert und kommt auf unserer Fensterbank endlich zur Ruhe. Jedesmal muß sie sich an eine neue Umgebung gewöhnen, jedesmal ändern sich Licht, Temperatur, Standort und Wasserqualität.

Akklimatisieren Sie darum jede neu erworbene Pflanze einige Tage an einem »neutralen« Platz. Das ist ein halbschattiger, auf etwa 18 °C temperierter Standort. Stellen Sie bei Winterkäufen den Pflanzenneuling nicht gleich ins geheizte Wohnzimmer, auch wenn er Wärme verträgt. Im Blumenladen stehen Pflanzen oft kühler als vorgeschrieben. Krasse Temperaturwechsel sind Schocks, auf die viele Gewächse mit Blüten-, Knospen- oder Blattfall reagieren können.

Überprüfen Sie den Topfballen. Ist er trocken, gießen Sie einmal durchdringend und schütten nach einer halben Stunde das Überschußwasser weg. Orchideen sollten anfangs nur besprüht werden.

Topfen Sie nicht gleich um, auch wenn der Ballen unter Umständen völlig durchwurzelt ist und der Topf zu klein scheint. Warten Sie etwa 2 Wochen, bis sich die Pflanze bei Ihnen eingewöhnt hat. Im Herbst und Winter gekaufte Pflanzen erst Ende Februar umtopfen. Die Nährstoffe im neuen Substrat stehen ihr dann rechtzeitig zu Beginn der Wachstumsperiode zur Verfügung. Wird umgetopft, sollte der neue Topf nicht zu groß sein. Pflanzen in zu großen Töpfen erhalten meist – der Topfgröße entsprechend – zuviel Wasser.

Bepflanzte Schalen enthalten meist verschiedene Arten und Sorten, die oft genug von ihren Pflegeansprüchen her gar nicht zusammenpassen. Stellen Sie diese Geschenk-Arrangements hell, warm (um 20 °C), aber nicht sonnig. Trennen Sie die Pflanzen, bevor ihre Wurzeln sich dicht verflechten und topfen Sie sie einzeln oder in geräumigere Gefäße um – am besten im Frühjahr.

## Das brauchen Sie für die Pflege

- Handrechen und Handschaufel
- Gießkanne mit langem, dünnem Gießrohr
- Zerstäuber zum Sprühen von Wasser und für Pflanzenschutz- und -stärkungsmittel
- Filtergießkanne
- Universal-Haushaltsschere
- Gartenschere
- scharfes Messer
- Holz- und Bambusstäbe
- Blumendraht, Bast, Schnur
- Holzkohlepulver zum Desinfizieren von Schnittstellen
- Dünger
- Wasserenthärtungsmittel
- verschiedene Substrate, Substratbestandteile oder -zusätze
- verschiedene Pflanzgefäße
- Pflanzenleuchte (bei sehr dunklen Standorten)
- Urlaubs- oder Langzeitbewässerung

*Die hinreißend gezeichneten Marantengewächse vertragen trockene Heizungsluft nicht.*

## Machen Sie sich mit der Pflanze vertraut

Pflanzen sind erstaunlich anpassungsfähig und nehmen es nicht übel, wenn der Pflegeplan einmal nicht ganz akkurat eingehalten wird. Natürlich gedeihen sie aber am besten, wenn die Pflege stimmt. Sie sollten sich deshalb über jeden Pflanzenneuling in Ihrem Heim gründlich informieren:

- Lesen Sie die Pflegeanleitung im jeweiligen Pflanzenporträt (→ Seite 84 bis 229) sorgfältig durch.
- Vergleichen Sie die Angaben mit Ihren Standortbedingungen und Pflegegewohnheiten.
- Berücksichtigen Sie unabhängig von individuellen Kulturfahrplänen grundsätzliche Dinge wie Wachstumsfaktoren (→ Seite 36) und Vegetationsrhythmus (→ rechts).
- Versuchen Sie ungünstige Standortbedingungen durch Einsatz von Pflanzenleuchten (→ Seite 45), Erhöhung der Luftfeuchte (→ Seite 43), Schattierung und Fensterbankisolierung (→ Seite 45) zu verbessern.

## Der Vegetationsrhythmus und was er für die Pflege bedeutet

### Die Wachstumszeit

Die Vegetationsperiode hängt bei allen Pflanzen vom Licht ab. Für unsere Zimmerpflanzen beginnt sie, wenn die Tage länger werden.
Erkennungszeichen: Frischgrüne Neutriebe, zunehmendes Wachstum.
Für die Pflege heißt das: Ab Frühjahr Wassergaben langsam steigern und mit dem Düngen beginnen.

### Die Ruhezeit

Für viele Pflanzen, zum Beispiel solche aus tropischen und subtropischen Breiten mit gleichbleibendem Klima, gibt es keine Ruhezeit. Als Zimmerpflanzen in unseren Breiten wird ihnen eine Vegetationspause aufgezwungen, die bedingt ist durch die nachlassende Sonneneinstrahlung und die kürzeren Tage in den Herbst- und Wintermonaten.

*Die Pflanzen auf Seite 34/35 von links nach rechts:*

**Ganz schön farbig – Grün im Grün**

Hintere Reihe: Korbmarante (*Calathea veitchiana*), Schwertfarn (*Nephrolepis exaltata*), Stromanthe (*Stromanthe* 'Stripe Star'), Duftpelargonie (*Pelargonium graveolens*).
Vordere Reihe: Schwertfarn (*Nephroplepis exaltata 'Linda'*) Simse (*Scirpus cernuus*), Callisie (*Callisia repens*), Guzmania (*Guzmania*), Zwergpfeffer (*Peperomia obtusifolia*), Korallenmoos (*Nertera granadensis*), Zypergras (*Cyperus*), Frauenhaarfarn (*Adiantum tenerum*), Zypergras (*Cyperus*).

Eine Ruhepause kann aber auch bei Zimmerpflanzen arttypisch vorprogrammiert sein.
Dies ist der Fall bei Pflanzen, die einziehen und sich aus Knollen und Zwiebeln regenerieren (wie Amaryllis, Alpenveilchen sowie viele Gesneriengewächse) oder bei laubabwerfenden Pflanzen wie *Bougainvillea glabra*. Auch Pflanzen, die in ihrer Heimat Trockenperioden überstehen müssen, erleben diese als Vegetationspausen. Übrigens: Nicht immer fallen diese Ruhezeiten in unseren Herbst oder Winter. Bei der Zimmerkalla zum Beispiel beginnt die Vegetationspause bereits ab Ende Mai.
Erkennungszeichen: Abnehmendes Wachstum bis Wachstumsstillstand, Gelbwerden der Blätter, Laubfall.
Für die Pflege heißt das: Das Einhalten der Ruhezeit ist für viele Zimmerpflanzen Voraussetzung, um wieder neu auszutreiben und Blüten anzusetzen. Für den Zimmergärtner heißt das, eine Trocken- und Kühleperiode einzulegen. Da bei Lichtmangel die Lebensvorgänge abnehmen, muß man die weiteren Wachstumsfaktoren Wärme und Wasser ebenfalls reduzieren, beziehungsweise ganz weglassen. Düngen entfällt ohnehin, da die Pflanzen im Ruhezustand oder bei Lichtmangel mit Nährstoffen überhaupt nichts anfangen können. Beispiel: Kakteen, die man im Winter durch Wärme und Nährstoffe zum Treiben zwingt, bilden kein sonderlich widerstandsfähiges Gewebe und blühen im Folgejahr nicht.
**Mein Tip:** Pflanzen des tropischen Regenwalds, die keine Ruhezeit brauchen, können Sie unter Pflanzenleuchten, die konstant optimales Wachstumslicht liefern, besonders artgerecht pflegen. Wichtige Begleitmaßnahmen sind allerdings konstante Wärme und eine hohe gleichbleibende Luftfeuchte.

## Die 5 Wachstumsfaktoren

Die Wachstumsfaktoren Licht, Wärme, Wasser, Luft und Nährstoffe sind der Motor, der das Pflanzenleben in Gang bringt und beeinflußt. Sie bedingen und beeinflussen sich gegenseitig und müssen artgerecht und der Jahreszeit entsprechend aufeinander abgestimmt sein. Die Wachstumsfaktoren sind so wichtig, daß die Pflegepläne in den Pflanzenporträts (→ Seite 84 bis 229) nach ihnen ausgerichtet sind.

### Wachstumsfaktor Nr. 1: Licht

Mit seiner Hilfe baut die Pflanze über die Photosynthese Kohlenhydrate auf, die sie zum Wachsen braucht. Licht wirkt sich zum Beispiel auf die Wachstumsrichtung aus, beeinflußt die Gestalt, Blattfärbung und Blütenentwicklung. Nehmen die Lichtintensitäten ab, laufen die Lebensvorgänge auf Sparflamme. Die Lichtintensität wird in Lux ausgedrückt und kann mit einem Luxmeter (→ Zeichnung, Seite 45) gemessen werden. Die Mindesthelligkeit für Pflanzen liegt bei 700 bis 1 000 Lux. Darunter stagnieren Wachstum und Blütenbildung. Optimales Wachstum ist ab 10 000 Lux möglich.
Die Lichtdauer, die eine Pflanze benötigt, ist individuell unterschiedlich und hängt von ihrem Heimatstandort ab. Im Durchschnitt braucht eine Pflanze 12 bis 16 Stunden Licht täglich.
**Tips für die Pflege:** Je heller eine Pflanze steht, desto aktiver wächst sie, desto mehr Wärme, Wasser und Dünger verträgt sie. Je dunkler, desto geringer sollten auch die anderen Wachstumsfaktoren dosiert sein.

### Wachstumsfaktor Nr. 2: Wärme

Wärme regt Wachstum, Nährstoffaufnahme und Bodenleben an. Pflanzen aus dem tropischen Regenwald brauchen durchgehend Wärme, andere tropische und subtropische mögen es, wenn wir im Winter nachts die Heizung einige Grade drosseln, tropische Bergbewohner und mediterrane Arten müssen, wenn die dunkle Jahreszeit beginnt, kühl stehen. Wichtig für alle: Bodenwärme. Sie sollte nicht tiefer als die Raumtemperatur liegen.
**Tips für die Pflege:** Je wärmer und heller eine Pflanze steht, desto mehr Wasser verbraucht sie. Bei Kühle mit Wasser sparen! Kühle plus Nässe ist Gift für Zimmerpflanzen.

### Wachstumsfaktor Nr 3: Wasser

Wasser ist ein Hauptbestandteil der Pflanze, dient dem Transport der Nährstoffe (also auch des Düngers) und hält die Spannung in den Zellen aufrecht. Fehlt es, macht die Pflanze schlapp. Ist zuviel davon da, treten die gleichen Symptome auf. Dann nämlich drückt das Wasser den Sauerstoff, den die Wurzeln zum »Trinken« benötigen, aus dem Boden. Wasser wird ständig verdunstet, an sonnigen Plätzen, bei hohen Temperaturen und trockener Luft mehr als an schattigen Standorten, bei niedrigen Temperaturen und feuchter Luft, von groß, weich- und reichlaubigen Pflanzen mehr als von klein- und hartblättrigen.
**Tips für die Pflege:** Gießen Sie mehr in der Wachstumsperiode der Pflanze sowie bei hellem Stand, bei Wärme und Lufttrockenheit. Weniger gegossen wird in der Ruhezeit sowie bei schattigem Stand, bei Kühle und hoher Luftfeuchte.

**Sorten von Camellia japonica**

*1 'Ima Kumagai'*
*2 'St. Ewe'*
*3 'Imbricate Rubra'*
*4 'Jury's Yellow'*
*5 'C. M. Wilson'*
*6 'Bob Hope'*
*7 'Fred Sander'*
*8 'Ezo Nishiki'*
*9 'Betty Sheffield Supreme'*

**Wachstumsfaktor Nr. 4: Luft und Luftfeuchte**

Luft und Luftfeuchte sind wesentliche Bedingungen des Pflanzenlebens.

**Luft** brauchen Pflanzen zum Atmen und zum Gesundbleiben. Gestaute Luft hingegen (zum Beispiel wenn Pflanzen zu dicht stehen) zieht Schädlinge an. Zugluft und durch Abgase oder Gifte (Zigarettenrauch) verseuchte Luft kann zu Blatt-, Blüten- oder Knospenfall führen.

**Luftfeuchte** ist bei allen Zimmerpflanzen wichtig, die von Hause aus nicht mit einem Verdunstungsschutz (→ Seite 16) ausgerüstet sind, nur über atmosphärische Feuchte Wasser aufnehmen können (Epiphyten), oder die aus dem immerfeuchten Regenwald stammen und auf unsere trockene Heizungsluft überhaupt nicht eingestellt sind.
Der Luftfeuchtebedarf liegt bei einigen Tropenbewohnern bei 60 bis 80 %. Die meisten unserer Zimmerpflanzen benötigen 50 bis 80 % Luftfeuchte. Ein für Menschen, Tiere und Pflanzen gleichermaßen gesundes Raumklima sollte 50 bis 60 % Luftfeuchte enthalten. Im Sommer herrschen bei schönem Wetter etwa 50 %, an trüben und gewittrigen Tagen 60 bis 80 %, im Winter liegt die Luftfeuchte in zentralgeheizten Räumen bei 40 bis 50 % – eine problematische, trockene Luft, die von den meisten Pflanzen nicht mehr vertragen wird.
Ob in Ihrer Wohnung genügend Luftfeuchtigkeit vorhanden ist, läßt sich mit einem Hygrometer ermitteln. Das Gerät gibt es eingebaut in eine »Wetterstation« zusammen mit Thermometer und Barometer (beim Optiker) oder einzeln (im Fachhandel für Orchideenbedarf, → Adressen, Seite 238).
**Tip für die Pflege:** Je höher die Luftfeuchte ist, desto mehr Wärme verträgt eine Pflanze.

**Wachstumsfaktor Nr. 5: Substrat und Dünger**

Aus dem Substrat bezieht die Pflanze ihre Nährstoffe. Es dient außerdem dem Halt ihrer Wurzeln und soll so beschaffen sein, daß diese immer von leichter Feuchte umgeben sind, aber auch Luft an sie gelangen kann. Das heißt, ein gutes Substrat soll Feuchtigkeit speichern können und luftdurchlässig sein.

**Substrate** kann man selbst aus verschiedenen Bestandteilen herstellen (→ Adressen, Seite 238) oder fertig verpackt kaufen. In Industrieerden und fertigen Spezialsubstraten für bestimmte Pflanzengruppen (→ Seite 40) wachsen Pflanzen nach meiner Erfahrung optimal. Nehmen Sie für Ihre Zimmerpflanzen nur qualitativ hochwertige Fertigerden. Bei Billigangeboten sind Wasserspeichervermögen und Luftdurchlässigkeit, Nährstoffgehalt, pH-Wert, hygienische Beschaffenheit und Humusgehalt oft nicht zufriedenstellend.
Weitere Pflanzstoffe beziehungsweise Substratzutaten: Grober Torf, Lehm, Rindenhumus, Blähton und Tongranulate, Perlite, Styroporschnitzel, Steinwolle, Torfmoos (*Sphagnum*), Baumfarne, Farnwurzeln (*Osmunda*) sowie Korkeichenrinde und Baumfarnbretter zum Aufbinden von Epiphyten.
**Umwelttip:** Unsere Torfgebiete werden rapide abgebaut. Ersetzen Sie deshalb torfhaltige Erden durch alternative Substrate, zum Beispiel durch Rindenkultursubstrate oder Tongranulate (→ Seite 40). *Sphagnum*, *Osmunda* und Baumfarn stehen unter Artenschutz und sind nur noch aus alten Beständen erhältlich. Alternativen sind Steinwolle, Styroporschnitzel (leider auch nicht ganz umweltfreundlich) und Rinde.
**Tip für die Pflege:** Torfhaltige Substrate nie austrocknen lassen! Torf hat zwar eine gute Speicherfähigkeit für Wasser, nimmt jedoch – einmal völlig trocken – Wasser nur noch schlecht an.

**Dünger** ist nötig, weil die Erde im Topf nur begrenzt Nährstoffe liefert, und die Pflanze, wenn sie wachsen soll, Nachschub braucht.
Die Hauptnährstoffe heißen N (Nitrogenium oder Stickstoff), P (Phosphor), K (Kalium) und Mg (Magnesium).
Stickstoff läßt die Pflanze wachsen, sorgt für Zuwachs von Trieben und Blättern und für die Blattgrünbildung. Aber: Zuviel macht das Gewebe weich und krankheitsanfällig.
Phosphor ist notwendig für die Bildung von Wurzeln und Knospen sowie für die Frucht- und Samenreife. Blütenpflanzen brauchen davon mehr als Grünpflanzen.
Kalium macht das Pflanzengewebe fest und widerstandsfähig gegen Krankheiten und Schädlinge und ist wichtig für die Photosynthese. Magnesium ist ein bedeutender Nährstoff, den die Pflanze vor allem zum Aufbau von Blattgrün benötigt.
Spurenelemente nennt man jene Nährstoffe, die die Pflanze ebenfalls dringend zum Leben braucht, aber jeweils nur in kleinen »Spuren« aufnimmt. Für einen reibungslosen Ablauf der Lebensvorgänge werden Eisen, Kupfer, Mangan, Molybdän, Zink und Bor benötigt.
Ein guter Volldünger muß die 4 Hauptnährstoffe und alle lebenswichtigen Spurenelemente enthalten. Sie können allerdings unterschiedlich dosiert sein. Wachstumsfördernde Dünger haben ein geringes Übergewicht an Stickstoff, blütenfördernde enthalten stets mehr Phosphor und Kalium als Stickstoff. Dünger ist in verschiedenen Zusammensetzungen und Formen erhältlich. Besonders benutzerfreundlich sind flüssige Dünger, die dem Gießwasser beigegeben werden oder Düngestäbchen, die man einfach ins Substrat steckt.
Die richtige Dosierung hängt von der Salzempfindlichkeit der Pflanzenwurzeln ab. Den meisten Pflanzen genügen 2 g (beziehungsweise 2 ml) Dünger auf 1 Liter Wasser. Halten Sie sich an die Dosiervorschriften der Hersteller, verwenden Sie die Dosierhilfen und machen Sie eine Lösung lieber zu schwach als zu stark. Die Maßangaben Gramm (g), Milliliter (ml) oder Kubikzentimeter ($cm^3$) können Sie gleichsetzen. Salzempfindliche Pflanzen wie Orchideen und Farne düngt man besonders niedrig dosiert.

*Kleiner Farngarten im Aquarium. Eine Lavaquelle sorgt für Feuchte und Wohlbefinden.*

**Tips für die Pflege:**

- Die Faustregel besagt: Zimmerpflanzen während der Wachstumszeit alle 2 Wochen düngen! Stark wachsende Pflanzen können jedoch wöchentlich, langsam wachsende sollten nur alle 4 Wochen gedüngt werden.
- Nie auf den trockenen Wurzelballen und in voller Sonne düngen.
- Lieber öfter und niedrig dosiert, als selten und hoch dosiert düngen.
- Nur düngen, wenn die Pflanze wächst.
- Weniger düngen, wenn die Pflanze weniger Licht bekommt, als sie zum Wachsen braucht. Bei Lichtmangel werden die Nährstoffe nicht verwertet und versalzen bei mineralischen Düngern den Boden.
- Pflanzen ohne Ruheperiode auch im Winter einmal monatlich düngen.
- Wichtig: Düngen ersetzt nicht das Umtopfen.

## Soll man mit Pflanzen reden?

Ich kenne genügend Pflanzenliebhaber, die ihren Erfolg darauf zurückführen, daß Sie mit ihren Schützlingen reden und ertappe mich selbst oft genug bei »Selbstgesprächen« mit Pflanzen im Garten oder Haus. Versuche mit Lügendetektoren haben gezeigt, daß Pflanzen auf Angriffe (Feuer, Schneidegeräte) »angstvoll« reagieren. Noch immer ist nicht geklärt, welche Art von Sensoren Pflanzen besitzen. Aber Schritt für Schritt werden neue Erfahrungen gemacht: Folgendes weiß man inzwischen: Ultraschall regt das Wachstum an, ein anästhesierter Baum übersteht die Verpflanzung besser und bei Kammermusik gedeihen Pflanzen erfreulicher als bei Hardrock. Warum dies so ist, ist noch ungeklärt. Aber warum kann nicht doch sein, was wir nicht sehen, hören oder durch eine Technologie beweisen können, die morgen schon belächelt wird? Immerhin kann man heute schon die Geräusche durstiger Pflanzen hören. In England wurde ein Sensor entwickelt, der Alarmgeräusche von Pflanzen aufnimmt, die Wasser brauchen. Die im Ultraschallbereich liegenden Töne von 1 MHz entstehen beim Reißen der feinen, in Kapillaren aufsteigenden Wassersäulen, über welche die ganze Pflanze versorgt wird. Menschliche Hybris ist also unangebracht, solange wir noch so erbärmlich wenig über alles Lebendige wissen. Darum: Reden Sie mit ihren Pflanzen, streicheln Sie ihnen auch ruhig einmal übers Laub. Der Beweis, daß es nichts nützt, ist noch nicht erbracht.

## Substrate und Techniken des Umtopfens

In Blumenerde, die vor allem aus Torf, Ton und Nährstoffen besteht, wachsen die meisten Pflanzen gut. Man erkennt dies daran, daß sie die Erde rasch mit gesunden Wurzeln durchziehen und viele neue Triebe bilden.

In Blähton gedeihen viele Zimmerpflanzen. Die wasseraufnahmefähigen Blähtonkugeln (es gibt sie in 3 Größen) geben den Wurzeln Halt. Ihre Nahrung beziehen sie aus dem Wasser und der Nährlösung.

In Epiphytensubstrat möchten Baumbewohner und Luftwurzler wie Farne, Bromelien oder Orchideen wurzeln. Besonders attraktiv: Wenn sie darin an Epiphytenstämme aus Rebholz oder an Rindenstücke aufgebunden werden.

### Was Sie über Substrate wissen sollten

Substrat bedeutet übersetzt soviel wie Nährboden oder Unterlage. Pflanzen brauchen es, um Halt zu finden und daraus Nährstoffe und Wasser zu ziehen. Ein gutes Substrat muß luftig, warm, wasserdurchlässig, aber auch wasserbindend, nährstoffreich und leicht sauer sein (pH-Wert 5 bis 6,5).

Die bekanntesten Substrate:

- Blumenerde. Sie ist aus Torf, Lehm, Ton, Sand und Styroporflocken zusammengesetzt und kann von unterschiedlicher Qualität sein.
- Einheitserde. Sie ist von beständig guter Qualität, besteht aus 60 % Weißtorf und 40 % Lehm oder Ton. Typ P enthält nur wenig Dünger, Typ T ist stärker gedüngt.
- Torfkultursubstrate (TKS 1 oder TKS 2) setzen sich vorwiegend aus Weißtorf zuammen. Sie enthalten weder Lehm noch Ton und sind aufgekalkt, um den Säuregehalt des Torfes zu neutralisieren. Schwach gedüngt sind sie als TKS 1 und stärker gedüngt als TKS 2 erhältlich.
- Spezialerden für Kakteen oder Azaleen. Sie sind auf die Sonderwünsche dieser Pflanzen abgestimmt.
- Orchideen-Substrate. Sie bestehen aus grobem Fasertorf, Rinden, Styroporflocken, Holzkohle und mineralischen Stoffen wie Bimskies, Glimmergranulat, Muschelkalk, Lava und Perlite.
- Epiphyten-Pflanzstoffe werden aus gehacktem Sumpfmoos *(Sphagnum)*, Osmunda-Farnwurzeln und grobem Fasertorf hergestellt.
- Rindenkultursubstrate.
- Tongranulate. Sie bestehen aus erbsengroßen Tonbröckchen, die wasserspeichernd, luftdurchlässig und strukturstabil (verrottungsfest) sind.
- Blähtonkugeln für die Hydrokultur.

**Erdballen in Tongranulat**
*Ideal für alle, die häufig zu viel oder zu wenig gießen. Die erbsengroßen Tonbröckchen saugen wie ein Schwamm 130 % ihres Eigengewichts an Wasser auf und geben es nach Bedarf an die Wurzeln ab.*

**So stellen Sie auf Hydro um**
*1 Erde aus Wurzelballen restlos ausspülen.*
*2 Zu lange Wurzeln kürzen, verfaulte (braune) wegschneiden.*
*3 Pflanze auf gewaschenen Blähton setzen und Korb damit auffüllen.*
*4 Korbtopf in Übertopf stellen und handwarmes Wasser einfüllen.*

**So topfen Sie richtig um**

Zeit zum Umtopfen ist, wenn

- die Erde fast durchwurzelt ist,
- die Erde muffig riecht,
- die Pflanze wurzelkrank ist,
- die Pflanze den Topf sprengt oder die Wurzeln aus dem Abzugsloch wachsen.

Der ideale Umtopftermin ist für die meisten Pflanzen das Frühjahr (ab Ende Februar). Ansonsten gilt: Immer nach der Blüte umtopfen.

Das neue Gefäß sollte rundum 2 cm größer sein als das alte. Tontöpfe vor dem Umtopfen 2 Stunden wässern!

Und so wird's gemacht: Die Pflanze einige Stunden vorher gießen. Alten Topf entfernen. Tontopf umdrehen und auf die Tischkante klopfen oder zerschlagen, wenn er sehr fest sitzt. Plastiktopf aufschneiden. Oberste Erdschicht abbröckeln, Wurzelfilz mit Stäbchen lockern.

Ein Wurzelschnitt ist nur nötig, wenn die Wurzeln braunschwarz und faul sind oder bei sehr alten Pflanzen, die man nicht mehr in größere Töpfe setzen möchte. Schnittstellen mit Holzkohle einpudern. Eventuell auch Triebe zurücknehmen, damit das Gleichgewicht erhalten bleibt.

Ein Rückschnitt der Triebe empfiehlt sich bei verkahlten Pflanzen (→ Seite 44).

Wichtig: Die Dränage. Eine Topfscherbe auf das Abzugsloch des neuen Topfes legen oder mit einer fingerdicken (bei großen Töpfen 5 bis 10 cm dicken) Schicht Blähton, Tongranulat, Kies oder Styroporschnitzeln dränieren. Pflanze eintopfen, angießen, hell und fußwarm, aber auf keinen Fall sonnig stellen. Bodenwärme fördert die Wurzelneubildung.

Weiterpflege: Nur so viel gießen, daß die Erde nicht austrocknet. Sobald sich neue Triebe zeigen, nach den individuellen Ansprüchen pflegen. Erst 6 bis 8 Wochen nach dem Umtopfen düngen!

Erneuern der obersten Erdschicht empfiehlt sich bei großen Pflanzen, die man aus Platzgründen nicht mehr umtopfen möchte und bei Pflanzen, die Umtopfen nicht mögen (Palmen).

Umstellen auf Hydrokultur erfordert sorgfältiges Auswaschen des Wurzelwerks (→ Zeichnungen, So stellen Sie auf Hydro um).

Umsetzen in Tongranulat (→ Zeichnung, Erdballen in Tongranulat) ist für die Pflanze kein Streß, weil der Wurzelballen völlig intakt bleibt und lediglich in das neue Zusatzsubstrat eingebettet wird.

Epiphyten werden in Lochtöpfe oder Lattenkörbe getopft oder auf Rinde, Baumfarnblocks oder Moosstäbe gebunden.

**Blatt- und Blütenpflanzen umtopfen**

*1 Handfläche auf Topferde halten. Topf umdrehen. Ballen vorsichtig herauslösen. Wurzelfilz auflockern. Nicht durchwurzelte Erde abbröckeln, kranke Wurzeln abschneiden, zu lange einkürzen.*
*2 Wasserabzugsloch mit hohl liegender Topfscherbe oder Blähtonschicht dränieren.*
*3 Etwas Erde einfüllen. Pflanze auf Mitte und gleiche Höhe wie zuvor setzen. Erde auffüllen und fest andrücken. Dabei einen 1 cm tiefen Gießrand formen.*

**Kakteen umtopfen**

*1 Kaktus mit Styroporstücken aus dem Topf heben.*
*2 Wurzelballen mit Pikierstab lockern, kranke und vertrocknete Wurzeln entfernen.*
*3 Topfboden dränieren. Kaktus auf gleiche Höhe wie zuvor in den Topf setzen.*
*4 Substrat einfüllen und mit Pikierstab fest andrücken.*

**Orchideen richtig aufbinden**

*1 Luftwurzeln rundum mit Pflanzstoff umhüllen.*
*2 Pflanze so an das Rindenstück halten, daß kein Wasser ins Herz laufen kann – Fäulnisgefahr!*
*3 Mit zerschnittenen Damenstrümpfen nicht zu fest umwickeln.*

# Gießen, Wasser enthärten und für Luftfeuchte sorgen

Gießen von oben ist bei den meisten Zimmerpflanzen zu empfehlen. Das Substrat wird dabei gleichmäßig durchfeuchtet und dem Gießwasser beigegebener Dünger ausgewogen verteilt. Tip: Eine Kanne mit langem Gießrohr verhindert, daß die Blätter benetzt werden.

Gießen von unten sollte man Pflanzen mit nässeempfindlichen Knollen, Stengeln oder besonders empfindlichen Blättern (zum Beispiel Usambaraveilchen). Nachteil: Durch die Wasserverdunstung werden die Nährsalze nach oben gezogen und kristallisieren an der Substratoberfläche aus.

Tauchen ist die beste Möglichkeit, Epiphyten und Orchideen, die ein besonders wasserdurchlässiges Substrat haben, gründlich mit Wasser zu versorgen. Eine ideale Methode auch für Ampelpflanzen, die sich oft in Töpfen oder Körben ohne ausreichend große Untersetzer befinden.

**Bromelien in den Trichter gießen**
*Für jede andere Pflanze wäre ein solcher Wasserstau tödlich – nicht für Bromelien. Aus ihren wasserdichten Trichtern, sogenannten Zisternen, versorgen sie sich mit Wasser und Nährstoffen.*

## 10 goldene Gießregeln

Wieviel Wasser eine Pflanze braucht, ist von ihrem individuellen Bedarf (→ Beschreibungen der einzelnen Arten, Seite 84 bis 229), ihrem Vegetationsrhythmus, dem Substrat sowie von Licht, Temperatur und Luftfeuchte abhängig. Hier die 10 wichtigsten Gießregeln:

1 Höchste Zeit zum Gießen ist, wenn die Erde hell aussieht oder sich vom Topfrand löst, wenn der Topf leicht geworden ist oder die Pflanze schlappt.

2 Die meisten Pflanzen von oben gießen, einige Ausnahmefälle von unten. Ausgetrocknete Pflanzen, Epiphyten und Ampelpflanzen am besten tauchen (→ Zeichnungen, links).

3 Ideales Gießwasser ist handwarm und weich (0 bis 8 °dH); den Härtegrad können Sie beim örtlichen Wasserwerk erfragen.

4 Leitungswasser über 13 °dH sollten Sie enthärten (→ Zeichnungen, Gießwasser enthärten).

5 Leitungswasser generell über Nacht abstehen lassen, damit Chlor verfliegt und Kalk sich absetzt.

6 Häufiger gießen müssen Sie bei trockener, warmer Luft, an hellen, sonnigen Standorten, reich- und großlaubige Pflanzen, Pflanzen in Tontöpfen, Pflanzen mit hohem Wasserbedarf, die häufig in lehmige oder torfige Substrate getopft werden.

7 Seltener gießen müssen Sie bei hoher Luftfeuchte, niedrigen Temperaturen, an lichtarmen Standorten, Pflanzen in Kunststofftöpfen, Pflanzen mit geringem Wasserbedarf, die häufig in sandige Substrate getopft werden.

8 Während der Wachstumszeit durchdringend, aber nicht zu häufig gießen. Kleine Wassermengen befeuchten nur die Oberfläche, die feinen Wurzeln im Topfinnern gehen leer aus.

9 Im Herbst/Winter Wassermengen generell zurücknehmen.

10 Überschüssiges Wasser im Untersatz und in Übertöpfen immer entfernen!

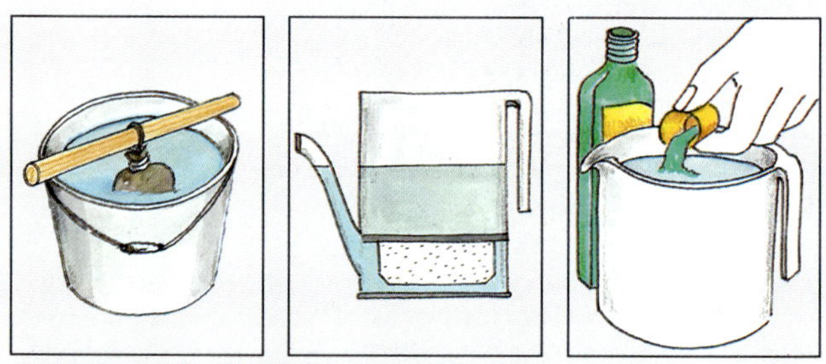

**So können Sie Gießwasser enthärten**
*1 Durch Torf. 1 l trockenen Torf in einen Mullbeutel füllen, über Nacht in 10 l Wasser hängen.*
*2 Mit einer Filtergießkanne, die Ionenaustauscher enthält und Kalk, Chlor sowie andere Stoffe beseitigt.*
*3 Durch Zugeben eines Enthärtungsmittels in flüssiger oder fester Form. Danach Wasser einige Stunden stehenlassen.*

### Wie man die Luftfeuchte verbessern kann

Eine Luftfeuchte von 60 bis 70 % ist das ideale Wohlfühlklima für die meisten Zimmerpflanzen. Im Sommer ist mangelnde Luftfeuchte weniger ein Problem, aber im Winter kann sie im warmen Zimmer sehr schnell unter 40 % sinken – problematisch für viele Pflanzen.
Direkte Luftfeuchte schaffen Sie durch direktes Sprühen (→ Zeichnung 4, Luftfeuchte). Damit imitiert man die Taubildung, auf die zum Beispiel Tillandsien und andere Epiphyten angewiesen sind.
Wichtig: Weiches Wasser nehmen, Zerstäuber fein einstellen, nicht auf Blüten und nicht bei Sonne sprühen!
Indirekte Luftfeuchte mögen die meisten Zimmerpflanzen. Neben den gezeigten Beispielen (→ Zeichnungen 1 bis 3, Luftfeuchte) gibt es noch folgende andere Möglichkeiten:

- Aufstellen von elektrischen Luftbefeuchtern, Aquarien, Zimmerspringbrunnen, Lavaquellen.
- Großlaubige Pflanzennachbarn und Sumpfpflanzen.
- Pflanzen auf Schalen mit ständig feucht gehaltenem Torf, Sand oder Kies stellen.

**Mein Tip:** Wer durch Sprühen die Luftfeuchte erhöhen will, darf bei Pflanzen mit extrem nässeempfindlichem Laub (zum Beispiel Begonien, Drehfrucht, Gloxinien, Mimose, *Miltonia*) nicht auf die Pflanzen, sondern nur in ihre Umgebung sprühen (→ Zeichnung 3, Luftfeuchte). Besser ist jedoch hier, durch andere Methoden für indirekte Luftfeuchte zu sorgen.

### Bewässerung im Urlaub

Wer nur einige Tage außer Haus ist, wässert seine Pflanzen ausreichend, gibt ihnen einen kühleren Platz oder füttert den Topfballen in Tongranulat ein, das 130 % seines Eigengewichts an Wasser speichern kann (→ Zeichnung, Erdballen in Tongranulat, Seite 40).
Für längere Abwesenheit gibt es verschiedene »Pflanzensitter«, die alle nach dem Prinzip der Kapillarwirkung arbeiten. Wenn das Substrat trocken ist, saugen die Pflanzen über eingesteckte Tonkegel (→ Zeichnung 3, Automatische Bewässerung), Dochte (→ Zeichnung 1 und 2, Automatische Bewässerung), Wollfäden, Vliesstreifen oder Quellhölzer beziehungsweise untergelegte Filzscheiben, Docht- oder Vliesmatten (→ Zeichnung, Urlaubsbewässerung) Wasser aus einem Reservoir nach, mit dem sie verbunden sind (Bezugsquellen → Adressen, Seite 238).
Wichtig: Vorher ausprobieren, ob's funktioniert und wie lange der Wasservorrat reicht.

**Luftfeuchte für mehrere Pflanzen**
*Gitterrost in Schale einlegen und Wasser bis knapp unterhalb des Rosts auffüllen. Die Pflanzen stehen fußtrocken, sind aber von verdunstender Feuchte umgeben.*

**Luftfeuchte für einzelne Pflanzen**
*1 Topf in größeren Topf mit Blähton, Torf oder Tongranulat einbetten.*
*2 Pflanze auf umgedrehtem Untersatz in einem größeren, wassergefüllten Gefäß.*
*3 Indirektes Sprühen, also nicht auf die Pflanze, sondern in ihre Umgebung.*
*4 Direktes Besprühen der Pflanze. Wichtig bei Tillandsien und Epiphyten.*

**Zwei Beispiele für automatische Bewässerung**
*1 Glasfaserdochte mit Sacknadel durchs Abzugsloch in Topf einziehen.*
*2 Dochte auf der Erdoberfläche verteilen und mit Erde abdecken. Untere Dochtenden in Wasservorrat hängen lassen.*
*3 Über Tonkegel saugen die Pflanzen bei Trockenheit Wasser aus einem Gefäß.*

**Urlaubsbewässerung**
*In der Küche die im Fachhandel erhältliche Wasserversorgungsmatte so auf die Geschirrablage legen, daß das Ende ins wassergefüllte Becken reicht. Die saugfähige Matte kann eine ganze Reihe von Pflanzen versorgen. Wichtig: Die Matte darf nicht über den Rand der Spüle hinausragen, damit kein Wasser auf den Boden tropft.*

## Schneiden, Erziehen, Pflegetricks

**Schneiden, Entspitzen und Stutzen**
*1 Die Schnittstelle verläuft etwa 0,5 cm über einer Knospe.*
*2 Entspitzen: Auskneifen der Triebspitzen, vor allem bei Jungpflanzen, damit sie sich verzweigen.*
*3 Stutzen: Zur Verjüngung, Formgebung und Verkleinerung vor allem bei älteren Pflanzen.*

**Pflanzen am Bogen ziehen**
*Geeignet: Schling- und Kletterpflanzen.*
*1 Draht zu einem Bogen formen und tief in den Topf stecken.*
*2 Triebe behutsam um den Bogen winden und eventuell locker festbinden.*

**Am Moosstab befestigen**
*Geeignet: Luftwurzler.*
*1 Moosstab (im Fachhandel erhältlich) einsetzen und mit Erde im Topf fixieren.*
*2 Pflanze daneben eintopfen und Triebe anklammern.*

**Hochstämmchen mit geflochtenem Stamm**
*Die noch weichen Triebe junger Birkenfeigen lassen sich zu einem bezaubernden Hochstämmchen verflechten.*

### Richtig schneiden

Pflanzen werden geschnitten, um sie zu verjüngen, damit sie buschiger wachsen oder klein bleiben.
Der optimale Zeitpunkt für einen Schnitt ist das Frühjahr, bevor die Pflanze neu auszutreiben beginnt, oder die Zeit nach der Blüte (oft der Herbst).
Der richtige Schnitt erfolgt mit einem sauberen, scharfen Messer schräg und stets dicht über einer Knospe (→ Zeichnung 1, Schneiden). Große Schnittstellen am besten mit Holzkohlepuder desinfizieren. Bei Pflanzen, die »bluten« (*Ficus*-Arten, Euphorbien), Schnittflächen mit Wasser übersprühen.
Wieviel wegnehmen? Das hängt von der Art der Pflanze, ihrem Wuchs und Ihren Wünschen ab.

- Beim Entspitzen (→ Zeichnung 2, Entspitzen) werden die Triebspitzen mit den Fingern abgeknipst.
- Beim Stutzen (→ Zeichnung 3, Stutzen) schneidet man zur Formgebung nur die Spitzen, zur Verjüngung bis zu $^2/_3$ der Pflanze zurück. Der kräftige Rückschnitt empfiehlt sich, wenn die Pflanzen sehr stark wachsen, von unten verkahlen oder zu lange Triebe mit weiten Abständen zwischen den Blättern gebildet haben.
- Ganz entfernt wird bei buschigen Pflanzen einer von zwei zu eng stehenden Trieben.

### Pflanzen gut erziehen

Zum Aufbinden an Bögen (→ Zeichnungen, Bogen) oder Spalieren eignen sich Pflanzen mit langen, weichen Trieben.
Moosstäbe (→ Zeichnungen, Moosstab), die es fertig zu kaufen gibt, sind ideal für *Philodendron* und *Monstera*.
Hochstämmchen selbst ziehen (→ Zeichnungen, Hochstämmchen). Bis zum fertigen Kronenbäumchen dauert es oft 5 Jahre. Wegen eventueller Ausfälle am besten gleich mit mehreren Pflanzen beginnen.

**Erziehung zum Hochstämmchen**
*1 Seitentriebe kräftiger Jungpflanzen ständig entfernen.*
*2 Haltestab anbringen und mit Achterschlaufe befestigen. Ist die gewünschte Höhe erreicht, Spitze abschneiden.*
*3 Seitentriebe häufig stutzen, damit sich eine dichte Krone bildet.*

## Mit 10 Pflegetricks zum Erfolg

Meist ist der Aufwand gar nicht so groß, wenn es darum geht, seinen Zimmerpflanzen optimales Gedeihen zu ermöglichen.

1 Der Trick mit dem Apfel (→ Zeichnung 1, Pflegetricks). Das reifen Äpfeln und Citrusfrüchten entströmende Äthylengas (→ Seite 68) ist ein Pflanzenhormon, das Bromelien veranlaßt, Blüten zu bilden. Schließen Sie Ihre Bromelie mit einigen Äpfeln für 1 bis 2 Wochen in einer lichtdurchlässigen Plastikhaube ein. Etwa 4 Monate später erfolgt die Blütenbildung.

2 Alte Blüten regelmäßig entfernen (→ Zeichnung 2, Pflegetricks). Die Ausbildung des Samens kostet die Pflanze nämlich viel Kraft und verhindert eine eventuelle Nachblüte.

3 Eine Markierung am Topf (→ Zeichnung 3, Pflegetricks) ist eine Orientierungshilfe, damit die Pflanze nach dem Abduschen, Abstauben oder Fensterputzen wieder mit der gleichen Wuchsrichtung zum Licht steht wie vorher. Wichtig für empfindliche Pflanzen wie Klivie, Azalee, Gardenie, sie reagieren sonst leicht mit Blütenfall.

4 Styroporplatten (→ Zeichnung 4, Pflegetricks) sind die einfachste Isolierungsunterlage bei kalten Fensterbänken. Noch besser: Elektrische Wärmematten, die es im Fachhandel gibt.

5 Abstauben, Abwaschen oder ein warmer Juniregen (→ Zeichnung 1, Pflanzenkosmetik) lassen die Blätter wieder »atmen«. Die Pflanze kann danach besser assimilieren.

6 Braune Blattspitzen entfernen (→ Zeichnung 2, Pflanzenkosmetik). Lassen Sie einen schmalen braunen Saum stehen, da sonst die frische Schnittstelle wieder eintrocknet.

7 Eine gründliche Spülung des Substrats (→ Zeichnung 1, Spülung und Tauchbad) unter langsam fließendem, lauwarmem Wasser wäscht überschüssige Düngesalze aus. Hilfreich bei Pflanzen, die häufiges Umtopfen nicht mögen (Palmen!) oder die man aus Platzgründen nicht mehr umtopfen möchte.

8 Ein Tauchbad (→ Zeichnung 2, Spülung und Tauchbad) ist oft die letzte Rettung für eine völlig ballentrockene, schlappe Pflanze.

9 Eine Pflanzenleuchte (→ Zeichnung 1, Licht) ermöglicht die Plazierung von Grün- und Blütenpflanzen auch in dunklen Ecken.

10 Der Lichtmesser (→ Zeichnung 2, Licht) ist unentbehrlich zum Messen von Zusatzlicht aus Pflanzenleuchten sowie zur Ermittlung der Lichtwerte an zweifelhaften Standorten.

**Praktische Pflegetricks**

*1 Apfelduft bringt Bromelien zum Blühen, die Plastikhaube bannt das Aroma.*
*2 Verblühtes entfernen. Die Samenbildung kostet die Pflanze viel Kraft.*
*3 Eine Markierung (Lichtmarke) zeigt die Fensterseite des Topfes an.*
*4 Styroporplatten oder heizbare Wärmematten isolieren gegen Kälte von unten.*

**Pflanzenkosmetik**

*1 Flächige Blätter öfter lauwarm abwaschen. Behaarte Blätter mit dem Kosmetikpinsel entstauben.*
*2 Beim Abschneiden brauner Spitzen Saum stehenlassen.*

**Spülung und Tauchbad**

*1 Überschüssige Düngesalze lassen sich entfernen, indem man viel Wasser langsam durch das Substrat rinnen läßt.*
*2 Bei Ballentrockenheit taucht man den Topf bis über den Rand so lange in lauwarmes Wasser, bis keine Blasen mehr aufsteigen.*

**Licht nach Maß**

*1 Pflanzenleuchten spenden das Licht, das zum Wachsen und Gesundbleiben erforderlich ist.*
*2 Mit einem Luxmeter (im Fachhandel erhältlich) läßt sich die Helligkeit am Standort exakt ermitteln.*

**Etwas für Liebhaber: Der Tillandsien-Baum**

*Ein bizarrer, knorriger Ast, der in ein stabiles Keramikgefäß eingegipst oder – zementiert wird, ist ein artgerechter Platz für graue Tillandsien. Man bindet sie am besten mit dünnen Streifen aus zerschnittenen Perlonstrümpfen auf. Da sie die Feuchte über die Saugschuppen ihrer Blätter aufnehmen, werden sie nicht gegossen, sondern mit weichem, zimmerwarmem Wasser rundum eingenebelt.*

## Pflegefehler, die Pflanzen krank machen

- Zu wenig Licht bei zu warmem Stand
- Sonne für Schattenpflanzen
- Schatten für Sonnenkinder
- Aggressive Frühjahrssonne
- Schwankende Temperaturen
- Hitzestau an der Fensterscheibe
- Kältekäfig zwischen Fensterscheibe und Vorhang
- Kalte Füße
- Kaltes, hartes Gießwasser
- Zu viel Wasser bei zu kühlem Stand
- Staunässe
- Sauerstoffarme Luft in schlecht gelüfteten Räumen
- Trockene Heizungsluft
- Giftige Luft (Gas aus undichten Gasleitungen oder Küchenherden, Zigarettenrauch, Ausdünstungen von Holzschutzmitteln)
- Durchzug oder Platz am zugigen Fenster
- Zu kleine oder zu große Gefäße
- Muffiges, modriges und verdichtetes Substrat
- Nichteinhalten der Winterruhe
- Offene Fenster im Mai beim Blattlausflug

## Tongranulat statt Erde

Tongranulate werden für die altbewährte Hydrokultur (Blähtonkugeln in verschiedenen Größen) sowie für eine kombinierte Erd-Pflanzgranulat-Kultur verwendet. Bei letzterer bettet man die Pflanze aus Erdkultur einfach in das Substrat ein, das sie in kurzer Zeit freudig durchwurzelt (→ Zeichnung, Seite 40).

Vorteile der Tongranulate:

- Sie besitzen einen pflanzenfreundlichen pH-Wert zwischen 6,0 und 6,5.
- Sie verrotten und verdichten nicht (sind also luftig und strukturstabil) und bieten Bodenschädlingen und Krankheitskeimen kein geeignetes Milieu.
- Sie sorgen für optimale Versorgung der Wurzeln mit Sauerstoff und Wasser. Staunässe ist bei richtiger Handhabung ausgeschlossen.
- Ein Wasserstandsanzeiger (bei Blähton) oder ein Feuchtigkeitsmesser (bei anderen Pflanzgranulaten) geben an, wann wieder nachgegossen werden muß.
- Der Wasservorrat reicht in der Regel 1 bis 2 Wochen, so daß Sie unbesorgt in einen Kurzurlaub verreisen können.
- Spezielle Langzeit-Nährstoffe wirken 4 bis 6 Monate (bei Blähton), 2 Monate (bei anderen Pflanzgranulaten).
- Man muß seltener umtopfen.

Die Umstellung von Erdkultur auf Hydro

Dieses Verfahren ist nicht ganz unproblematisch und funktioniert am besten, wenn die Pflanzen jung, wüchsig und gesund sind. Außerdem: Die Erde muß von den Wurzeln restlos entfernt werden (→ Zeichnungen, Seite 40), damit sie nicht zu faulen beginnen. Verwenden Sie zum Umtopfen nur spezielle Hydrotöpfe. Bester Termin: März bis September.

Für diese Kultur sind viele Grün- und Blütenpflanzen (→ Pflanzenporträts, Seite 84 bis 229, Symbol ) geeignet.

Die Umstellung von Erdkultur in andere Tongranulate

Dies ist noch einfacher, da die Pflanzenwurzeln nicht gestört werden. Man kann also auch ältere Pflanzen in dieses neue Substrat umtopfen. Wichtig: Der neue Topf muß deutlich größer und ohne Abzugsloch sein (→ Zeichnung, Seite 40). Ideal: ⅓ Erdballen, ⅔ Tongranulat. Bester Termin zum Umtopfen: März bis September. Für diese Kultur sind alle Zimmerpflanzen geeignet, die auch in Erde gedeihen. Blähton und andere Pflanzgranulate aus Ton, Hydrokulturzubehör sowie passende Pflegemittel für diese Kulturformen sind überall im Gartenfachhandel erhältlich (→ Adressen, Seite 238).

**Mein Tip:** Da der Salzgehalt von Tongranulaten sehr schwankend ist, müssen sie vor der Verwendung gründlich gewässert werden.

## Bonsai – kleine Welt ganz groß

Bonsai bedeutet übersetzt Baum in der Schale. Er ist nicht die »unfertige« Jungform eines Baumes, sondern ein kleingehaltener Baum mit einem ganz charakteristischen Wuchs. Ein Bonsai kann 5 Jahre alt sein und aussehen, als wären Stürme von Jahrzehnten über ihn hinweggegangen. Kurios erscheint es, wenn ein Bonsai blüht und fruchtet. Während Wuchs und Laub klein bleiben, entwickeln sich Blüten und Früchte originalgroß.

Jeder Bonsai erzählt eine Geschichte, wenn man ihn näher betrachtet. Diese Geschichte kann »Das Flüstern der Blätter – die Stille im Wald« heißen, wie die Gestaltung des Sageretien-Wäldchens auf der nächsten Seite. Sie kann von einer bewaldeten Insel auf der Gipfelplatte eines Felsens erzählen, von dem Kampf der Bäume ums Licht, bei den, die außenstehenden den Sieg davontragen und mit üppig belaubten Ästen fast den Boden erreichen, während die inneren unten verkahlen. Das schattengewohnte Moos bleibt davon unberührt, überzieht die gesamte Kronentraufe mit einem dicken grünen Teppich, der das Gewisper des Sageretien-Laubes verschluckt – die Stille im Wald. Dieser wie durch Zauberei verkleinerte Ausschnitt der Natur, der uns die magische Gestalt des Baumes näherbringt und die Tatsache, dies selbst gestalten zu können, sind vielleicht das Faszinierendste an der Bonsaikunst.

Im Ursprungsland des Bonsai, in Japan, gilt der Minibaum seit fast 2000 Jahren als Meditationsobjekt. Man verwendete dafür ausschließlich Freilandpflanzen wie Kiefer oder Ahorn, die jahraus, jahrein draußen bleiben. Als die Bonsai sich in Europa durchsetzten, gab es anfangs herbe Enttäuschungen, wenn jemand diese Freilandpflanzen ins Haus holte, um sich an ihrer Schönheit zu erfreuen. Die Pflanzen gingen ein. Bonsai-Gärtner kamen daher auf die Idee als Gegenstück zu den »Outdoors« sogenannte »Indoors« zu schaffen. Was lag da näher, als tropische, subtropische oder mediterrane Bäume oder Sträucher zu wählen, die ihre Tauglichkeit im Haus bereits als Zimmer- und Kübelpflanzen bewiesen hatten? Nach jahrelanger Erprobung fanden Bonsai-Fachleute die besten Kandidaten heraus.

# Bonsai – Miniaturen exotischer Bäume

## Was Sie über die Bonsai-Pflege wissen müssen

Grundsätzlich entsprechen die Ansprüche an Licht, Wasser, Temperatur und Nährstoffen denen der normalen Topfpflanzen gleichen Namens (→ Pflanzenporträts, Seite 84 bis 229). Ganz allgemein gilt:
Mediterrane Gehölze sind von ihrer Heimat am Mittelmeer, in Südwestaustralien, Südafrika, Chile und Kalifornien geprägt. Sie lieben die Sommerfrische im Freien, müssen vor den ersten Herbstfrösten ins Haus gebracht und hell und kühl (durchschnittlich bei 10 °C) überwintert werden.
Subtropische Gehölze stammen aus Gegenden mit feuchtheißen Sommern und regenreichen, milden Wintern. Sie übersommern ebenfalls gern im Freien, werden im September eingeräumt und überwintern hell und etwas wärmer (um 15 °C).
Tropische Gehölze sind ganzjährige Wärme und feuchte Luft gewohnt.

*Beim Granatapfel (Punica granatum) erscheinen die Blüten am einjährigen Holz.*

*Japanische Ulme (Ulmus parviflora) mit geneigtem Stamm.*

Einige kommen mit erstaunlich wenig Licht zurecht. Man kultiviert sie ganzjährig im Haus, warm und so hell wie möglich, aber nie sonnig. Für Luftfeuchte sorgen (→ Seite 43).
Gehölze der Trockensteppe sind an Trockenperioden angepaßt und nehmen es nicht übel, wenn man das Gießen einmal vergißt. Sie stehen am besten sonnig und im Winter nicht zu warm.

*Halbkaskade: Überreich blühender Baum der tausend Sterne (Serissa foetida).*

Palmen sind eigentlich für die Bonsai-Kunst ungeeignet. Allein die ausläufertreibende Steckenpalme (→ Pflanzenporträt, Seite 210) läßt eine Wäldchengestaltung zu.

## Geeignete Pflanzen für die Bonsai-Gestaltung

Mediterrane Gehölze: Zimmer-Zypresse (*Cupressus macrocarpa*); Brautmyrte (*Myrtus communis*).
Subtropische Gehölze: Kamelie (*Camellia japonica*); Fukien-Tee (*Carmona microphylla*); Zimmer-Wein (*Cissus antarctica*); Zimmerazaleen (*Rhododendron-Simsii*-Hybriden); Japanazalee (*Rhododendron japonicum*); Japanische Ulme (*Ulmus parviflora*); Sageretie (*Sageretia thea*); Baum der tausend Sterne (*Serissa foetida*).
Tropische Gehölze: Birkenfeige (*Ficus benjamina*); Buchsblättrige Feige (*Ficus buxifolia*); Oleanderblättrige Feige (*Ficus neriifolia*); Kletterfeige (*Ficus pumila*); Dickblättrige Feige und Unterarten (*Ficus retusa*); Schefflera (*Brassaia actinophylla*); Ming-Aralie (*Polyscias fruticosa*).

*Knorriges, 60 cm hohes Exemplar von Ficus retusa.*

Gehölze der Trockensteppe: Wüstenrose (*Adenium obesum*); Dickblatt (*Crassula arborescens*); Baumwolfsmilch (*Euphorbia balsamifera*); Flaschenbaum (*Brachychiton rupestris*).
Palmen: Steckenpalme (*Rhapis excelsa und Rhapis humilis*).

## Extra-Pflegetips für den Bonsai-Gärtner

Bei allen Bonsai ist in der Pflege vor allem zu berücksichtigen, daß sie in sehr wenig Substrat und flachen Schalen stehen. Das heißt, die Erde trocknet schneller aus als in einem normalen Topf, Nährstoffe werden rascher verbraucht. Darum:
- Sprühen Sie vor dem Gießen die Erde satt ein. Das Wasser kann sonst nicht eindringen, läuft ungenutzt den Erdhügel hinunter und spült das aufgewölbte Substrat weg.

*Einem Wäldchen ähnlich geformte Sageretia, etwa 30 Jahre alt und 45 cm hoch.*

• Düngen Sie lieber oft und ganz schwach dosiert, am besten mit speziellen Bonsai-Düngern (im Fachhandel). Damit werden Verbrennungsschäden im Wurzelbereich und Salzanreicherungen im Substrat vermieden.
• Düngen Sie grundsätzlich nicht kurz vor und während der Blüte, nach dem Umtopfen, nach dem Wurzelschnitt und wenn der Bonsai krank aussieht.

**Bonsai-Clubs geben Rat**
Wer sich einen Zimmer-Bonsai gekauft hat (→ Adressen, Seite 238) und mehr über diese spezielle Zimmerpflanzen-Pflege wissen möchte, wendet sich am besten an einen regionalen Bonsai-Gärtner oder Bonsai-Club (→ Adressen, Seite 238).

*Früchtetragende Australische Buschkirsche (Syzygium paniculatum).*

# Erste Hilfe für Ihre Pflanzen

**Gegen Krankheiten und Schädlinge ist keine Pflanze gefeit. Aber man kann etwas dagegen tun: Pflegefehler vermeiden, die Pflanze stärken, im Notfall die Ursachen herausfinden, beseitigen und den Übeltäter gezielt bekämpfen. Der Spinnmilbe kann bereits in der Saunaluft eines geschlossenen Folienbeutels der Garaus gemacht werden.**

Hauptursache für Krankheiten und Schädlinge – dies weiß ich aus zahlreichen Leserbriefen, die ich im Laufe von 15 Jahren beantwortet habe – sind Pflegefehler und ungünstige Standorte (→ Tabelle, Seite 47). Sie schwächen die Pflanze und machen sie anfällig. Achten Sie darum genau auf die Pflegehinweise in den Pflanzenporträts (→ Seite 84 bis 229) und wählen Sie für Ihre Pflanzen einen möglichst optimalen Standort aus.

## Vorbeugungsmaßnahmen

Die beste Vorbeugung ist eine auf die Bedürfnisse der Pflanze abgestimmte Pflege. Daneben gibt es eine Reihe weiterer Maßnahmen, die Krankheiten verhindern oder frühzeitig erkennen helfen:

Hygiene. Entfernen Sie regelmäßig Blätter oder Blüten, die verdorrt, verfault oder krank aussehen, um Fäulnisherde zu vermeiden. Blütenstiele direkt an der Basis sauber abschneiden. Schnittstellen immer mit Holzkohle desinfizieren. Halten Sie Töpfe und Erde sauber. Lockern sie ab und zu die Erdoberfläche mit einer Gabel, damit sich Algen oder Moose nicht ansiedeln können. Waschen Sie Kalk- und Salzablagerungen an den Außenwänden von Tontöpfen regelmäßig ab.

Stärkung des Gewebes. Gießen Sie Ihre Pflanzen mit kieselsäurehaltiger Schachtelhalmbrühe, sie festigt das Gewebe. Oder besprühen Sie die Pflanzen mit einem Aromaspray aus pflanzlichen Duftölen. Sie wirken nachweislich hervorragend gegen Bakterien und Pilze, ihre Hormone aktivieren das pflanzliche Wachstum. Pflanzenstärkend wirkt auch Heilerde (1 Messerspitze auf 1 l Gießwasser). Sie enthält wertvolle Minerale, Kieselsäure und seltene Spurenelemente wie Molybdän oder Selen.

Regelmäßiger Pflanzencheck. Nehmen Sie sich Zeit für Ihre Pflanzen und beobachten Sie jede Veränderung. Triebspitzen und Knospen werden leicht von Läusen befallen. Drehen Sie vor allem die Blätter um. Dabei entdeckt man Schädlinge und Krankheiten oft schon im Anfangsstadium, was die Bekämpfung erheblich leichter macht. Nehmen Sie im Zweifelsfall die Lupe zur Hand.

Lockerer Stand. Vermeiden Sie zu dichten Stand. Zwischen den Pflanzen muß Luft zirkulieren können.

Notfalls isolieren. Kranke Pflanzen müssen einzeln gestellt werden, damit sie andere nicht anstecken oder Schädlinge überwechseln können.

## Bekämpfungsmöglichkeiten

Greifen Sie nicht immer gleich zum Gift. In vielen Fällen können Sie mit »harmlosen« Methoden die gleichen Erfolge erzielen.

Die mechanische Bekämpfung sollte immer der erste Schritt sein. Dazu gehört:

- Entfernen befallener oder kranker Pflanzenteile.
- Absammeln oder Abstreifen der Tiere. Auch Abbrausen unter der Dusche.
- Eintauchen der oberirdischen Pflanzenteile in lauwarmes Wasser mit einem Schuß Spülmittel. Topf zuvor in eine Plastiktüte stecken und oben wasserdicht zubinden.

Bei der alternativen Bekämpfung bedient man sich bekannter Hausmittel, die jedoch nicht immer zum Erfolg führen.

- Mit Brennesselauszug (→ Rezept, Seite 52) kann man Blattläuse besprühen.
- Schachtelhalmbrühe (→ Rezept, Seite 52) wirkt gegen Mehltau. Anwendung: 1mal pro Woche.
- Knoblauch wirkt stark pilztötend. Eine geschälte Zehe in die Erde drücken!

Die biologische Bekämpfung besteht darin, Nutzinsekten (→ Bezugsquellen, Seite 238) einzusetzen, zum Beispiel

- Schlupfwespen gegen Weiße Fliege,
- Raubmilben gegen Spinnmilben und Thripse,
- Räuberische Gallmücken, Florfliegen oder Schlupfwespen gegen Blattläuse,
- spezielle Nematoden (Älchen, Fadenwürmer) gegen Dickmaulrüßler und Trauermücken.

Aus speziellen Chrysanthemen gewonnene pyrethrumhaltige Mittel wirken gegen alle beißenden und saugenden Insekten, vor allem gegen Blattläuse und Weiße Fliege. Sie dürfen aber nicht in offene Wunden oder auf kranke Haut ge-

*Farne – eine ideale Besetzung fürs feuchtwarme, aber unbedingt helle Badezimmer.*

langen. Kommen sie in die Blutbahn, sind sie hochgiftig.

Die biotechnische Bekämpfung nützt natürliche Reaktionen der Schädlinge auf physikalische oder chemische Reize aus.

- Gelbtafeln oder Gelbsticker sind mit Leim beschichtete Insektenfänger, die durch ihre Farbe Weiße Fliege, Minierfliege, Trauermücken und andere fliegende Schädlinge anlocken.
- In der »Pflanzensauna« (→ Zeichnung, Seite 50) vernichtet man Spinnmilben durch extrem hohe Luftfeuchte. Dazu Pflanze gut gießen, in einen durchsichtigen Plastikbeutel stecken (bei großen Pflanzen Kleiderbeutel nehmen!), zubinden und darin einige Tage stehenlassen. Wichtig: Diese Prozedur wird nicht von allen Pflanzen vertragen. Auf Fäulnis achten!

Chemische Mittel setzt man immer dann ein, wenn andere Maßnahmen keinen Erfolg gebracht haben.

- Insektizide wirken gegen Insekten und können gespritzt, gegossen, auf das Substrat gestreut oder als Stäbchen in die Erde gesteckt werden.
- Akarizide töten Milben ab.
- Fungizide sind pilztötende Mittel.
- Bakterizide sind bei uns nicht zugelassen. Mittel gegen Viruserkrankungen gibt es nicht.
- Ölhaltige Mittel, zum Beispiel Weißöle oder Seifenlösungen (→ Rezept, Seite 52) verstopfen die Atmungsorgane der Insekten beziehungsweise zerstören ihre schützende Wachsschicht. Ähnlich wie ölhaltige Mittel wirken auch Blattglanzsprays, die es inzwischen auch ohne Treibgas oder mit Propan/Butan als Treibmittel gibt.

**Mein Tip:** Meist braucht der Zimmergärtner nicht mehr als $^1/_2$ l eines Pflanzenschutzmittels zum Spritzen. Die gebräuchlichste Verdünnung ist 0,1 %. Besorgen Sie sich eine 1 ml-Einwegspritze aus der Apotheke, ziehen Sie 0,5 ml des Präparats auf, geben Sie es in $^1/_2$ l Wasser. Es ist genau die richtige Dosierung.

**Darauf sollten Sie achten:**

- Verwenden Sie keine hochgiftigen mit T oder T + gekennzeichneten Mittel.
- Halten Sie sich genau an die Gebrauchsanweisungen und Dosierungsvorschriften. Richten Sie sich nach den empfohlenen Spritzintervallen, um auch die nachfolgende Schädlingsgeneration zu vernichten.
- Verwenden Sie aus Umweltschutzgründen keine Sprays mit Treibgas.
- Sprühen Sie nur im Freien.
- Tragen Sie Handschuhe und atmen Sie den Sprühnebel nicht ein.
- Bewahren Sie Pflanzenschutzmittel grundsätzlich in der Originalverpackung, außer Reichweite von Kindern und Haustieren und unter Verschluß auf.
- Reste nicht aufheben (die Wirkung dieser Präparate geht ohnehin schnell verloren), auch nicht in den Hausmüll werfen, sondern zu Sondermüll-Sammelstellen bringen.

## Alternative Spritzmittel – selbst gemacht

### Brennesselauszug gegen Blattläuse

500 g frische Brennesseln (vor der Blüte) in 5 l Wasser 12 bis 24 Stunden ziehen lassen. Frisch und unverdünnt gegen Blattläuse sprühen. (Auch als Kräuterextrakt im Fachhandel erhältlich.)

### Schachtelhalmbrühe gegen Mehltau

500 g frischen oder 150 g getrockneten Ackerschachtelhalm (Zinnkraut) in 5 l Wasser etwa 24 Stunden einweichen, dann ½ Stunde köcheln. Abkühlen lassen, absieben und zum Spritzen 1:5 verdünnen. (Auch als Kräuterextrakt im Fachhandel erhältlich.)

### Spiritus-Seifenlösung gegen Schild-, Woll- und Schmierläuse

1 Eßlöffel Schmierseife oder einen kräftigen Spritzer Geschirrspülmittel in etwas warmem Wasser auflösen. Knapp 1 l Wasser und 1 Eßlöffel Brennspiritus hinzufügen. Pinsel in die Lösung tauchen und damit die Wachsschilde oder wolligen Gespinste von Wolläusen betupfen. Oder die ganze Pflanze damit einsprühen, Blattunterseiten nicht vergessen! Zartlaubige Pflanzen nach 15 Minuten mit klarem, lauwarmem Wasser abspülen, um Verbrennungsschäden zu vermeiden.
Achtung: Bei der Behandlung nicht rauchen. Spiritus ist auch verdünnt feuergefährlich!

## Hilfe bei physiologischen Schäden

Wachstumsstocken: Standort- und Pflegefehler sowie dadurch verursachte Wurzelschäden beheben (→ unten) oder Wurzelläuse mit Insektizid bekämpfen.
Sonnenbrand: Fleckige Blätter entfernen. Pflanze hell, aber nicht sonnig stellen. Bei Pflanzen, die sonnig stehen, nicht auf die Blätter gießen – Brennglaswirkung!
Eisenmangel (Chlorose): Eisenchelat (im Fachhandel) nach Vorschrift in Wasser auflösen, über die Blätter sprühen oder Pflanze damit gießen. Gießwasser enthärten (→ Seite 42). Pflanze im Frühjahr umtopfen.
Korkwucherungen: Kranke Blätter entfernen. Pflanze heller und gleichmäßiger feucht halten.
Wurzelschäden: Pflanze austopfen, kranke Wurzeln mit sauberem, scharfem Messer entfernen, mit Holzkohle bestäuben und in frische Erde setzen.
Ziehharmonikawuchs bei Orchideen: Geschädigte Wurzeln abschneiden, mit Holzkohle bestäuben und in neues Substrat umquartieren.
Blühfaulheit: Pflegefehler wie falscher Standort, zu stickstoffreiche Düngung, Nichteinhalten der Ruhezeit, falsche Überwinterung beheben.

## Hilfe bei Schädlingen

Schild-, Woll- und Schmierläuse: Pflanzen kühler und heller stellen. Schilde abkratzen oder mit Spiritus-Seifenlösung (→ Rezept, oben) einpinseln. Pyrethrum-Spray oder Insektizid, bei hartlaubigen Pflanzen Weißölmittel oder Blattglanzspray.
Blattläuse: Brennesselauszug (→ Rezept, oben), Florfliegen, Räuberische Gallmücke, Schlupfwespen, Seifenlösung, Pyrethrum-Spray oder andere Insektizide.
Wurzelläuse: Substrat entfernen, Wurzeln säubern. Umtopfen, nach etwa 2 Wochen mit Insektizid gießen, mehrfach wiederholen.
Blasenfüße (Thripse): Abbrausen mit lauwarmem Wasser. Gelbtafeln oder -sticker. Raubmilben, Insektizide.
Spinnmilben (zum Beispiel Rote Spinne): Luftfeuchte erhöhen (→ Seite 43), Pflanzensauna (→ Seite 51), mehrfaches Abbrausen mit lauwarmem Wasser. Raubmilben, Sprays gegen Spinnmilben, eventuell Präparate wechseln, da die Milben schnell resistent werden.
Weiße Fliege: Temperatur senken, das tropische Insekt verträgt keine Kühle. Gelbtafeln oder -sticker. Schlupfwespen, Insektizide.
Weichhautmilben: Temperatur und Feuchte senken. Befallene Pflanzenteile entfernen und vernichten.
Wurzelmilben: Tauchen befallener Wurzeln, Zwiebeln oder Rhizome in geeignetes Akarizid, anschließend Pflanze in neues Substrat topfen.
Blattälchen (Nematoden): Geschädigte Blätter entfernen und vernichten. Benetzung der Blätter mit Wasser sorgfältig vermeiden.
Wurzelälchen (Nematoden): Pflanze vernichten.
Trauermücken oder Moosfliegen: Gelbtafeln oder -sticker.
Springschwänze (Collembolen): Gießen im Winter einschränken, Substrat durchspülen (→ Seite 45).
Dickmaulrüßler: Larven und Käfer nachts mit Taschenlampe absuchen. Spezielle Nematoden einsetzen.
Schnecken: Tiere abends absammeln. In großen Wintergartenbeeten Bierfallen aufstellen.

## Hilfe bei Pilzinfekten

Echter und Falscher Mehltau: Kranke Blätter entfernen und vernichten. Mit Schachtelhalmbrühe (→ Rezept, oben). Spezielles Fungizid.
Grauschimmel (Botrytis): Kranke Pflanzenteile entfernen. Luftiger, heller Stand, Luftfeuchte senken.
Blattfleckenpilze: Kranke Pflanzenteile entfernen. Spezielles Fungizid.
Rostpilze: Befallene Blätter entfernen. Spezielles Fungizid.
Rußtau: Stark geschwärzte Blätter entfernen, schwach verschmutzte mit lauwarmem Wasser abwaschen. Verursacher (Blatt-, Schild- oder Schmierläuse sowie Weiße Fliege) beseitigen.
Fäule an Wurzeln, Knollen, Stiel- oder Stammgrund und Stengel. Keine Heilung möglich.
Schimmel: Quarkig weiße Schicht großflächig von der Substratoberfläche abkratzen. Temperatur erhöhen, gut gießen, aber zwischendurch leicht austrocknen lassen. Im Frühjahr umtopfen.
Gelber Faltenschirmling: Pilze entfernen. Temperatur erhöhen, weniger gießen und nur noch von unten. Im Frühjahr Erde auswechseln.

**Orchideen – immer ein Traum**

*Schönheiten, die auch am Fensterbrett gedeihen. Zwischen Farngrün blühen hier Hybriden von Dendrobium nobile und Phalaenopsis, die Mehrgattungshybride Vuylstekeara Cambria 'Plush' sowie Odontoglossum-Hybriden.*

## Krankheiten und Schädlinge. Was die Blätter verraten

**Gesundes Blatt**
Ein gesundes Blatt besitzt eine feste Struktur sowie makellose Blattränder und -spitzen.

**PFLEGEFEHLER:**
**Braune Blattränder**
Ursachen: Zuwenig oder zuviel Wasser, Überdüngung, verbrauchte Erde, trockene Luft. Abhilfe: Pflegefehler beheben.

**Braune Blattspitzen**
Ursachen: Zu trockene Luft, Ballentrockenheit. Abhilfe: Für höhere Luftfeuchte sorgen (→ Seite 43) und gießen.

**Gelbe Blätter**
Ursachen: Übergießen, Stickstoffmangel, zu dunkler, warmer oder zu kühler Standort. Abhilfe: Gießen einschränken, düngen, Standort verbessern.

**Eingerollte Blätter**
Ursachen: Zu trockene Luft, Ballentrockenheit, Wurzelschäden. Abhilfe: Pflegefehler beheben, bei Bedarf umtopfen.

**Bleiche Blätter (Chlorose)**
Die Blattadern sind noch grün. Ursachen: Zu hartes Wasser, Eisenmangel. Abhilfe: Eisenchelat ins Gießwasser geben.

**Helle Blattflecken**
Ursachen: Temperaturschocks, zu kaltes oder zu warmes Wasser, Benetzung bei Sonne. Abhilfe: Standort verbessern, Pflegefehler beheben.

**Silbrige Flecken**
Bei manchen Pflanzen auch rote oder braune Flecken. Ursache: Sonnenbrand, Thripse. Abhilfe: Standort verbessern, schattieren, nicht bei Sonne gießen.

**Korkwucherungen**
Ursachen: Krasser Temperaturwechsel, zuviel Wasser bei zuwenig Licht, zu krasse Feuchtigkeitsschwankungen im Substrat. Abhilfe: Pflegefehler beheben.

**SCHÄDLINGE:**
**Spinnmilben**
Symptome: Gespinste unter und zwischen den Blättern. Ursache: Zu trockenwarme Luft. Abhilfe: → Seite 52.

**Schildläuse**
Symptome: Braune Schilde, unter denen die Läuse sitzen, Blattfall. Ursache: Zu trockene Luft. Abhilfe: → Seite 52.

**Blattläuse**
Symptome: Klebrige Blätter. Blattdeformationen. Ursachen: Zugluft, offene Fenster im Frühjahr, zu trockene Luft. Abhilfe: → Seite 52.

**Thripse (Blasenfüße)**
Symptome: Feinpunktierte, silbrige Blätter. Blattunterseits bräunliche Saugstellen. Ursache: Trockene Luft. Abhilfe: → Seite 52.

**Woll- und Schmierläuse**
Symptome: Watteähnliche Gebilde, Kümmerwuchs. Ursache: Zu trockene Luft. Abhilfe: → Seite 52.

**Weiße Fliege**
Symptome: Blattunterseits weiße kleine Fliegen mit dachziegelartigen Flügeln. Ursache: Ansteckung durch befallene Pflanzen. Abhilfe: → Seite 52.

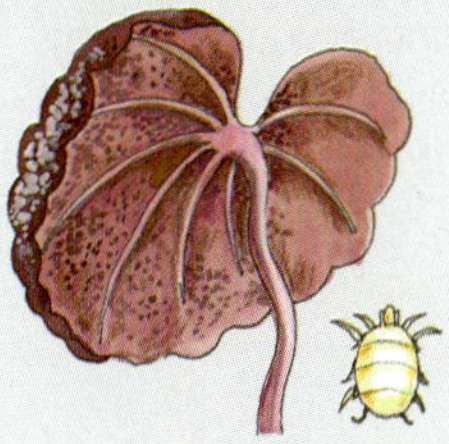

**Weichhautmilben**
Symptome: Eingerollte, verkrüppelte Blätter, Wachstumsstopp. Ursachen: Ansteckung, förderlich: Wärme über 23 °C und Luftfeuchte über 85 %. Abhilfe: → Seite 52.

**Blattälchen (Nematoden)**
Symptome: Glasige, später braunwerdende Flecken, von den Blattadern begrenzt, Blattfall. Ursache: Ansteckung, wird gefördert durch nasse Blätter. Abhilfe: Blätter trocken halten.

**Schnecken**
Symptome: Zerfressene Blätter, Schleimspuren. Ursache: Einschleppung von außen. Abhilfe: Tiere abends absuchen.

**PILZKRANKHEITEN:**
**Echter Mehltau**
Symptome: Weißer bis schmutzigbrauner pudriger Belag blattober- und -unterseits. Ursache: Angewehte Pilzsporen. Abhilfe: → Seite 52.

**Falscher Mehltau**
Symptome: Weißer bis schmutzigbrauner pudriger Belag blattunterseits. Ursache: Angewehte Pilzsporen. Abhilfe: → Seite 52.

**Grauschimmel**
Symptome: Braungrauer Belag auf Blättern, Stielen oder Blüten. Ursachen: Spritzwasser, kühle Feuchte, zu hohe Luftfeuchtigkeit. Abhilfe: → Seite 52.

**Blattfleckenpilze**
Symptome: Verstreute gelbe bis braune Blattflecken, zum Teil mit umrandeten Sporenlagern. Ursache: Infektion. Abhilfe: → Seite 52.

**Rostpilze**
Symptome: Rostfarbene Staubhäufchen blattunterseits, helle Flecken blattoberseits. Ursache: Einschleppung. Abhilfe: → Seite 52.

**Rußtau**
Symptome: Schwärzlicher, schmutziger Belag auf den Blättern. Ursachen: Blatt- und Schildläuse, Weiße Fliege. Abhilfe: → Seite 52.

**BAKTERIEN UND VIREN:**
**Bakteriennaßfäule**
Kommt bei Alpenveilchen, Dieffenbachie und Zimmerkalla vor. Symptome: Fäule am Stammgrund und später überall. Abhilfe: Keine.

**Ölfleckenkrankheit**
Kommt bei Begonien und Efeu vor. Symptome: Blattoberseits und an den Stengeln glasige Ölflecken. Abhilfe: Keine.

**Mosaikvirus**
Befällt vor allem Flamingoblume, Orchideen, Hortensien, Gloxinien, Ritterstern. Symptome: Hell- und dunkelgrüne Flecken. Abhilfe: Keine.

**Kräuselkrankheit**
Befällt vor allem Fuchsien und Pelargonien. Symptome: Verkümmerte, unnatürlich gekrauste Blätter. Abhilfe: Keine.

# Vermehren – leicht gemacht

**Vermehren macht nicht nur Spaß, es verhilft Ihnen auch zu Abbildern Ihrer Lieblingspflanzen oder zu manchem grünen Mitbringsel. Besonders spannend: Die Aussaat von Samen exotischer Früchte.**

Wer selbst vermehrt, staunt immer wieder darüber, wie regenerationsfreudig Pflanzen doch sind. Sie vermehren sich auf zweierlei Weise:
Vegetativ oder ungeschlechtlich aus Pflanzenteilen, wobei sich Jungpflanzen entwickeln, die der Mutterpflanze aufs Haar gleichen.
Generativ oder geschlechtlich aus Samen, wobei die Jungpflanzen die Eigenschaften der Vater- und Mutterpflanze erben und ein völlig neues Pflanzenindividuum entsteht.

## Die vegetative Vermehrung

Sie ist bei vielen Pflanzen-Arten die beste Möglichkeit, in relativ kurzer Zeit blühfähige Pflanzen zu bekommen. Vermehrt wird durch Teilung der Pflanze oder aus Pflanzenteilen, die in Wasser oder Erde bewurzelt werden (→ Seite 59).
Die diffizilste Form der generativen Vermehrung ist die Meristemkultur, bei der aus mikroskopisch kleinen Zellverbänden neue Pflanzen entstehen. Da hierfür Laboreinrichtungen nötig sind, bleibt sie dem Fachmann überlassen.
Die Bewurzelung funktioniert so: Fast alle Pflanzen können aus dem Kambium, dem Bildungsgewebe unter der Außenhaut,Wurzeln bilden. Auslöser ist eine Verletzung, ein Schnitt oder Riß. Damit wird die wundheilende Kallusbildung angeregt, die ihrerseits Voraussetzung für die Wurzelbildung ist. Einige Pflanzen wie Usambaraveilchen, Begonie, Drehfrucht oder Sansevierie regenerieren sich sogar aus Blättern oder Blattstücken.
Der ideale Zeitpunkt. Vermehren Sie möglichst im Frühjahr oder Frühsommer. Die Jungpflanzen wachsen dann in die lichtreichen Monate hinein und entwickeln sich besser. Bei manchen Pflanzen fallen im Frühjahr beim Rückschnitt ohnehin Kopfstecklinge ab, die man gleich zum Vermehren nutzen kann. Andere Pflanzen lassen sich beim Umtopfen teilen. Im Frühsommer sind die Mutterpflanzen bereits kräftig genug, um das Abnehmen von Stecklingen zu vertragen. Stecklinge von Gehölzen können auch noch im Sommer geschnitten werden. Frühjahrsblüher vermehrt man natürlich immer erst nach der Blüte. Knollen teilt man am Ende der Ruhezeit.

## Die Vermehrung aus Samen

Sie ist nur bei einjährigen Pflanzen (das sind Gewächse, die innerhalb eines Jahres zu voller Entwicklung und Blüte kommen) eine schnelle Methode. Von der Aussaat bis zur Blüte vergehen in der Regel 8 bis 12 Wochen. Bei anderen Pflanzen dauert es oft Monate, bis die Samen keimen (Palmen), und dann noch einmal Monate und Jahre, bis die Pflanzen groß und blühfähig sind. Die Samenvermehrung bietet dem Experimentierfreudigen allerdings eine große Palette an Arten, die als Pflanzen oft noch nicht erhältlich sind. Der Fachhandel und Spezialversandfirmen führen inzwischen Samen von zahlreichen Grün- und Blütenpflanzen, Palmen und Kakteen (→ Bezugsquellen, Seite 238). Nicht zu vergessen die Samen von exotischen Früchten (→ Seite 63 bis 65), die nach dem Verspeisen der Frucht sowieso übrig bleiben.
Bei der Keimung nehmen die Samen Wasser auf und quellen. Dadurch werden die Samenschale gesprengt und Wachstumsstoffe aktiviert. Zuerst beginnt die Wurzel zu wachsen, dann der Trieb, danach entfalten sich die einfach gebauten Keimblätter, schließlich die richtigen Blätter. Die Keimblätter welken, der Trieb streckt sich, es entwickeln sich immer mehr Blätter, die Pflanze wächst.
Der ideale Zeitpunkt zum Aussäen ist auch hier das Frühjahr. Wer über Pflanzenleuchten verfügt, kann das ganze Jahr über aussäen und Jungpflanzen, die in den Herbst/Winter wachsen, unter Kunstlicht weiterkultivieren.

## Was Sie vor dem Vermehren wissen sollten

Manche Pflanzen enthalten Giftstoffe, die beim Schneiden austreten und Haut oder Schleimhaut reizen können (→ Warnhinweise in den einzelnen Pflanzenporträts), an Kakteenstacheln kann man sich verletzen. Darum: Mit Handschuhen arbeiten. Während der Arbeit nicht an den Augen reiben und darauf achten, daß Pflanzensaft nicht in offene Wunden gerät.

*Vermehrung – ein Kinderspiel. Krautige Kopf- und Teilstecklinge bewurzeln leicht in Wasser.*

Schnittstellen von Pflanzen, die »bluten« (zum Beispiel Wolfsmilchgewächse) in Wasser halten, das stoppt den Milchfluß.

## Das brauchen Sie zum Vermehren

- Aussaat- oder Anzuchterde (oder Torfquelltöpfe)
- Anzuchtschale mit Haube oder heizbares Vermehrungsbeet (alternativ: Minitreibhaus oder Wärmematte für Pflanzen, die hohe Bodentemperaturen benötigen)
- Anzuchttöpfe aus gepreßtem Torf oder aus Kunststoff
- Pikierstab
- Pflanzenetiketten
- Wasserfester Stift zum Beschriften
- Scharfes Küchen- oder Rasiermesser
- Bewurzelungspulver
- Holzkohlepuder oder -stücke.

## Das richtige Vermehrungssubstrat

Fast alle Pflanzen keimen und bewurzeln gut in einem nährstoffarmen, wasser- und luftdurchlässigen sowie -bindenden Substrat.
Grundvoraussetzung: Es muß frei von schädlichen Mikroorganismen sein. Geeignet sind ein Gemisch aus zwei Teilen ungedüngtem Torf und einem Teil Quarzsand oder käufliche Anzucht- oder Aussaaterden, zum Beispiel Einheitserde O oder P, TKS 1 sowie Torfquelltöpfe, die meist schwach gedüngten Torf enthalten.
Für Kakteen verwendet man eine Mischung aus feinem Bimskies, grobem Quarzsand und etwas feinem Torf. Um Keime und Pilzsporen zu vernichten, sterilisiert man das Substrat 2 Stunden lang im Backofen bei 170 °C und läßt es 2 Tage ablagern.
Sukkulente oder andere Stecklinge, die ein besonders luftdurchlässiges Substrat brauchen, kann man auch in Quarzsand oder Perlite stecken (→ Bezugsquellen, Seite 238). Keinen Bausand nehmen!
Hydro-Jungpflanzen zieht man in feinkörnigem Blähton mit 2 bis 4 mm-Körnung (als Anzuchtset mit Gittertöpfen und Anzuchttöpfen im Fachhandel (→ Bezugsquellen, Seite 238) oder in Kunststoffwürfeln groß.
In Wasser bewurzeln Kolbenfaden (*Aglaonema*), Begonie (*Begonia*), Kroton (*Codiaeum*), Buntnessel (*Coleus*), Efeutute (*Epipremnum*), Kletterficus (*Ficus pumila*), Wachsblume (*Hoya*), Hüllenklaue (*Hypoestes*), Fiederaralie (*Polyscias*), Usambaraveilchen (*Saintpaulia*), Tradeskantie (*Tradescantia*), Zebrakraut (*Zebrina*) und andere.

## Vermehren durch Kindel und Stecklinge

Brutpflanzen wie das Brutblatt (*Kalanchoe pinnata* und *Kalanchoe daigremontiana*) oder der Streifenfarn (*Asplenium bulbiferum*) liefern bereits fertig bewurzelte Jungpflanzen, die man nur noch einzutopfen braucht.

Brutzwiebeln bilden sich bei einigen Zwiebelblumen, zum Beispiel beim Ritterstern. Man nimmt sie ab, wenn sie einen Umfang von etwa 6 cm haben und topft sie ein. Bis zur ersten Blüte kann es 1 bis 3 Jahre dauern.

Kindel oder Ableger entwickeln sich bei Bromelien direkt neben der Mutterrosette. Wenn sie halb so groß wie diese sind, trennt man sie ab und topft sie ein. Je mehr eigene Wurzeln ein Kindel hat, desto leichter wächst es an. Die Zeit bis zur Blühreife variiert von Art zu Art.

**Ausläufer bewurzeln leicht**
*Grünlilie oder Judenbart bilden an langen Trieben Jungpflanzen, die man abschneiden und eintopfen kann.*

**Stecklingsarten**
*1 Kopfstecklinge schneidet man von einjährigen, blütenlosen Triebspitzen. Sie sollten 2 bis 4 Blattpaare aufweisen und bei Gehölzen halbverholzt sein. Immer dicht unter einer Blattknospe schneiden und untere Blätter entfernen.*
*2 Teilstecklinge gewinnt man aus dem mittleren und unteren Triebteil. Schnitt und Behandlung wie bei Kopfstecklingen.*
*3 Blattstecklinge sind einzelne Blätter mit Stengelansatz.*
*4 Blattstücke bewurzeln bei Begonien und Sansevierien (→ Zeichnungen, Seite 60) besonders gut.*

### Vermehren durch Kindel

Kindel ist der Oberbegriff für fertige Jungpflanzen. Sie können sich an Stengeln, Blättern oder Wurzeln der Mutterpflanze bilden und besitzen bereits Wurzeln oder wurzeln problemlos schon beim geringsten Erdkontakt. Dazu zählen:

- Brutpflanzen wie *Kalanchoe pinnata, Kalanchoe daigremontiana* (Brutblatt), *Asplenium bulbiferum*, Henne mit Küken (→ Foto, Seite 189) und *Begonia hispida var. cucullifera*, deren Kindel an den Blättern der Mutterpflanze (→ Zeichnung, links) entstehen.
- Pflanzen mit Brutzwiebeln wie Blutblume oder Ritterstern (→ Zeichnung, links).
- Die Kindel der Bromelien (→ Zeichnung, links).
- Ableger von Grünlilie (→ Zeichnung, Ausläufer), Judenbart, Klivie, Farnen, Sansevierie, verschiedenen Kakteen und Sukkulenten.
- Keikis, das sind die Kindel der Orchideen, zum Beispiel von *Phalaenopsis* oder *Dendrobium*.

Fertige Jungpflanzen werden abgetrennt, sofern sie bereits Wurzeln besitzen, einfach in Anzuchterde getopft oder zum Bewurzeln in Anzuchterde oder Wasser gesteckt. Brutzwiebeln sollten etwa halb so groß wie die Mutterzwiebel sein. Bei Bromelien sollte das Kindel bereits einen eigenen Trichter gebildet haben. Keikis trennt man mit einem Stück Stiel ab und fixiert sie mit einer Drahtklammer auf der Substratoberfläche.

**Vermehren durch Stecklinge**

Stecklinge sind Teile der Mutterpflanze, die zu Vermehrungszwecken entnommen werden.

Kopfstecklinge (→ Zeichnung 1, Stecklingsarten) schneidet man von einjährigen, möglichst blütenlosen Trieben. Dazu zählen auch Blattschöpfe (→ Zeichnung 1, Schopf- und Stammvermehrung), zum Beispiel von Drazänen und die Schirme des Zypergrases (→ Zeichnung, Seite 60).

Bei Blattschöpfen empfiehlt es sich, diese vorher etwas auszulichten oder bei einem dicken Schopf einzelne Rosetten herauszunehmen. Schnittfläche mit scharfem Messer anschneiden und mit Holzkohlepuder desinfizieren. Danach eintopfen.

Teilstecklinge (→ Zeichnung 2, Stecklingsarten) nennt man alle noch nicht verhärteten, beblätterten Stengelabschnitte ohne Sproßspitze.

Beide Stecklingsformen sind je nach Pflanzenart krautig, verholzt oder halbverholzt. Krautige Stecklinge sind am empfindlichsten, bewurzeln aber am besten. Verholzte Stecklinge faulen nicht so schnell, bilden aber nur zögernd Wurzeln.

Geschnitten wird etwa $^1/_2$ cm unter einem Blattknoten. Der Steckling sollte etwa 5 bis 10 cm lang sein und 2 bis 4 Blattpaare besitzen. Die unteren Blätter werden entfernt, da Erdkontakt Fäulnis fördert.

Blattstecklinge (→ Zeichnung 3, Stecklingsarten) bestehen aus einem Blatt mit einem Stückchen Stengel. Erfolgreich vermehrt werden so Usambaraveilchen, *Sedum*-Arten, Zwergpfeffer oder Begonien. Wer Blattstecklinge in Wasser bewurzelt, sollte ein Stückchen Holzkohle hineingeben. Es desinfiziert das Wasser.

Blattschnittlinge (→ Zeichnung 4, Stecklingsarten) sind Blattstücke, die an den Mittelnerven Wurzeln bilden. Bei Begonien schneidet man die Blätter quer durch und steckt die Blattstücke in Wuchsrichtung in die Erde. Bei *Streptocarpus* kann man auch den Mittelnerv herausschneiden und die Blatthälften waagerecht ins Substrat stecken.

Stammstecklinge sind fleischige, nicht zu stark verholzte Sprosse. Jedes Stück sollte mindestens ein Auge (Austriebsstelle) aufweisen. Man kann sie liegend oder aufrecht bewurzeln (→ Zeichnungen 2 bis 4, Schopf- und Stammvermehrung). Geeignet für diese Methode sind Dieffenbachie, Philodendron, Drazäne oder *Yucca*.

Wichtig: Die Wuchsrichtung muß die gleiche wie vorher sein, das Auge muß zum Licht zeigen.

**Der Trick mit dem Folienbeutel**

*Diese Methode fördert die Bewurzelung. Dazu tütet man einen Steckling in einen durchsichtigen Folienbeutel luftdicht ein. Wie in einem Treibhaus entsteht so »gespannte Luft«. Damit wird verhindert, daß das noch wurzellose Teilstück zuviel Wasser über die Blätter verdunstet. Große, flache Anzuchtgefäße kann man auch mit durchsichtiger Plastikfolie abdecken. Weitere Tricks zur erfolgreichen Bewurzelung: Bodenwärme und Einpflanzen in kleine Töpfe.*

**Blattstecklinge in Wasser bewurzeln**

*1 Blatt mit Stiel abschneiden. Glas mit Wasser und Holzkohlestückchen füllen. Mit Folie abdecken. Loch einstechen und Blattstiel durchstecken.*

*2 Bewurzelte Jungpflanze eintopfen.*

**Blattstecklinge in Substrat bewurzeln**

*1 Blatt mit Stiel abschneiden.*

*2 Schnittstelle in Bewurzelungshormon tauchen.*

*3 Steckling ins angefeuchtete Substrat stecken und leicht andrücken.*

*4 Folienbeutel überstülpen, Wärmematte unterlegen. Sobald sich der neue Austrieb zeigt, Folienbeutel entfernen.*

**Schopf- und Stammvermehrung**

*1 Schopf einer Drazäne oder Yucca abschneiden und in Erde wie Stecklinge bewurzeln.*

*2 Stamm in Stücke schneiden und Schnittstellen mit Holzkohlepulver bestäuben.*

*3 Stammstücke senkrecht in Wuchsrichtung eintopfen oder*

*4 waagerecht mit nach oben zeigenden Augen ins Substrat drücken. Mit Folie luftdicht abdecken. Sobald sich der Austrieb zeigt, Folie entfernen.*

## Vermehren aus Samen und andere Methoden

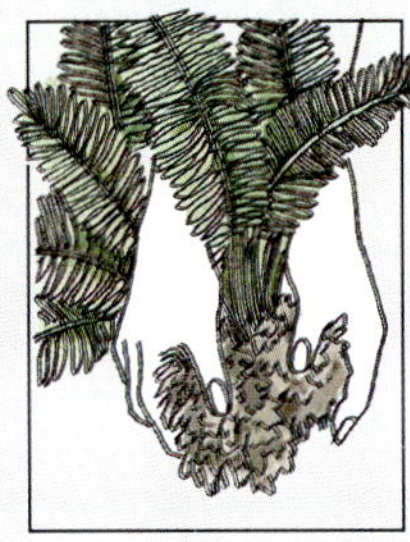

Wurzelteilung. Dazu Pflanzen vorsichtig, aber beherzt auseinanderziehen. Verfilzte Wurzelballen vorher mit einem scharfen Messer durchtrennen, verschlungene Wurzeln einweichen. Altes Pflanzsubstrat möglichst ausschütteln und beide Hälften in neue Erde topfen.

Schirmbewurzelung. Schirme von Zypergras können kopfüber oder in Wuchsrichtung ins Wasser gesteckt werden. Sie bewurzeln auf jeden Fall.

Absenken kann man Pflanzen, die lange Triebe bilden (Efeu, Kletterficus, Kolumnee). Dazu jungen Trieb auf das Substrat eines kleinen Topfes legen, unterhalb eines Blattknotens einritzen und mit Draht festklammern. Sobald er gut eingewurzelt ist, Absenker von der Mutterpflanze abtrennen.

### Einfache Vermehrungsmethoden

Wurzelteilung (→ Zeichnung, links). Vieltriebig und horstig wachsende Pflanzen werden dabei auch verjüngt.
Knollenteilung. Knollen treibt man zuerst an, damit die Austriebsstellen sichtbar werden, und schneidet sie dann in Teilstücke mit jeweils einem Auge. Wichtig: Die relativ großen Schnittflächen mit Holzkohlepulver desinfizieren!
Rhizomteilung. Rhizome teilt man so, daß jedes Teilstück mindestens 2 Augen (Triebknospen) besitzt.
Schirmbewurzelung (→ Zeichnung, links) ist eine Besonderheit des Zypergrases. Man schneidet die obere Blattkrone mit 5 cm Stiel ab, kürzt die Blätter mit der Schere um 1/3 ein und steckt den Schopf in handwarmes Wasser oder feuchten Sand. Der neue Trieb bildet sich in der Mitte des Schirms.
Absenker (→ Zeichnung, links) sind im Grunde nicht von der Mutterpflanze abgetrennte Kopfstecklinge.

### Vermehren aus Samen

Arten und Hybriden vieler Zimmerpflanzen können auch aus Samen herangezogen werden. Je frischer der Samen ist, desto sicherer keimt er. Manche Samenfirmen versiegeln ihn darum in Keimschutzbeuteln, die erst vor der Aussaat geöffnet werden. Halten Sie sich im übrigen genau an die Kulturanweisungen auf der Samentüte. Dort ist angegeben, ob die Samen mit Erde abgedeckt werden müssen (Dunkelkeimer) oder nicht (Lichtkeimer), ob sie vor der Aussaat in lauwarmes Wasser gelegt oder angeritzt werden müssen, sowie die individuelle Keimtemperatur, die minimal bei 18 °C und maximal bei 25 bis 28 °C liegen kann. Große Samen sät man am zweckmäßigsten einzeln in Torf- oder Torfquelltöpfe, kleine, feine Samen in Aussaatschalen.

**Vermehrung aus Samen**
*In Torfquelltöpfen gelingt auch Anfängern die Aussaat leicht. Sie werden vom Sämling bald üppig durchwurzelt und halten beim Umsetzen in ein größeres Gefäß den Ballen zusammen.*

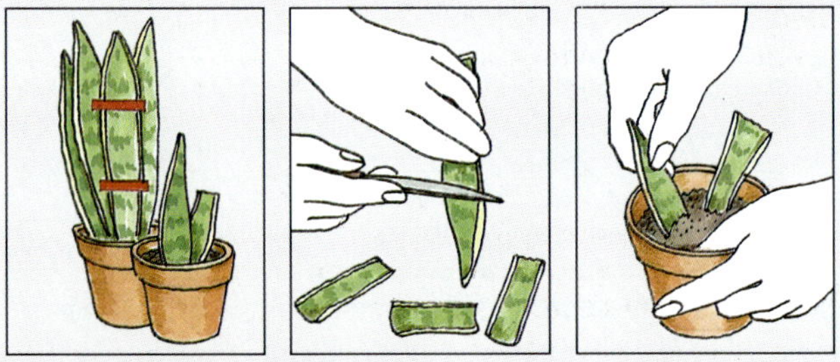

**Vermehrung durch Blattstücke**
*Möglich bei Begonien, Drehfrucht und Sansevierien (oben).*
*1 Gesundes Blatt von kräftiger Mutterpflanze abschneiden.*
*2 Quer in 5 bis 8 cm große Teilstücke schneiden. Schnittstellen etwas antrocknen lassen.*
*3 Stücke in Wuchsrichtung flach in sandige Erde stecken.*

**Aussaat in Torfquelltöpfe**

*1 Torftabletten in Schale des Minitreibhauses legen, mit lauwarmem Wasser begießen, bis sie aufgequollen sind. Überschußwasser abgießen.*

*2 In jeden Torfquelltopf ein Samenkorn 1 cm tief eindrücken. Mit Anzuchterde abdecken. Haube schließen. Minitreibhaus hell, aber nicht sonnig, und warm stellen.*

*3 Nach erfolgreicher Keimung öfter lüften, damit das Kondenswasser abläuft und die Jungpflanzen nicht faulen. Wachsende Pflanzen auseinanderrücken!*

Und so wird's gemacht:
In Torfquelltöpfe oder in eine Aussaatschale aussäen. Die Aussaatschale enthält zuunterst eine fingerdicke Dränageschicht aus Blähton oder Kies und wird dann bis 3 cm unter dem Rand mit Anzuchterde gefüllt. Erde glattstreichen und Furchen für die Aussaat ziehen. Samen in die Furchen streuen. Bei Dunkelkeimern mit Substrat übersieben und leicht andrücken. Die Schicht sollte doppelt so dick wie der Samen sein. Erde mit lauwarmem, weichem Wasser besprühen, bis sie leicht durchfeuchtet ist. Aussaatgefäß mit Haube, Folie oder Glasscheibe abdecken.

**Mein Tip:** Sehr feine Samen lassen sich besser verteilen, wenn man sie mit feinem Sand vermischt und aussät. Oder: Ein Stück Pappe zur Rinne knicken und Samen darin langsam in die Erde rieseln lassen.

**Sonderfall: Kakteen pfropfen**

Pfropfen ist nur bedingt als Vermehrungsmethode anzusehen, aber es führt bei den langsam wachsenden Kakteen (→ Zeichnungen, Kakteen pfropfen) schnell zu blühfähigen Pflanzen. Wichtig für den Erfolg ist die richtige Unterlage. Dafür haben sich *Echinopsis*-Arten, *Eriocereus jusbertii*, *Hylocereus*-Hybriden, *Selenicereus*- und *Trichocereus*-Arten besonders bewährt. Idealer Zeitpunkt: April bis September. Der Pfröpfling muß ständig leicht feucht, hell und warm gehalten werden, darf aber nicht sonnig stehen.

**Abmoosen**

Damit vermehrt man Pflanzen, die sich schwer aus Stecklingen ziehen lassen, oder verjüngt sehr große, alte und unten verkahlte Pflanzen, indem man den beblätterten Teil bewurzelt. Geeignetes Verfahren für Gummibäume, Drazänen, Philodendron, Fensterblatt, Fingeraralie, Keulenlilie, Schefflera, Fatsia, Kroton. Idealer Termin: Frühjahr, bei Gummibäumen Juni/Juli.

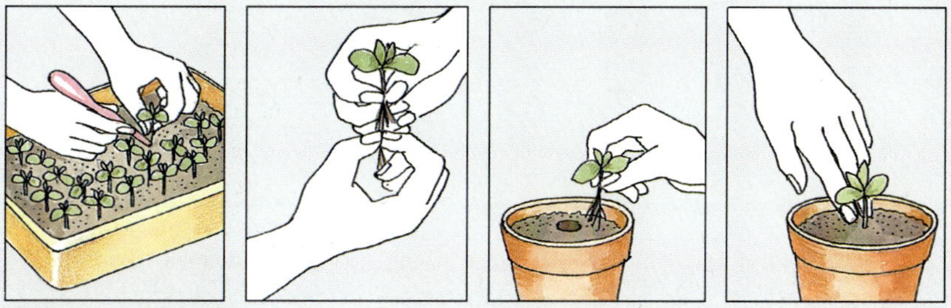

**Pikieren mit Gefühl**

*Pikiert wird, wenn der Sämling 2 Keim- und 2 richtige Blätter besitzt.*
*1 Sämling mit dem schlanken Ende des Pikierstabs aus der Erde lösen.*
*2 Wurzelspitzen etwas einkürzen.*
*3 Mit dickem Pikierholzende Loch in Aufzuchttopf bohren.*
*4 Keimling bis zu den Blättern einpflanzen, leicht andrücken.*

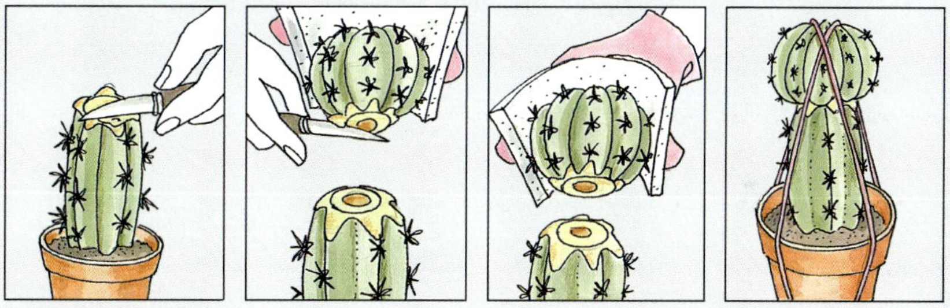

**Kakteen pfropfen**

*1 Unterlage unter der Triebspitze durchschneiden, Schnittstelle mit scharfem Messer abkanten.*
*2 Pfröpfling abschneiden und Schnittstelle ebenfalls schräg abkanten.*
*3 Vor dem Zusammensetzen von beiden Schnittstellen noch einmal ein dünnes Scheibchen abschneiden.*
*4 Leitbündelringe genau aufeinandersetzen und Pfropfung mit Gummiband befestigen.*

**Abmoosen zu groß gewordener Pflanzen**

*1 Stamm einschneiden. Schnittstelle mit Bewurzelungshormon bestäuben.*
*2 Unterhalb der Schnittstelle eine Tüte aus Plastikfolie anbringen. Feuchten, groben Fasertorf einfüllen.*
*3 Tüte oben schließen, damit der Fasertorf nicht austrocknet.*
*4 Nach Durchwurzelung Tüte entfernen, Stamm abschneiden und eintopfen.*

## Weiterpflege der Sämlinge

Bis zum Auflaufen, so nennt der Gärtner die Keimung, müssen Sie darauf achten, daß das Substrat nie austrocknet und immer warm steht.
Die Keimzeiten sind sehr unterschiedlich. Manche Pflanzen keimen schon nach einigen Tagen, andere (wie Palmen) benötigen Monate. Lange brauchen vor allem große Samen. Geben Sie nicht gleich auf, wenn sich noch nichts tut!
Die gelungene Keimung zeigen je nach Pflanzen-Art ein oder zwei Keimblätter an, die anders aussehen als die charakteristischen Blätter. Jetzt wird es Zeit, die Abdeckung täglich für einige Stunden zu lüften und die Pflanzen langsam abzuhärten.
Pikiert wird, wenn sich die ersten beiden Blätter oder Blattpaare gebildet haben und man die Pflanzen anfassen kann. Wie's gemacht wird → Zeichnungen, Seite 61.
Für die Weiterentwicklung ist viel Licht wichtig. Aber Vorsicht – keine Sonne. Bei zu wenig Licht vergeilen die kleinen Pflanzen, es bilden sich unnatürlich lange Abstände zwischen den Blattknoten. Versuchen Sie doch einmal, eine schneeweiße Styroporplatte hinter die Jungpflanzen zu stellen. Dadurch wird Licht reflektiert.
Gedüngt wird noch nicht, die Nährstoffe im Substrat reichen für die ersten Wochen völlig aus. Nur die einjährigen schnellwachsenden Pflanzen dürfen nach 4 Wochen erstmals schwach gedüngt werden.

## Exotisches Ambiente

*Vollkommen wie ein Kunstwerk. Eine prächtig gewachsene Palme braucht eine Solitärstellung in der Wohnung. Jede weitere Pflanze würde die elegante Wirkung mindern.*

## Ein Kapitel für sich: Pflanzen aus den Samen exotischer Früchte

Kerne oder Pflanzenteile exotischer Früchte sind zum Wegwerfen viel zu schade. Wer gern experimentiert, kann sich daraus attraktive Pflanzen heranziehen, die nicht jeder hat. Weiterer Vorteil: Samen aus Früchten sind superfrisch, was bei vielen Tropenpflanzen Voraussetzung für eine gelungene Keimung ist.
Die Mutterpflanzen exotischer Früchte kommen aus den gleichen Regionen wie unsere Zimmerpflanzen. Einziger Unterschied: Sie werden größtenteils nicht bearbeitet und sind deshalb als Topfpflanzen bei uns nicht zu bekommen. Entsprechend unvollständig sind Erfahrungen und Pflegeanleitungen.
Aus den Tropen stammen zum Beispiel Papaya, Sternfrucht, Mango, Guave, Mangostane, Ananas, Kokosnuß und Ingwer. Das bedeutet, daß es sich um wärmebedürftige Pflanzen handelt, die auch im Winter nicht kühler als 15 °C stehen möchten.
Aus dem tropischen Hochland stammen Andenbeere und Cherimoya. Diese Pflanzen brauchen viel Licht, Wärme im Sommer und im Herbst/Winter eher kühlere Temperaturen.
Subtropen oder mediterrane Regionen sind die Heimat von Avokado, Kaki, Dattel, Granatapfel, Orange, Zitrone, Litchi, Feige, Passionsfrucht. Pflanzen dieser Herkunft stehen im Sommer gern draußen und wünschen sich einen winterkühlen Platz um 10 °C.

### Samengewinnung

Sie hängt davon ab, wann die Früchte auf dem Markt angeboten werden. Hier ein kurzer Überblick über die Hauptverkaufsmonate:
Rund ums Jahr bekommen Sie: Avokado (→ Seite 64/65), Baumtomate, Dattel (→ Seite 64/65), Guave, Sternfrucht, Kokosnuß, Mango, Passionsfrucht (→ Seite 64/65) und die meisten Zitrusfrüchte (→ Seite 64/65).
Nur zu bestimmten Zeiten erhältlich sind: Ananas (September bis Dezember), Cherimoya (September bis Februar, → Seite 64/65), Ananasguave (März bis Juli), Granatapfel (Juni bis Dezember), Andenbeere (Januar bis Juni), Litchi (Januar bis März und Mai bis Dezember), Rambutan (Januar bis Februar, Juni bis Oktober und im Dezember).
Optimaler Termin für Aussaat und vegetative Vermehrung von Ananasschöpfen oder Ingwerrhizomen (→ Seite 65) ist das Frühjahr.
Darauf sollten Sie achten:
- Samen von im Winter gekauften Früchten können Frost abbekommen haben und keimen dann nicht.
- Verletzte (durchgeschnittene) Samen sind nicht keimfähig.
- Samen von Früchten, die halbreif geerntet werden, sind ebenfalls halbreif und nicht keimfähig. Sie erkennen solche Früchte durch Farbvergleich mit reifen, am faden Geschmack und an den noch grünen Samen.

### Die Aussaat

Sie kann unmittelbar nach der Samenernte oder einige Tage später erfolgen. Bei Früchten, deren Samen man nicht mitißt, sind sie ohnehin »Abfall«, bei anderen muß man sie vor dem Essen aus dem Fruchtfleisch herausholen. Nach dem Waschen trocknet man die Samen mit Küchenkrepp oder zwischen Vliespapier und läßt sie noch einige Stunden an der Luft trocknen. Dann kann man aussäen, am besten in einem heizbaren Vermehrungsbeet.

### Die Keimzeiten

Sie sind sehr unterschiedlich. Pflanzen, die am Heimatstandort als Bäume in den Himmel ragen, keimen in der Regel langsamer als krautige Pflanzen wie beispielsweise die *Passiflora* (→ Seite 64). Manche Samen keimen überhaupt nicht, weil sie »taub« sind. Palmensamen brauchen oft Monate. Werfen Sie nicht gleich die Flinte ins Korn, wenn Sie nicht sofort Erfolg haben und probieren Sie es immer wieder.

### Blüten und Früchte

Nur bei sehr wenigen selbstgezogenen exotischen Pflanzen können Sie Blüten oder Früchte erwarten. Man darf nicht vergessen, daß die meisten von ihnen in ihrer Heimat Bäume sind und im Topf immer Jungpflanzen bleiben. Ab einem bestimmten Alter überraschen einige Pflanzen aber auch im Topf oder Kübel mit Blüten. Bilden sich Früchte, so werden sie in der Regel nicht wie die Ausgangsfrucht schmecken, da Obstgehölze oft veredelt sind.

# Anzucht und Pflege beliebter Exoten

Die nachfolgenden Angaben zeigen individuelle Besonderheiten bei Anzucht, Standort und Pflege auf.

**Fortunella margarita, Kumquat**
Kerne in heizbares Vermehrungsbeet (20 bis 22 °C) aussäen. Die aus Samen gezogene Pflanze blüht erst nach 8 bis 10 Jahren.

Standort und Pflege: Jungpflanzen zuerst hell, später vollsonnig stellen, ab Mitte Mai am besten ins Freie. Im Sommer reichlich gießen, alle 14 Tage schwach dosiert düngen. Ab September trockener halten, ins Haus holen, hell und kühl (10 °C) stellen. Jungpflanzen jährlich im Frühjahr in Einheitserde mit Styroporflocken umtopfen.

**Passiflora edulis, Passionsfrucht**
Samen waschen, abtrocknen, aussäen. Nicht abdecken – Lichtkeimer! Keimung nach 2 bis 4 Wochen. Standort und Pflege → *Passiflora,* Seite 124.

**Persea americana, Avokado**
Kern häuten und mit der breiten Unterseite 2 bis 3 cm tief in Anzuchterde stecken.
Standort und Pflege: Ganzjährig hell, im Sommer warm, im Winter kühl (etwa 15 °C). Das ganze Jahr über mäßig feucht halten.

**Carica papaya, Papaya**
Samen waschen und aussäen. Leicht mit Erde abdecken. Folienbeutel überstülpen. Die Samen keimen nach einigen Tagen.
Standort und Pflege: Ganzjährig warm, hell und luftfeucht. Nur mäßig gießen.

*Passionsfrucht*

*Kumquat*

**Phoenix dactylifera, Dattelpalme**
Dattelkerne von verpackten Datteln 2 bis 3 Tage in warmem Wasser vorquellen. Etwa 2 cm tief in Aussaaterde stecken. Die Kerne keimen nach 2 bis 6 Monaten.
Standort und Pflege: Ganzjährig hell bis sonnig, im Sommer warm, im Winter um 10 °C. Mäßig gießen.

**Zingiber officinale, Ingwer**
Rhizom mit Augen nach oben flach auf die Erde legen (keine Aussaaterde nehmen) und nur leicht damit bedecken. Schattig und warm stellen. Der erste Austrieb erfolgt nach 2 Monaten.
<u>Standort und Pflege:</u> Von Frühjahr bis Herbst hell, warm und stets leicht feucht halten. Im Herbst einziehen lassen. Rhizom im Topf bei Zimmertemperatur überwintern und im Frühjahr erneut antreiben.

**Grüner wohnen – schöner wohnen**
*Immer mehr Hausbesitzer bauen einen Wintergarten an und machen daraus ein grünes Wohnzimmer oder einen Sammelplatz für grüne und blühende Raritäten. Hier erhalten die Pflanzen, optimaler als am Fenster, Licht von allen Seiten. Wichtig: Lüftungsklappen und verstellbare Jalousien oder Schattierleinen, die vor allem im Sommer gestaute Luft vermeiden und die Mittagshitze abhalten.*

*Diese hübsche Pflanzengesellschaft besteht unter anderem aus zwei trutzigen Geldbäumen (im Vordergrund), einer zimmerhohen Geigenfeige (links), einer lichthungrigen Kokospalme und einem bizarrblättrigen Philodendron (rechts). Im Hintergrund ein früchtetragendes Orangenbäumchen, eine bergig gezogene Passionsblume und ein Quartett aus anspruchslosen Schusterpalmen. Davor zartblühender Oleander.*

GRÜNTEIL

**Gärtnerisches und botanisches Know-How**

# A

## Abhärten
Behutsames Anpassen der Pflanze an veränderte Temperatur- und Lichtverhältnisse. Wird auch Akklimatisieren genannt.

## Ableger
Sammelbegriff für vegetativ vermehrte Pflanzen. Man kann Ausläufer (→ Seite 69), Kindel (→ Seite 75) und durch Abmoosen (→ Zeichnung, Seite 61) oder Teilen (→ Seite 81) hervorgegangene Pflanzen dazu zählen.

## Abmoosen
→ Zeichnung, Seite 61.

## Absenker
Das sind ein- oder zweijährige Triebe einer Pflanze, die man herunterbiegt, auf humusreiche Erde legt, festhakt und mit Erde bedeckt. Die Wurzelbildung wird durch Einritzen oder Einschneiden der Biegungsstelle angeregt.

## Adventivwurzeln
Wurzeln, die nicht im Verlauf der normalen Wurzelentwicklung entstehen, sondern sich spontan (bei einkeimblättrigen Pflanzen), durch Verletzung und Isolation (bei Stecklingen) oder nach einer Behandlung mit Wachstumsregulatoren bilden.

## Ähre
→ Zeichnung, Seite 15.
Form eines Blütenstandes.

## Ätherische Öle
In der Regel wohl- und starkriechende, leicht flüchtige Stoffe, die in Drüsenzellen oder mikroskopisch kleinen Ölbehältern angereichert werden, zum Beispiel in den Blütenblättern der Gardenie, in den Laubblättern der Duftpelargonie, in den Wurzeln des Ingwers, in der Rinde des Zimtbaumes, im Pfeffersamen und in den Fruchtschalen der Zitronen.

## Äthylen
Gasförmiges Pflanzenhormon, das in der Reifephase von Früchten (zum Beispiel Äpfel, Citrus) ausgeschieden wird. Fördert bei Bromelien die Blütenbildung, Orchideen und Hibiskus dagegen reagieren auf Apfel- und Citrusduft mit Blüten- und Knospenfall.

## Akarizid
Spezielles Mittel, das Milben (zum Beispiel Spinnmilben/Rote Spinne) abtötet. Es gibt aber auch Insektenvernichtungsmittel (Insektizide,→ Seite 74), die gegen verschiedene Milben wirksam sind. Diese Zusatzwirkung ist auf der Packung angegeben.

## Alkalisch
Bedeutet soviel wie basisch oder laugenhaft im Gegensatz zu säurehaltig oder sauer. In der Pflanzenpflege ist ein Substrat (Erde) alkalisch, wenn es besonders kalkhaltig ist und einen pH-Wert (→ Seite 78) über 7 aufweist. Alkalische Substrate entstehen vor allem beim Gießen mit kalkhaltigem, hartem Wasser und sind für fast alle Zimmerpflanzen schlecht. In der Bodenuntersuchung wird ein Substrat als schwach alkalisch eingestuft, wenn es einen pH-Wert von 7,1 bis 8 hat.

## Alkaloide
Stickstoffhaltige Pflanzenstoffe, die einen Einfluß auf das menschliche Nervensystem ausüben. Beispiele alkaloidhaltiger Pflanzen: Dieffenbachia, Kaffeebaum, Teestrauch, Ruhmesblume sowie alle Nachtschattengewächse. Alkaloide können häufig bereits schon in sehr kleinen Dosen tödlich wirken.

## Ampelpflanze
Pflanzen mit überhängenden oder kriechenden Trieben, die in einem hängenden Gefäß besonders attraktiv aussehen.

## Areolen
Wollige Polster an den Warzenenden, Höckeroberseiten oder an den Rippenkanten von Kakteen, aus denen die Dornen entspringen und meist auch die Blüten und Sprosse hervorgehen. Jede Kaktusart besitzt ein für sie typisches Areolenbild.

## Art
Bezeichnung für einen Teil des botanischen Namens einer Pflanze, der in der Regel etwas über Aussehen, Eigenschaften oder Herkunft aussagen kann. Beispiel: *Clivia miniata*. Hier bedeutet der Artenname *miniata*, daß es sich um eine mennigefarbene *Clivia* handelt (lateinisch: *miniatus* = mennigefarben). Zu einer Art (*species*) gehören Pflanzen, die in ihren wesentlichen Merkmalen übereinstimmen.

## Artbastarde, Arthybriden
Artbastarde oder -hybriden sind Pflanzen, die durch Kreuzungen verschiedener Arten derselben Gattung entstanden sind. Besonders häufig treten Artbastarde bei Orchideen auf.

## Assimilation
Assimilieren = angleichen, anpassen. Im botanischen Sinne ist damit die Umwandlung körperfremder Stoffe in körpereigene Substanz gemeint. Man unterscheidet die Kohlendioxidassimilation, auch Photosynthese (→ Seite 78) genannt, bei der Zucker entsteht und die in der grünen Pflanze nicht ohne Lichtenergie funktioniert, von der Stickstoffassimilation, bei der Eiweiß produziert wird.

## Atmung
Die Pflanze atmet wie wir Tag und Nacht mit all ihren Teilen, nimmt Sauerstoff auf und gibt neben Wasser Kohlendioxid ab. Dabei wird Energie frei, die bei der Photosynthese gebunden wurde. Die Atmung wird daher als Gegenstück zur Assimilation auch Dissimilation (→ Seite 71) genannt.

## Aufsitzerpflanzen
Bezeichnung für Pflanzen (sie heißen auch Epiphyten, → Seite 72), die sich in ihrer tropischen Heimat Kronen oder Astgabeln von Bäumen und Sträuchern als Wohnsitz aussuchen. Die meisten bilden Luftwurzeln zum Festhalten und zur Aufnahme von Nahrung und Feuchtigkeit, die sie ja nicht aus dem Boden holen können. Aufsitzerpflanzen sind keine Schmarotzer.

## Ausblühungen
Ablagerungen von Kalk und Düngesalzen auf der Außenwand des Tontopfes. Sie entstehen durch Gießen mit kalkhaltigem Wasser oder durch allzu häufiges Düngen. Ausblühungen entfernt man mit Essigwasser und einer Wurzelbürste.

## Ausdünnen
Nach der Keimung stehen die Sämlinge meist so dicht, daß man sie ausdünnen muß. Man zupft die schwächsten heraus, damit die kräftigen Sämlinge mehr Platz zum Wachsen bekommen.

## Ausläufer
Oberirdische oder unterirdische Seitentriebe, die von der Stengelbasis, der Blattrosette, der Mutterpflanze oder dem Wurzelhals ausgehen können. Ausläufer werden auch Stolonen genannt und kommen zum Beispiel beim Judenbart und dem Schwertfarn vor.

## Auslese
Begriff aus der Pflanzenzüchtung, auch Selektion genannt. Hierbei werden Pflanzen ausgeschieden, die nicht die Eigenschaften aufweisen, die man sich als Züchtungsziel gesetzt hatte. Auslese kommt aber auch in der Natur vor.

## Ausputzen
Regelmäßiges Entfernen abgestorbener Pflanzenteile und welker Blüten. Dient der Pflanzengesundheit.

## Austrieb
Entstehung neuer Triebe. Anzeichen dafür, daß die Vegetation wieder in Gang kommt, zum Beispiel nach der lichtarmen Saison. Eine Pflanze, die gut austreibt, ist gesund und wüchsig.

## Azaleentopf
Blumentopf, der niedriger ist als Standardgefäße, aber den gleichen Durchmesser aufweist (heißt auch Dreivierteltopf). Ideal für Pflanzen, die Flachwurzler sind, wie Azaleen.

# B

## Bakterien
Einzellige älteste Lebewesen, die praktisch überall gegenwärtig sind. Sie zersetzen organische Substanz und wirken dadurch kompostierend und mineralisierend. Besondere Bedeutung haben bestimmte Arten für die Stickstoffernährung der Pflanzen. Andere verursachen schwerwiegende Pflanzenkrankheiten, die sich in Welkeerscheinungen oder Naßfäulen äußern und meist nicht bekämpft werden können.

## Ballen
Bezeichnung für durchwurzelte Erde (Wurzelballen, Topfballen) oder für eine zusammengepreßte Menge Torf (Torfballen).

## Ballentrockenheit
Fehlen von Feuchtigkeit im Wurzelballen einer Topfpflanze. Zu erkennen daran, daß sich der Ballen vom Topfrand löst. Ballentrockenheit wird von den meisten Pflanzen nur kurzfristig vertragen. Erste-Hilfe-Maßnahme: Ein Tauchbad (→ Zeichnung, Seite 42).

## Bastard
Ergebnis einer Kreuzung von Pflanzen verschiedener Varietäten, Unterarten, Arten oder Gattungen. Bastarde werden auch Hybriden (→ Seite 74) genannt.

## Befruchtung
Verschmelzung eines männlichen Pollenkorns mit einer weiblichen Eizelle.

## Bereifung
Silbriggrauer, wie Reif aussehender Belag auf den Laubblättern oder Sprossen mancher Pflanzen, zum Beispiel bei Sukkulenten (wie *Cotyledon, Sedum*) oder Kakteen (wie *Cereus peruvianus*). Die Bereifung dient als Licht- und Transpirationsschutz.

## Berührungsreiz
Viele Pflanzen reagieren auf Kontakte von außen empfindlich. Die Reize können durch Licht, Temperatur, chemische Stoffe, mechanische Berührungen oder Verletzungen verursacht werden. Die auffälligste Reaktion zeigt die Sinnpflanze, *Mimosa pudica*. Ihre Blattstiele und Fiederblattstiele haben Gelenke, die bei der geringsten Berührung zusammenklappen, und zwar nacheinander, bis in den Blattstiel hinab. Bei vielen Pflanzen (zum Beispiel beim Sauerklee) ruft der Tag- und Nachtwechsel Schlafbewegungen hervor, dabei öffnen sich die Blätter oder Blüten bei Licht und schließen sich bei Dunkelheit.

## Bestäubung
Übertragung des Pollens auf die Narbe durch Wind, Wasser, Insekten, Vögel oder durch menschliche Hand, zum Beispiel mit einem Pinsel.

## Bewurzelungspräparate
Hormonpräparate in pulveriger oder flüssiger Form und als Paste, die die Bewurzelung von Stecklingen fördern.

## Bimskies
Grobporiges, strukturstabiles (das heißt, es verrottet nicht) mineralisches Vulkangestein mit geringem Wasserspeichervermögen. Es sorgt für eine gute Durchlüftung des Substrats und wird zum Beispiel gern in der Orchideenkultur als Dränage verwendet.

## Biologische Schädlingsbekämpfung
Pflanzenschutz ohne Chemie. Dazu gehört der Einsatz von Nutzinsekten (→ Seite 77) genauso wie die Behandlung mit Pflanzenbrühen. Im weitesten Sinn zählt dazu auch die Vorbeugung durch optimale Pflege und durch Einsatz von Pflanzenstärkungsmitteln, wie zum Beispiel Aroma-Sprays (→ Seite 50) oder Pflanzenbrühen.

## Biotechnische Schädlingsbekämpfung
Bekämpfen von Schädlingen durch natürliche, chemische oder physikalische Reize, zum Beispiel durch gelb angestrichene, wassergefüllte Schalen, gelbe Leimtafeln (gegen Blattläuse, Weiße Fliege und Trauermücken), Lockstoffe und Köder. Außerdem kann man dazu die mechanische Bekämpfung durch Abstreifen oder Abwaschen der Schädlinge rechnen.

## Blähton
Klassischer Pflanzstoff der Hydrokultur. Blähton wird aus ausgewähltem Ton gewonnen und bei 1200 °C gebrannt. Das in den Tonkugeln enthaltene Wasser verdampft und gibt ihnen eine poröse Struktur und feste Außenhaut, die nur wenig Wasser aufsaugt. Blähton ist strukturstabil, das heißt, er verrottet nicht. Verdichten, Versauern oder Verfaulen wie bei Erde ist hier nicht möglich. Die poröse Beschaffenheit ermöglicht einen optimalen Luft- und Wasseraustausch. Außerdem finden die Wurzeln in diesem Substrat ausgezeichneten Halt.

## Blasenfuß
→ Erste Hilfe für Ihre Pflanzen, Seite 52, 54.

## Blatt
Wichtiges Pflanzenorgan, das der Ernährung dient (→ Photosynthese, Seite 78), die Pflanze mit Sauerstoff versorgt (→ Atmung, Seite 69) und den Wasserhaushalt regelt (→ Transpiration, Seite 81). Das Laubblatt, besteht aus Blattgrund, Blattstiel, Blattfläche (Blattspreite). Es kann flächig, papierdünn, dick und fleischig, aber auch nadel- oder röhrenförmig sein.

## Blattadern
Leitungsbahnen oder Gefäßbündel der Blätter, auch Blattnerven genannt. Sie dienen der Versorgung mit Wasser und Nährstoffen.

## Blattälchen
→ Erste Hilfe für Ihre Pflanzen, Seite 52, 55.

## Blattdornen
Sind im Laufe der Evolution durch Umbildung von Blättern (bei Kakteen) und Nebenblättern (bei Robinien) entstanden.

## Blattfleckenpilze
→ Erste Hilfe für Ihre Pflanzen, Seite 52, 55.

## Blattgrün
Pflanzenfarbstoff, auch Chlorophyll (→ Seite 71) genannt. Unentbehrlich für die Photosynthese (→ Seite 78).

## Blattläuse
→ Erste Hilfe für Ihre Pflanzen, Seite 52, 54.

## Blüte
→ Zeichnung, Seite 15.
Bei vielen Pflanzen der attraktivste Teil. Sie dient der geschlechtlichen Fortpflanzung.

## Bluten
Verletzt man Pflanzen wie Gummibaum oder Weihnachtsstern durch Schneiden oder Abknipsen, läuft der in Stengel und Trieben enthaltene Milchsaft aus. Sie bluten.

## Blütenblätter
→ Zeichnung, Seite 15.

## Blütenpflanzen
Sie sind die am höchsten entwickelten Pflanzen und werden in der Fachsprache Bedecktsamer genannt. Älter und weniger hoch entwickelt sind Nacktsamer, zu denen Palmfarne, Ginkgo und Koniferen gehören; noch älter sind Farne, Moose, Flechten, Pilze, Algen, Bakterien.

## Blütenstand
→ Zeichnung, Seite 15.
Gemeinschaft mehrerer Blüten, in der Botanik Infloreszenz genannt.

## Bodenwärme
Erdtemperatur, in der Regel 20 °C und darüber. Wichtig für Pflanzen, die von Haus aus hohe Bodentemperaturen gewöhnt sind und bei kalten Füßen kränkeln. Bedingung für die Keimung vieler Tropenpflanzen. Bodenwärme kann durch Wärmeunterlagen oder heizbare Aussaatschalen erzeugt werden.

## Bonsai
Bezeichnung für die japanische Kunst, kleine Bäume nach dem Vorbild der großen zu gestalten, und für die Baumminiatur im Topf. Von *Bon* = Topf und *sai* = Baum.

## Botanischer Name
Wissenschaftlich international gültige Bezeichnung für eine Pflanze. Der botanische Name besteht aus mehreren Teilen: 1. dem Gattungsnamen, zum Beispiel *Ficus*. 2. dem Artnamen, zum Beispiel *elastica*. 3. dem Sortennamen, falls es Sorten gibt, zum Beispiel 'Decora'. Komplett hieße die Pflanze dann *Ficus elastica* 'Decora'.

## Brakteen
Fachausdruck für Hochblätter. Brakteen sitzen höher als die eigentlichen Laubblätter und haben die Aufgabe, die Blüten zu schützen und Insekten anzulocken. Manche Hochblätter sind prachtvoll gefärbt und ersetzen die Blütenblätter, wie zum Beispiel beim Weihnachsstern, bei Bougainvillea, Flamingoblume und Einblatt.

## Brutknospen
Kleine Knöllchen oder Zwiebeln, auch Bulben oder Bulbillen genannt, die sich in den Blattachseln, Blattkerben oder in Blütenständen bilden. Eignen sich gut zur Vermehrung. Bei einigen Pflanzen entstehen auch bereits fertige Pflänzchen (Brutpflänzchen), zum Beispiel beim Brutblatt (*Kalanchoe daigremontiana*).

### Bulben, Bulbillen
Zwiebeln (von lateinisch: *bulbus* = Zwiebel), die aus Blättern mit verdicktem Grund oder Niederblättern (Schuppen) bestehen. Nicht zu verwechseln mit den Pseudo- oder Scheinbulben (→ Seite 78) der Orchideen, die verdickte Sproßinternodien sind.

### Buntblättrigkeit
Wird vom Gärtner auch als Panaschierung bezeichnet. Die Blätter sind dann grün-weiß oder grün-gelb gefleckt. Sie enthalten in den hellen Bereichen kein grünes Chlorophyll, sondern nur farblose oder gelbliche Farbstoffträger. Buntblättrigkeit kann durch Mutation (→ Seite 77), Züchtung (→ Seite 83) oder Virusinfekte hervorgerufen werden.

## C

### Chelat
Chemische Substanz, die dafür sorgt, daß blockiertes Eisen im Boden besser gelöst wird und somit den Pflanzen zur Verfügung steht. Der Hobbygärtner verwendet zum Beispiel Eisenchelate. Das braunrote Pulver wird im Gießwasser aufgelöst und kurmäßig gegen Chlorose (→ mittlere Spalte) verabreicht.

### Chemischer Pflanzenschutz
Schädlingsbekämpfung und Vorbeugung mit chemischen Mitteln, die bei Mißbrauch oder Unvorsichtigkeit für den Menschen zur Gefahr werden können. Chemische Pflanzenschutzmittel werden darum entsprechend dem Grad ihrer akuten Giftigkeit in verschiedene Giftklassen oder aber als ungiftig eingestuft. Die Produkte sind mit entsprechenden Gefahrensymbolen gekennzeichnet (→ Abbildungen, Seite 73). Zum chemischen Pflanzenschutz gehören unter anderem Mittel gegen Pflanzenkrankheiten und Pflanzenschädlinge, zum Beispiel Insektizide (→ Seite 74), Fungizide (→ Seite 72), Akarizide (→ Seite 68), Mittel gegen Nematoden (→ Krankheiten und Schädlinge, Seite 54) sowie gegen Schnecken. Nach dem neuen Pflanzenschutzgesetz vom 1. Juli 1988 dürfen auch die als ungiftig eingestuften Pflanzenschutzmittel nur von geschultem Personal verkauft werden. Fragen Sie also im Fachhandel nach.

### Chlor (Cl)
Gasförmiger Stoff, der dem Leitungswasser zur Desinfektion zugesetzt wird und für Pflanzen schädlich ist. Chlor verfliegt, wenn man das Gießwasser über Nacht abstehen läßt. In Form von Chloridionen gilt es als Mikronährstoff, der vor allem in Mineraldüngern vorhanden ist.

### Chlorophyll
Grüner Pflanzenfarbstoff, ohne den die Photosynthese (→ Seite 78) nicht möglich ist. Wird auch Blattgrün genannt und ist ähnlich wie das menschliche Blut aufgebaut. An die Stelle des Eisens im Blutfarbstoff tritt beim Chlorophyll Magnesium.

### Chlorose
→ Eisen- oder Magnesiummangel, Seite 52, 54, 72.

### Container
Pflanzgefäße, meistens aus Kunststoff, mit geschlossenen oder offenen Topfwänden (Gitter-Container).

### Cristatbildung
Abnorme, hahnenkammähnliche Wuchsform der Triebe bei Kakteen und anderen Sukkulenten. Der Vegetationspunkt verbreitert sich dabei linien- oder bandförmig zu monströsen Gebilden. Wird auch Fasciation (Verbänderung) genannt.

## D

### Deutsche Härte – dH
Meßwert für den Kalkgehalt des Wassers. 1 °dH = 10 Milligramm Kalziumoxid je Liter. Wasser von 0 bis 8 °dH ist weich, von 8 bis 12 °dH mittelhart, über 13 °dH sehr hart. Wer wissen will, wie hart sein Gießwasser ist, kann den dH-Wert beim Wasserwerk oder der Gemeinde erfragen. Ab 10 °dH sollte das Gießwasser für Zimmerpflanzen enthärtet (→ Zeichnungen, Seite 42) werden.

### Deutscher Name
Deutsche, teils auch volkstümliche Bezeichnung für eine Pflanze. Oft Eindeutschung des wissenschaftlichen Namens, zum Beispiel Klivie von *Clivia*. Es gibt aber auch viele Pflanzen, die keinen deutschen Namen haben.

### Dissimilation
Gegenstück zur Assimilation (→ Seite 69). Wird auch Atmung genannt, weil Energie nicht wie bei der Assimilation gebunden, sondern freigesetzt wird.

### Dolde
→ Zeichnung, Seite 15.
Form eines Blütenstandes.

### Dosierung
Richtiges und exaktes Messen von Pflanzenschutzmitteln, Dünger oder Wasser.

### Dränage
Maßnahme zur Entwässerung und Ableitung von Wasser. Ist nötig, um die für Pflanzen schädliche Staunässe zu vermeiden. Vor allem bei größeren Töpfen oder Kübeln sollte nicht darauf verzichtet werden. Dazu Kies, Sand, Blähton oder grobe Styroporstücke als Dränage auf den Boden des Pflanzgefäßes einfüllen. Um zu verhindern, daß sich die Dränage mit dem Substrat vermischt, legt man ein Vlies zwischen Dränage- und Substratschicht.

### Dünger
Pflanzennährstoffe, die der Pflanze vom Menschen zugeführt werden. Die wichtigsten Hauptnährstoffe sind: Stickstoff (N), Phosphor (P) und Kalium (K). Man unterscheidet mineralische, organische und mineralisch-organische Dünger.

### Dunkelkeimer
Pflanzen, deren Samen nur bei absoluter Dunkelheit keimen. Die Aussaat muß hier bis zur Keimung immer abgedeckt werden, so daß kein Licht eindringen kann.

## E

### Echter Mehltau
→ Erste Hilfe für Ihre Pflanzen, Seite 52, 55.

### Einfache Blüten
Besitzen in der Regel wesentlich weniger Blütenblätter als gefüllte Blüten. Meist sind bei einfachen Blüten die Staubgefäße sichtbar.

## Einfüttern
→ Zeichnung, Seite 43.
Maßnahme zur Erhöhung der Luftfeuchte in der direkten Umgebung einer Pflanze.

## Einhäusig
Befinden sich auf derselben Pflanze männliche und weibliche Blüten, so ist sie einhäusig. Bei zweihäusigen (→ Seite 83) Pflanzen hingegen stehen die männlichen und weiblichen Blüten auf verschiedenen Pflanzen. Es gibt also männliche und weibliche Pflanzen innerhalb einer Art. Dies ist zum Beispiel bei Palmen der Fall.

## Einheitserde
Blumenerde, die aus einem Gemisch von 60 bis 80% Weißtorf und 20 bis 40% Untergrundton besteht. Zugesetzt werden außerdem Kalk und Nährstoffe. Ausgezeichnetes Substrat für viele Zimmerpflanzen. Man unterscheidet die Stufen »O«, »P« und »T«. Einheitserde O enthält keine Düngesalze, nur Kalk zur Regulierung des pH-Wertes. Einheitserde P (von »Pikieren«) ist schwach gedüngt und entspricht vom Nährstoffgehalt her etwa TKS 1. Beide werden für Aussaaten, Stecklingsvermehrung, zum Pikieren und als Topfsubstrat für salzempfindliche Pflanzen (zum Beispiel Usambaraveilchen) verwendet. Einheitserde T (von »Topfen«) entspricht im Nährstoffgehalt etwa TKS 2 und wird zur Weiterkultur verwendet.

## Einjährige Pflanzen
Pflanzen, die im Kalenderjahr der Aussaat blühen, fruchten und dann absterben. Der Gärtner nennt sie Annuelle.

## Einkeimblättrig
Pflanzen, die nur ein Keimblatt entwickeln, zum Beispiel Palmen und Gräser. Die Gruppe der Einkeimblättrigen Pflanzen wird *Monocotyledoneae* genannt.

## Eisen (Fe)
Wichtiges Spurenelement, das die Pflanze zum Aufbau von Blattgrün und Eiweiß benötigt. Auf kalkreichen Böden oder durch hartes Gießwasser kann Eisen an Kalk gebunden werden und steht dann den Pflanzen nicht mehr zur Verfügung. Die Folge sind Mangelerscheinungen (→ Erste Hilfe für Ihre Pflanzen, Seite 52). Die Pflanze kann regelrecht verhungern, weil ihr das zur Blattgrünbildung notwendige Eisen fehlt.

## Enthärten
→ Zeichnungen, Seite 42.

## Entspitzen
→ Zeichnung, Seite 44.
Abknipsen der weichen Triebspitzen mit Daumen und Zeigefinger. Führt zu besserer Verzweigung und damit zu einem buschigen Wuchs.

## Epidermis
Äußerste Gewebeschicht des ganzen Pflanzenkörpers. Enthält bei manchen Pflanzen Kalk oder Kieselsäure zur besseren Gewebefestigung.

## Epiphyten
→ Zeichnung, Seite 40.
Pflanzen, die an ihrem natürlichen Standort nicht in der Erde, sondern in den Astgabeln der Bäume wachsen, wie zum Beispiel manche Farne, Bromelien und viele Orchideen. Epiphyten werden darum auch Aufsitzer → Aufsitzerpflanzen, Seite 69 genannt.

## Epiphytenstamm
Künstlich geschaffene Vorrichtung als »Wohnsitz« für die Zimmerkultur von Epiphyten. Dazu eignen sich richtige Baumstämme oder Äste, aber auch durchlöcherte Rohre oder Moosstäbe.

## Evolution
Lehre von der Entwicklung. Pflanzen haben – wie alle anderen Lebewesen – im Laufe ihrer Entwicklungsgeschichte von einfachen Strukturen zu immer spezialisierteren Lebensformen gefunden. Als standortgebundene Wesen mußten sie sich im Laufe von Jahrmillionen immer wieder an ihre Umgebung anpassen, wenn sie nicht untergehen wollten.

# F

## Falscher Mehltau
→ Erste Hilfe für Ihre Pflanzen, Seite 52, 55.

## Familie
In der Botanik eine Gruppe von Gattungen, bei denen bestimmte Merkmale übereinstimmen. Die größte Pflanzenfamilie dürfte die der Orchideen sein. Sie repräsentiert fast 10% aller Blütenpflanzen.

## Familienname
Bezeichnung für die Zugehörigkeit zu einer bestimmten Familie. So gehört zum Beispiel der Frauenschuh zur Familie der Orchideen (*Orchidaceae*), das Usambaraveilchen zur Familie der Gesneriengewächse (*Gesneriaceae*), der Gummibaum zu den Maulbeergewächsen (*Moraceae*).

## Faserwurzeln
Feinste Nebenwurzeln. Sie sind nicht sehr lang und saugen Wasser und Nährstoffe auf. Faserwurzeln werden daher auch Saug- oder Kurzwurzeln genannt.

## Fertigerde
Industriell gemischte Blumenerde, die für verschiedene Zwecke und Pflanzenarten bereits im Handel zu kaufen ist. Sie ist so zusammengestellt, daß sie den individuellen Bedürfnissen der Pflanzen entspricht.

## Fertil
Fachausdruck für fruchtbar. Das Gegenteil ist steril (unfruchtbar). Blüten mit Geschlechtsorganen (also mit Stempel und Staubgefäßen) sind fruchtbar, Blüten ohne diese Organe sind unfruchtbar, zum Beispiel die vergrößerten Randblüten der Tellerhortensie.

## Flachwurzler
Pflanzen, die keine tiefreichende Haupt- oder Pfahlwurzel bilden, sondern deren Wurzeln sich stark nach den Seiten verzweigen, zum Beispiel Azaleen.

## Früchte
Wachstumsstadium nach der Blüte. Meist ist die Frucht das Gehäuse, das den Samen umschließt.

## Fungizid
Chemisches Mittel zur Bekämpfung von Pilzkrankheiten (→ Erste Hilfe für Ihre Pflanzen, Seite 52,55).

# G

## Gattung
Bezeichnung für Pflanzen mit bestimmten Gemeinsamkeiten innerhalb einer Familie.

## Gattungshybriden
So nennt man Kreuzungsprodukte zwischen Pflanzen verschiedener Gattungen.

## Gattungsname
Erster Teil des botanischen Namens einer Pflanze, der immer groß geschrieben wird. Beispiele: *Aeschynanthus, Saintpaulia, Ficus*.

## Gefahrensymbole
Kennzeichnung für die unterschiedliche Giftigkeit und Gefährlichkeit von Pflanzenschutzmitteln. Man unterscheidet 5 Gefährdungsklassen:

Sehr giftig:

Giftig:

Ätzend:

Mindergiftig:

Reizend:

Pflanzenschutzmittel mit einem T+ oder T sind für die Zimmerpflanzen-Praxis nicht zu empfehlen.

## Gefiedert
Bezeichnung für Blätter, die aus mehreren Fiederblättchen bestehen.

## Gefüllte Blüten
Blüten mit vielen Blütenblättern. Ihnen fehlen die Staubgefäße, die sich – meist durch gezielte Züchtung – in Blütenblätter verwandelt haben. Gegenteil: Einfache Blüten.

## Gegenständig
Blätter, die sich an einem Stengelknoten gegenüberstehen.

## Gelbtafeln
Mit Leim beschichtete Kunststofftafeln in einem bestimmten leuchtenden Gelbton, von dem Insekten angelockt werden (→ Seite 51).

## Generative Vermehrung
Geschlechtliche Vermehrung einer Pflanze durch Samen. Die Samen enthalten das Pflanzenembryo, das nach der Verschmelzung der Geschlechtszellen entsteht. Die Nachkommen müssen also nicht so aussehen wie die Mutterpflanze. Gegenteil: Vegetative Vermehrung (→ Seite 82).

## Geschlossenes Blumenfenster
Großzügig gestaltetes Fenster, das ähnlich wie ein Gewächshaus verschlossen und mit Luftbefeuchtern, Heizung, Belüftung und anderen technischen Einrichtungen ausgestattet werden kann. Ideal für Tropenpflanzen, die Wärme und eine hohe Luftfeuchte benötigen.

## Gespannte Luft
Gärtnerischer Ausdruck für feuchte Luft, die mit einer durchsichtigen Plastiktüte über einem Topf (→ Zeichnung, Seite 59) oder einer gut abdeckenden Glasscheibe über einem Aussaatkasten »eingefangen« wird. Gespannte Luft vermindert die Verdunstung und die Abkühlung der Erde und ist besonders der Bewurzelung und Keimung förderlich.

## Gießrand
→ Zeichnung, Seite 41.
Muß berücksichtigt werden, wenn man Pflanzen umtopft. Er verhindert, daß beim Gießen Erde über den Topfrand geschwemmt wird, und ermöglicht ein gutes Angießen.

## Giftpflanzen
Pflanzen mit mehr oder minder giftigen Inhaltsstoffen, die für Menschen oder Tiere tödlich oder gesundheitsschädlich sind. Vertreter aus folgenden Pflanzenfamilien sind häufig giftig: Araliengewächse Aronstabgewächse, Hundsgiftgewächse, Nachtschattengewächse. Achten Sie auf die Warnhinweise bei den einzelnen Pflanzenporträts!

## Granulat
Pflanzenschutzmittel, Pflanzenpflegemittel oder Substrat in gekörnter Form.

## Grauschimmel
→ Erste Hilfe für Ihre Pflanzen, Seite 52, 55.

# H

## Habitus
Botanische Bezeichnung für die Pflanzengestalt, das Aussehen einer Pflanze.

## Haftwurzeln
Spezielle Wurzeln, die manche Pflanzen zum Festhalten an Baumstämmen, Wänden oder dergleichen ausbilden.

## Hahnenkamm
→ Cristatbildung, Seite 71.

## Halbstrauch
Pflanzen, bei denen die unteren Teile fest und holzig werden, die oberen aber krautig bleiben. Beispiele: *Columnea, Pelargonium*-Arten, *Pentas lanceolata*.

## Halm
Stengel der Gräser. Er ist entweder rund und dann meist hohl (markig bei Mais und Zuckerrohr) oder dreikantig und mit Mark gefüllt. Riesengräser wie der Bambus besitzen die stärksten, dicksten und längsten Halme.

## Hochblätter
→ Brakteen, Seite 70.

## Hochstamm
→ Zeichnungen, Seite 44.
Erziehungsform einer Pflanze, bei der bis zu einer gewünschten Höhe verhindert wird, daß sich Seitentriebe entwickeln. Dadurch verstärkt sich der Haupttrieb.

## Honigtau
Klebrige Ausscheidungen von Blattläusen und Schildläusen, die man auf den Blättern, aber auch auf Fensterbänken, Fußböden und Möbeln findet. Honigtau lockt Ameisen, aber auch Rußtaupilze an, die die Blätter stark verschmutzen. Sofort abwaschen!

## Hormone
Wirkstoffe, die von Pflanzen gebildet werden und bereits in kleinen Mengen Wachstum und Entwicklung stimulieren oder hemmen. Heißen auch Phytohormone.

## Humus
Nährstoffreiches Pflanzsubstrat, das aus zerfallener und zerfallender organischer Materie besteht.

## Hybride
Ergebnis einer Kreuzung von Pflanzen verschiedener Varietäten, Arten oder Gattungen (→ Bastard, Seite 69).

## Hydrokultur
Pflanzenkultur ohne Erde. Die Pflanzen sitzen in einem Spezialsubstrat, das ihnen Halt gibt (zum Beispiel Blähton), und werden mit einer Nährlösung versorgt.

## Hygrometer
Gerät zur Messung der Luftfeuchte.

# I

## Immergrüne
Pflanzen, die ihre Blätter im Herbst nicht abwerfen. Natürlich erneuern auch diese Pflanzen ihr Laub. Dies fällt aber meistens nicht auf, da es an keine bestimmte Jahreszeit gebunden ist.

## Insektivoren
Insektenfressende Pflanzen wie Sonnentau, Kannenstrauch (→ Seite 173), Schlauchpflanze oder Fettkraut. Sie werden auch »fleischfressende Pflanzen« oder Karnivoren genannt.

## Insektizid
Pflanzenschutzmittel, mit dem Insekten bekämpft werden.

## Internodien
Stengelabstände zwischen den Blattknoten, von lateinisch: *inter* = zwischen, *nodus* = Knoten.

## Ionenaustauscher
Langzeitdünger, bestehend aus goldbraun glitzernden Kunstharzkörnern, die die Nährstoffe langsam abgeben. Im Austausch bindet das Kunstharz die im Wasser enthaltenen, von der Pflanze nicht verwertbaren Härtebildner wie Chlor und Kalk. Ionenaustauscher erleichtern die Hydrokultur. Wer sie verwendet, muß allerdings extrem kalkhaltiges Leitungswasser enthärten.

# K

## Kakteendünger
Stickstoffarmer Volldünger, der speziell auf die Bedürfnisse von Kakteen und anderen Sukkulenten zugeschnitten ist, nicht aber für epiphytisch wachsende Arten. Im Fachhandel erhältlich.

## Kalium (K)
Einer der 3 wichtigsten Hauptnährstoffe. Er hat einen positiven Einfluß auf den Wasserhaushalt der Zellen und ist wichtig für verschiedene grundlegende Lebensvorgänge: Kalium macht die Pflanzen widerstandsfähig gegen Trockenheit, Frost und gewisse Pflanzenkrankheiten. Kalium ist in jedem Volldünger enthalten. Kaliumbetonte Dünger kann man nach der Blütenbildung allen Pflanzen geben, die mit festem Holz in den Winter gehen sollen.

## Kalkflieher
Pflanzen, die Kalk in Wasser und Substrat nicht oder nur schlecht vertragen. Niedrige Kalkgehalte lieben zum Beispiel Azaleen, Kamelien, Orangenbäumchen.

## Kallus
Wundverschließendes Gewebe, das die Pflanze bildet, wenn sie verletzt wird. Bei Stecklingen können erst dann die Wurzeln entstehen, wenn sich das Kallusgewebe gebildet hat.

## Kalthaus
Bezeichnung für ein Gewächshaus, dessen Temperaturen im Winter nicht mehr als 2 bis 12 °C betragen. Die Pflanzen, die eine kühle Überwinterung brauchen, nennt man Kalthauspflanzen.

## Kalzium (Ca)
Weißes Metall, das als Baustoff für die gesamte Lebenszeit einer Pflanze unentbehrlich ist und zu den Hauptnährstoffen zählt. Erhöht die Widerstandskraft des Pflanzengewebes, fördert die Assimilation (→ Seite 69) und bindet in der Pflanze entstehende Säuren.

## Kapillarwirkung
Physikalisches Wirkprinzip, bei dem das Wasser in dünnen Röhren über kürzere oder weitere Strecken »emporgehoben« wird. In der Praxis nutzt man die Kapillarwirkung bei der Urlaubsbewässerung (→ Zeichnungen, Seite 43).

## Karnivoren
→ Insektivoren, linke Spalte.

## Keiki
Bezeichnung für Kindel (→ Seite 75) an Orchideen.

## Keimblätter
Die ersten Blätter einer Pflanze. Sobald sie ans Licht kommen, bildet sich in ihnen Chlorophyll, mit dessen Hilfe die Pflanze durch Photosynthese sich selbst zu ernähren beginnt. Es gibt Pflanzen, die nur ein Keimblatt (→ Einkeimblättrig, Seite 72) und solche, die zwei (→ Zweikeimblättrig, Seite 83) bilden.

## Keimling
Neue Pflanze, die aus der befruchteten Eizelle entsteht. Der Keimling besteht aus Keimwurzel, Keimstengel, Keimknospe und Keimblättern. Er ist zweipolig: Aus der Keimwurzel entwickelt sich das Wurzelsystem, aus der Keimknospe das Sproßsystem.

## Keimtemperatur
Optimale Boden- und Lufttemperatur, damit Pflanzen zu keimen beginnen. Sie kann je nach Art recht unterschiedlich sein. Manche Pflanzen brauchen Wärme, andere Kälte, um keimen zu können.

## Kelch
Glockiges, kugeliges, röhriges oder trichterförmiges Gebilde, das aus den Kelchblättern gebildet wird.

## Kelchblätter
Schützende, in der Regel grüne Umhüllung für Blüten-, Staub- und Fruchtblätter. Kelchblätter heißen auch Sepalen.

## Kindel
→ Zeichnung, Seite 58.
Junge Pflänzchen, die aus dem Stengel hervorgehen, Wurzeln bilden und dann von der Mutterpflanze gelöst und eingepflanzt werden können. Beispiele: Agave, Bromelie, Grünlilie, Schraubenbaum.

## Kletterpflanze
Bezeichnung für eine Pflanze, die an fremden Trieben, Baumstämmen, Ästen, Spalieren emporklettert, mit Organen, die sie extra zu diesem Zweck entwickelt hat, zum Beispiel mit Haftscheiben, Haftwurzeln, Sproß- oder Blattranken, widerhakenähnlichen Seitensprossen, Klimmhaaren, Stacheln, Dornen oder durch sich windende Bewegungen.

## Knolle
→ Zeichnung, Seite 14.
Verdickter, mehr oder weniger fleischiger Teil eines Sprosses oder einer Wurzel. Es gibt unterirdische Sproßknollen, zum Beispiel bei Alpenveilchen und Knollenbegonie, oder oberirdische wie bei der Leuchterblume. Alle Knollen sind Speicherorgane für Reservestoffe.

## Knospen
Pflanzenorgane, aus denen sich Sprosse, Blätter, Blüten oder ganze Pflänzchen entwickeln. Man unterscheidet Endknospen an der Triebspitze, Achselknospen in Blattachseln, ruhende Knospen (schlafende Augen), die jahrelang im Knospenstadium verharren können und erst unter besonderen Bedingungen austreiben, sowie Adventivknospen, die aus meristematischem Gewebe (→ Seite 76) hervorgehen. Aus Blüten- und Blattknospen entfalten sich die entsprechenden Organe, aus Brutknospen (→ Seite 70) entwickeln sich ganze Pflanzen.

## Knoten
Ansatzpunkt des Blattes, am Sproß auch Nodium genannt. Manche Pflanzen (zum Beispiel Nelkengewächse) besitzen auffällig verdickte Knoten.

## Kohlendioxid ($CO_2$)
Farb- und geruchloses Gas, das in der Luft und im Boden vorkommt. Eine sehr wichtige Verbindung für das Pflanzenleben, da es Grundbaustoff für die Kohlenhydratbildung bei der Photosynthese ist.

## Kolben
→ Zeichnung, Seite 15.
Form eines Blütenstandes.

## Kontaktgift
Pflanzenschutzmittel, das auf Schädlinge wirkt, wenn sie damit in Berührung kommen. Andere Wirkungsweisen haben Atem- und Fraßgifte und systemische Mittel (→ Seite 81).

## Kopfsteckling
→ Zeichnung, Seite 58.
Steckling, der von der Triebspitze geschnitten wird.

## Korkflecken
→ Erste Hilfe für Ihre Pflanzen, Seite 52, 54.

## Kriechpflanze
Pflanze mit horizontal wachsenden, wurzelnden Ausläufern (→ Seite 69) oder Kriechsprossen. Eignet sich gut als Bodendecker. Beispiele: Judenbart und Kletterficus.

## Kübelpflanzen
Pflanzen, die relativ schnell groß werden und entsprechend große Gefäße (Kübel) und Stellplätze benötigen. Kübelpflanzen stammen häufig aus mediterranen Regionen und gedeihen nur dann prächtig, wenn sie den Sommer über im Freien geschützt und sonnig stehen. Die meisten von ihnen müssen bei 5 bis 10 °C und hell überwintert werden. Einige lassen sich auch im Zimmer pflegen (→ Seite 138, 139).

## Kurztagspflanzen
Pflanzen, die, um Blüten anzusetzen, zu einer bestimmten Zeit kurze Tage, das heißt kurze Licht- und lange Dunkelperioden, benötigen. Beispiele: Chrysantheme, Weihnachtsstern. Gegenteil: Langtagspflanzen (→ rechte Spalte).

# L

## Labellum
Das mittlere, meist auffälligste Blütenblatt einer Orchideenblüte. Es ist zu einer Lippe umgebildet und dient als »Landebahn« für bestäubungswillige Insekten.

## Langtagspflanzen
Pflanzen, die für den Blütenansatz lange tägliche Lichtperioden und kurze Dunkelzeiten benötigen. Gegenteil: Kurztagspflanzen (→ mittlere Spalte).

## Langzeitdünger
Düngerformen, bei denen die Nährstoffe langsam und über einen längeren Zeitraum hinweg kontinuierlich an die Pflanze abgegeben werden.

## Lavagrus
Poröses Mineralgestein vulkanischer Herkunft, das Kakteensubstrate wasserdurchlässiger macht und auch in der Hydrokultur verwendet werden kann. Es ist im Gartenfachhandel erhältlich. Im Zoofachhandel wird es unter der Bezeichnung Lavalit geführt.

## Leitungsbahnen
Gefäße der Pflanze, in denen Wasser und gelöste Nährstoffe nach oben und umgesetzte, verarbeitete Nährstoffe nach unten transportiert werden. Durch sie gelangen auch systemisch wirkende Insektizide (→ Seite 81) in jeden Winkel der Pflanze.

## Lianen
Im Boden wurzelnde Pflanzen mit tauartigen, verholzten Stämmen, die sich klimmend, schlingend oder wurzelkletternd zum Licht vorarbeiten. Beispiele: Fensterblatt, Philodendron, Efeutute.

## Licht
Lebenselement der Pflanze. Licht ist für die Photosynthese notwendig, steuert Wachstum, Blütenbildung, Keimung, Laubfärbung, Laubfall.

## Lichtkeimer
Pflanzen, deren Samen zur Keimung Licht benötigen. Ihre Samen dürfen nicht zu dicht gesät und auf keinen Fall mit Erde abgedeckt werden.

## Lichtmangel
Schlecht für alle Pflanzen, weil dadurch die Photosynthese gestört wird. Lichtmangel ist Ursache für Vergeilen (→ Seite 82), Vergrünen bunter Blätter (→ Seite 82), Wachstumsstopp, Blattfall, dies ist in unseren Breiten zwischen Oktober und Februar akut.

**Lichtmarke**
→ Zeichnung, Seite 45.
Markierung am Topf, die dafür sorgt, daß man die Pflanzen nach dem Fensterputzen oder Duschen wieder genauso hinstellt wie vorher.

**Lichtwendigkeit**
→ Phototropismus, Seite 78.

**Lithophyten**
Pflanzen, die auf Felsen und Steinen leben (von griechisch: *lithos* = Stein, *phyton* = Pflanze).

**Lüften**
Notwendige Maßnahme bei der Zimmerpflanzenkultur, vor allem im Winter. Gestaute, trockenwarme Luft fördert Krankheiten und Schädlingsbefall. Darum: Öfter lüften, aber Zugluft und direkte kalte Luft von den Pflanzen fernhalten!

**Luftfeuchte**
Prozentualer Anteil der Wasserdampfmoleküle in der Luft. 0% = absolut trocken, 100% = wasserdampfgesättigter Nebel. Zimmerpflanzen benötigen je nach Herkunft zwischen 50 und 70 %. Heizungsluft ist immer zu trocken. Mit verschiedenen Maßnahmen (→ Zeichnungen, Seite 43) kann man die Luftfeuchte erhöhen.

**Luftwurzeln**
Wurzelform, die vor allem bei tropischen Pflanzen vorkommt. Luftwurzeln können Luft, Wasser und Nährstoffe aufnehmen. Wenn sie auf den Boden auftreffen, verzweigen sie sich und werden zu festen Stützwurzeln (zum Beispiel beim Fensterblatt). Bei den Orchideen sind die Luftwurzeln von einem silbrigen Häutchen überzogen, das Velamen heißt. Wichtig: Luftwurzeln nie abschneiden!

**Luxmeter**
→ Zeichnung, Seite 43.
Gerät zur Lichtmessung. Im Garten- und Fotofachhandel erhältlich.

# M

**Magnesium (Mg)**
Wichtiger Baustoff für die Pflanzenzelle und Hauptnährstoff. Notwendig für die Blattgrünbildung.

**Mangelkrankheiten**
Krankheitserscheinungen, die bei falscher oder unterlassener Düngung auftreten (→ Erste Hilfe für Ihre Pflanzen, Seite 52, 54).

**Mantelblätter**
Umgewandelte Blätter einiger Pflanzen, die eine zusätzliche Funktion besitzen. Sie dienen als Humus- und Wassersammler und dürfen nicht entfernt werden. Beispiel: Braune Blätter beim Geweihfarn.

**Mehltau**
→ Echter Mehltau, Falscher Mehltau, Seite 52, 55.

**Mehrgattungshybride**
Kreuzung aus 3 oder mehr verschiedenen Gattungen. Besonders häufig bei Orchideen. Bei mehr als 3 Gattungen wird, um Wortungetüme zu vermeiden, für die Kreuzung ein völlig neuer Name erfunden. Beispiel: *Potinara*, entstanden aus *Brassavola*, *Laelia*, *Cattleya* und *Sophronitis*.

**Meranti**
Orchideenpflanzstoff, der aus dem Holz des tropischen Baumes *Shorea* gewonnen wird. Meranti wird vor allem beim Fensterbau verwendet. Weshalb Orchideen in den Spänen des Merantiholzes so gut wurzeln, ist bis heute nicht geklärt.

**Meristem**
Zellverband, der aus noch teilungsfähigen Zellen besteht (Bildungsgewebe). Sie befinden sich in Sproß- und Wurzelspitzen, entstehen aber auch bei der Kallus- und Wurzelbildung an Stecklingen.

**Mikroklima**
Klima in unmittelbarer Nähe einzelner oder mehrerer Pflanzen. Kann durch andere Pflanzen, Wände, Wärmequellen oder Luftfeuchtespender (→ Zeichnungen, Seite 43) verändert werden.

**Mikronährstoffe**
Anderes Wort für die Spurenelemente Bor, Eisen, Kupfer, Mangan, Molybdän, Zink und andere. Obwohl sie die Pflanze nur in winzigen Mengen braucht, kann ihr Fehlen Krankheiten auslösen.

**Milben**
→ Erste Hilfe für Ihre Pflanzen, Seite 52, 54.

**Milchsaft**
Milchige, zum Teil giftige Flüssigkeit, die manche Pflanzen ausscheiden, wenn man sie verletzt, zum Beispiel Wolfsmilchgewächse wie Weihnachtsstern und andere Euphorbien-Arten.

**Mimese**
Perfekte Nachahmung und Anpassung an die Umwelt oder Umgebung. Dient Pflanzen zur Täuschung, Fortpflanzung und als Schutz vor gefräßigen Tieren.

**Mineraldünger**
Anorganischer Dünger, dessen Nährstoffe als Salze gebunden sind und damit der Pflanze sofort zur Verfügung stehen. Gefahr: Überdosierung. Gegenteil: Organischer Dünger (→ Seite 77), bei dem die Nährstoffe erst durch Mikroorganismen erschlossen und pflanzengerecht aufbereitet werden müssen, was längere Zeit dauert.

**Minimum-Maximum-Thermometer**
Meßgerät, das die höchste und die niedrigste Temperatur festhält, so daß man die Temperaturunterschiede zwischen Tag und Nacht ablesen kann. Wichtig bei der Kultur von Orchideen, bei denen die Nachtabsenkung zur Blütenbildung nötig ist.

**Minipflanzen, Minis**
Durch Züchtung, wenig Substrat und manchmal auch durch wuchshemmende Stoffe klein gehaltene Zimmerpflanzen, die sich gut zur Ausstattung von Pflanzschalen, Flaschengärten oder Zimmergewächshäusern eignen.

**Mischdünger**
Dünger, der verschiedene organische und mineralische Nährstoffe enthält.

**Monopodial**
Einachsige Wachstumsweise. Man erkennt den monopodialen Wuchs am unverzweigten, senkrechten Haupttrieb, aus dem Seitenäste hervorgehen (zum Beispiel Zimmertanne). Gegenstück: Sympodial (→ Seite 81).

## Moosbildung
Wird verursacht durch verdichtete Erde und zuviel Feuchtigkeit. Kann Pflanzen schaden, die im Stengelbereich Feuchte nicht gut vertragen, und behindert die Belüftung der Erde. Darum: Oberste Erdschicht mit einer Gabel vorsichtig auflokkern. Vorsicht: Wurzeln und Pflanze nicht verletzen! Moosschicht entfernen.

## Moosfliegen
→ Erste Hilfe für Ihre Pflanzen, Seite 52, 55

## Moosstab
→ Zeichnung, Seite 44.
Bezeichnung für eine feuchtigkeitsspendende Haltevorrichtung für Pflanzen mit Luftwurzeln, zum Beispiel für *Philodendron*- und *Syngonium*-Arten.

## Mutation
Veränderung im Erbgut einer Pflanze, die zufällig auftritt oder durch Strahlen (UV-, Röntgen- und radioaktive Strahlen) oder Chemikalien (zum Beispiel durch das Gift Colchicin aus der Herbstzeitlose) künstlich ausgelöst werden kann, was man in der Züchtung anwendet.

## Mutterpflanze
Pflanze, die zum Beispiel ihre Kindel noch ernährt, von der Stecklinge geschnitten werden oder die ein weiblicher Kreuzungspartner ist.

## Myzel
Pilzgeflecht, das aus dünnen Fäden (Hyphen) besteht.

# N

## Nachtabsenkung
Absenkung der Temperatur während der Dunkelperiode. Wichtige Bedingung, damit Orchideen Blüten ansetzen.

## Nährstoffe
Bestimmte Mineralstoffe, die die Pflanze zum Wachsen und Gedeihen braucht. Zu den Hauptnährstoffen gehören Stickstoff (N), Phosphor (P), Kalium (K), ferner Kalzium (Ca), Magnesium (Mg) und Schwefel (S). Die Mikronährstoffe (→ Seite 76) oder Spurenelemente sind vor allem Schwermetalle. Die Pflanze erhält Nährstoffe über den Dünger, den wir ihr geben.

## Narbe
→ Zeichnung, Seite 15.
Die Narbe ist ein Teil der Blüte, und zwar der oberste Teil des Stempels und das eigentliche Empfängnisorgan. Damit der männliche Pollen darauf haften bleibt, ist sie mit einer schleimigen oder klebrigen Schicht überzogen.

## Nekrose
Abgestorbenes Gewebe, eine Schädigung, die durch verschiedene Ursachen wie falsche Düngung, zu starke Sonnenbestrahlung, zuviel oder zuwenig Wasser, zu niedrige Luftfeuchte sowie durch Krankheiten oder Schädlinge hervorgerufen werden kann.

## Nematoden
→ Erste Hilfe für Ihre Pflanzen, Seite 52, 55.

## Nischenblätter
→ Mantelblätter, Seite 76.

## NPK
Düngeformel für die 3 wichtigsten Hauptnährstoffe, die eine Pflanze braucht. N = Nitrogenium oder Stickstoff, P = Phosphor, K = Kalium. Wieviel davon anteilmäßig in jedem Dünger enthalten ist, wird durch Zahlen ausgedrückt (zum Beispiel: 14 + 7 + 14 oder 14/7/14, das bedeutet: 14% Stickstoff, 7% Phosphor, 14% Kalium).

## Nutzinsekten
Insekten, die Schädlinge vernichten. Sie sind eine biologische Form der Schädlingsbekämpfung. Man bekommt sie über den Fachhandel (→ Adressen, Seite 238).

# O

## Organischer Dünger
Düngemittel aus pflanzlichen oder tierischen Stoffen wie Stallmist, Blutmehl, Hornspäne, Brennesseljauche oder Guano. Können selbst hergestellt werden, werden aber auch fabrikmäßig für Garten- und Zimmerpflanzen angeboten. Organische Dünger müssen erst von Bodenorganismen erschlossen werden, damit die Pflanze sie aufnehmen kann. Weil das einige Zeit in Anspruch nimmt, wirken sie langsam. Für Topfpflanzen sind sie weniger günstig, weil das Bodenleben im begrenzten Topfraum nur sehr eingeschränkt funktioniert.

# P

## Palmentöpfe
Höhere und schmalere Pflanzgefäße als üblich, da Palmen ihre Wurzeln eher nach oben und unten als in die Breite entwickeln und der Ballen sich oft oben aus dem Topf schiebt. Wer keine Palmentöpfe findet, kann auch die ebenfalls hohen und schmalen Rosen-Container verwenden.

## Panaschierung
Bezeichnung für Blätter mit weißen oder gelben Flecken und Streifen. Diese hellen Zonen enthalten kein Blattgrün und können auch nicht assimilieren. Panaschierte Pflanzen müssen möglichst hell stehen, vertragen aber meist keine direkte Sonne. An dunklen Standorten lagern sie wieder Blattgrün ein, um ihre zur Ernährung nötigen Assimilationsflächen zu ersetzen. Panaschierte Blätter können – wie bei der Schönmalve – auch durch Viren hervorgerufen werden.

## Perlite
Vulkanisches, industriell aufbereitetes Gestein, das sich wie Bimskies (→ Seite 70) durch gute Wasser- und Luftführung auszeichnet, nicht verrottet und wenig Nährstoffe bindet. Perlite wird als Orchideen-, Kakteen- und Vermehrungssubstrat verwendet.

## Pflanzenschutzamt
Amtliche Behörde, die es gemäß Pflanzenschutzgesetz in den meisten Städten der Bundesrepublik gibt. Pflanzenschutzämter oder -dienste geben dem Hobbygärtner Rat und Auskunft in allen Dingen des Pflanzenschutzes. Häufig werden kostenlose Sprechstunden angeboten.

## Pflanzenschutzmittel
Sammelbegriff für alle Chemikalien, die nach gründlicher Prüfung gemäß Pflanzenschutzgesetz zur Bekämpfung von Pflanzenkrankheiten und Schädlingen zugelassen sind.

## Phosphor (P)
Einer der 3 wichtigsten Hauptnährstoffe für Pflanzen. Phosphor spielt im Energiehaushalt der Pflanze bei der Wurzel-, Blüten- und Fruchtbildung eine große Rolle und fördert die Reifungsprozesse.

## Photoperiodismus
Lichtabhängigkeit von Pflanzen. Pflanzliche Entwicklungsprozesse wie Blütenansatz oder die Ausbildung von Überdauerungsorganen (Knollen und Zwiebeln) werden von der täglichen Länge der Licht- und Dunkelperiode (das heißt von der Tageslänge) gesteuert. Photoperiodismus wird gärtnerisch genutzt zur Steuerung der Blütenbildung, zum Beispiel bei Chrysanthemen und Weihnachtssternen (→ Kurztagspflanzen, Seite 75, Langtagspflanzen, Seite 75).

## Photosynthese
Aufbau körpereigener organischer Stoffe aus anorganischen Stoffen mit Hilfe des Lichts (griechisch: *photos* = Licht, *synthesis* = Aufbau). Dabei nehmen die Blätter mit ihren mikroskopisch kleinen Spaltöffnungen Kohlendioxid aus der Luft auf, verwandeln es mit Hilfe von Licht, Blattgrün (Chlorophyll) und Wasser in Kohlenhydrate (Zucker) und geben Sauerstoff frei. Ohne Pflanzen und ihre Fähigkeit, Licht als Energiequelle zu nutzen, wäre Leben auf unserer Erde undenkbar (→ Assimilation, Seite 69).

## Phototropismus
Krümmung von Pflanzenorganen entsprechend dem Lichteinfall, auch Lichtwendigkeit genannt. Sprosse bewegen sich in der Regel zum Licht hin, Wurzeln reagieren nicht oder vom Licht weg.

## pH-Wert
Der pH-Wert (lateinisch: *potentia Hydrogenii*) gibt die Wasserstoffionenkonzentration an und wird in Zahlen von 7 an auf- und abwärts ausgedrückt. 7 = neutral, was darunter liegt, kennzeichnet saure, was darüber liegt, alkalische Reaktionen. Fast alle Zimmerpflanzen gedeihen bei einem pH-Wert von 5,5 bis 6,5 am besten. Der pH-Wert läßt sich leicht durch Indikatorstäbchen (im Garten- und Zoofachhandel erhältlich) ermitteln.

## Physiologische Schäden
Krankheiten, die bei Pflanzen durch Pflegefehler oder schlechte Standorte hervorgerufen werden (→ Erste Hilfe für Ihre Pflanzen, Seite 52, 54).

## Pikieren
→ Zeichnungen, Seite 61.
Vereinzeln von Sämlingen in Einzeltöpfe, damit sich die Pflanzen besser entfalten können.

## Pilze
Pflanzen einer niederen Organisationsstufe, deren Körper aus fadenartigen Hyphen (Mycel) bestehen und kein Chlorophyll enthalten. Gelten als »Müllschlucker«, weil sie Zellulose und Holzstoffe verdauen können. Sie sind entweder Fäulnisbewohner, Parasiten (verursachen Krankheiten bei Mensch, Tier und Pflanze) oder leben in Symbiose mit anderen Pflanzen, zum Beispiel Orchideen. Manche liefern für den Menschen wichtige Stoffe (Penicillin) oder bringen bestimmte Prozesse in Gang (zum Beispiel Gärung). Für ihre Lebensfähigkeit sind Feuchtigkeit und bestimmte Temperaturen Voraussetzung, aber auch der pH-Wert, die Sauerstoff- und Kohlendioxidkonzentration ihrer Umgebung ausschlaggebend.

## Pilzkrankheiten
→ Erste Hilfe für Ihre Pflanzen, Seite 52, 55.

## Pinzieren
→ Entspitzen, Seite 72.

## Pollen
Blütenstaub, genauer alle Pollenkörner, die sich im Staubbeutel befinden. Das Pollenkorn ist die männliche Geschlechtszelle.

## Poren
Andere Bezeichnung für die Spaltöffnungen (Stomata), von denen die meisten auf der Blattunterseite sitzen. Poren sorgen für den Gasaustausch bei der Photosynthese (→ linke Spalte) und Atmung (→ Seite 69) und geben Feuchtigkeit ab, sie verdunsten Wasser.

## Pseudo- oder Scheinbulben
Verdickte, unterschiedlich getarnte Sprosse bei Orchideen, die als Speicherorgane für Wasser und Nährstoffe dienen und der Orchidee helfen, Trockenperioden zu überstehen. Jedes Jahr wächst eine neue pralle und glatte Scheinbulbe heran und bildet zwei oder mehrere Blätter. Die alte schrumpft, verliert das Laub, versorgt aber die jüngere noch mit Nahrung.

## Pyrethrum
Natürliches Insektizid aus Chrysanthemen-Arten, das bienenungefährlich ist und schnell abgebaut wird. Galt als ungiftig für Menschen und Säugetiere, da es über den Magen und die gesunde Haut schlecht aufgenommen wird. Wirkt aber nach neuesten Erkenntnissen gesundheitsschädlich, wenn es in offene Wunden gelangt. Es kann über das Blut das Nervensystem erreichen. Vorsicht bei allen Verletzungen und Erkrankungen der Haut, vor allem bei Allergien! Nur mit Handschuhen und bei Windstille versprühen. Noch bedenklicher sind Insektizide mit Pyrethroiden, das ist synthetisch nachgebautes Pyrethrum.

# R

## Ranke
Kletterorgane der Pflanzen. Es gibt Ranken, die aus Sprossen und solche, die aus Blättern entstehen. Sproßranken bilden zum Beispiel die Passionsblume und Wein-Arten; Blattranken findet man bei Erbsen und Wicken.

### Raphiden
Kristallnadeln aus Kalziumoxalat, die in Bündeln nebeneinanderliegen. Raphiden sind in den meisten Aronstabgewächsen, vor allem in der Dieffenbachie, in der Grünlilie und in Drazänen, enthalten. Sie sitzen in Schießzellen, die sich bereits bei leichtem Druck blitzschnell öffnen und die Kristallnadeln herauskatapultieren. Diese dringen leicht in Mund- und Rachenschleimhäute ein und können Verätzungen und Reizerscheinungen hervorrufen.

### Resistenz
Erworbene oder vorhandene Widerstandsfähigkeit gegen Krankheiten und Schädlinge (bei Pflanzen) oder chemische Substanzen (bei Insekten). Spielt in der Pflanzenzüchtung eine große Rolle, deren Ziel es ist, Sorten herauszubringen, die Schädlingen und Krankheiten trotzen.

### Rhizom
Unterirdische waagerechte Sproßachse, die nach oben Triebe und nach unten Wurzeln bildet. Rhizome werden auch Erdstämme oder Wurzelstöcke genannt und unterscheiden sich von Wurzeln dadurch, daß sie Knospen und Schuppen ausbilden. Man findet sie zum Beispiel bei verschiedenen *Gesneriacea*-Arten und der Zimmerkalla.

### Rispe
→ Zeichnung, Seite 15.
Mehrfach verzweigter, traubiger Blütenstand.

### Rosette
Besonders dichte Anordnung der Blätter, wobei alle Blätter von einem Punkt der Sproßachse auszugehen scheinen. Dieser Eindruck entsteht, weil die Sproßachse extrem kurz ist. Rosettenpflanzen sind: Bromelien, Echeverien, Nestfarn und Usambaraveilchen.

### Rückschnitt
Notwendige Maßnahme, um eine Pflanze in Form zu bringen, zu verjüngen, zu neuem Austrieb, buschigem Wachstum und guter Verzweigung anzuregen (→ Seite 44).

### Ruhezeit
Zeit, in der eine Pflanze nicht mehr wächst, keine Blätter oder neue Triebe bildet. Bei vielen Zimmerpflanzen fällt die Ruhezeit in die Herbst- und Wintermonate, wenn auch die Lichtmengen geringer sind. In dieser Zeit bekommen diese Pflanzen weniger Wasser, keinen Dünger und einen kühleren Standort.

### Rußtau
→ Erste Hilfe für Ihre Pflanzen, Seite 52, 55.

# S

### Salzempfindlichkeit
Manche Pflanzen sind empfindlich gegenüber hohen Konzentrationen an Düngesalzen. In den Arten- und Sortenbeschreibungen werden diese Pflanzen besonders gekennzeichnet. Sie erhalten höchstens die Hälfte bis ein Viertel der vorgeschriebenen Düngemenge oder organische Dünger.

### Salzschäden
Entstehen durch Überdüngung oder durch Anreicherung der Düngesalze in »altem« Substrat. Können sich in Wachstumsverringerung, Chlorosen (→ Seite 71) oder abgestorbenem Gewebe äußern. Abhilfe → Seite 45.

### Samen
Befruchteter Teil einer Blütenpflanze, der keimen und eine neue Pflanze hervorbringen kann. Er ist oft mit einem Nahrungsvorrat und einer Schutzhülle ausgestattet.

### Sauerstoff
Die Pflanze nimmt bei der Atmung (→ Seite 69) Sauerstoff auf, um mit seiner Hilfe organische Stoffe abzubauen (→ Dissimilation, Seite 71). Dabei wird Energie frei zum Wachsen und Gedeihen. Sauerstoff ist zu 21% in der Luft enthalten.

### Saugschuppen
Schuppen, mit denen graue Tillandsien ausgestattet sind, und die Feuchtigkeit aufsaugen können. Daher können diese Pflanzen über Sprühen und Tauchen mit Wasser und Nährstoffen versorgt werden.

### Schaft
Unverzweigter, blattloser Stengel, der Blüten oder Blütenstände, manchmal auch Hochblätter trägt. Beispiele: Amaryllis, Strelitzie, Zimmerkalla.

### Scharfer Sand
Kalkfreier Flußsand oder Quarzsand, die Substraten zugesetzt werden, um sie wasserdurchlässig zu machen und die Düngesalze gut zu verteilen. Sie sind ein wichtiger Bestandteil der Aussaaterde. Nicht verwendbar für Zimmerpflanzen sind farbige Sandarten oder kalkhaltiger Bausand.

### Schattieren
Maßnahme, um Pflanzen vor Verbrennungen zu schützen, vor allem in den Mittagsstunden und im Frühjahr, wenn die Pflanzen nach der dunklen Jahreszeit noch nicht an hohe Lichtintensitäten gewöhnt sind. Schattiert werden kann mit Vorhängen, Jalousien, Markisen, Seidenpapier oder mit schattenspendenden Nachbarpflanzen.

### Schildläuse
→ Erste Hilfe für Ihre Pflanzen, Seite 52, 54.

### Schmarotzer
→ Schädlinge, Seite 52.

### Schmierläuse
→ Erste Hilfe für Ihre Pflanzen, Seite 52, 54.

### Schnecken
→ Erste Hilfe für Ihre Pflanzen, Seite 52, 55.

### Schößling
Jungpflanze, die als Ableger direkt neben der Mutterpflanze aus der Erde wächst.

### Schwefel (S)
Chemisches Element, das zu den Hauptnährstoffen zählt. Wird von der Pflanze zum Aufbau von Eiweißstoffen, Vitamin B1 und scharfen Ölen (Knoblauch, Meerrettich, Senf) benötigt und ihr in Form von Kalium-, Magnesium-, Ammonium- und Kalziumsulfat in Düngern zugeführt.

**Selbstbestäubung**
Bestäubungsart, bei der eine Narbe mit dem Pollen derselben Blüte bestäubt wird. Dabei werden ausschließlich die Anlagen ein und derselben Pflanze weitervererbt (Inzucht).

**Selbstklimmer**
Pflanzen, die an den Enden der Ranken Haftscheiben oder Haftwurzeln entwickeln, zum Beispiel Efeu.

**Selektion**
→ Auslese, Seite 69.

**Silizium (Si)**
Chemisches Element, aus dem 80% unserer Erdrinde bestehen. Kommt bei Pflanzen vor allem im Schachtelhalm und in Gräsern vor. Die Siliziumverbindung Kieselsäure festigt die Zellwand von Pflanzen und macht sie widerstandsfähig gegen Angriffe von Pilzen und Bakterien. Schachtelhalmbrühen (→ Rezept, Seite 52) oder -tees sind daher ausgezeichnete Pflanzenstärkungsmittel. Genausogut wirken Kieselerde und Heilerde (Reformhaus, Apotheke).

**Sommeröl**
Bezeichnung für ein Mineralölprodukt (Weißöl), das die Wachsschicht auf der Insektenhaut zerstört und die Atmungsorgane verstopft. Gegen Schildläuse.

**Sonnenbrand**
→ Erste Hilfe für Ihre Pflanzen, Seite 52.

**Sori**
Gruppen von Sporenbehältern bei den Farnen. Sie sitzen je nach Art in unterschiedlich gestalteten Häufchen auf der Unterseite der Blätter. Bei einigen sind sie vor der Reife mit einem Schleier bedeckt.

**Sorte**
Gezüchtete Variante einer Pflanzenart, auch Varietät genannt. Der Sortenname wird dabei immer in einfache Anführungszeichen gesetzt, zum Beispiel: *Campanula isophylla* 'Mayi'.

**Spadix**
Kolben (Blütenstand). Entspricht einer Ähre (→ Zeichnung, Seite 15) mit verdickter Achse. Beispiel: Aronstabgewächse.

**Sparrig**
Ausdruck für eine unausgeglichene Wuchsform mit langen, relativ ungeordnet wachsenden Trieben bei Pflanzen, die verholzen.

**Spatha**
Hochblatt (→ Brakteen, Seite 70) von Zimmerkalla, Anthurien und anderen Aronstabgewächsen. Kann oft auffällig gefärbt sein und dient als Lockmittel für Bestäuber.

**Species**
Botanischer Fachbegriff für Art.

**Speicherorgane**
Organe, die Wasser und Nährstoffe lagern, wie Knollen, Zwiebeln, Scheinbulben und Rhizome.

**Sphagnum**
Sumpf- und Torfmoos (*Sphagnum squarrosum* und *Sphagnum cuspidatum*). Früher klassischer Bestandteil von Orchideensubstraten, heute aus Gründen des Artenschutzes kaum noch gebräuchlich. Kann ersetzt werden durch Orchid Chips, Perlite (→ Seite 77) oder Glaswolle.

**Spinnmilben**
Auch Rote Spinne, → Erste Hilfe für Ihre Pflanzen, Seite 52, 54.

**Spiritus-Seifen-Lösung**
Hausmittel zur Bekämpfung von Schild- und Wolläusen (→ Rezept, Seite 52).

**Sporangien**
Sporenkapseln, in denen die Sporen gebildet werden. Man findet sie zum Beispiel bei Farnen. Sie sitzen in Verbänden (→ Sori, linke Spalte) auf der Unterseite der Farnwedel.

**Sporen**
Einzellige, zum Teil ungeschlechtliche Keimkörner ohne Keim- und Nährgewebe. Sie können in den Sporangien sitzen (→ oben) und werden von dort, sobald sie reif sind, herausgeschleudert.

**Springschwänze**
→ Erste Hilfe für Ihre Pflanzen, Seite 52.

**Sproß**
Wird auch Trieb genannt und besteht in der Regel aus Sproßachse, Blättern und einer Endknospe.

**Spurenelemente**
→ Mikronährstoffe, Seite 76.

**ssp.**
Abkürzung für *subspecies* oder Unterart (→ Seite 82).

**Stamm**
Mehrjähriger, holziger, oft sehr dicker, verzweigter oder unverzweigter Sproß, der im Winter nicht abstirbt.

**Stammsteckling**
Stück eines Stammes, zum Beispiel von Dieffenbachie, Drazäne oder *Yucca*, das zur Vermehrung genutzt werden kann (→ Seite 59).

**Staunässe**
Mit wenigen Ausnahmen der Tod jeder Pflanze. Entsteht, wenn das Gießwasser nicht ablaufen kann und sich in der Erde staut. Wenn zuviel Wasser den Sauerstoff aus der Erde drückt, ersticken und verfaulen die Wurzeln. Darum: Immer für guten Wasserabzug sorgen (→ Dränage, Seite 71).

**Stecklinge**
Gärtnerische Bezeichnung für Pflanzenteile, die zur Bewurzelung in Erde oder Wasser gesteckt werden. Ein Steckling kann eine Triebspitze, ein Stammstück, ein Blatt oder ein Blatteil sein (→ Seite 58).

**Stempel**
→ Zeichnung, Seite 15.
Weibliches Organ der Blüte. Besteht aus Fruchtknoten, Griffel und Narbe.

**Stengel**
Krautiger, verzweigter oder unverzweigter Sproß mit oder ohne Blätter.

**Stengelglieder**
→ Internodien, Seite 74.

**Stengelgrundfäule**
Sammelbegriff für Pilzinfekte, → Erste Hilfe für Ihre Pflanzen, Seite 52, 55.

**Steril**
Ausdruck für unfruchtbar oder keimfrei. Gegenteil von fertil (→ Seite 72).

**Sterilisieren**
Keimfrei machen. Bei Blumenerde durch Dämpfen mit speziellen Geräten oder Chemikalien. Wichtig vor allem für Aussaaten oder Kulturen, weil durch das Substrat Krankheitserreger übertragen werden können. Die im Fachhandel erhältlichen Anzuchterden sind keimfrei, weil entsprechend vorbehandelt.

**Stickstoff (N)**
Einer der 3 wichtigsten Hauptnährstoffe, der in jedem Volldünger enthalten ist. Wird vor allem zum Aufbau der Eiweißverbindungen benötigt und ist zuständig für eine kräftige Blatt- und Triebbildung.

**Stoffwechsel**
Umsetzung, Verarbeitung und Ausscheidung von Nährstoffen. Wird auch Metabolismus genannt.

**Stolonen**
Anderer Begriff für Ausläufer (→ Seite 69).

**Strauch**
Pflanze mit verholzten Trieben, bei der mehrere gleichwertige Triebe vom Erdboden ausgehen.

**Stutzen**
→ Seite 44.

**Stützwurzeln**
Luftwurzeln, die sich bei Bodenkontakt verzweigen, zum Beispiel beim Fensterblatt.

**Styromull**
Schaumstoff-Flocken, die das Substrat luftiger machen.

**Substrat**
Fachausdruck für Nährboden oder Pflanzstoff (von lateinisch: *substratum* = Unterlage; → Seite 40).

**Sukkulenten**
Pflanzen mit fleischigen, saftigen Blättern oder Stämmen. Blattsukkulenten sind zum Beispiel: Agave, Aloe, Mittagsblume, während Kakteen, Säulen-Euphorbien oder Stapelien zu den Stammsukkulenten gehören.

**Sympodial**
Mehrachsiges Wachstum. Gegenteil von monopodialem Wachstum (→ Seite 76). Entsteht dadurch, daß ein Trieb seine Wuchsform einstellt, indem die Endknospe verkümmert oder zur Blütenbildung aufgebraucht wird. Die Knospen in den Achseln der obersten Blätter des Triebes führen das Sproßsystem fort.

**Systemisches Pflanzenschutzmittel**
Chemikalien, die über die Wurzeln oder Blätter in die Pflanze eindringen und sich überall im Gefäßsystem verteilen. Schädlinge, die an den Pflanzen saugen oder knabbern, nehmen die Stoffe auf und sterben ab.

# T

**Tauchbad**
→ Zeichnung, Seite 42.
Erste-Hilfe-Maßnahme bei völlig ausgetrocknetem Topfballen.

**Teilen**
Vermehrungsmethode, die für Pflanzen mit mehreren Sprossen geeignet ist. Beispiele: Bromelien, Bubiköpfchen, Korbmarante, Korallenmoos, Schraubenbaum.

**Thripse**
Auch Blasenfüße genannt, → Erste Hilfe für Ihre Pflanzen, Seite 52, 54.

**TKS**
Abkürzung für Torfkultursubstrat. Im Handel sind TKS 1, ein schwach gedüngter Pflanzstoff für Vermehrung und Anzucht, sowie TKS 2 zur Weiterkultur oder als Fertigerde zum Umtopfen (→ Einheitserde, Seite 72).

**Tochterzwiebeln**
Eine Art Kindelbildung bei Zwiebelblumen, zum Beispiel bei der Amaryllis (*Hippeastrum*-Hybriden).

**Tongranulat**
Extrem wasseraufnahmefähiges Substrat, das die Feuchte nach Bedarf an die Wurzeln weitergibt, die sich darin hervorragend entwickeln. Ideale Bewässerung für Kurzurlaube. Die Pflanzen können zu jeder Jahreszeit mitsamt dem Wurzelballen auf dieses Substrat umgestellt werden. Tongranulat ist im Gartenfachhandel erhältlich.

**Torf**
Moorerde, die nach Entwässerung des Moores abgebaut, gemahlen und in Säcke verpackt wird. Wird zur Bodenverbesserung im Garten und bei der Herstellung von Blumenerden verwendet. Um den Raubbau dieses immer seltener werdenden Bodentyps zu verhindern, treten an seine Stelle nun verstärkt Ersatzstoffe wie Rinde oder Kompost.

**Torfmoos**
→ Sphagnum, Seite 80.

**Torfpreßtöpfe**
Kleintöpfe aus gepreßtem Torf. Bestens zur Aussaat und Anzucht geeignet. Die Jungpflanzen können später mitsamt dem Topf in ein größeres Gefäß gesetzt werden.

**Torfquelltöpfe**
Torfscheiben, die aufquellen, wenn man Wasser daraufgießt. Sie eignen sich hervorragend zur Aussaat und Anzucht. Die Jungpflanzen durchwurzeln mit der Zeit den gesamten »Anzuchttopf« und können damit in ein größeres Gefäß gepflanzt werden (→ Seite 61).

**Transpiration**
Abgabe von Wasserdampf, auch Verdunstung genannt. Alle Landpflanzen geben Wasserdampf ab, vornehmlich durch die Poren (→ Seite 78). Bei warmen Temperaturen wird die Transpiration verstärkt. Wird das verdunstete Wasser nicht ersetzt, welkt die Pflanze. Bei der Transpiration entsteht in unmittelbarer Nähe der Blätter Verdunstungskälte (→ Seite 82). Sie verhindert, daß die Pflanze einen Hitzeschock erleidet.

**Traube**
→ Zeichnung, Seite 15.
Form eines Blütenstandes.

**Trauermücken**
→ Erste Hilfe für Ihre Pflanzen, Seite 52.

**Treiberei**
Vorverlegen der Blütezeit durch gezielten Einsatz von Licht und Wärme. Wird vor allem bei Zwiebelblumen praktiziert. Zum Beispiel kann man Krokusse, Hyazinthen oder Tulpen schon im Spätherbst im warmen Zimmer antreiben, so daß sie zu Weihnachten blühen.

**Trichter**
Bezeichnung für die Zisterne (→ Seite 83) bei Bromelien, die daher auch Trichterbromelien genannt werden. Der Trichter entsteht durch die rosettenartige Anordnung der Blätter und dient der Pflanze in der Natur als »Auffangbecken« für Wasser, Tau und verrottendes Material, das Nährstoffe spendet.

**Trugdolde**
→ Zeichnung, Seite 15.
Form des Blütenstandes.

# U

**Umfallkrankheit**
Krankheit bei Sämlingen und Stecklingen, die – besonders bei dichtem Stand – durch Pilze im Substrat hervorgerufen wird und Gewebeschäden im Wurzelbereich verursacht. Dadurch knicken die Pflänzchen um.

**Umtopfen**
So nennt man das Umsetzen der Pflanze in ein größeres Pflanzgefäß mit neuem, unverbrauchtem Substrat (→ Seite 41).

**Unterart**
Pflanzen mit nur minimal von der Art abweichenden Merkmalen. Unterarten erhalten zusätzlich zu ihrem botanischen Namen ein *ssp.* = *subspecies* (→ Seite 80).

# V

**Varietät**
Abkürzung: *var.* = *varietas.* Wird auch Sorte (→ Seite 80) oder Spielart genannt.

**Vegetationspunkte**
Wachstumspunkte der Triebspitzen, Wurzelspitzen und Knospen.

**Vegetationszeit**
Wird auch Vegetations- oder Wachstumsperiode genannt. Bedingt durch unsere Jahreszeiten beginnt die Vegetationszeit bei uns mit Zunahme des Lichts im Spätwinter/Frühjahr und endet, wenn die Tage kürzer werden. Der Beginn der Vegetationszeit ist am Neuaustrieb zu erkennen.

**Vegetative Vermehrung**
Ungeschlechtliche Vermehrung durch Pflanzenteile, Wurzel, Sproß und Blatt. Die so gewonnene neue Pflanze ist äußerlich und genetisch mit der Mutterpflanze identisch (→ Seite 56).

**Verdunstung**
→ Transpiration, Seite 81.

**Verdunstungskälte**
Kühle, die durch Verdunstung entsteht, zum Beispiel durch die Transpiration der Blätter (→ Seite 81); sie kann aber auch von nasser Erde oder Tontöpfen ausgehen.

**Veredelung**
Vermehrungsmethode, bei der ein Reis oder ein Auge einer wertvollen Pflanze mit einer anderen Pflanze verbunden wird. Beide verwachsen so innig miteinander, daß die Unterlage die Versorgung mit Wasser und Nährstoffen übernimmt, während an dem Reis oder Auge die Triebe entspringen, die das Aussehen der Pflanze bestimmen. Wird vor allem bei *Citrus*-Arten praktiziert, deren Sämlinge oft blühfaul sind.

**Vergeilen**
Gärtnerischer Ausdruck für die Ausbildung langer, schwacher und blasser Triebe mit großen Abständen zwischen den Blattansätzen und kleinen Blättern. Ursache: Lichtmangel und zu hohe Temperaturen.

**Vergrünen**
Reaktion bunter Blätter auf Lichtmangel. Die Pflanze kann sich nur an hellen Plätzen chlorophyllfreie Flächen leisten. An dunklen Plätzen grünt sie alles wieder ein, um Assimilationsflächen zu gewinnen.

**Verholzen**
Einlagerung von Lignin (Holzstoff) in die Zellwand. Dadurch wird der Trieb fester.

**Verkahlen**
Verlust der unteren Blätter durch falsche Pflege oder zu dunklen Standort. Bei manchen Pflanzen auch artbedingt. Sie werfen die unteren Blätter ab, um einen Stamm zu bilden, zum Beispiel *Dracaena marginata* oder *Yucca.*

**Verkorken**
Bildung von Suberin (Korkstoff), das sich auf die Zellwände legt und weitgehend luft- sowie wasserundurchlässig ist. Bei manchen Pflanzen kann es zu regelrechten Korkwucherungen kommen. Ursache sind zu hohe Boden- und Luftfeuchte bei zu dunklem Stand. Bei Klivien löst auch übermäßige Düngung Korkflecken aus. Besonders auffällig zeigen sich in der lichtarmen Zeit Verkorkungen bei einigen Wolfsmilchgewächsen. Verkorkte Flächen können nicht mehr assimilieren, schädigen die Pflanze aber nicht. Sie sind lediglich Schönheitsfehler, die außerdem auch bei Begonien, Gummibäumen, Kakteen, Orchideen, Pelargonien und Peperomien vorkommen können.

**Vermehrung**
→ Generative Vermehrung, Seite 56, 73 und Vegetative Vermehrung, Seite 56.

**Virose**
Durch einen Virus hervorgerufene Krankheit, → Erste Hilfe für Ihre Pflanzen, Seite 55.

**Vitrine**
Verglastes Ausstellungsmöbel für Pflanzen, die hohe Luftfeuchte brauchen. Kann auch als Zimmergewächshaus bezeichnet werden. Vitrinen gab es schon im vorigen Jahrhundert. Sie waren kunstvoll aus Gußeisen gefertigt (Wardsche Kästen). Heute sind sie technisch raffiniert ausgestattet mit Heizung, Luftbefeuchtung, ausreichender Beleuchtung und Lüftungsmöglichkeiten. Die Rahmen bestehen aus Aluminium oder dem feuchtigkeitsbeständigen Rotholz und sind in verschiedenen Größen und Formen erhältlich.

**Volldünger**
Dünger, der alle für das Pflanzenleben wichtigen Hauptnährstoffe und oft auch Spurenelemente enthält (→ Dünger, Seite 38).

# W

**Wachsschicht**
Hauchdünner Überzug oder Reif, mit dem manche Blätter sich gegen Wasserverlust schützen.

**Wachstumsperiode**
→ Vegetationszeit, Seite 82.

**Wachstumspunkte**
→ Vegetationspunkte, Seite 82.

**Wachstumsregulatoren**
Stoffe, die der Gärtner spritzt oder ausgießt, um das Stecklingswachstum zu hemmen und die Seitentriebbildung zu fördern. Dadurch werden kompakte, buschige Pflanzen erzielt. Sobald die Wachstumsregulatoren abgebaut sind, entwickeln sich die Pflanzen wieder normal. Mit einigen dieser Stoffe kann auch die Blütenbildung eingeleitet oder verfrüht werden.

**Warmhaus**
Bezeichnung für Gewächshäuser der botanischen Gärten, in denen im Durchschnitt Temperaturen von 20 bis 25 °C herrschen und tropische Pflanzen, sogenannte Warmhauspflanzen, untergebracht werden.

**Wasser**
Lebenselement für Menschen, Tiere und Pflanzen, Transport- und Lösungsmittel für Nährstoffe, wichtiger Faktor bei der Photosynthese (→ Seite 78). Ohne Wasser welkt die Pflanze, die Spaltöffnungen der Blätter schließen sich, Photosynthese und Transpiration sind unterbrochen. Die meisten unserer Zimmerpflanzen sind – weil sie aus anderen Vegetationszonen stammen – an unser oft zu kalkhaltiges Wasser nicht angepaßt. In diesem Fall sollte man das Wasser enthärten (→ Zeichnungen, Seite 42).

**Wechselständig**
Blattstellung, bei der die Blätter sich nicht genau gegenüberstehen, sondern versetzt angeordnet sind.

**Wedel**
Volkstümliche Bezeichnung für Palmen- oder Farnblätter.

**Weichhautmilben**
→ Erste Hilfe für Ihre Pflanzen, Seite 52, 55.

**Weiße Fliege**
→ Erste Hilfe für Ihre Pflanzen, Seite 52, 55.

**Weißöl**
→ Sommeröl, Seite 80.

**Woll- und Schmierläuse**
→ Erste Hilfe für Ihre Pflanzen, Seite 52, 54.

**Wuchsstoffe**
→ Hormone, Seite 73 und Bewurzelungspräparate, Seite 69.

**Wurzelälchen**
→ Erste Hilfe für Ihre Pflanzen, Seite 52.

**Wurzelballen**
Bezeichnung für die durchwurzelte Erde einer Topfpflanze.

**Wurzelfäule**
Durch Bodenpilze hervorgerufene Krankheit, → Erste Hilfe für Ihre Pflanzen, Seite 52.

**Wurzelhals**
Übergangsstelle von der Wurzel zum oberirdischen Teil einer Pflanze (Sproßachse). Bei manchen Arten sehr empfindlich!

**Wurzelknollen**
Knollig angeschwollene Wurzeln, die als Vorratskammern dienen, zum Beispiel bei Erdorchideen.

**Wurzelläuse**
→ Erste Hilfe für Ihre Pflanzen, Seite 52.

**Wurzeln**
→ Zeichnung, Seite 14.
Sie haben bei den meisten Pflanzen die Aufgabe, diese im Boden zu verankern, Wasser und Nährstoffe aufzunehmen und weiterzuleiten sowie Stoffe zu speichern. Besondere Wurzelformen sind zum Beispiel Luftwurzeln, Stützwurzeln und Haftwurzeln.

# X

**Xerophyten**
Pflanzen, die große Trockenheiten überstehen können. Beispiele: Kakteen und andere Sukkulenten wie Euphorbien, Agave, Aloe, Mittagsblumen und Fetthenne.

# Z

**Zisterne**
Auffangvorrichtung der Bromelien für Wasser und Nährstoffe (→ Trichter, Seite 82).

**Züchtung**
Bestreben, durch Kreuzung und Auslese neue Sorten heranzuziehen, die besonderen Ansprüchen genügen. Züchtungsziele sind unter anderem größere und gefüllte Blüten, neue Blütenfarben, Widerstandsfähigkeit gegen Krankheiten und Klimaeinflüsse.

**Zweihäusig**
Stehen bei einer Art männliche und weibliche Blüten getrennt auf verschiedenen Pflanzen derselben Art, so sind sie zweihäusig. Bekannte Beispiele dafür sind die heimische Weide, im Zimmerpflanzenbereich der Katzenschwanz (*Acalypha hispida*) und Palmen.

**Zweijährige Pflanze**
Pflanzen, die im ersten Jahr nur Blätter bilden, im zweiten Jahr blühen, fruchten und dann absterben, zum Beispiel Blaues Lieschen (*Exacum affine*).

**Zweikeimblättrig**
Begriff aus der Botanik. Bezeichnet Pflanzen mit zwei seitlich angelegten Keimblättern (*Dicotyledoneae*). Die Hauptwurzel verläuft oft pfahlartig, die Blätter sind vielgestaltig und mit einem Netz von Nerven ausgestattet.

**Zwiebel**
→ Zeichnung, Seite 14.
Verdickter, unterirdischer Sproß, dessen Sproßachse extrem verkürzt ist. Auf ihm sitzen die fleischigen Schuppen oder Schalen, die aus dem Blattgrund oder aus Niederblättern gebildet werden. Die Zwiebel dient als Nahrungsspeicher und Überwinterungsorgan, Beispiel: Amaryllis.

*Die Passionsblume ist ein emsiger Kletterer, der liebevolle Pflege mit Blüten belohnt, die so zahlreich wie Sterne am Himmel und so schön wie Schmuckstücke sind.*

# PFLANZEN-PORTRÄTS UND PFLEGETIPS

**Pflanzen zum Wachsen und Blühen, ja sogar zum Fruchten zu bringen, macht die Faszination der Zimmerpflanzengärtnerei aus. Auf den folgenden Seiten erfahren Sie, wie die beliebtesten Blüten- und Grünpflanzen, Farne und Palmen, Orchideen und Kakteen artgerecht und erfolgreich gepflegt werden können.**

## Die schönsten Zimmerpflanzen und ihre Pflege

Lernen Sie die bekanntesten Zimmerpflanzen und ihre Pflegeansprüche kennen. Entdecken Sie mit den Porträts den individuellen Wuchs der Pflanzen und die breitgefächerte Palette der Blüten- und Blattfarben, die Sie sicher auf so manch hübsche Gestaltungsidee bringen wird.

### Übersichtlichkeit und Vergleichbarkeit im Aufbau

Alle Pflanzen-Porträts sind klar und übersichtlich aufgebaut, so daß Sie sich auf einen Blick über die gewünschte Pflanze umfassend informieren können. Da alle Beschreibungen nach dem gleichen Muster angelegt sind, lassen sich die einzelnen Pflanzen besonders gut miteinander vergleichen. Und wo finden Sie nun Ihre Zimmerpflanzen?
Sie sind – je nach Zuordnung – in einem der folgenden Steckbrief-Kapitel (→ Tabelle, rechts) zu finden und erscheinen dort in der alphabetischen Reihenfolge ihres botanischen Namens.
Der deutsche Name steht groß und deutlich lesbar direkt über der Abbildung. Er ist vielen Pflanzenliebhabern am geläufigsten. Besitzt eine Pflanze noch andere Namen, sind mehrere Bezeichnungen aufgeführt.
Der botanische Name, gleich über dem deutschen, ist international gültig und bestimmt daher die alphabetische Reihenfolge der Darstellung. Steht bei einer Zimmerpflanze oben der botanische Gattungsname (zum Beispiel *Echeveria*), so werden in der Pflegeanleitung mehrere für die Zimmerkultur geeignete Arten besprochen.
Steht als botanischer Name ganz oben jedoch ein Artname (zum Beispiel *Ardisia crenata*), dann bezieht sich die Beschreibung nur auf diese spezielle Art. Das bedeutet aber auch, daß meist keine anderen Arten dieser Gattung als Zimmerpflanzen gepflegt werden.

### Die Symbole und ihre Bedeutung

Sie geben Ihnen, ohne daß Sie den Text lesen müssen, sofort Auskunft über den richtigen Standort und so wichtige Pflegemaßnahmen wie das Gießen und Sprühen, oder ob eine Pflanze für die Hydrokultur geeignet oder giftig ist.

Die Pflanze verträgt volle Sonne, auch Mittagssonne.

Die Pflanze wünscht sich einen hellen, fensternahen, aber nicht sonnigen Standort.

Die Pflanze gedeiht auch im Halbschatten gut.

Die Pflanze verträgt oder mag Schatten.

Die Pflanze braucht reichlich Wasser. Soviel gießen, daß noch viel überschüssiges Wasser im Untersetzer steht.

Die Pflanze nur mäßig feucht halten. Im Untersetzer sollen nur einige Tropfen erscheinen.

Die Pflanze wenig gießen. Der Untersetzer muß trocken bleiben.

Die Pflanze öfter sprühen.

Die Pflanze eignet sich für Hydrokultur.

Die Pflanze ist giftig.

### Erläuterung der Stichwörter

Jede Pflegeanleitung ist nach den folgenden, fettgedruckten Stichwörtern geordnet.
Blütezeit. Bei den Blütenpflanzen, Orchideen und Kakteen steht sie an erster Stelle. Diese Information ist wichtig, wenn man eine Blütenpflanze zum optimalen Zeitpunkt erwerben möchte oder wissen will, wann eine Pflanze, die gerade nicht blüht, ihren arteigenen Blühtermin hat.
Familie. Hier finden Sie die botanische Zugehörigkeit einer Pflanze.
Heimat nennt die geographische Herkunft.
Standort. Er ist ein wichtiges Kriterium für die Pflege.
Hier erfahren Sie Licht- und Wärmebedürfnisse übers Jahr.
Gießen und Düngen nennen Ihnen die optimalen Wassermengen und Düngeintervalle. Wichtig: Wo »schwach oder niedrig dosiert düngen« angegeben ist, verwenden Sie nur die Hälfte bis ein Drittel der vom Hersteller angegebenen Düngemenge auf 1 l Wasser.
Weitere Pflege informiert Sie über individuelle Luftfeuchte- oder Wärmebedürfnisse, ob Sprühen angebracht ist und wann, und in welches Substrat eine Pflanze umgetopft werden muß.
Vermehren. Beschrieben werden die gängigsten Vermehrungsmethoden für die jeweilige Zimmerpflanze. Wie es gemacht wird, finden Sie auf den Praxis-Seiten 58 bis 61.
Schädlinge und Krankheiten. Es werden die genannt, für die eine Pflanze besonders anfällig ist, aber auch, was die Hauptursache für Befall oder Krankheiten sein kann. Wie Sie Abhilfe schaffen, sagt Ihnen das Kapitel »Erste Hilfe für Ihre Pflanzen« (→ Seite 50 bis 55).
Mein Tip. Hier gibt die Autorin wichtige Erfahrungen weiter.
Warnung. Steht bei Pflanzen mit giftigen oder hautreizenden Stoffen. Damit gekennzeichnete Pflanzen können für anfällige Erwachsene, Kinder und Haustiere gesundheitsschädlich, solche mit einem Totenkopf-Symbol sogar tödlich sein, wenn sie gegessen werden oder mit der Haut beziehungsweise den Schleimhäuten in Berührung kommen.

### Vorsicht Pflanzen – auch das sollten Sie über Zimmerpflanzen wissen

Achten Sie bei der Auswahl der Pflanzen auf die nachfolgenden Kriterien, wenn Sie Kleinkinder oder Heimtiere haben. Einige Pflanzen sind mit Vorsicht zu genießen.
Sie können Allergien verursachen. Klassische Beispiele sind die Primel-Allergie durch das Primin der Becherprimel und Fälle von Kontaktdermatitis durch phototoxische Stoffe zum Beispiel in *Ficus*- und *Citrus*-Arten. Allergieauslösend sollen auch verschiedene Korbblütler sein, vor allem Chrysanthemen.
Sie können Verletzungen verursachen, zum Beispiel durch Stacheln, Dornen, scharfe Blattränder oder -spitzen.
Sie können zu Kopfschmerzen führen. Hier kommen aber nur Pflanzen mit Duftstoffen in Blüten und Blättern in Frage.

*Richtig gepflegt sind Blattpflanzen von so lebendigem Grün, daß man bunte Blüten nicht vermißt.*

Sie können Giftstoffe enthalten, die für Menschen und Heimtiere gesundheitsschädigend, ja sogar tödlich sein können, wenn sie verzehrt werden. Kleinkinder stecken alles in den Mund und Katzen und viele andere Heimtiere gehen auch gern an manche Zimmerpflanzen.
Schimmelpilze (Aspergillen) in der Topferde können bei abwehrgeschwächten Menschen gesundheitliche Schädigungen hervorrufen. Das Bundesgesundheitsministerium warnt dringlichst davor, in Räumen mit Risikopatienten Topfpflanzen aufzustellen. Fragen Sie im Zweifelsfall Ihren Arzt.

**Achtung, giftig!**
In folgenden Pflanzenfamilien treten Giftstoffe geballt auf:
Aronstabgewächse enthalten einen scharfe Pflanzensaft und sogenannten Raphiden. Diese oxalathaltigen Schießzellen verletzen wie feine Kristallnadeln die Haut und injizieren die Giftstoffe.
Liliengewächse können Saponine und Alkaloide sowie hautreizende Stoffe enthalten.
Nachtschattengewächse sind durch stark wirksame Alkaloide gefährlich.
Hundsgiftgewächse bilden gleich zwei der stärksten Giftgruppen: Alkaloide und Glykoside.
Wolfsmilchgewächse sind mit toxischen Eiweißstoffen ausgestattet. Der scharfe Milchsaft wirkt äußerlich wie innerlich ätzend.

**Was Sie wo am schnellsten finden**

# BLÜTEN PFLANZEN

**Sie faszinieren durch die Vielfalt ihrer Farben und Formen, manche auch durch betörenden Duft. Bei einigen entsteht aus eher bescheidenen Blüten ein fröhlich-bunter, dekorativer Fruchtschmuck. Viele blühen jedes Jahr aufs neue und werden zu langjährigen Hausgenossen, die man nicht mehr missen möchte.**

Verkaufszahlen beweisen es: Blütenpflanzen sind die beliebtesten Zimmerpflanzen. Wer kann der heiteren Ausstrahlung frühjahrsblühender Primeln widerstehen, dem Liebreiz der Usambaraveilchen, der Eleganz der Kamelien oder Gardenien? Mit blühenden Pflanzen läßt sich ein zeitlich begrenztes Feuerwerk vor dem ruhigen Hintergrund der Grünpflanzen entzünden.

Auf den folgenden Seiten begegnen Ihnen alle Schönheiten, die der Blütenpflanzen-Markt zu bieten hat. Eingeschlossen sind Pflanzen mit dekorativem Fruchtschmuck, der schließlich nichts anderes ist, als die Fortsetzung der Blüte. Außerdem finden Sie eine attraktive Auswahl neuer oder weniger geläufiger Blütenpflanzen sowie ein kleines Sortiment beliebter Kübelpflanzen, die im handlichen Topfpflanzenstadium noch gern im Zimmer gehalten werden.
Viele Schönheiten wie Browallie, Blaues Lieschen oder Pantoffelblume sind sogenannte Saison- oder Wegwerfpflanzen. Sie werden nach der Blüte nicht weitergepflegt, weil ihre Lebenszeit nur auf 1 Jahr begrenzt ist. Einige, wie Weihnachtsstern, Chrysantheme oder Cinerarie sind zwar ausdauernd, werden mit der Zeit aber immer unansehnlicher oder sind in Zimmerkultur ohne aufwendige Maßnahmen nicht mehr zum Blühen zu bewegen. Es bleiben aber noch genug Arten, die bei liebevoller Pflege von Jahr zu Jahr schöner und größer werden und pünktlich jedes Jahr blühen. Paradebeispiele sind Klivie, Azalee, Alpenveilchen, Gardenie und Kamelie. Als Lieblingskinder internationaler Züchter werden Blütenpflanzen immer wieder verändert und verbessert. Ziele sind längere Haltbarkeit und Blühdauer, Maxi- oder Miniwuchs, neue Farben, schönere Blattformen, reicherer Flor, vor allem aber bessere Blühwilligkeit und Zimmertauglichkeit.

## Was Sie über Blütenpflanzen wissen sollten

Die meisten unserer blühenden Zimmerpflanzen stammen aus tropischen oder subtropischen Regionen. Die ersten »Urblüten« entstanden in den tropischen Regenwäldern, die ein sehr ausgeglichenes Klima besitzen. Davon begünstigt konnten die Tropenpflanzen die größte Formen- und Farbenvielfalt in ihrem Blütenspiel entwickeln.
Die Blütenbildung wird durch viele Faktoren beeinflußt, deren wichtigster das Licht ist. Im allgemeinen blühen Pflanzen in jedem Vegetationsjahr aufs neue. Es gibt aber auch Ausnahmen, wie die Bromelien, die nur einmal blühen, für blühfähigen Nachwuchs sorgen und dann absterben. Oder Pflanzen, die Jahrzehnte oder gar ein Jahrhundert bis zur ersten Blüte benötigen, wie der Bambus oder die Hundertjährige Aloe.
Viele Blüten sind regelrechte Schmuckstücke von erlesener Schönheit. Man denke nur an die Blüten der Medinille (→ Seite 122) oder der Passionsblume (→ Seite 84, 85). Die Blühtermine variieren von Art zu Art. Bei manchen Pflanzen können durch gärtnerische Maßnahmen die Blühtermine (zum Beispiel für Muttertag, Weihnachten) verschoben werden. Ohne diese Verfahren blühen sie aber im zweiten Jahr wieder wie ehedem. Es gibt aber auch den Fall, daß Blüten außer der Reihe erscheinen, dies wird zum Beispiel durch Pflegefehler oder starken Schädlingsbefall verursacht. Dann setzt der Arterhaltungstrieb der Pflanze ein, und sie versucht, vor dem Absterben ganz schnell für Nachkommenschaft zu sorgen.
Natürlich blühen Pflanzen nicht für uns. Wir sind nur Nutznießer ungeheurer Bemühungen um die Arterhaltung. Um die Blüte für die jeweiligen Bestäuber so verführerisch wie möglich zu gestalten, spielt die Natur mit Farben, Formen und Mustern, erfand herrliche Düfte und bestialische Gerüche, raffinierte Fallen und gefällige Landebahnen, zum Beispiel für Insekten.

*Blütenpflanzen leben, um befruchtet zu werden. Hier eine perfekte Verführung: Lange, gebogene Blüten und reichlich Nektar locken Kolibris zur Bestäubung an.*

## Die artgerechte Pflege

Blühende Pflanzen zu kaufen, ist nicht schwer - verblühte aufzupäppeln und im Folgejahr erneut zur Blüte zu bringen, erfordert hingegen gründliches Wissen um die jeweilige Pflanze und sorgfältige Pflege. Die folgenden Pflanzenporträts und Pflegehinweise werden Ihnen hierbei behilflich sein. Leicht erneut zum Blühen zu bringen, sind tropische Pflanzen aus Regionen mit übers Jahr gleichmäßigen Klima- und Lichtverhältnissen. Erhalten sie im Winter genügend Luftfeuchte und ausreichend Licht, blühen sie im folgenden Vegetationsjahr ohne große Maßnahmen wieder. Bei anderen muß vor allem die Ruhezeit beachtet werden. Das heißt für den Zimmergärtner, die Lebensbedingungen wie trockene oder lichtreduzierte Perioden am Heimatstandort so gut wie möglich nachzuahmen.

*Am Heimatstandort bilden Weihnachtssterne so dichte, hohe Hecken wie unsere Wildrosen und bieten Vögeln Landeplätze.*

Acalypha hispida

## Katzenschwanz

*Von Acalypha gibt es auch Sorten mit weißen Blütenähren.*

Der Katzenschwanz kommt als Strauch in allen tropischen Regionen verwildert vor. Im Topf werden nur die weiblichen Pflanzen der zweihäusigen Art angeboten. Der deutsche Name bezieht sich auf die katzenschwanzähnlichen Blütenähren.
Im Handel sind außerdem Sorten mit rahmweißen Blüten wie 'Alba' und attraktive Hängeformen wie *Acalypha pendula*, die aber kleinere, mehr herzförmige Blätter besitzt.
**Blütezeit:** April bis Oktober.
**Familie:** *Euphorbiaceae*, Wolfsmilchgewächse.
**Heimat:** Tropische Regionen weltweit.
**Standort:** Hell, aber nicht sonnig. Ganzjährig warm, im Winter nie unter 16 °C. Zugluft vermeiden.
**Gießen, Düngen:** Mit weichem, zimmerwarmem Wasser den Wurzelballen mäßig feucht halten.
Von November bis Januar sparsam gießen. Von Februar bis Ende August wöchentlich düngen.
**Weitere Pflege:** Öfter sprühen. Bei Bedarf *Acalypha* im Frühjahr in größere Töpfe mit Blumenerde umsetzen. Zuvor Triebe zurückschneiden. Den Neuaustrieb öfter entspitzen, damit die Pflanze buschiger wird.
**Vermehren:** Im Frühjahr durch Kopfstecklinge. Für eine erfolgreiche Bewurzelung ist Bodenwärme von über 20 °C und hohe Luftfeuchte nötig, deshalb heizbares Vermehrungsbeet verwenden! Bewurzelte Jungpflanzen öfter entspitzen.
**Schädlinge, Krankheiten:** Spinnmilben, Weiße Fliege, Blatt- und Schildläuse durch Lufttrockenheit im Winter.
**Hinweis:** Genauso gepflegt werden die buntblättrigen *Acalypha*-Wilkesiana-Hybriden mit dem bezeichnenden Namen Nesselschön.
**Warnung:** *Acalypha*-Arten und -Sorten sind in allen Teilen giftig.

Achimenes-Hybriden

## Schiefteller

*Achimenes-Hybriden blühen reich und lange.*

Das reichblühende Gesneriengewächs, verwandt mit Usambaraveilchen und Gloxinie, wird im Sommer in Weiß, Gelb, Rosa, Violett und Blau angeboten.
Es handelt sich dabei durchwegs um Züchtungen für die Zimmerkultur.
Charakteristisch sind die beschuppten Rhizome, die wie kleine Fichtenzapfen aussehen. Die Blätter sind oberseits grün, unterseits rötlich überhaucht.
**Blütezeit:** Juli bis September.
**Familie:** *Gesneriaceae*, Gesneriengewächse.
**Heimat:** Mittel- und Südamerika. Im Handel sind nur Zuchtformen.
**Standort:** Von Frühling bis Herbst hell und warm (20 bis 25 °C). Direkte Sonne unbedingt vermeiden!
**Gießen, Düngen:** Zum Gießen kein kaltes Wasser verwenden! Solange die Pflanze wächst und blüht, regelmäßig leicht feucht halten. 6 Wochen nach dem Austrieb der Rhizome bis Ende Juli düngen. Danach weniger gießen, ab September überhaupt nicht mehr, damit die Pflanze einziehen (abwelken) kann.
**Weitere Pflege:** Verdorrte Teile abschneiden und Rhizome bis zum Frühjahr im Topf lassen (oder herausnehmen und in Torf oder Sand bei 20 °C lagern). Im Februar Rhizome so in die Töpfe legen, daß sie 2 cm hoch mit neuer Erde bedeckt sind. Pflanze hell (nicht sonnig) und warm stellen. Mit warmem Wasser angießen, für indirekte Luftfeuchte (→ Seite 43) sorgen.
**Vermehren:** Durch Teilen der Rhizome im Frühjahr oder durch Kopfstecklinge bei Bodenwärme über 20 °C.
**Schädlinge, Krankheiten:** Blattflecken durch zu kaltes Wasser oder Benetzen der Blätter, seltener Blattläuse, Weichhautmilben und Viren.
**Hinweis:** Genauso gepflegt wird *Gloxinia sylvatica* (*syn. Seemannia sylvatica*).

Adenium

## Wüstenrose

*Adenium obesum ist hier auf einen Oleandertrieb veredelt.*

Ihren Namen verdankt sie wahrscheinlich der Hafenstadt Aden im Südwesten Arabiens. Im Handel sind *Adenium obesum* und *Adenium swazicum* (allerdings selten). Die Blütenfarben reichen von Weißrosa über Purpur bis hin zu Violett. Daß die schönblühende Pflanze überhaupt bei uns erhältlich ist und gedeiht, verdankt sie den Gärtnern, die das sukkulente Gewächs auf einen robusten Verwandten, den Oleander, veredelt haben. Aus diesem Grund ist auch der Stamm so ungleichmäßig dick.

**Blütezeit:** April bis August.

**Familie:** *Apocynaceae*, Hundsgiftgewächse.

**Heimat:** Südarabien, Uganda, Kenia, Tansania.

**Standort:** Volle Sonne, ganzjährig warm, im Winter an einem dunklen Standort kühler (um 15 °C) halten. Sommerplatz im Freien an windgeschützter, sonniger Stelle möglich.

**Gießen, Düngen:** Von April bis Oktober feucht halten, von November bis März gerade soviel gießen, daß die Wurzeln nicht absterben. Während der Wachstumszeit abwechselnd alle 14 Tage Blumen- und Kakteendünger ins Gießwasser geben.

**Weitere Pflege:** Bei Bedarf im Frühjahr in Einheitserde T mit etwas Lehm umtopfen. Zu sparrig gewordene Exemplare können auch zurückgeschnitten werden.

**Vermehren:** Durch Kopfstecklinge, die man im Frühjahr auf gleich dicke Oleandertriebe veredelt. Schwierig!

**Schädlinge, Krankheiten:** Spinnmilben, Woll- und Schmierläuse.

**Warnung:** Der Milchsaft der Wüstenrose ist hochgiftig. Beim Abschneiden der Äste, beim Rückschnitt und beim Veredeln Handschuhe anziehen. Wer Kinder und Haustiere hat, verzichtet besser auf diese Pflanze.

Aechmea

## Lanzenrosette

*Aechmea fasciata besitzt rosa Hochblätter.*

Die Gattung *Aechmea* besteht aus etwa 150 meist epiphytisch lebenden Arten. Im Handel werden vor allem die rosafarbene *Aechmea fasciata*, aber auch andere Arten wie die getigerte *Aechmea chantinii* (mit rotgoldenem Blütenstand) geführt. Sehr schön auch *Aechmea fulgens* mit korallfarbenen Blüten oder *Aechmea miniata*, in deren Blüten Blau und Rot vorkommen. Der Name *Aechmea* kommt aus dem Griechischen, von *aichme* = Lanzenspitze, und weist auf die spitzen Deckblätter hin. Die Blätter stehen in einer Rosette, bilden einen Trichter und sind meist dicht bestachelt. Inzwischen gibt es allerdings bereits eine unbewehrte Züchtung, die ‘Friederike’ heißt.

**Blütezeit:** Mai bis Oktober. Aber: Jede Blattrosette blüht nur einmal.

**Familie:** *Bromeliaceae*, Ananasgewächse.

**Heimat:** Brasilien.

**Standort:** Hell, aber keine Sonne. Ganzjährig nicht unter 18 °C. Heizungsluft wird toleriert.

**Gießen, Düngen:** Immer weiches Wasser zum Gießen nehmen. Von April bis Oktober Topfballen nur mäßig feucht halten, dabei in den Trichter gießen. Von November bis März Wassergaben reduzieren. Im Frühjahr und Sommer dem Gießwasser alle 14 Tage einen Blumendünger zugeben.

**Weitere Pflege:** An heißen Tagen Pflanze öfter übersprühen. Alle 2 Jahre in Einheitserde T oder TKS 2 umtopfen. Abgeblühte Rosetten entfernen.

**Vermehren:** Durch Kindel (→ Zeichnung, Seite 58) oder durch Aussaat.

**Schädlinge, Krankheiten:** Braune Blätter durch Fäulnis und Unterkühlung. Schildläuse, Wurzelläuse.

**Mein Tip:** Die Kindel bringen nur dann Blüten hervor, wenn sie gut gepflegt werden und ausreichend groß sind. Wollen sie trotzdem nicht blühen, hilft der Apfeltrick (→ Zeichnung, Seite 45).

Aeschynanthus
## Schamblume

Mit Kaskaden orange- oder purpurfarbener Blüten überrascht die Schamblume. Erhältlich sind *Aeschynanthus speciosus* (orangerot), *Aeschynanthus radicans* (syn. *Aeschynanthus pulcher;* grüngelb), *Aeschynanthus hildebrandii* (rot) und *Aeschynanthus tricolor* (braunrot) sowie eine Reihe attraktiver Hybriden. Alle *Aeschynanthus*-Arten und -Sorten sind imposante Ampelpflanzen.

*Aeschynanthus radicans kann auf ungleichmäßige Bodenfeuchte mit Knospenfall reagieren.*

**Blütezeit:** Sommer. Viele Pflanzen werden auch schon im Frühjahr blühend angeboten.
**Familie:** *Gesneriaceae*, Gesneriengewächse.
**Heimat:** Java, Borneo, von Indien und Himalaja bis Neuguinea.
**Standort:** Ganzjährig hell, aber nicht sonnig, und warm, am besten über 20 °C. Im Winter 4 Wochen lang kühler (um 15 °C) und fast trocken halten. Das fördert die Knospenbildung.
**Gießen, Düngen:** Wurzelballen nur leicht feucht halten. Die sukkulenten Blätter können Wasser speichern, ein Signal dafür, daß die Pflanze nur mäßig gegossen werden muß. Von März bis Ende August alle 2 Wochen niedrig dosiert düngen.
**Weitere Pflege:** Häufig sprühen. Umgetopft wird im Februar/März oder nach der Blüte in Einheitserde T mit Styroporflocken.
**Vermehren:** Durch noch nicht verholzte Stecklinge im Frühsommer. Man kann auch Triebe einfach auf das feuchte Vermehrungssubstrat legen. An den Blattknoten bilden sich dann Wurzeln. Wichtig: Bodenwärme.
**Schädlinge, Krankheiten:** Selten Blattläuse. Knospenfall durch Platzwechsel, Temperaturschwankungen, zuviel oder zuwenig Wasser.
**Mein Tip:** Ich hänge meinen *Aeschynanthus* im Sommer in einen locker belaubten Baum. Sommerlicher Halbschatten und feuchte Schwüle tun ihm sichtlich gut.

Allamanda cathartica
## Goldtrompete

*Ein emsiger Kletterer – Allamanda cathartica.*

Die *Allamanda* bildet in kurzer Zeit mehrere Meter lange Triebe. Nacheinander öffnen sich daran die je nach Sorte 8 bis 12 cm großen leuchtendgelben Blütentrompeten. Im Handel sind *Allamanda cathartica* 'Hendersonii' (orangegelb), 'Grandiflora' (zitronengelb) und die extrem stark wachsende 'Schottii' (gelb). Ihre volle Schönheit entfaltet die *Allamanda* in geräumigen Gewächshäusern und Wintergärten, an großen Fensterfronten und in feuchtwarmen Schwimmbädern. Sie wird über einen Bogen gezogen angeboten und braucht im Zimmer eine Rankhilfe.
**Blütezeit:** Mai bis September, bei günstigen Lichtverhältnissen auch bis Weihnachten.
**Familie:** *Apocynaceae*, Hundsgiftgewächse.
**Heimat:** Nordöstliches Südamerika, meist Brasilien.
**Standort:** Volle Sonne. Ganzjährig warm, tagsüber nie unter 18 °C. In der winterlichen Ruhezeit nachts 15 bis 18 °C. Die Pflanze braucht Bodenwärme.
**Gießen, Düngen:** Von April bis Oktober reichlich gießen und öfter sprühen. Danach beides reduzieren. Im Sommer wöchentlich düngen, im Winter nur bei sehr hellem Stand alle 4 Wochen.
**Weitere Pflege:** Im Februar/März in Blumenerde mit nahrhaftem Lehm umtopfen. Nach der Blüte im Herbst oder Frühjahr vor dem Umtopfen ist ein Rückschnitt auf ⅓ der Trieblänge möglich. Die Blüten erscheinen an den neuen Trieben.
**Vermehren:** Durch Kopfstecklinge im Frühjahr oder Herbst bei etwa 25 °C Bodenwärme.
**Schädlinge, Krankheiten:** Blattvergilbungen durch Nährstoffmangel, Woll- und Schildläuse treten selten auf.
**Warnung:** Die *Allamanda* ist in allen Teilen giftig.

Anthurium
## Flamingoblume

*Anthurium-Scherzerianum-Hybride.*

Die eigentliche Blüte der Flamingoblume ist nicht das gefärbte Hochblatt (Spatha), sondern der dort herausragende Schwanz oder Kolben. Auf dem Markt sind *Anthurium-Scherzerianum*-Hybriden mit kleineren, je nach Sorte verschiedenfarbigen Hochblättern und einem zumeist orangerot gefärbten, spiralig geformten Kolben. Schöngezeichnete Blätter besitzt *Anthurium crystallinum*.
**Blütezeit:** *Anthurium-Scherzerianum*-Hybriden blühen das ganze Jahr.
**Familie:** *Araceae*, Aronstabgewächse.
**Heimat:** Mittel- und Südamerika.
**Standort:** Ganzjährig warm und sehr hell, aber nicht sonnig. Im Winter für Bodenwärme und hohe Luftfeuchte sorgen.
**Gießen, Düngen:** Während der Wachstumszeit gleichmäßig feucht halten. Nie kalkhaltiges oder kaltes Wasser verwenden. Staunässe vermeiden. Von März bis September wöchentlich düngen, jedoch nur die Hälfte oder ein Drittel der auf der Verpackung angegebenen Dosierung nehmen.
**Weitere Pflege:** Im Frühjahr und Sommer öfter sprühen. Bei völliger Durchwurzelung kann im Frühjahr umgetopft werden. Geeignete Substrate: TKS 2 oder Einheitserde T mit untergemischten Styroporflocken.
**Vermehren:** Durch Teilen im Frühjahr oder durch Aussaat.
**Schädlinge, Krankheiten:** Einrollen der Blätter und Spinnmilben bei zu trockener Luft und direkter Sonne. Außerdem Blattflecken, Wurzelfäule, Blatt- und Schildläuse.
**Mein Tip:** Decken Sie beim Sprühen die Blüten ab, sie bekommen sonst häßliche braune Flecken!
**Warnung:** Anthurien enthalten schleimhautreizende Stoffe.

Aphelandra
## Glanzkölbchen

*Aphelandra squarrosa kommt aus Brasilien.*

Bekanntester Vertreter der Gattung ist *Aphelandra squarrosa*, von der einige Hybriden im Handel sind. Sie besitzt einen kompakten Wuchs, wird etwa 30 cm hoch und ist mit dunkelgrünen, cremeweiß geäderten Blättern ausgestattet. Die auffällige, sonnengelbe Blütenähre besteht aus dachziegelartig angeordneten Deckblättern, die lange halten, und kurzlebigen hellgelben Röhrenblütchen. Wer ein Gewächshaus oder geschlossenes Blumenfenster besitzt, kann auch die rotblühenden Arten *Aphelandra sinclairiana* oder *Aphelandra tetragona* kultivieren.
**Blütezeit:** Juni bis Oktober (bei *Aphelandra squarrosa*); die Blütezeiten können aber gärtnerisch gesteuert werden, so daß die Pflanzen auch zu anderen Zeiten blühend erhältlich sind.
**Familie:** *Acanthaceae*, Akanthusgewächse.
**Heimat:** Mittel- und Südamerika.
**Standort:** Ganzjährig hell, keine Sonne. Warm, auch im Winter nicht unter 20 °C (Ausnahme: → Mein Tip). Für Luftfeuchte (→ Seite 43) sorgen.
**Gießen, Düngen:** Nur weiches, zimmerwarmes Wasser verwenden. Erde immer leicht feucht halten. Von März bis August alle 14 Tage düngen.
**Weitere Pflege:** Öfter sprühen. Nach dem Rückschnitt im Frühjahr in TKS 2, Einheitserde T oder Blumenerde umtopfen.
**Vermehren:** Durch Kopfstecklinge im warmen Vermehrungsbeet.
**Schädlinge, Krankheiten:** Blatt- oder Schildläuse bei zu warmem, lufttrockenem Stand. Einrollen und Abfallen der Blätter bei trockener Luft, Zugluft, zu kühler Temperatur.
**Mein Tip:** Die *Aphelandra* blüht im nächsten Jahr nur, wenn sie im Winter 8 Wochen lang kühl (10 °C) und sehr hell steht, am besten unter einer Pflanzenleuchte.

Ardisia crenata
## Spitzblume

*Ardisia-Beeren halten mehrere Monate.*

Attraktives, immergrünes Bäumchen aus Asien, das durch seine leuchtendroten Beeren auffällt. Die weißen oder rosafarbenen Blüten sind eher unscheinbar. Die Pflanze wird am Naturstandort etwa 1 m hoch. Botanisch interessant sind die Keimlinge, die aus den Beeren herauswachsen. Die Spitzblume ist damit eine echte lebendgebärende Pflanze (Viviparie). Eine weitere Eigenart: In den knotenförmigen Verdickungen an den Blatträndern leben Bakterien, welche die *Ardisia* zum Leben braucht. Versuche brachten zutage, daß Keimlinge aus bakterienfrei gemachten Samen eingehen. Im Handel ist nur *Ardisia crenata.*
**Blütezeit:** Mai und Juni. Die roten, erbsengroßen Beeren bleiben ein halbes Jahr, manchmal aber auch länger hängen.
**Familie:** *Myrsinaceae*, Myrsinegewächse.
**Heimat:** Japan, Korea, Taiwan, China, Nordindien.
**Standort:** Ganzjährig hell und warm, aber nicht vollsonnig. Im Winter etwas kühler. Ideal ist ein Ostfenster.
**Gießen, Düngen:** Wurzelballen nur mäßig feucht halten. Von März bis August wöchentlich schwach düngen.
**Weitere Pflege:** Für Bodenwärme und hohe Luftfeuchte sorgen. Öfter sprühen! Im Frühjahr in Einheitserde T umtopfen.
**Vermehren:** Durch Samen bei Bodentemperaturen über 25 °C oder durch Stecklinge, die aber nicht leicht bewurzeln.
**Schädlinge, Krankheiten:** Schild- und Wolläuse durch trockene Heizungsluft.
**Mein Tip:** Vor der Blütezeit für hohe Luftfeuchte sorgen, sonst ist der neue Blüten- und Beerenansatz eher bescheiden. Mit einem Pinsel kann man Blüte für Blüte künstlich befruchten und somit den Fruchtansatz fördern.

Begonia-Elatior-Hybriden
## Blütenbegonien, Schiefblatt

*Elatior-Begonien – Blumensträuße im Topf.*

Mit Blütenbegonien meint man heute vor allem die sogenannten Elatior-Hybriden, die früher auch *Begonia x hiemalis* genannt wurden, weil sie ursprünglich einmal Winterblüher waren. In der Hitliste der Blütenpflanzen rangieren sie ganz vorn. Das liegt vor allem daran, daß sie eine ungeheure Vielfalt an Blütenfarben bieten, das ganze Jahr über blühend angeboten werden und fast ein Jahr lang ununterbrochen blühen. Besonders schöne Sorten: 'Alma' mit Pomponblüten in feurigem Orange, die rote 'Renaissance', Riegers berühmte 'Schwabenland', die rosenblütige 'Susi' und 'Goldstar', deren dichtgefüllte, orangegelbe Blüten dem Hibiskus ähneln. Sehr beliebt sind auch leicht überhängende Sorten in Weiß, Rot oder Rosa aus der 'Aphrodite'-Serie, die wunderschön in Ampeln aussehen. Elatior-Begonien werden in der Regel nur einjährig kultiviert.
**Blütezeit:** Nahezu ganzjährig.
**Familie:** *Begoniaceae*, Begoniengewächse.
**Heimat:** Südamerika. Im Handel sind aber ausschließlich Zuchtformen.
**Standort:** Hell, aber keine Sonne. Ganzjährig Zimmertemperatur, nicht unter 18 °C.
**Gießen, Düngen:** Stets gleichmäßig feucht halten. Nässe und Ballentrockenheit vermeiden. Alle 14 Tage düngen.
**Weitere Pflege:** Umtopfen entfällt, da sich eine Weiterkultur nicht lohnt.
**Vermehren:** Durch Kopfstecklinge im April/Mai (aber auch zu anderen Zeiten möglich), die nur von einwandfrei gesunden Pflanzen geschnitten werden dürfen. Am erfolgreichsten im geheizten Vermehrungsbeet.
**Schädlinge, Krankheiten:** Der gefürchtete Mehltau tritt vor allem bei zu hoher Luftfeuchtigkeit auf.

Begonia
## Strauchbegonien, Schiefblatt

*Begonia limmingheana blüht von März bis Mai.*

Strauchbegonien sind Stauden, Halbsträucher oder Sträucher, die für mehrjährige Kultur geeignet sind und blühen teils überreich. Die meisten Arten besitzen auffallend attraktive Blätter. Die bekanntesten Vertreter sind
- Forellenbegonien (Corallina-Hybriden),
- *Begonia limmingheana,*
- *Begonia serratipetala,*
- *Begonia metallica,*
- *Begonia egregia,*
- *Begonia coccinea* und Spielarten wie 'Comte de Miribel'.

**Blütezeit:** Je nach Art und Sorte unterschiedlich.
**Familie:** *Begoniaceae*, Begoniengewächse.
**Heimat:** Tropisches Amerika.
**Standort:** Ganzjährig hell. Glattlaubige Arten vertragen mehr Licht und Sonne als Arten und Sorten mit behaarten Blättern. Im Sommer 20 bis 22 °C, im Winter etwas kühler (nicht unter 15 °C).
**Gießen, Düngen:** Ballen stets gleichmäßig feucht halten. Staunässe, Fußbäder oder Ballentrockenheit vermeiden. Von März bis August alle 8 bis 14 Tage düngen.
**Weitere Pflege:** Von März bis Juli, wenn erforderlich auch zu anderen Jahreszeiten, kann umgetopft werden. Geeignete Substrate: Einheitserde T, TKS 2 oder Azaleenerde. Styroporflocken untermischen. Rückschnitt im Frühjahr vor dem Umtopfen, Formschnitt im Sommer (Stutzen). Regelmäßig entspitzen, damit die Pflanze nicht verkahlt.
**Vermehren:** Kopfstecklinge bewurzeln in Wasser oder Erde.
**Schädlinge, Krankheiten:** Bei Ballentrockenheit oder zuviel Nässe Mehltau, Blatt- und Blütenfall möglich.
**Mein Tip:** Von Strauchbegonien gibt es faszinierende Arten und Sorten. Fordern Sie in einer Spezialgärtnerei eine Sortimentsliste an (→ Adressen, Seite 238).

Beloperone guttata
## Zimmerhopfen, Spornbüchschen

*Die Beloperone gibt es auch als Hochstämmchen.*

Der Zimmerhopfen wird oft als preiswerte Wegwerfpflanze für Zimmer und Balkon betrachtet. Dabei kann dieser hübsche Halbstrauch aus Mexiko ein dankbarer Zimmergast über viele Jahre sein. Seine Blätter sind eiförmig und leicht behaart. Die Blütenähren, die Hopfenblüten ähneln, setzen sich aus den dachziegelartig angeordneten gelborangefarbenen Hochblättern zusammen, aus denen die eigentlichen Blüten wie weiße Zipfel ragen.
**Blütezeit:** Die Pflanze trägt fast das ganze Jahr über Hochblätter. Die weißen Blüten halten aber nur einige Tage.
**Familie:** *Acanthaceae*, Akanthusgewächse.
**Heimat:** Mexiko.
**Standort:** Draußen wie drinnen sehr hell, aber nicht vollsonnig. Im Sommer warm, im Herbst/Winter genügen 12 bis 16 °C, aber auch Zimmertemperatur wird vertragen.
**Gießen, Düngen:** Im Sommer reichlich gießen. Ab August sparsamer. Im Winter trockener halten. Von März bis August wöchentlich düngen.
**Weitere Pflege:** Im Frühjahr nach Bedarf in Einheitserde T oder Blumenerde umtopfen. Zuvor um $^2/_3$ zurückschneiden. Das fördert die Bildung neuer Triebe und einen kompakten, buschigen Wuchs. Im Sommer öfter stutzen, damit die Pflanze kompakt bleibt.
**Vermehren:** Im Frühjahr durch Stecklinge im Warmbeet.
**Schädlinge, Krankheiten:** Blattlausbefall nach der Heizperiode, Blattfall durch zu nassen und dunklen Winterstand.
**Mein Tip:** Probieren Sie einmal die Erziehung eines Hochstämmchens aus bewurzelten Stecklingen (→ Seite 44).
**Hinweis:** Ähnlich gepflegt wird die Goldähre oder Gelbe Beloperone, *Pachystachys lutea* (→ Foto, Seite 21), die allerdings kälteempfindlicher ist.

**Weiterpflegen bringt Segen, denn der Zimmerhopfen ist ein vitaler Halbstrauch und nicht nur für eine Saison gut.**

Billbergia nutans
## Zimmerhafer

*Der Zimmerhafer ist schön und robust zugleich.*

Diese Bromelie zählt zu den zähesten Zimmerpflanzen, die wir haben, blüht unermüdlich und bildet viele Kindel. Der Zimmerhafer entwickelt Rosetten aus schmalen, grasähnlichen Blättern und nickende Blütenstände (*nutans* = nickend) aus grünvioletten Blüten und tiefrosa Hochblättern. Im Handel sind außerdem Hybriden mit orangefarbenen Hochblättern und andere *Billbergia*-Arten.
**Blütezeit:** Bei kühler Überwinterung im Spätsommer, bei warmer im Spätwinter.
**Familie:** *Bromeliaceae*, Ananasgewächse.
**Heimat:** Südbrasilien, Uruguay, Paraguay, Nordargentinien.
**Standort:** Sehr hell, aber nicht sonnig. Die Pflanze darf an geschützter Stelle draußen übersommern. Verträgt ganzjährig Zimmertemperatur. *Billbergia nutans* kann im Winter auch kühler stehen, Hybriden und andere Arten brauchen Wärme.
**Gießen, Düngen:** Im Sommer reichlich gießen. Im Winter bei kühlem Stand wenig, bei Wärme mehr. Von Mai bis August wöchentlich düngen.
**Weitere Pflege:** Im Sommer öfter sprühen und Pflanze bei Bedarf in größere flache Gefäße mit Einheitserde T oder Blumenerde setzen.
**Vermehren:** Durch Kindel.
**Schädlinge, Krankheiten:** Selten.
**Mein Tip:** Der Zimmerhafer ist eine dekorative Anfängerpflanze, die darüber hinaus mit trockener Heizungsluft und einem nicht so hellen Standort noch gut zurechtkommt.

Browallia
## Browallie

*Browallia speciosa blüht das ganze Jahr über.*

Von allen 6 bekannten Arten spielt *Browallia speciosa* als Zimmerpflanze die größte Rolle. Der 30 bis 50 cm hohe Halbstrauch ist mit dunkelgrünen Blättern und vielen, in den Blattachseln entstehenden, blauen, violetten und weißen Einzelblüten ausgestattet, die das ganze Jahr über gebildet werden. Bekannt sind *Browallia viscosa* und *Browallia grandiflora* – beides einjährige Sommerblumen fürs Gartenbeet. Ihre Blütezeit hängt vom Aussaattermin ab. Als Gartenblumen werden sie im Februar, für die Topfkultur im August ausgesät.
**Blütezeit:** *Browallia speciosa* ganzjährig; *Browallia grandiflora* und *Browallia viscosa* von November bis Januar.
**Familie:** *Solanaceae*, Nachtschattengewächse.
**Heimat:** Tropisches Amerika.
**Standort:** Hell bis sonnig und luftig. Am vollsonnigen Standort im Sommer zwischen 11 und 15 Uhr schattieren. Im Sommer warm (über 20 °C), im Winter etwas kühler halten.
**Gießen, Düngen:** Im Sommer reichlich gießen, im Winter nur mäßig (Fäulnisgefahr). Solange die Pflanze wächst, wöchentlich düngen.
**Weitere Pflege:** Umtopfen entfällt, da die Browallie in der Regel nur einjährig kultiviert wird.
**Vermehren:** Durch Stecklinge oder durch Samen. Im Februar an einem hellen Fenster aussäen und nicht mit Erde abdecken. Die Keimung erfolgt bei 20 bis 25 °C innerhalb von 14 Tagen. 5 bis 6 Jungpflanzen in einen Topf setzen, damit ein schöner Busch entsteht.
**Schädlinge, Krankheiten:** Weiße Fliege bei zu trockener Luft.
**Warnung:** Die Browallie ist wie alle Nachtschattengewächse giftig.

Brunfelsia
## Brunfelsie

*Brunfelsia pauciflora var. calycina.*

Etwa 30 Arten kleiner Bäume und Sträucher zählen zur Gattung *Brunfelsia*. Die größte Bedeutung als Zimmerpflanze kommt dabei *Brunfelsia pauciflora var. calycina* zu. Sie bildet sparrige, in die Breite gehende Triebe, die sich nicht gern verzweigen. Die je nach Sorte weißen, gelben oder hell- bis dunkelvioletten großen Blüten sind nicht sehr lange haltbar, dafür gehen ständig neue auf.

**Blütezeit:** Januar bis August. Es gibt auch eine winterblühende Varietät mit veilchenblauen Blüten, die ein weißes Auge haben.

**Familie:** *Solanaceae*, Nachtschattengewächse.

**Heimat:** Brasilien.

**Standort:** Ganzjährig hell bis halbschattig und warm. Von November bis Januar Pflanze kühl (10 bis 12 °C) stellen, das fördert den Blütenansatz.

**Gießen, Düngen:** Mit weichem, warmem Wasser gießen. Von März bis September Pflanze gut feucht halten und alle 14 Tage düngen. Danach Düngen einstellen und weniger gießen. Trockene Zimmerluft unbedingt vermeiden. Öfter sprühen.

**Weitere Pflege:** Nach Beendigung des Hauptflors im Frühsommer in Einheitserde P oder TKS 1 umtopfen. Lange Triebe zurückschneiden.

**Vermehren:** Aus Kopf- oder Triebstecklingen bei 25 °C Bodenwärme. Schwierig.

**Schädlinge, Krankheiten:** Blattvergilbungen (Chlorose) durch zu hartes Gießwasser, Blattläuse.

**Warnung:** Die Brunfelsie ist wie alle Nachtschattengewächse giftig.

Calceolaria-Hybriden
## Pantoffelblume

*Die »Blütenpantoffeln« sind exotisch getigert.*

*Calceolus* ist lateinisch und bedeutet kleiner Schuh. Den etwa 500 verschiedenen Arten und den daraus entwickelten Züchtungen ist die zu einem breiten Schuh aufgeblasene Unterlippe der Blüte gemeinsam, die sich vor allem bei den gezüchteten Hybriden einfarbig, zweifarbig oder getigert in leuchtendem Gelb, Rot oder Orange präsentiert. Man darf diese Hybriden, die im Frühjahr fürs Zimmer angeboten werden und auch im Wintergarten für farbige Blickfänge sorgen, nicht mit dem Halbstrauch *Calceolaria integrifolia*, der Pantoffelblume für Balkonkasten und Gartenbeet, verwechseln, obwohl beide nur einjährig gehalten und nach der Blüte weggeworfen werden. Wer ein kühles Alpinenhaus besitzt, kann sogar so botanische Schätze wie *Calceolaria darwinii* kultivieren.

**Blütezeit:** Januar bis Mai.

**Familie:** *Scrophulariaceae*, Rachenblütler, Braunwurzgewächse.

**Heimat:** Südamerika. Im Fachhandel nur Kulturformen.

**Standort:** Sehr hell, aber nicht vollsonnig, möglichst kühl (15 bis 20 °C) und luftig. Ein Nordfenster ist ideal.

**Gießen, Düngen:** Reichlich gießen, aber Überschußwasser nach einer halben Stunde wegschütten. Wöchentlich düngen.

**Weitere Pflege:** Umtopfen entfällt, da die Pantoffelblume nur einjährig gehalten wird.

**Vermehren:** Durch Samen im Sommer, Keimtemperatur 18 °C. Nicht mit Erde abdecken. Für den Laien allerdings nur dann erfolgreich, wenn er den Jungpflanzen mit einer Pflanzenleuchte im Herbst und Winter Zusatzlicht geben kann.

**Schädlinge, Krankheiten:** Weiße Fliege und Blattläuse durch zu warme, gestaute Luft.

Camellia
# Kamelie

*Altbewährt – Camellia japonica 'Chandleri Elegans'.*

*Einfache Blüten – Camellia japonica 'Alba Simplex'.*

Wirft sie die Knospen ab, oder tut sie es nicht? Diese bange Frage stellt sich jeder, der Kamelien hält und sie so weit durchgebracht hat. Kamelien stehen nämlich in dem Ruf, bereits auf den winzigsten Pflegefehler mit Knospenfall zu reagieren. Ganz so ist es nicht. Wenn man für hohe Luftfeuchte und Kühle sorgt und ihr weder Heizungsnähe, jähe Temperaturwechsel noch kalkhaltiges Gießwasser zumutet, bringt sie jedes Jahr wunderschöne Blüten hervor. Für den Liebhaber gibt es mehr als 10 000 Sorten, mit Blütenfarben vom reinen Weiß über zahlreiche Rosa- und Lachsnuancen bis hin zu zarten und intensiven Rottönen sowie zweifarbige Varianten. Eine große Vielfalt besteht auch bezüglich Blütengröße und -füllung. Es würde zu weit führen, sie hier aufzuzählen und zu beschreiben, zumal in Gärtnereien meist nur die altbewährte Sorte 'Chandleri Elegans' angeboten wird. Sicher ist, daß sie alle mit jedem Jahr schöner und wertvoller werden.

**Blütezeit:** Oktober bis März.

**Familie:** *Theaceae*, Teegewächse.

**Heimat:** Ostasien.

<u>*Die Sorten auf den Fotos:*</u>
*Oben: Camellia japonica 'Hatsu Warei'.*
*Mitte: Camellia japonica 'Rubescens Major'.*
*Rechts: Camellia japonica 'Oki no Numi'.*

**Standort:** Ganzjährig luftig, kühl und hell. Keine direkte Sonne. Überwintern bei 6 bis 8 °C, möglichst nicht über 12 °C. Für die Anlage der Blütenknospen sind hohe Temperaturen notwendig (am besten 20 bis 25 °C), für die Ausreifung der Knospen sollten jedoch 15 °C nicht überschritten werden, da sie sonst abfallen. Ab Mai ins Freie an einen halbschattigen Platz bringen.

**Gießen, Düngen:** <u>Kein kalkhaltiges Gießwasser verwenden</u>. Wurzelballen gleichmäßig feucht halten. Vom Austrieb an bis Ende Juli mit Azaleendünger versorgen. Danach weniger gießen, das fördert den Knospenansatz.

**Weitere Pflege:** Im Winter Blätter und Knospen täglich einsprühen. Blüten aussparen! Umgetopft wird stets nach der Blüte, spätestens bis Ende Juli in Einheitserde T.

**Vermehren:** Durch knospenlose Kopfstecklinge im August. Olivfarbene Triebe liefern das beste Material. Die Bewurzelung erfolgt nach etwa 8 Wochen.

**Schädlinge, Krankheiten:** Läuse, Rußtau, Laubfall nach zu warmer Überwinterung oder durch falsche Sommerpflege. Knospenfall durch zu hohe Temperaturen oder Drehen der Pflanze nach der Knospenanlage, zu trockene Erde, Staunässe oder zu hartes Wasser.

**Mein Tip:** Für die Zimmerkultur eignen sich vor allem Sorten von *Camellia sasanqua*. Sie wachsen langsam, bilden elegant überhängende Triebe und blühen bereits ab Oktober. Aber auch ungefüllte Sorten von *Camellia japonica* sind gut zimmertauglich, zum Beispiel: 'Apollo', 'Silver Waves', 'Apple Blossom' und 'Maiden's Blush'.

**Prachtstück für den Wintergarten** ▶
*Die Camellia-Hybride 'Barbara Clark' ist wunderschön im Wuchs und blüht üppig.*

Campanula
## Glockenblume

*Allerliebst – Campanula isophylla 'Mayi'.*

Diese Pflanze verträgt – was sonst selten vorkommt – sogar kalkhaltiges Gießwasser. Als Topfpflanze wird hauptsächlich *Campanula isophylla* angeboten, im Handel sind aber auch die weiße 'Alba' und die blauviolette 'Mayi'. Ähnlich pflegt man *Campanula fragilis*, die Brüchige Glockenblume, und *Campanula pyramidalis*, im Volksmund auch Jakobsleiter genannt.
**Blütezeit:** März bis Oktober.
**Familie:** *Campanulaceae*, Glockenblumengewächse.
**Heimat:** Mittelmeerraum.
**Standort:** Hell bis sonnig, aber im Sommer vor praller Mittagssonne schützen. Während der Wachstumszeit im Sommer luftig halten, am besten auf einem windgeschützten Balkon. Im Winter reicht zum »Ausruhen« ein kühler Platz um 10 °C.
**Gießen, Düngen:** Von Frühjahr bis Herbst stets gleichmäßig feucht halten. An heißen Tagen reichlich, im Winter nur sehr wenig gießen. Von Mai bis August alle 14 Tage Blumendünger hinzufügen.
**Weitere Pflege:** Nach der Blüte im Herbst zurückschneiden, im Frühjahr in neue Erde setzen.
**Vermehren:** Durch Stecklinge, die in einem Torf-Sand-Gemisch leicht bewurzeln.
**Schädlinge, Krankheiten:** Spinnmilben durch zu warmen Winterstand und trockene Zimmerluft. Grauschimmel und Blattfleckenkrankheit bei zu hoher Feuchte.
**Mein Tip:** Der weiße Milchsaft kann beim Stecklingsschnitt durch Eintauchen in lauwarmes Wasser gestoppt werden.

*Die Sorten auf den Fotos:*
*Oben: Campanula poscharskyana.*
*Rechts: Campanula isophylla 'Alba'.*

Capsicum annuum
## Zierpfeffer, Spanischer Pfeffer

*Ein hübscher Schmuck für die Küchenfensterbank.*

Der Zierpfeffer wird vorrangig im Herbst und um die Weihnachtszeit als Topfpflanze mit je nach Varietät kugeligen, walzenförmigen oder spitzkegeligen Früchten in leuchtendem Violett, Rot, Orange oder Gelb angeboten. Was viele nicht wissen: Er ist eng verwandt mit der Gemüsepaprika. Die grünen Teile der Pflanze sind giftig, nicht jedoch ihre äußerst scharfen Früchte. Sie enthalten das hautreizende Alkaloid Capsaicin, das unterschiedlich stark ausgebildet sein kann. Wie der botanische Artname *annuum* sagt, ist die Pflanze einjährig. Man wirft sie weg, wenn die Früchte schrumpfen.
**Blütezeit:** Frühjahr und Sommer. Den eigentlichen Schmuck bilden die Früchte, die sich im Anschluß daran entwickeln.
**Familie:** *Solanaceae*, Nachtschattengewächse.
**Heimat:** Ostasien und Mittel- bis Südamerika.
**Standort:** Hell bis sonnig und luftig, möglichst nicht über 20 °C. Im Winter gekaufte Pflanzen kühl stellen, das verlängert die Haltbarkeit.
**Gießen, Düngen:** Gleichmäßig feucht, aber nicht naß halten. Während der Wachstumszeit wöchentlich düngen.
**Weitere Pflege:** Umtopfen entfällt, da die Pflanze einjährig kultiviert wird.
**Vermehren:** Durch Samen im Frühjahr (im Fachhandel erhältlich). Blühende Pflanzen sehr hell und zur Förderung des Fruchtansatzes an einen geschützten Platz ins Freie stellen.
**Schädlinge, Krankheiten:** Blattläuse und Spinnmilben durch zu warmen, lufttrockenen Stand und gestaute Luft.
**Warnung:** Wie alle Nachtschattengewächse ist auch der Zierpfeffer giftig. Die Früchte sind besonders verlockend für Kinder, werden aber wegen ihrer Schärfe sofort ausgespuckt.

Catharanthus roseus

## Madagaskar-Immergrün

*Wird bei mehrjähriger Kultur immer üppiger.*

Das Madagaskar-Immergrün ist der exotische Vetter unseres blauvioletten Immergrüns (*Vinca minor*) und hieß früher auch *Vinca rosea*. Der tropische Kosmopolit, der eigentlich eine Staude ist, wird als einjährige Topfpflanze angeboten und kann an einem warmen, geschützten Platz sogar ins Beet gepflanzt werden. Seine dunkelgrünen 2,5 bis 7 cm langen Blätter zeichnen sich durch eine weiße Mittelrippe aus. Die etwa 3 cm großen Blüten sind rosa oder weiß, der Schlund ist rot oder gelb gefärbt. Das Madagaskar-Immergrün ist bereits seit 1757 in Kultur und erfreut sich immer noch großer Beliebtheit.

**Blütezeit:** Mai bis Oktober.

**Familie:** *Apocynaceae*, Hundsgiftgewächse.

**Heimat:** Tropen.

**Standort:** Im Zimmer hell, aber nicht vollsonnig und warm, bei Weiterkultur im Winter etwas kühler (um 15 °C). Draußen hell, geschützt und warm. Gedeiht in kühlen, regnerischen Regionen nicht gut.

**Gießen, Düngen:** Im Sommer reichlich gießen, aber Staunässe vermeiden, im Winter Wassergaben reduzieren. Von März bis August alle 14 Tage düngen.

**Weitere Pflege:** Bei Weiterkultur und nach Überwinterung jedes Frühjahr in Einheitserde T, TKS 2 oder Blumenerde umtopfen.

**Vermehren:** Durch Stecklinge im März oder durch Samen im Februar im geheizten Vermehrungsbeet. Immer 3 Jungpflanzen in einen Topf geben und einmal stutzen, damit sie sich verzweigen.

**Schädlinge, Krankheiten:** Selten.

**Mein Tip:** Wer die Pflanze überwintert, muß darauf achten, daß sie trotz kühlem Winterstand keine kalten Füße bekommt.

**Warnung:** Das Madagaskar-Immergrün ist in allen Teilen giftig.

Chrysanthemum-Indicum-Hybriden

## Topfchrysantheme, Winteraster, Wucherblume

*Chrysanthemen lieben einen kühlen Standort.*

Das reichste Angebot dieser Stauden finden wir in den Wochen um Allerheiligen und Totensonntag. Von Schneeweiß über Zitronengelb, Goldgelb, Bronze, Rosa, Weinrot bis hin zu Purpur und Hellviolett reicht die Farbskala. Es gibt Varianten mit gefüllten und ungefüllten Blüten, Büsche, Halbstämme und Kronenbäumchen. Früher, als die Wohnzimmer in Fensternähe noch kühl waren, gehörten Chrysanthemen zu den beliebtesten Topfpflanzen.

**Blütezeit:** Ursprünglich Juli bis Dezember, durch Blütensteuerung heute ganzjährig.

**Familie:** *Compositae*, Korbblütler.

**Heimat:** China und Japan. Im Handel sind jedoch nur Zuchtformen.

**Standort:** Hell und kühl. Im warmen Zimmer halten Chrysanthemen nicht lange. Überwinterte Pflanzen und selbstgezogene Jungpflanzen ab Mai ins Freie bringen.

**Gießen, Düngen:** Wurzelballen immer leicht feucht halten. Bei zuwenig Wasser schlappt die Pflanze sofort. Neu gekaufte Chrysanthemen wöchentlich düngen, ebenso überwinterte oder junge Pflanzen während der Hauptwachstumszeit von Frühjahr bis Herbst.

**Weitere Pflege:** Nach der Blüte zurückschneiden und bei 3 bis 5 °C relativ trocken überwintern. Im März in Einheitserde T oder TKS 2 umpflanzen. Austrieb mehrmals stutzen. Überwinterungsalternative: Zurückgeschnittene Chrysanthemen im Garten an einen hellen, geschützten Platz pflanzen. Vor Frosteinbruch mit Tannenreisig abdecken. Die Pflanze ist aber auch mit Winterschutz nicht sicher frosthart.

**Vermehren:** Im Frühjahr durch Stecklinge.

**Schädlinge, Krankheiten:** Blattläuse und Spinnmilben bei zu warmem Stand, Minierfliege.

*Topfchrysantheme als Kugelbäumchen.*

Citrus

## Orangenbäumchen, Zwergorange, Miniapfelsine

*Links Calamondin-Orange, rechts Kumquat.*

Dekorative, eßbare Früchte, weiße, wundervoll duftende Blüten, immergrüne ledrig glänzende Blätter – diese Eigenschaften haben die Citrusgewächse zu den beliebtesten Zimmer- und Kübelpflanzen gemacht. Für die Kultur auf der Fensterbank oder auf begrenztem Platz kommen natürlich nur die 1 bis höchstens 2 m hohen Miniausgaben des Citrus-Clans in Frage: *Citrus microcarpa* (*syn. Citrus mitis*), *Fortunella japonica*, die Marumi-Kumquat oder eine Kreuzung aus *Citrus* und *Fortunella,* die Calamondin-Orange (*x Citrofortunella mitis*).
**Blütezeit:** Blüten und Früchte erscheinen übers Jahr hinweg oft gleichzeitig. Die Früchte halten wochen- bis monatelang.
**Familie:** *Rutaceae*, Rautengewächse.
**Heimat:** Südostasien.
**Standort:** Ganzjährig sehr hell bis sonnig. Im Sommer warm und geschützt – am besten ins Freie stellen –, im Winter 15 bis 18 °C.
**Gießen, Düngen:** Von Frühjahr bis Herbst reichlich gießen. Kalkhaltiges Wasser unbedingt vermeiden. Im Winter nur sparsame Wassergaben. Von März bis August wöchentlich schwach düngen.
**Weitere Pflege:** Öfter sprühen. Bei völliger Durchwurzelung des Ballens in Einheitserde T, TKS 2 oder Blumenerde mit Gartenlehm umtopfen. Möglichst wenig zurückschneiden.
**Vermehren:** Durch Stecklinge im heizbaren Vermehrungsbeet. Schwierig.
**Schädlinge, Krankheiten:** Schildläuse, Wolläuse, Spinnmilben. Gelbe Blätter (Chlorose) durch zu kalkhaltiges Gießwasser.
**Mein Tip:** Bei Pflanzen, die nicht draußen stehen und daher nicht von Insekten befruchtet werden, muß der Blütenstaub mit dem Pinsel auf die Narbe übertragen werden. Mittags ist die beste Zeit für eine erfolgreiche Bestäubung.

Clerodendrum

## Losbaum, Liebe in Unschuld

*Der Losbaum ist ein kräftiger Kletterer.*

Von den rund 400 *Clerodendrum*-Arten sind nur wenige in Kultur. Die bekannteste heißt *Clerodendrum thomsoniae* und wurde von unseren Großmüttern poetisch »Liebe in Unschuld« genannt. Wohl wegen der schneeweißen Kelchblätter, aus denen die intensivroten Blüten hervorlugen. Es handelt sich um einen kräftigen Schlingstrauch, der in seiner afrikanischen Heimat mit windenden Stengeln 4 m hoch klettert. Ab März erscheinen die Blüten in dichten Trugdolden und bieten in den dortigen Gärten einen atemberaubenden Anblick. Bei uns wird die Pflanze mit Hemmstoffen chemisch gestaucht und als Busch angeboten.
**Blütezeit:** März bis September.
**Familie:** *Verbenaceae*, Eisenkrautgewächse.
**Heimat:** Westafrika, Kamerun.
**Standort:** Sehr hell, aber keine pralle Sonne. Ganzjährig warm und luftfeucht.
**Gießen, Düngen:** Nur enthärtetes, zimmerwarmes Wasser verwenden und Pflanze leicht feucht halten. Von März bis August wöchentlich düngen.
**Weitere Pflege:** Für hohe Luftfeuchte sorgen, öfter sprühen. Im Frühjahr bei Bedarf umtopfen.
**Vermehren:** Durch Stecklinge im Mai. Klappt nur in einem beheizten Vermehrungsbeet.
**Schädlinge, Krankheiten:** Blüten- und Knospenfall durch Lufttrockenheit, Blattflecken durch kalte Füße.
**Mein Tip:** Weil der Losbaum Heizungsluft überhaupt nicht verträgt, überwintere ich ihn zwischen Mitte Dezember und Mitte Februar kühl bei 12 °C und lasse ihn so eine Art Vegetationsruhe durchmachen. Er wirft dann das Laub ab. Im Frühjahr wird er zurückgeschnitten, eventuell in neue Erde gesetzt und wärmer gestellt. Bald erscheint der neue Austrieb und mit ihm die neuen Blütenansätze.

Clivia
## Klivie, Riemenblatt

*Die Klivie wird mit den Jahren immer schöner.*

Die Klivie wächst an feuchten, schattigen Stellen zwischen Felsen oder im Wald. Sie bildet aus einem Zwiebelstamm schwertförmige Blätter und im Frühjahr einen langen Blütenschaft.
**Blütezeit:** Februar bis Mai, bei entsprechender Kühlbehandlung auch schon zu Weihnachten.
**Familie:** *Amaryllidaceae*, Amaryllisgewächse.
**Heimat:** Natal/Afrika.
**Standort:** Von Oktober bis Ende Februar hell, kühl (nicht über 12 °C) und nicht sonnig. Sobald der Blütenschaft erscheint, halbschattig und warm (18 bis 20 °C). Die Pflanze kann im Freien übersommern. Lichtmarke (→ Seite 45) am Topf anbringen.
**Gießen, Düngen:** Im Sommer reichlich gießen, aber Staunässe vermeiden. Von Oktober bis Ende Februar unbedingt Ruheperiode beachten. Pflanze bei 8 bis 10 °C fast trocken halten. Von März bis Juli alle 14 Tage düngen.
**Weitere Pflege:** Wenn die Blätter austreiben und sich der Blütenschaft entwickelt, sprühen. Blätter gelegentlich mit feuchtem Wattebausch entstauben. Jungpflanzen jährlich in Einheitserde T umtopfen, ältere besser in Ruhe lassen. Verblühtes abschneiden.
**Vermehren:** Im Frühjahr oder Sommer durch Kindel. Vorsichtig abtrennen. Bis zur ersten Blüte dauert es 3 bis 6 Jahre.
**Schädlinge, Krankheiten:** Schmier- und Schildläuse bei zu warmem Winterstandort.
**Mein Tip:** Wenn die Blüten Ihrer Klivie steckenbleiben, liegt es an der nicht eingehaltenen Ruhezeit, zu früher Steigerung der Wassergaben im Frühjahr (der Blütenschaft sollte mindestens 15 cm hoch sein) oder nicht ausreichender Bewässerung in der Hauptstreckungsphase des Blütenschaftes.
**Warnung:** Die Klivie enthält giftige Alkaloide.

Columnea
## Kolumnee

*Prachtvolle Ampelplanze – Columnea-Hybride 'Stavanger'.*

Den feuerroten Blütenkaskaden der Kolumneen, die wohl zu den prachtvollsten Ampelpflanzen gehören, kann niemand widerstehen. In gärtnerischer Kultur sind zahlreiche Arten und Sorten wie *Columnea hirta*, *Columnea x banksii*, *Columnea gloriosa* mit Varietät 'Purpurea', *Columnea microphylla*, von der es auch Sorten mit bunten Blättern gibt, und Arthybriden wie 'Stavanger'.
**Blütezeit:** Die rotorangefarbenen bis scharlachroten Röhrenblüten erscheinen je nach Art oder Sorte zu verschiedenen Jahreszeiten. Die Blütenanlage wird im Winter durch eine 30- bis 40tägige Kühlperiode bei etwa 15 °C ausgelöst.
**Familie:** *Gesneriaceae*, Gesneriengewächse.
**Heimat:** Mittelamerika, meist Costa Rica.
**Standort:** Hell bis halbschattig. Ganzjährig warm, außer während der Phase der Blütenanlage.
**Gießen, Düngen:** Während der Wachstumszeit gleichmäßig leicht feucht halten und wöchentlich niedrig dosiert düngen. Kalkhaltiges Wasser und kalkhaltigen Dünger vermeiden. Während der Periode im Winter nur so viel gießen, daß die Pflanze nicht austrocknet. Sobald die Knospen gut ½ cm groß sind, mehr Wasser geben und die Pflanze wärmer stellen.
**Weitere Pflege:** Vorsichtig sprühen, aber nicht bei Sonne und nicht in die Blüten. Dazu Wasser mit Lufttemperatur nehmen. Nach der Blüte zurückschneiden und in flache Gefäße mit Einheitserde T oder TKS 2 umtopfen.
**Vermehren:** Durch Kopf- oder Triebstecklinge bei 25 °C Bodenwärme.
**Schädlinge, Krankheiten:** Laubfall durch Zugluft. Bei trockener Zimmerluft verkahlen die Triebe.
**Mein Tip:** Kolumneen können ab Juni zum Übersommern in einen Baum gehängt werden.

Crassula coccinea

## Feuerrote Rochee

*Rochee-Blüten – Bündel feuerroter Raketen.*

Früher hieß sie botanisch *Rochea coccinea*, heute wird sie in die aus etwa 300 Arten bestehende Gattung der dickblättrigen *Crassula* (→ Seite 155) eingereiht. Die Feuerrote Rochee ist ein Halbstrauch (obwohl man ihr das nicht sofort ansieht, da nur die unteren Teile verholzen), wird 30 bis 60 cm hoch und blüht mit duftenden, leuchtendroten Blüten. Die grünen, bodenständigen Triebe sind dicht mit kreuzgegenständigen, etwa 2 cm langen Blättern besetzt.

**Blütezeit:** Mai und Juni.

**Familie:** *Crassulaceae*, Dickblattgewächse.

**Heimat:** Südafrika.

**Standort:** Sehr hell bis sonnig und luftig. Keine pralle Sonne! Darf zum Übersommern ins Freie an einen regengeschützten Platz. Im September hereinholen und im Winter hell und kühl (um 10 °C) stellen, bis sich die Blütenknospen zeigen.

**Gießen, Düngen:** Im Sommer leicht feucht, im Winter fast trocken halten. Im Sommer alle 4 Wochen Kakteendünger geben.

**Weitere Pflege:** Nach der Blüte die Triebe etwa 10 cm kürzen. Das schafft Platz für Nachwuchs und neue Blühtriebe.

**Vermehren:** Durch Triebspitzen im Juni in sandiger Erde. Schnittflächen vor dem Stecken ein paar Tage antrocknen lassen.

**Schädlinge, Krankheiten:** Blattläuse, Schmier- und Wolläuse, Weichhautmilben, Blattälchen und Geilwuchs bei zu warmem und dunklem Winterstand. Bei zu hoher Luftfeuchte ist Mehltaubefall möglich.

Crossandra infundibuliformis

## Crossandra

*Die weltberühmte Züchtung 'Mona Wallhed'.*

Von den etwa 50 Arten der Gattung ist nur *Crossandra infundibuliformis* im Handel. Sie gelangte bereits 1817 von Indien nach Europa, geriet dann in Vergessenheit und wurde erst wieder aktuell, als ein schwedischer Gärtner ihr in den fünfziger Jahren die »tropischen Ansprüche« weggezüchtet hatte. Seine Sorte 'Mona Wallhed' wird noch heute kultiviert. Sie bleibt deutlich kleiner und wächst gedrungener als die Urform, die in ihrer Heimat meterhoch werden kann. Die trichterförmigen gelben, lachs- oder orangefarbenen Blüten erscheinen in Ähren an langen Stielen, die den Blattachseln entspringen.

**Blütezeit:** Mai bis September.

**Familie:** *Acanthaceae*, Akanthusgewächse.

**Heimat:** Indien, Ceylon.

**Standort:** Hell (vor allem im Winter) bis halbschattig, keine Sonne. Ganzjährig warm, im Winter nicht unter 18 °C.

**Gießen, Düngen:** Während der Wachstums- und Blütezeit reichlich mit weichem, zimmerwarmem Wasser, von Oktober bis Februar sparsamer gießen. Von März bis August alle 14 Tage Blumendünger ins Gießwasser geben.

**Weitere Pflege:** Für hohe Luftfeuchte sorgen, deshalb öfter sprühen, aber Blüten dabei nicht benetzen! Im Frühjahr in Einheitserde T, TKS 2 oder Blumenerde mit Styroporflocken umtopfen. Achtung: Kalte, nasse Füße sind tödlich für die Crossandra! Für Bodenwärme sorgen.

**Vermehren:** Durch Kopfstecklinge im Februar, die im geheizten Vermehrungsbeet gut bewurzeln. Jungpflanzen öfter stutzen, damit sie schön buschig werden.

**Schädlinge, Krankheiten:** Blattläuse, Spinnmilben, Blattfall und Einrollen der Blätter durch zu trockene Heizungsluft oder kalte, nasse Füße.

Cyclamen persicum

# Alpenveilchen

*Exemplar in der klassischen Cyclamen-Farbe.*

*»Weiß mit Auge« nennt man solche Sorten.*

Frische Kühle und leichte Feuchte sind das Pflegegeheimnis des Alpenveilchens, wie wir es heute kennen. Es stammt ursprünglich aus bergigen Waldregionen, wo es im lichten Schatten auf Kalkböden, im Geröll oder Laubhumus wächst. Im kühlen Schlafzimmer fühlt es sich daher wohler als im geheizten Wohnraum. Was den Boden betrifft, sollte man hier allerdings nicht die heimatlichen Bedingungen imitieren. Die Standorte der Urformen am Mittelmeer sind im Sommer nicht nur ziemlich trocken, sondern bieten den Knollen auch nur eine verdichtete, kalkhaltige Erde.

Das Alpenveilchen steht auf der Hitliste der beliebtesten Blütenpflanzen ganz oben. Jährlich werden über 20 Millionen Exemplare kultiviert: Sorten mit kleinen oder großen, gefransten oder gerandeten, weißen, roten, rosa- oder lachsfarbenen und violetten Blüten, mit grünem oder marmoriertem Laub – außerdem sogenannte Duftalpenveilchen und Mini-Cyclamen, deren Anmut die Pflanzenliebhaber zunehmend entzückt. Die Züchter rühmen Blühwilligkeit und gute Haltbarkeit der Mini-Ausgaben. Wichtig ist nur, daß man die kleinen Töpfe nie austrocknen läßt. Schade nur, daß die meisten das Alpenveilchen als Wegwerfpflanze betrachten, wo seine Schönheit doch erst bei mehrjähriger Kultur so richtig zur Geltung kommt.

**Blütezeit:** September bis April.
**Familie:** *Primulaceae*, Primelgewächse.
**Heimat:** Östliches Mittelmeergebiet.
**Standort:** Hell, aber nicht sonnig. Ganzjährig luftig, aber nicht zu warm. Im Sommer ins Freie an einen halbschattigen Platz stellen, im Winter beträgt die optimale Temperatur etwa 15 °C.
**Gießen, Düngen:** Pflanze im Sommer leicht feucht, aber nie naß halten. Alpenveilchen sind äußerst nässeempfindlich! Auf die Erde, nicht auf die Knolle gießen. Vor und während der Blüte wöchentlich düngen.
**Weitere Pflege:** Im Herbst in Einheitserde T, TKS 2 oder Blumenerde umpflanzen. Knollen müssen zu einem Drittel aus der Erde herausschauen. Nur junge Sämlinge dürfen tiefer in die Erde.
**Vermehren:** Aus Samen im geheizten Vermehrungsbeet bei 18 bis 20 °C Bodenwärme zu jeder Jahreszeit möglich. Samen mit Erde abdecken (Dunkelkeimer!). Die Jungpflanzen brauchen sehr viel Licht, damit sie sich schön gestaucht und nicht langtriebig entwickeln. Darum besser im Februar aussäen, damit die Sämlinge in die lichtreichen Monate hineinwachsen können.
**Schädlinge, Krankheiten:** Wurzelbräune und Knollenfäule durch Staunässe; Blattläuse, Spinnmilben, Weichhautmilben vor allem bei zu viel Wärme. Grauschimmel bei zu hoher Luftfeuchte.
**Mein Tip:** Alte Blätter und Blüten mit einem Ruck herausreißen, nicht abschneiden, denn der Rest fault leicht, so daß Krankheitsherde entstehen können. Rißstelle vorbeugend mit Holzkohle einpudern.

**Mini-Cyclamen vertragen Zimmertemperatur viel besser als großblumige Sorten und sind von besonders wildhafter Anmut.**

Dipladenia

## Dipladenie

*Die weißblühende Dipladenia boliviensis.*

Die Dipladenie bezaubert mit purpurroten, dunkelrosa oder weißen Blüten, die den ganzen Sommer über an den dünnen Zweigen erscheinen. Kultiviert werden verschiedene Hybriden von *Dipladenia sanderi* und *Dipladenia splendens*, zum Beispiel die üppig blühende 'Rosea' (rosa-lachsfarben) und 'Rubiniana' (kräftig rosenrot), die aber nicht ganz so blühfreudig ist. Ganz neu im Programm: *Dipladenia boliviensis*, deren weiße Blüten einen orangefarbenen Schlund besitzen. Die Dipladenie braucht ein kräftiges Gerüst zum Klettern.
**Blütezeit:** Mai bis Oktober.
**Familie:** *Apocynaceae*, Hundsgiftgewächse.
**Heimat:** Tropisches Amerika.
**Standort:** Ganzjährig sehr hell, aber nicht sonnig. Sehr warm und luftfeucht, besonders beim Austrieb. Im Winter reichen 15 °C.
**Gießen, Düngen:** Grundsätzlich kein kaltes und hartes Leitungswasser nehmen. Von März bis August regelmäßig gießen und alle 8 bis 14 Tage düngen. Nach der Blüte Wassergaben reduzieren. Ruheperiode von September/Oktober bis März.
**Weitere Pflege:** Öfter sprühen oder für indirekte Luftfeuchte(→ Seite 43) sorgen.
Junge Pflanzen jedes Frühjahr in Einheitserde T mit Styroporflocken umsetzen, älteren ein kräftiges Substrat aus TKS 2 mit lehmiger Gartenerde plus Vorratsdünger geben.
**Vermehren:** Im Frühjahr durch Teilstecklinge im heizbaren Vermehrungsbeet.
**Schädlinge, Krankheiten:** Eingerollte Blätter durch zu trockene Luft, Blatt- und Wurzelschäden durch Staunässe, Schild- und Wolläuse, Spinnmilben.
**Warnung:** Die Dipladenie ist in allen Teilen sehr giftig.

Dipteracanthus

## Ruellie

*Ruellien besitzen auch attraktive Blätter.*

Von den 250 Arten haben bis jetzt nur *Dipteracanthus devosianus* (*syn. Ruellia devosiana*) mit weißviolett gestreiften Blüten, *Dipteracanthus makoyanus* (*syn. Ruellia makoyana*) mit dunkelrosa Blüten und *Dipteracanthus portellae* (*syn. Ruellia portellae*) mit rosafarbenen Blüten Eingang ins Topfpflanzensortiment gefunden. Sie alle besitzen samtig anmutende, hellnervige Blätter und wachsen als niedrige, beinahe kriechende Halbsträucher. Daher eignen sie sich besonders als Bodendecker für klimatisierte Blumenfenster, Vitrinen sowie als Ampelpflanzen.
**Blütezeit:** September bis Dezember.
**Familie:** *Acanthaceae*, Akanthusgewächse.
**Heimat:** Brasilien.
**Standort:** Hell bis halbschattig, keine Sonne. Ganzjährig sehr warm und luftfeucht. Trockene Heizungsluft und kalte Füße vermeiden, sie sind der Tod der Pflanze.
**Gießen, Düngen:** Enthärtetes, zimmerwarmes Wasser verwenden. Stets mäßig feucht halten und von März bis August alle 2 Wochen schwach dosiert düngen.
**Weitere Pflege:** Für hohe Luftfeuchte und Bodenwärme sorgen. Im Winter auf kalten Steinfensterbänken Wärmematte oder isolierende Styroporplatte unterlegen. Jedes Jahr im Frühjahr in flache Schalen mit Einheitserde P, TKS 1 oder Blumenerde umtopfen. Styroporflocken untermischen.
**Vermehren:** Durch im Frühjahr geschnittene Kopfstecklinge bei mehr als 22 °C Bodenwärme im heizbaren Vermehrungsbeet. Nach erfolgreicher Bewurzelung ein- bis zweimal stutzen, damit sich die Pflanze besser verzweigt.
**Schädlinge, Krankheiten:** Eingerollte Blätter bei zu trockener Luft, Wachstumsstörungen und Wurzelfäulnis durch zu kalte, nasse Erde; Weiße Fliege.

# Echeverie

*Echeveria derenbergii aus Mexiko.*

*Echeveria pumila blüht von April bis Juni.*

Die kleinbleibenden Echeverien sind dekorative, pflegeleichte Sammlerpflanzen mit geringem Platzbedarf und eine äußerst vielfältige Gattung. Von Texas bis Südamerika kommen rund 100 Arten vor. Fast allen gemeinsam sind die spiralig zu Rosetten angeordneten fleischigen Blätter. Einige wachsen stammlos als Stauden, andere bilden kurzstämmige, verzweigte Halbsträucher oder Sträucher. Immer stehen die orangegelb oder orangerot gefärbten Blütenstände seitlich. Im Handel sind zahlreiche Arten und Züchtungen mit grünen und braunroten, oft behaarten oder bereiften Blättern. Die bekanntesten sind:

- *Echeveria agavoides*, mit rostrot gerandeten Blättern, besonders schön bei der Sorte 'Red Edge'.
- *Echeveria carnicolor*, die fleischfarbene Echeverie. Wächst locker und bildet Ausläufer, so daß man sie gut als Ampelpflanze nutzen kann.
- *Echeveria derenbergii*, mit grünglänzenden Blättern und orangefarbenen Blüten.
- *Echeveria gibbiflora*. Ihre sand-purpurfarbenen Rosetten sitzen auf 30 bis 50 cm hohen Stämmchen. Sie blüht mit hellroten, weiß bereiften Blüten, die im Herbst an hohen Trugdolden erscheinen.
- *Echeveria harmsii*, eine halbstrauchige zierliche Art, deren Blätter in lockeren Rosetten zusammenstehen. Die rostroten Blüten erscheinen im Sommer.
- *Echeveria nodulosa*. Sie präsentiert interessant gezeichnete Blätter mit einem violetten Streifenmuster, wird nur 20 cm hoch und blüht ab März mit rotbraunen Blütchen, die gelbe Spitzen tragen.
- *Echeveria pulvinata* besitzt, wie der Name sagt, Blätter, die wie gepudert aussehen. Die weiße Behaarung weist darauf hin, daß sie viel Licht gewohnt ist. Die Sorte 'Ruby' zeichnet sich durch rotüberlaufene Blattränder aus, die sich am zu dunklen Platz allerdings verlieren.
- *Echeveria setosa*, die borstige Echeverie, bildet flache, stammlose Rosetten und blüht im Frühjahr.

Echeverien kommen am schönsten zur Geltung, wenn man verschiedene Gattungen und Sorten in Gruppen pflanzt.

**Blütezeit:** Je nach Art oder Sorte im Winter, Frühjahr oder Sommer. Die Blütenbildung ist von der Tageslänge und der Temperatur abhängig, bei den einzelnen Arten jedoch sehr unterschiedlich.

**Familie:** *Crassulaceae*, Dickblattgewächse.

**Heimat:** Südliche USA, Mittel- und Südamerika.

**Standort:** Ganzjährig vollsonnig, im Sommer warm, am besten im Freien in voller Sonne. Zur Ruhezeit im Winter kühl (5 bis 10 °C), blühende Pflanzen auch wärmer.

**Gießen, Düngen:** Im Sommer wenig, in der Winterruhe alle nichtblühenden Echeverien fast überhaupt nicht gießen. Nässe bringt sie um. Von März bis August während der Wachstumszeit wöchentlich etwas Kakteendünger geben.

**Weitere Pflege:** Junge Pflanzen jährlich in Kakteenerde oder Einheitserde P umtopfen, ältere nur bei Bedarf.

**Vermehren:** Nach der Blüte durch Abnehmen von Seitenrosetten oder durch Blattstecklinge. Die Stecklinge nach dem Schneiden kurz antrocknen lassen, in sandiges Substrat stecken und dann bei 20 °C Bodenwärme bewurzeln.

**Schädlinge, Krankheiten:** Wurzelfäule und Mehltau durch zuviel Gießen. Woll- und Wurzelläuse, meist hervorgerufen durch zu warmen Winterstandort.

**Hinweis:** Genauso gepflegt wird *Graptopetalum bellum*, das von Mai bis Juni mit tiefrosa Sternenbündeln blüht.

Euphorbia milii

## Christusdorn, Glänzende Wolfsmilch

*Der klassische Christusdorn – Euphorbia milii.*

*Weiße Euphorbia-Milii-Hybride 'Marathon'.*

Der Christusdorn ist einer der beliebtesten Vertreter der über 2000 Arten umfassenden Gattung *Euphorbia*. Die Arten sind in ihrem äußeren Erscheinungsbild sehr unterschiedlich, die Palette reicht von kakteenähnlichen Sukkulenten über Kräuter und Sträucher bis zu Bäumen. Gemeinsam sind allen Euphorbien der kautschukartige, giftige und ätzende Milchsaft und die eingeschlechtlichen oder zwittrigen Scheinblüten, die der Botaniker Cyathien nennt. Der Christusdorn ist ein anspruchsloser, unverdrossen blühender Hausgenosse, dem trockene Heizungsluft und pralle Sonne nichts ausmachen. Er wächst in seiner Heimat, dem zentralen und südlichen Madagaskar, auf Granit- und Gneishügeln und bildet dort meterhohe laubabwerfende Sträucher. Früher wurde er auch unter der Bezeichnung *Euphorbia splendens* geführt, daher der zweite deutsche Name Glänzende Wolfsmilch (von *splendens* = glänzend). Der Christusdorn bildet lange, etwa bleistiftstarke, bedornte Triebe, die man am Bogen oder Spalier ziehen kann. Neuere Sorten wachsen eher aufrecht und kompakt und können bis zu 60 cm hoch werden. Die Blütenfarben variieren bei den Züchtungen zwischen verschiedenen Rot- und Rosatönen sowie Gelb und Weiß. Madagassischer Herkunft ist auch die weiß- oder rosablühende *Euphorbia lophogona*, eine immergrüne, ganzjährig blühende Art, die dort im Unterholz der Wälder vorkommt. Hybriden aus beiden sind besonders wüchsig, blühfreudig und dekorativ und haben die reinen Arten fast verdrängt. Diese sogenannten *Euphorbia-Lomi*-Hybriden (im Namen stecken die beiden Anfangsbuchstaben der elterlichen Artnamen) blühen nahezu ganzjährig in Gelb, Rosa, Rot und Violett, werfen das Laub nicht ab und stellen etwas höhere Ansprüche an die Substratfeuchte. Sie sind allerdings etwas mehltauempfindlich.

**Blütezeit:** Oktober bis März.

**Familie:** *Euphorbiaceae*, Wolfsmilchgewächse.

**Heimat:** Madagaskar.

**Standort:** Ganzjährig sehr hell bis vollsonnig und warm. Kann im Sommer im Gartenbeet an einem vollsonnigen, windgeschützten Platz eingesetzt werden.

**Gießen, Düngen:** Mäßig gießen, besonders im Winter. Nach der Blüte 1 Monat lang nur so viel wässern, daß der Ballen nicht austrocknet. Von März bis August etwas mehr gießen und alle 2 Wochen Kakteendünger ins Gießwasser geben.

**Weitere Pflege:** Junge Pflanzen alle 2 Jahre in Kakteenerde mit etwas Lehm umtopfen. Bevor im Frühsommer der neue Trieb einsetzt, kann die Pflanze zurückgeschnitten oder gestutzt werden.

**Vermehren:** Durch Stecklinge im Frühjahr. Abfall vom Rückschnitt nehmen! Ältere Triebstücke verwenden. Schnittflächen in lauwarmes Wasser tauchen, damit der Milchsaftfluß aufhört, 1 Tag trocknen lassen und dann in ein Torf-Sand-Gemisch stecken.

**Schädlinge, Krankheiten:** Laubfall durch zu kühlen Stand, zuviel Wasser oder beides.

**Warnung:** Der Christusdorn ist in allen Teilen giftig. Der Milchsaft enthält haut- und schleimhautreizende Substanzen. An den spitzen Dornen kann man sich verletzen.

<u>*Auf den Fotos:*</u>
*Oben: Cremefarbene Züchtung.*
*Rechts: Euphorbia keysii.*

Euphorbia pulcherrima

# Weihnachtsstern, Adventsstern, Poinsettie

*Weihnachtssterne müssen nicht immer rot sein, wie diese Sortenvielfalt zeigt.*

In seiner mexikanischen Heimat wächst der Weihnachtsstern so üppig wie bei uns der Holunder. Er kann mehr als 3 Meter hoch werden und gilt zur »Blütezeit« im Dezember als Zierde aller tropischen Gärten. Bei uns ist das farbenprächtige Wolfsmilchgewächs als Wegwerfpflanze bekannt und wird zur Verkaufssaison um Weihnachten in Massen herangezogen. Werfen Sie diese Pflanze zur Abwechslung einmal nicht gleich weg – es sei denn, sie ist von Läusen befallen. Die Weiterkultur lohnt sich. Der anfangs krautig wirkende Weihnachtsstern verholzt und entwickelt sich bald zu einem hübsch verzweigten Strauch. Wie beim verwandten Christusdorn (→ Seite 108) sind die eigentlichen Blüten unscheinbar. Dafür präsentieren sich die großen Hochblätter in Cremeweiß, Gelb, Lachsrosa, Rosa und leuchtendem Rot. Im Handel sind einstengelige oder buschige Topfpflanzen, Ampelpflanzen und dekorative Kronenbäumchen. Die bekanntesten Weihnachtssternkreationen stammen von internationalen Züchtern wie Ecke, Hegg, Gro und Gutbier. 'Gropom' ist eine Züchtung aus Frankreich mit aprikosenfarbenen Hochblättern. 'Regina' besitzt cremeweiße »Sterne« und sieht als Hochstämmchen sehr attraktiv aus. 'Dorothea' wächst buschig in die Breite, trägt pinkfarbene Hochblätter und wird als Ampelpflanze angeboten.

**Blütezeit:** November bis Januar, aber durch Lichtsteuerung (Kurztagspflanze) ganzjährig möglich.

**Familie:** *Euphorbiaceae*, Wolfsmilchgewächse.

**Heimat:** Tropisches Mexiko, Mittelamerika.

**Standort:** Ganzjährig hell (keine Sonne) und warm. Während der Blüte auch etwas kühler, dann hält der Flor länger. Übersommerung an einem geschützten Platz im Freien möglich.

**Gießen, Düngen:** Vor der Blüte von Mai bis November reichlich gießen. Nach der Blüte von Februar bis Mai eher sparsam. Von Juni bis Oktober wöchentlich düngen.

**Weitere Pflege:** Bei Weiterkultur nach dem Abfallen der echten Blüten (nicht der Hochblätter) zurückschneiden, Topfpflanzen und Hochstämme auf 10 cm, Ampeln auf 5 cm. Nach dem Rückschnitt 18 bis 20 °C warm stellen und nahezu trocken halten. Umgetopft wird erst ab Mitte Mai in Einheitserde T, TKS 2 oder Blumenerde. Jetzt wieder regelmäßig gießen und düngen. Den Neutrieb stutzen, damit sich die Pflanze schön verzweigt.

**Vermehren:** Durch Kopfstecklinge im Sommer. Abfall vom Stutzen nehmen. Milchsaftfluß an der Schnittstelle durch Eintauchen in lauwarmes Wasser stoppen. Stecklinge flach und fest in kleine Töpfe stecken.

**Schädlinge, Krankheiten:** Woll- und Schildläuse sowie Weiße Fliege durch Lufttrockenheit.

**Mein Tip:** Zur Blütenbildung und Färbung der Hochblätter darf der Weihnachtsstern ab September etwa 2 Monate lang je nach Sorte nur 10 bis 12 Stunden Licht bekommen. Dazu zählt auch Lampenlicht oder der Schein einer Straßenlaterne! Am besten jede Nacht 12 bis 14 Stunden lang einen Eimer oder Karton über die Pflanze stülpen.

**Warnung:** Der Milchsaft kann Haut und Schleimhäute reizen.

Eustoma grandiflorum

## Prärieenzian, Glockenenzian

*Der Prärieenzian wird nur einjährig kultiviert.*

Früher wurde der Prärieenzian (*syn. Lisianthus russelianus*) ausschließlich als Schnittblume herangezogen. Heute hat man erkannt, daß diese zweijährige Pflanze, die im Sommer duftige Blütenglocken in Creme, Rosa und Violett hervorbringt, auch ein attraktiver und pflegeleichter Zimmerschmuck ist. Also ging sie den gleichen Weg wie die Gerbera: Von der Vase in den Topf. Mit Hilfe von Wuchshemmstoffen wurde der für Schnittblumen erwünschte bis 90 cm hohe Wuchs gehemmt. Exemplare für den Topf sind niedrig und sehen sehr hübsch in Schalen aus. Der Prärieenzian besitzt bläulichgrüne eirunde bis längliche Blätter und wird nach dem Verblühen nicht weiterkultiviert.
**Blütezeit:** Juli und August.
**Familie:** *Gentianaceae*, Enziangewächse.
**Heimat:** Colorado, Nebraska, Texas, Nordmexiko.
**Standort:** Sehr hell, aber nicht sonnig und warm.
**Gießen, Düngen:** Mäßig feucht halten und wöchentlich düngen.
**Weitere Pflege:** Wegen zweijähriger Haltung entfällt Umtopfen.
**Vermehren:** Aus Samen. Für Laien schwierig, aber reizvoll. Die sehr feinen Samen im Juni/Juli in heizbarem Vermehrungsbeet aussäen. Nur hauchdünn mit Erde bedecken. Sämlinge hell und bei 15 bis 18 °C halten. Bei 10 °C überwintern. Anfang März jeweils 3 in 11er Töpfe setzen. Wichtig: Die Blattrosette muß sich vor dem Winter gebildet haben! Die Blüte beginnt 10 bis 12 Monate nach der Aussaat.
**Schädlinge, Krankheiten:** Bei einjähriger Kultur unerheblich. Gefährlich ist nur zuviel Nässe, die Grauschimmel hervorrufen kann.

Exacum affine

## Blaues Lieschen, Bitterblatt

*Das Blaue Lieschen – ein einziges Duftbukett.*

Das Blaue Lieschen stammt von der Insel Sokotra im Golf von Aden und ist von Haus aus zweijährig. Bei uns wird die 15 bis 20 cm hohe, verzweigte, krautige Pflanze einjährig gezogen. Sie besitzt kleine Blätter und bringt vom Sommer bis zum Herbst eine Fülle duftender hellvioletter oder weißer Blüten hervor, von denen sich die gelben Staubbeutel wunderschön abheben. Die bekanntesten Sorten heißen 'Atrocoeruleum' (dunkelviolett) und 'Album' (weiß). Das Blaue Lieschen wird nach der Blüte weggeworfen. Wer die Mutterpflanze kühl (bei etwa 15 °C) überwintert, kann im Frühjahr Stecklinge schneiden und diese weiterkultivieren.
**Blütezeit:** Juli bis September.
**Familie:** *Gentianaceae*, Enziangewächse.
**Heimat:** Insel Sokotra.
**Standort:** Sehr hell, aber nicht vollsonnig. Durchschnittliche Zimmertemperatur. Die Pflanze liebt frische Luft – ideal: ein regensicherer Unterstand auf Balkon oder Terrasse.
**Gießen, Düngen:** Den Sommer über mäßig feucht halten. Bei Ballentrockenheit rieseln sofort die Blüten. Im Sommer alle 14 Tage düngen.
**Weitere Pflege:** Keine.
**Vermehren:** Durch Stecklinge im Frühjahr oder durch Samen. Aussaat im Februar am Fenster. Samen nicht mit Erde abdecken: Lichtkeimer! Sämlinge pikieren und in Einzeltöpfe mit Einheitserde T, TKS 2 oder handelsüblicher Blumenerde setzen.
**Schädlinge, Krankheiten:** Wegen einjähriger Kultur unerheblich.

Gardenia

## Gardenie

*Gardenia jasminoides* und ihre gefüllt-blühenden Sorten können mehr als meterhoch werden und blühen mit cremeweißen, stark duftenden Blüten. Der Wuchs ist strauchig, die Blätter sind immergrün und ledrig glänzend.

**Blütezeit:** Juli bis Oktober.

**Familie:** *Rubiaceae*, Krappgewächse.

**Heimat:** Riukiu-Inseln, Japan, China.

**Standort:** Sehr hell bis sonnig. Im Sommer warm, im Winter bei 15 bis 18 °C, aber bodenwarm.

**Gießen, Düngen:** Nie hartes, kaltes Wasser verwenden! Im Sommer den Wurzelballen gleichmäßig leicht feucht halten. Von März bis August wöchentlich kalkfreien Dünger in niedriger Konzentration verabreichen. Im Winter nur mäßig gießen.

**Weitere Pflege:** Wenn sich die Knospen zeigen, für hohe Luftfeuchte (→ Seite 43) sorgen und öfter sprühen. Blühende Pflanzen nicht mehr besprühen! Im Februar in Einheitserde T umtopfen. Ältere Exemplare vorher zurückschneiden.

**Vermehren:** Im Frühjahr und Spätsommer durch Stecklinge im heizbaren Vermehrungsbeet.

**Schädlinge, Krankheiten:** Knospen- und Blütenfall durch Temperaturschwankungen oder zuviel Wärme. Wachstumsstörungen und Gelbfärbung der Blätter durch kalte Füße und hartes Gießwasser.

**Duft und Eleganz**
*Gardenien vereinen beides und wirken als Minipflanze, im Topf oder als Hochstämmchen gleichermaßen edel.*

Gloriosa rothschildiana

## Ruhmeskrone, Kletterlilie

Die Ruhmeskrone ist eine aufsehenerregende Kletterpflanze mit bis 10 cm großen, feuerroten Blüten mit gelbem Saum.
**Blütezeit:** Juni bis August.
**Familie:** *Liliaceae*, Liliengewächse.
**Heimat:** Tropisches Asien, Afrika, Madagaskar.
**Standort:** Zum Antreiben und während der Wachstumsperiode sehr hell und warm.
**Gießen, Düngen:** Von März bis August regelmäßig gießen und wöchentlich düngen. Danach Gießen einschränken und Pflanze langsam abwelken lassen.
**Weitere Pflege:** Knolle im Topf bei 15 °C überwintern. Im März in Töpfe mit Einheitserde setzen, angießen und bei 25 bis 30 °C Bodenwärme antreiben. Haltestab oder Spalier anbringen. Bis zur Knospenbildung öfter sprühen.
**Vermehren:** Im Frühjahr durch Nebenknollen, von denen aber jede nur einen Vegetationspunkt besitzt.
**Schädlinge, Krankheiten:** Blattläuse und Spinnmilben. Blühfaulheit bei zu wenig Licht und Wärme im Frühjahr.
**Mein Tip:** Achten Sie beim Kauf darauf, daß die walzenförmigen Knollen eine kleine grüne Spitze (Vegetationszone) aufweisen.
**Warnung:** Die Knollen enthalten das giftige Colchicin.

**Exotische Blüten am Bogen**
*Nach erfolgter Ruhezeit blüht die Ruhmeskrone so prächtig wie hier.*

Haemanthus
## Blutblume, Elefantenohr

*Die Blutblume, Haemanthus multiflorus.*

Blutblume und Elefantenohr sind verschiedene Arten der Gattung *Haemanthus*.
Das weißblühende, dickblättrige Elefantenohr (*Haemanthus albiflos*) ist eine sommerblühende robuste, anspruchslose Zimmerpflanze. Unter die deutsche Bezeichnung Blutblume fallen die rotblühenden Arten *Haemanthus katharinae* und *Haemanthus multiflorus*, beides auffällige Exoten.
**Blütezeit:** *Haemanthus albiflos* Juli bis Oktober; *Haemanthus multiflorus* April bis Mai; *Haemanthus katharinae* Juli.
**Familie:** *Amaryllidaceae*, Amaryllisgewächse.
**Heimat:** Südafrika, tropisches Ostafrika.
**Standort:** Elefantenohr ganzjährig hell bis vollsonnig. Im Sommer warm, im Winter möglichst kühler (10 bis 15 °C). Blutblumen sehr hell, aber nicht sonnig, im Winter nicht unter 12 °C.
**Gießen, Düngen:** Das Elefantenohr im Sommer mäßig feucht und im Winter nur bei niedrigen Temperaturen relativ trocken halten. Alle 4 Wochen düngen und bei Bedarf umtopfen.
Blutblumen im Sommer reichlich gießen und wöchentlich düngen. Ab September Wassergaben einschränken, damit das Laub einziehen kann.
**Weitere Pflege:** Bei der Blutblume verdorrtes Laub entfernen und die Zwiebel bei 12 bis 14 °C überwintern. Erde nicht völlig austrocknen lassen. Im Februar oberste Erdschicht erneuern und die Pflanze antreiben.
**Vermehren:** Elefantenohr durch Kindel, Blutblumen durch Brutzwiebeln.
**Schädlinge, Krankheiten:** Wuchsstörungen durch Staunässe, die beide nicht vertragen.
**Warnung:** Die Zwiebeln aller Amaryllisgewächse enthalten Giftstoffe.

Hibiscus rosa-sinensis
## Hibiskus, Chinesischer Roseneibisch, Chinarose

*Der Hibiskus kann bei uns 3 m hoch werden.*

Die Trichterblüten des Roseneibisch können bis 15 cm groß werden und fallen besonders durch ihre weit herausragenden goldgelben Staubgefäße auf. Es gibt sie gefüllt und ungefüllt in Gelb, Lachs, Orange, Rosa oder Rot. Die reine Art blüht rosenrot. Besonders attraktiv ist die Sorte 'Cooperi' mit kleineren weiß, rosa und karminrot gescheckten Blättern und tiefrosa Blüten.
**Blütezeit:** März bis Oktober.
**Familie:** *Malvaceae*, Malvengewächse.
**Heimat:** Tropisches Asien, wahrscheinlich Südchina.
**Standort:** Sehr hell bis vollsonnig und warm. Kühlere Wintertemperaturen um 15 °C beeinflussen die Blütenbildung günstig. Kann ab Juni an einem warmen, sonnigen Platz im Garten eingesenkt werden. Zuvor behutsam an die Sonne gewöhnen, um Sonnenbrand zu vermeiden.
**Gießen, Düngen:** Bis September reichlich und regelmäßig gießen, im Winter weniger. Von Austriebsbeginn an bis Mitte August wöchentlich in höherer Konzentration düngen, am warmen und hellen Winterplatz einmal pro Monat. Der Hibiskus muß gut ernährt werden, sonst blüht er nicht.
**Weitere Pflege:** In geheizten Räumen öfter einsprühen oder für indirekte Luftfeuchte sorgen. Jungpflanzen jährlich, ältere bei Bedarf im Frühjahr in Einheitserde, TKS 2 oder Blumenerde mit Lehmzusatz umtopfen. Zuvor zu lang gewordene Triebe zurückschneiden.
**Vermehren:** Durch halbreife Kopfstecklinge im Mai bei warmen Bodentemperaturen.
**Schädlinge, Krankheiten:** Blattläuse, Wolläuse und Spinnmilben durch trockene Heizungsluft. Knospen- und Blütenfall durch Standortwechsel, Lichtmangel, Ballentrockenheit oder naßkalte Füße.

Hippeastrum-Hybriden

## Amaryllis, Ritterstern

*Die Sorte 'Trixie' bildet einen Schaft mit 3 Blüten.*

*'Apple Blossom' (links) und 'Fantastica' (rechts).*

Um die Weihnachtszeit werden die dicken Zwiebeln des Ritterstern verkauft. Im Angebot sind heute unzählige Sorten, deren Blütenfarben von Schneeweiß über Lachs, Orange und Rosa bis hin zu allen möglichen Rottönen reichen. Daneben gibt es weiße Blüten mit roten Rändern, die aussehen wie paspelierte Ballettröckchen, zweifarbige und zweifarbig gestreifte Zuchtformen.
Die berühmtesten Züchtungen sind die sogenannten Ludwig-Amaryllis aus Holland, zum Beispiel die rotweißgestreifte 'Fantastica', die tiefrosa gefärbte 'Dutch Belle', die feuerrote 'Ludwigs Goliath' oder die pinkfarbene 'Fairyland'. Besonders begehrt sind weiße Sorten wie 'Maria Goretti', 'Ludwig's Dazzler', 'Picotée' und 'Early White'. Ein Evergreen unter den Rittersternen ist die rosaweiß getönte und zartduftende 'Apple Blossom'. Spezialversandgärtnereien für Blumenzwiebeln (→ Adressen, Seite 238) halten diese und weitere aufregend schöne Sorten bereit.
Wem die Zwiebelantreiberei zu lange dauert: Es gibt neuerdings sogenannte Pre-Pot-Amaryllis, präparierte Zwiebeln, die innerhalb von 5 bis 6 Wochen zur Blüte kommen.
**Blütezeit:** Januar bis April.
**Familie:** *Amaryllidaceae*, Amaryllisgewächse.
**Heimat:** Tropisches und subtropisches Amerika. Im Handel sind jedoch nur Kulturformen.
**Standort:** Neu gekaufte oder überwinterte Zwiebeln sehr hell und warm stellen, nachdem sie in einen geräumigen Topf mit Einheitserde T oder Blumenerde gesetzt wurden. (Die Zwiebel muß beim Einpflanzen zur Hälfte aus der Erde herausschauen.)
**Gießen, Düngen:** Zunächst kaum gießen. Wenn sich der Trieb zeigt, mehr Wasser geben. In der Regel erscheint der Blütenschaft vor den Blättern, es kann aber auch umgekehrt sein. Nach der Blüte den Schaft abschneiden, die Pflanze reichlich gießen und bis August wöchentlich düngen. Die Blätter müssen sich üppig entwickeln, damit die Zwiebel neue Kraft tanken kann. Ab August das Gießen langsam einstellen und das Laub einziehen lassen.
**Weitere Pflege:** Vertrocknete Blätter entfernen und die Zwiebel bis zum neuen Antreiben bei 15 °C in trockenem Torf ruhen lassen.
**Vermehren:** Durch Brutzwiebeln, die apfelgroß sein sollten, bevor man sie von der Mutterpflanze abtrennt. Weitere Möglichkeit: Durch Stecklinge aus Zwiebelschalen oder durch Aussaat, aber beides ist sehr aufwendig.
**Schädlinge, Krankheiten:** Roter Brenner, eine auf Amaryllis spezialisierte Pilzkrankheit. Sie wird durch zu kalten und nassen Stand begünstigt. Wenn der Pilz sich noch nicht zu tief ins Gewebe eingefressen hat, kann man die befallenen Stellen ausschneiden und mit Holzkohle einpudern. So läßt sich die Zwiebel oft noch retten.
**Mein Tip:** Genauso gepflegt wird *Hippeastralia*, eine Kreuzung aus *Hippeastrum* und *Sprekelia*, die zierlichere Blüten bildet und auch im Wuchs kleiner bleibt.
**Warnung:** Die Amaryllis enthält Giftstoffe.

# Wachsblume, Porzellanblume

*Hoya bella blüht überreich, ob am Spalier…*

*…um einen Bogen gebunden oder als Ampelpflanze.*

Ihren Namen verdankt die Gattung Thomas Hoy, der 1788 bis 1809 Obergärtner des Herzogs von Northumberland/England war. Von den 200 bekannten Arten sind *Hoya bella* aus Niederburma und *Hoya carnosa*, die von Mittelchina bis Australien vorkommt, als Zimmerpflanzen am bekanntesten geworden. *Hoya bella* wächst nichtwindend und bleibt insgesamt kleiner und zierlicher als *Hoya carnosa*, die ein vitaler Schlingstrauch mit fleischigen Blättern ist. Beide blühen im Sommer mit süßlich duftenden porzellanweißen, in der Mitte purpurroten Trugdolden. *Hoya bella* wächst am besten in einem Orchideenkörbchen oder als Ampelpflanze im klimatisierten feuchtwarmen Blumenfenster. Von *Hoya carnosa* gibt es noch die Sorte 'Variegata' mit gelbgrün panaschierten Blättern. Sie wächst nicht ganz so stark wie die reine Art. Seltener im Handel ist *Hoya lacunosa* mit elliptisch-lanzettlichen Blättern und knopfförmigen, weißgrünen Blüten, die sich in Dolden von März bis Juni entwickeln. Die aparte Ampelpflanze möchte eher halbschattig stehen und liebt ganzjährige Wärme. Ein seltsamer Vertreter der Gattung ist die ebenfalls wärmeliebende *Hoya linearis* aus dem Himalaja. Ihre bleistiftdünnen Triebe und die weißen Blütenstände hängen herunter. Wie eine zum Angriff geballte Ladung blitzender Pfeile wirken die Blüten von *Hoya multiflora*. Die hängenden Blüten dieser Art aus Malaysia sind innen dunkelrot und außen gelbgrün. Wer Glück hat und sie im Handel findet, pflegt sie genau wie *Hoya bella*.

**Blütezeit:** Mai bis September.
**Familie:** *Asclepiadaceae*, Seidenpflanzengewächse.
**Heimat:** Niederburma, Mittelchina bis Australien.
**Standort:** Sehr hell bis vollsonnig (keine Mittagssonne). Im Sommer warm (18 bis 23 °C), im Winter um einige Grade kühler (14 bis 18 °C) halten. Die wärmeren Werte gelten für *Hoya bella*.
**Gießen, Düngen:** Im Sommer mäßig gießen, im Winter noch weniger. Während der Wachstumszeit alle 2 Wochen düngen. Allerdings: Bei zu guter Ernährung wird ein kräftiges Trieb- und Blattwachstum angeregt, das meist auf Kosten der Blühwilligkeit geht. Vergrößern Sie bei Pflanzen, die zu mastig aussehen, die Düngeintervalle oder düngen Sie überhaupt nicht mehr. Die am üppigsten blühenden Hoyas sah ich bei Pflanzenliebhabern, die wenig Pflegeaufwand treiben und die Pflanze nie von der Stelle bewegen. Auf veränderten Lichteinfall reagiert die Wachsblume oft mit Blüten- und Knospenfall.
**Weitere Pflege:** Beide Arten vertragen trockene Zimmerluft. Beim Austreiben allerdings regelmäßig sprühen! Im Frühjahr bei Bedarf in Einheitserde T, TKS 2 oder normale Blumenerde umtopfen. Styroporflocken oder Sand untermischen! Zu lange Triebe zurücknehmen.
**Vermehren:** Durch Kopf- oder Triebstecklinge im geheizten Vermehrungsbeet.
**Schädlinge, Krankheiten:** Blattläuse durch zu warmen Winterstand. Blattfall und Absterben der Triebe durch Staunässe und kalte Füße. Blütenfall durch zu dunklen Stand und Ortsveränderung. Weiße Tupfen in den Blättern sind artspezifisch.
**Mein Tip:** Lassen Sie bei *Hoya carnosa* den kurzen Blütenstiel stehen. An ihm bilden sich die neuen Blütendolden.

Hydrangea macrophylla

## Topfhortensie

*Topfhortensien gibt es auch mit gestauchtem Wuchs.*

Die großen weißen, rosafarbenen, roten oder blauen Doldenrispen der Topfhortensien bestehen aus verkümmerten sterilen Einzelblüten, deren eigentlichen Schmuck die gefärbten Kelchblätter ausmachen. Bei den neuerdings wieder aktuellen Randblüten- oder Tellerhortensien sind die unscheinbaren fertilen Einzelblüten von einem Kranz großer steriler Blüten umgeben. Die Blaufärbung kann nur bei bestimmten roten und rosa Hortensien erreicht werden, indem man die Erde mit Aluminiumsulfat oder Kalialaun gießt.
**Blütezeit:** Topfhortensien werden von März bis Mai blühend angeboten, ihre arteigene Blütezeit ist aber im Juni und Juli.
**Familie:** *Saxifragaceae*, Steinbrechgewächse.
**Heimat:** Japan.
**Standort:** Hell bis halbschattig, keine volle Sonne. Ganzjährig nicht zu warm, im Sommer am besten draußen im Garten an schattig-kühlem Platz. Im Winter genügen 4 bis 8 °C. Da die Hortensie das Laub abwirft, kann der Überwinterungsplatz dunkel sein. Ab Februar wieder wärmer und heller stellen.
**Gießen, Düngen:** Im Frühjahr, Sommer und Herbst reichlich gießen. (*Hydrangea* bedeutet übersetzt Wasserschlürferin!) Im Winter nur soviel, daß der Ballen nicht austrocknet. Niemals kalkhaltiges Gießwasser verwenden! Im Sommer bis Ende August alle 14 Tage Rhododendrondünger ins Gießwasser.
**Weitere Pflege:** Nach der Blüte ist ein Rückschnitt möglich. Beim Umtopfen im Frühjahr weiße, rosa und rote Sorten in mäßig saures Substrat, blaue Sorten in stark saure Erde (Azaleenerde) umsetzen.
**Vermehren:** Durch Kopfstecklinge.
**Schädlinge, Krankheiten:** Spinnmilben, Blattläuse durch zu warmen, lufttrockenen Standort.

Hypocyrta

## Kußmäulchen, Hypocyrte

*Hypocyrta glabra wächst später überhängend.*

Ursache für den putzigen, aber treffenden deutschen Namen ist die orangefarbene Blüte. Die blasig aufgetriebenen Kronenblätter sehen aus wie ein zum Küssen gespitztes Mündchen. Das Kußmäulchen ist ein niedriger Halbstrauch, der ledrige, beinahe sukkulente Blätter bildet, die darauf hinweisen, daß die Pflanze mit trockener Luft besser zurechtkommt als die meisten ihrer tropischen Verwandten. Neben *Hypocyrta glabra* findet man in Blumenläden manchmal auch die ähnlich aussehende *Hypocyrta strigillosa*, die neuerdings der Gattung *Nematanthus* zugerechnet wird. Beide sind wunderschöne Ampelpflanzen.
**Blütezeit:** Die gängige Marktpflanze wird vom Spätsommer bis zum Frühjahr blühend angeboten.
**Familie:** *Gesneriaceae*, Gesneriengewächse.
**Heimat:** Brasilien.
**Standort:** Sehr hell, aber nicht vollsonnig. Kann im Sommer in einem lichten Baum hängen. Von Dezember bis Februar bei 12 bis 15 °C halten, das fördert die Knospenbildung.
**Gießen, Düngen:** Von Frühjahr bis Herbst nur leicht feucht, im Winter fast trocken halten. Von März bis August alle 2 Wochen niedrig dosiert düngen.
**Weitere Pflege:** Im Frühjahr in Einheitserde T oder Blumenerde umtopfen. Nach der Blüte Pflanze etwas einkürzen, das fördert die Bildung neuer Triebe und einen buschigen Wuchs.
**Vermehren:** Durch Teilen und durch Kopfstecklinge bei Bodentemperaturen um 20 °C. Gelingt gut im Sommer.
**Schädlinge, Krankheiten:** Läusebefall durch zu warmen Winterstand.

# Fleißiges Lieschen, Springkraut, Balsamine

*Wunderschön in der Gruppe – Impatiens-Neuguinea-Hybriden in Pinktönen.*

Wer kennt nicht das Springkraut aus unseren Wäldern, auch Rühr-mich-nicht-an (*Impatiens noli-tangere*) genannt? Eine Verwandte davon ist das Fleißige Lieschen (*Impatiens walleriana*) aus dem tropischen Ostafrika, eine der beliebtestenTopfpflanzen für Zimmer, Balkon und Garten und in zahlreichen Farben von Weiß über Zartrosa, Lachsrosa, Orange und Scharlachrot bis hin zu Cyclamfarben und Lila erhältlich. Außerdem gibt es zartrosa Sorten mit weißem Auge wie 'Accent Bright Eyes' und weißrotgestreifte wie 'Starbright' sowie die Zwergsorten 'Baby' oder die Mini-Serie, die nur 15 cm hoch werden und ein reiches Farbenspiel bieten. Etabliert haben sich inzwischen auch die Impatiens-Neuguinea-Hybriden, an deren Entstehung *Impatiens hawkeri* beteiligt ist. Attraktive Sorten: die bronzegrün belaubte, feuerrot blühende 'Tango' und die buntblättrige Varietät 'Exotica'. Aus Ceylon kommt *Impatiens repens*, eine gelbblühende kriechende Art mit rötlichen Stengeln, die in Ampeln gut aussieht.

**Blütezeit:** Sie alle blühen im Sommer und Herbst, *Impatiens walleriana* ganzjährig, eben fleißig.

**Familie:** *Balsaminaceae*, Balsaminengewächse.

**Heimat:** Tropisches Ostafrika, Ceylon, Indien, Neu-Guinea. Im Handel meist Kulturformen.

**Standort:** Hell bis halbschattig, Neu-Guinea-Hybriden auch sonnig. Ganzjährig Zimmertemperatur. *Impatiens walleriana* im Winter auch kühler (12 bis 15 °C). An dunkleren Standorten alle Arten und Sorten kühler stellen.

**Gießen, Düngen:** Im Sommer regelmäßig gießen, im Winter weniger, sonst faulen die Stengel. Von März bis August/September wöchentlich düngen, am besten nur die Hälfte der üblichen Düngedosierung.

**Weitere Pflege:** Fleißige Lieschen ab und zu stutzen. Sie neigen zur Staksigkeit. Im Frühjahr in Einheitserde oder Blumenerde umtopfen. Besser: Stecklinge bewurzeln und diese überwintern, da die Mutterpflanzen schnell unansehnlich werden.

**Vermehren:** Ganz leicht durch Kopfstecklinge. *Impatiens walleriana* im Frühjahr auch durch Samen, der überall erhältlich ist.

**Schädlinge, Krankheiten:** Spinnmilben, Blattläuse bei zu warmem Winterstand.

*Impatiens walleriana 'Belizzy Rotstern'.*

*Oben: Impatiens walleriana 'Belizzy Weiß'. Unten: Impatiens walleriana 'Belizzy Lachspastell'.*

*Impatiens walleriana 'Orange'.*

Ixora coccinea
## Ixore

*Ixora-Hybride in warmem Lachsorange.*

Die Ixore ist ein immergrüner, scharlachrot blühender Strauch, der sich im feuchtwarmen Blumenfenster am wohlsten fühlt. Sie besitzt lederartig glänzende 5 bis 10 cm lange Blätter. Die Blüten sitzen im Sommer in üppigen Doldentrauben an den Triebenden. Bei guter Pflege wird die Pflanze im Topf meterhoch. Inzwischen gibt es auch andersfarbige Hybriden, zum Beispiel in Dunkelorange, Lachsrot und rotüberlaufenem Hellorange.
**Blütezeit:** Mai bis September.
**Familie:** *Rubiaceae*, Krappgewächse.
**Heimat:** Indien.
**Standort:** Ganzjährig hell bis halbschattig, warm und luftfeucht. Wichtig: Bodenwärme.
**Gießen, Düngen:** Die Pflanze verträgt wie Kaffeebaum und Gardenie, die mit ihr verwandt sind, kein hartes, kaltes Gießwasser. Im Sommer gleichmäßig feucht halten, im Winter sparsamer gießen. Von März bis August alle 2 Wochen niedrig dosiert düngen.
**Weitere Pflege:** Die Ixore im Zimmer öfter übersprühen. Triebe nach der Blüte im Herbst zurückschneiden, dann nicht mehr, da die Blüten am Sproßende entstehen. Bei Bedarf im Frühjahr in Einheitserde T oder TKS 2 umtopfen.
**Vermehren:** Im Frühjahr durch Kopfstecklinge bei mindestens 25 °C Bodenwärme und hoher Luftfeuchte (gelingt nicht immer). Jungpflanzen stutzen, damit sie sich schön verzweigen.
**Schädlinge, Krankheiten:** Eingerollte Blätter durch sonnigen Stand. Ausgebleichte Blätter (Chlorose) durch zu hartes oder zu kaltes Gießwasser und kalte Füße. Blüten- oder Blattfall durch abrupten Temperatur- oder Standortwechsel. Schildläuse durch Lufttrockenheit.

Jacobinia
## Jakobinie

*Jacobinia carnea – eine tropische Schönheit.*

Von den 50 *Jacobinia*-Arten spielen die Warmhauspflanze *Jacobinia carnea* und die Kalthauspflanze *Jacobinia pauciflora* als Topfpflanze eine wichtige Rolle. *Jacobinia carnea* bildet tief rosenrote, flaumig-klebrige Blüten, die in dichten länglichen bis runden Köpfen zusammensitzen. Sie kann bei mehrjähriger Kultur über 1 m hoch werden und eignet sich für die Zimmerkultur. Die ideale Jakobinie für den kühlen Wintergarten ist *Jacobinia pauciflora.* Der immergrüne, schön buschig wachsende Kalthausstrauch wird 30 bis 60 cm hoch und schmückt sich mit Blüten, die an der Basis rot und an den Spitzen orange gefärbt sind.
**Blütezeit:** *Jacobinia carnea* von Juni bis August; *Jacobinia pauciflora* von Dezember bis Februar.
**Familie:** *Acanthaceae*, Akanthusgewächse.
**Heimat:** Brasilien.
**Standort:** *Jacobinia carnea* ganzjährig hell, keine Sonne. Im Sommer warm, im Winter nicht unter 16 °C. Liebt hohe Luftfeuchte und steht daher ideal im klimatisierten Blumenfenster. *Jacobinia pauciflora* ganzjährig hell bis sonnig, im Sommer draußen, im Winter kühl bei 15 °C.
**Gießen, Düngen:** Beide Arten mäßig feucht halten, der Ballen darf aber nie austrocknen. Im Winter weniger gießen. Von März bis August alle 14 Tage düngen.
**Weitere Pflege:** Im Frühjahr Pflanze um die Hälfte zurückschneiden und in Einheitserde T umtopfen.
**Vermehren:** Durch krautige Stecklinge im heizbaren Vermehrungsbeet bei 20 bis 22 °C. 2 bis 3 mal entspitzen.
**Schädlinge, Krankheiten:** Spinnmilben, Blattläuse und eingerollte Blattspitzen durch Lufttrockenheit. Blattfall durch Ballentrockenheit.
**Hinweis:** Wie *Jacobinia carnea* wird auch die verwandte weißblühende *Whitfieldia* gepflegt.

Jasminum

## Jasmin

*Jasminum officinale – welch ein Duft.*

Die bekannteste Zimmerpflanze in diesem Clan ist *Jasminum officinale*, vor allem seine großblütige Sorte 'Grandiflorum'. Rosa überhauchte Blüten bringt *Jasminum polyanthum*. Alle Arten bilden lange, teils kletternde Triebe, die am Spalier oder Bogen aufgebunden werden müssen.

**Blütezeit:** *Jasminum officinale* und *Jasminum polyanthum* Juni bis September.

**Familie:** *Oleaceae*, Ölbaumgewächse.

**Heimat:** China, Iran bis Kaschmir, Indien, Ceylon.

**Standort:** *Jasminum officinale* und *Jasminum polyanthum* ganzjährig sehr hell, luftig und kühl. Im Winter möglichst unter 10 °C, sonst keine Blütenbildung.

**Gießen, Düngen:** <u>Kein kaltes, kalkhaltiges Gießwasser verwenden!</u> Im Sommer regelmäßig gießen, im Winter nur ganz leicht feucht halten. Im Sommer alle 14 Tage düngen.

**Weitere Pflege:** Bei Bedarf in Einheitserde T oder TKS 2 umtopfen. Bei Verkahlung von unten ist Rückschnitt möglich. Im Jahr nach dem Rückschnitt bilden sich jedoch kaum Blüten.

**Vermehren:** Im Frühjahr und Sommer durch halbverholzte Kopf- oder Triebstecklinge bei 20 °C Bodenwärme. Jungpflanzen mehrmals entspitzen.

**Schädlinge, Krankheiten:** Läusebefall durch zu warmen Winterstand. Laubfall bei *Jasminum officinale* ist arttypisch. Im Frühjahr treibt die Pflanze wieder neu aus.

**Mein Tip:** Bei zu warmen Wintertemperaturen treibt der Jasmin zu früh aus und entwickelt sehr schönes Grün, aber keine Blüten. Darum im Frühjahr regelmäßig lüften. Das hält die Temperaturen niedrig und die Blattläuse fern.

**Warnung:** Der starke Duft der Jasminblüten kann Kopfschmerzen und Migräne hervorrufen.

Jatropha podagrica

## Flaschenpflanze, Rhabarber von Guatemala

*Jatropha – Sukkulente mit flaschenförmigem Stamm.*

Die Flaschenpflanze stammt aus Regionen mit Dürreperioden und hat ihren Wasservorrat immer parat. Sie ist die richtige Pflanze für diejenigen, die öfter mal das Gießen vergessen. Die eigenartig aussehende, 30 bis 60 cm hohe Sukkulente kommt aus Mittelamerika und besitzt schildförmige, 3- bis 5-lappige, an die 20 cm große Blätter. Die Blütenstände sind mennigerot und bilden sich oft vor den langgestielten Blättern, können aber auch zusammen mit diesen im Frühsommer erscheinen.

**Blütezeit:** März bis Juli, bei guter Pflege fast ganzjährig.

**Familie:** *Euphorbiaceae*, Wolfsmilchgewächse.

**Heimat:** Nicaragua, Guatemala, Costa Rica.

**Standort:** Ganzjährig vollsonnig und warm, im Winter nicht unter 16 °C.

**Gießen, Düngen:** Wenig gießen. Wenn die Blätter im Herbst von allein abgefallen sind – was arttypisch ist –, Gießen fast einstellen. Sobald sich im zeitigen Frühjahr neue Blüten und Blätter bilden, langsam wieder mehr Wasser geben. Im Sommer einmal im Monat Kakteendünger hinzufügen.

**Weitere Pflege:** Bei Bedarf in Einheitserde T mit ⅓ Lavagrus oder in Kakteenerde umtopfen.

**Vermehren:** Aus frischen Samen, die man von abgeblühten Pflanzen abnimmt. Zu diesem Zweck müssen die Blüten jedoch zuvor künstlich bestäubt worden sein. Ideale Keimtemperatur: 20 bis 25 °C.

**Schädlinge, Krankheiten:** Selten.

**Warnung:** Obwohl der Name *Jatropha* frei übersetzt soviel wie Medizin bedeutet (griechisch: *iatros* = Arzt, *trophe* = Speise), ist dieses Wolfsmilchgewächs in allen Teilen giftig.

**Keine Angst, wenn die Blätter fallen. Die Flaschenpflanze signalisiert damit, daß sie fast trocken gehalten werden möchte.**

Kalanchoe

## Flammendes Käthchen, Madagaskarglöckchen

*Ob Mini oder Maxi, am intensivsten glüht das Flammende Käthchen in Gruppen.*

In der Beliebtheitsskala der Blütenpflanzen steht das Flammende Käthchen (*Kalanchoe blossfeldiana*) an erster Stelle. Jährlich werden davon mehrere Millionen verkauft. Züchter bearbeiten die pflegeleichte Pflanze immer wieder neu, so daß es inzwischen alle möglichen Blütenfarben von Gelb, Orange über Rosa und Rot bis hin zu Violett gibt. Außerdem wird die kleine Pflanze mit den sukkulenten Blättern beinahe das ganze Jahr über blühend angeboten. Gärtner erreichen das, indem sie der Pflanze zu jeder beliebigen Zeit durch Verdunkeln Kurztage vorgaukeln und somit ihre Blütenbildung veranlassen. Bei der Urform, die an ihrem Heimatstandort im Gebirge von Nord-Madagaskar als 30 cm hoher Halbstrauch wächst, erscheinen die mennigeroten Blüten im Januar. Entdeckt wurde das Flammende Käthchen von dem Franzosen Perrier de la Bâthie. Er nahm sie vom Tsaratananagebirge Madagaskars nach Paris mit, wo sie 1927 zum erstenmal blühte. Der zungenbrecherische Gattungsname Kalanchoe soll chinesischen Ursprungs sein. Der Artname ist auf den Potsdamer Samenhändler Blossfeld zurückzuführen.

Von den über 200 *Kalanchoe*-Arten ist als Zimmerpflanze noch das aus *Kalanchoe manginii* entstandene Madagaskarglöckchen, das mit rosa Glöckchen (→ Fotos, Seite 30 und unten) blüht, bekannt. Ferner das Brutblatt, *Kalanchoe pinnata*, *Kalanchoe daigremontiana* und *Kalanchoe tubiflora*, die teils kleine fertigbewurzelte Brutpflanzen an den Blättern bilden, die abfallen und überall anwachsen, wo ein bißchen Erde ist.

**Blütezeit:** *Kalanchoe blossfeldiana* Februar bis Mai, *Kalanchoe manginii* Februar bis März.

**Familie:** *Crassulaceae*, Dickblattgewächse.

**Heimat:** Madagaskar.

**Standort:** Hell und sonnig, im Sommer warm, im Winter kühler: *Kalanchoe blossfeldiana* bei mindestens 15 °C, die anderen Arten bei 10 bis 14 °C.

**Gießen, Düngen:** Im Sommer nur mäßig gießen, im Winter Pflanzen fast trocken halten. Von März bis August alle 4 Wochen mit Kakteendünger versorgen. *Kalanchoe blossfeldiana* alle 14 Tage mit einem Blumendünger.

**Weitere Pflege:** Bei Bedarf in Einheitserde umtopfen. Alle Kalanchoen sind Kurztagspflanzen. Die Blüten werden gebildet, wenn man die Pflanze 4 bis 6 Wochen lang täglich nur 8 bis 10 Stunden dem Licht aussetzt.

**Vermehren:** Im Frühjahr oder Sommer durch Stecklinge beziehungsweise Brutpflänzchen.

**Schädlinge, Krankheiten:** Blattläuse, Wolläuse. Mehltau durch zuviel Wärme und Feuchte.

*Kalanchoe manginii – ein Glockenspiel für die Ampel.*

Leptospermum scoparium

## Südseemyrte

*Die Verwandtschaft mit der Myrte ist unübersehbar.*

Die Südseemyrte ist eine der australischen Neuheiten, die als Zimmer- und Kübelpflanzen bei uns immer populärer werden. Sie wird entweder als buschige Topfpflanze oder als entzückendes Hochstämmchen angeboten. Von den etwa 50 bekannten Arten ist sie die gärtnerisch bedeutendste. In ihrer Heimat wächst sie sowohl als nur 30 cm hoher Strauch wie auch als 10 m hoher Baum. Das zeigt, wie variabel diese Art ist, die bereits als junges Pflänzchen blüht. Die heute angebotenen Sorten präsentieren sich mit roten, rosafarbenen und karminroten, einfachen oder gefüllten Blüten. Die immergrünen Blätter sind grün oder bronzerot und ebenfalls variantenreich in der Form, meist aber schmal mit stechender Spitze.
**Blütezeit:** Mai und Juni.
**Familie:** *Myrtaceae,* Myrtengewächse.
**Heimat:** Australien, Neuseeland.
**Standort:** Ganzjährig sehr hell bis vollsonnig. Im Sommer warm, im Winter kühl (4 bis 10 °C).
**Gießen, Düngen:** Im Sommer reichlich mit weichem Wasser gießen. Bei Ballentrockenheit nadelt die Pflanze. Sie verträgt wie alle Myrtengewächse überhaupt keinen Kalk! Im Winter nur gerade soviel gießen, daß der Ballen nicht austrocknet. Von März bis August alle 14 Tage düngen.
**Weitere Pflege:** Im Frühjahr in Einheitserde T umtopfen. Nach der Blüte, vor dem Überwintern oder im März leicht zurückschneiden, damit die Pflanze in Form bleibt und buschiger wird.
**Vermehren:** Durch krautige Stecklinge (Abfall vom Rückschnitt nehmen!) im Frühjahr oder durch halbverholzte im August. Die Stecklinge bewurzeln in Sand oder einem Sand-/Torfgemisch in 4 bis 6 Wochen. Folienbeutel (→ Seite 59) überstülpen!
**Schädlinge, Krankheiten:** Selten.

Lotus berthelotii

## Hornklee

*Der Hornklee verzeiht Ballentrockenheit nie.*

Der Hornklee ist eine prächtige Ampelpflanze, die im Frühjahr häufig angeboten wird. Er gehört zu den Stauden und bildet am Grund verholzende, niederliegende oder herabhängende Zweige mit feinen, bis zu 2 cm langen, silberhaarigen Blättern. Die Blüten sitzen gehäuft an den Zweigenden, sind etwa 3 cm lang und meist scharlachrot gefärbt (→ Foto, Seite 31). Die Sorte 'Gold Flush' besitzt gelbe Blüten.
**Blütezeit:** März und April.
**Familie:** *Leguminosae,* Hülsenfrüchtler.
**Heimat:** Kapverdische und Kanarische Inseln.
**Standort:** Ganzjährig hell bis sonnig, im Sommer 20 °C, im Winter nicht wärmer als 10 °C. Ab Juni auch an geschützter Stelle im Freien. Im Herbst vor den ersten Nachtfrösten hereinholen.
**Gießen, Düngen:** Gleichmäßig feucht, aber auf keinen Fall naß halten. Im Winter weniger gießen. Bei Ballentrockenheit sofort Blattfall. Von Februar bis Oktober alle 14 Tage düngen. Die Pflanze braucht viele Nährstoffe.
**Weitere Pflege:** Umtopfen in Einheitserde T, TKS 2 oder Blumenerde nach der Blüte. Rückschnitt möglich.
**Vermehren:** Durch Stecklinge, die bei 20 bis 25 °C Bodenwärme leicht bewurzeln.
**Schädlinge, Krankheiten:** Bei zu warmem Stand und gestauter Luft, vor allem im Winter, Blattläuse.

Medinilla magnifica

## Medinille

Die Medinille ist nicht nur die Schönste ihrer aus rund 400 Arten bestehenden Gattung, sondern eine der prachtvollsten Blütenpflanzen überhaupt. Sie wächst in den Tropenwäldern ihrer philippinischen Heimat als über 2 m hoher Strauch mit dicken, vierkantigen Ästen und dunkelgrünen, lederartigen, bis zu 30 cm großen Blättern. Ihre rosenroten, elegant überhängenden Blütenrispen sind aus zahlreichen, von hellrosafarbenen Tragblättern überdeckten Einzelblüten zusammengesetzt. Sie können bis zu 40 cm lang werden. Da sich die Medinille nur schwer vermehren läßt, zählt sie zu den teuren Zimmerpflanzen.

**Blütezeit:** April bis Juli.

**Familie:** *Melastomataceae*, Schwarzmundgewächse.

**Heimat:** Insel Luzon/Philippinen.

**Standort:** Hell, keine Sonne und über 20 °C warm. Am besten in einem feuchtwarmen Blumenfenster. Im Winter 2 Monate lang kühler (16 °C) stellen (Ruheperiode). Das fördert den Blütenansatz.

**Gießen, Düngen:** Stets gleichmäßig feucht halten. Kein kaltes, kalkhaltiges Wasser nehmen. Während der Ruhezeit nur wenig gießen. Sobald sich Knospen zeigen, Wassergaben und Temperatur erhöhen. Von März bis August wöchentlich düngen.

**Weitere Pflege:** Öfter sprühen und für indirekte Luftfeuchte (→ Seite 43) sorgen. Bei Bedarf im Frühjahr in mit Styroporflocken vermischte Einheitserde T umtopfen. Sparrig aussehende Pflanzen bis ins alte Holz zurückschneiden.

**Vermehren:** Durch Kopfstecklinge bei 25 bis 30 °C Bodenwärme. Schwierig.

**Schädlinge, Krankheiten:** Wachstumsstörungen durch zu trockene Luft und kalte Füße.

**Mein Tip:** Bewegen Sie die Medinille nicht mehr, wenn sie Knospen angesetzt hat.

**Hinweis:** Wer Besitzer eines feuchtwarmen Blumenfensters oder einer Vitrine ist, kann auch zwei Verwandte der *Medinilla* halten: *Bertolonia* und *Sonerila*.

- Bertolonien sind kleinbleibende, kriechende Kräuter aus Südamerika, die als Bodendecker Verwendung finden. Eine erlesene Blattschönheit ist beispielsweise *x Bertolonia houtteana.* Ihre olivgrünen, breitovalen Blätter sind mit purpurrosafarbenen Adern und Tupfen ausgestattet. Bertolonien brauchen ganzjährig über 20 °C Luft- und Bodenwärme, vertragen kein hartes, kaltes Wasser und möchten nicht besprüht werden. Das Substrat kann aus Einheitserde T mit Styroporflocken bestehen.
- *Sonerila* ist das asiatische Gegenstück. Sie soll ein Elternteil der obengenannten *x Bertolonia houtteana* sein. Bei uns ist, wenn auch selten, *Sonerila margaritacea* 'Argentea' als Topfpflanze erhältlich, in den USA gibt es ein breiteres Angebot. Der 30 cm hohe Halbstrauch ist reich verzweigt. Die Blätter sind oberseits silbergrün gezeichnet. Die kleinen Blüten sind rosa gefärbt und mit 3 Kelch- und 3 Staubblättern ausgestattet. Pflege wie *Bertolonia.*

◀ **Exquisite Schönheit**
*Trägt ihren Namen zu Recht – Medinilla magnifica, die großartige Medinille.*

Nertera granadensis

## Korallenmoos, Korallenbeere

*Der Beerenschmuck der Nertera hält Monate.*

*Nerteros* ist griechisch und bedeutet soviel wie niedrig. Tatsächlich wird das Korallenmoos nur wenige Zentimeter hoch und verbreitet sich wie ein Rasen- oder Moosteppich. Das Schönste an dieser Pflanze sind die orangeroten, erbsengroßen Beeren. Sie bilden sich aus eher unscheinbaren, grünlichen Sternblüten. Als ausdauernde, kriechende Staude ist das Korallenmoos durchaus nicht kurzlebig, sondern kann erfolgreich weiterkultiviert werden.

**Blütezeit:** Frühjahr. Die Beeren halten von August bis in den Winter hinein.

**Familie:** *Rubiaceae*, Krappgewächse.

**Heimat:** Gebirgsregionen von Mittel- bis Südamerika, Neuseeland und Tasmanien.

**Standort:** Ganzjährig hell, aber nicht sonnig. Dabei so frisch und kühl wie möglich. Im Winter nicht unter 12 °C. Ab März etwas wärmer.

**Gießen, Düngen:** Den Sommer über gleichmäßig feucht halten, von Herbst bis Frühjahr wenig gießen. Von März bis August alle 4 Wochen nur schwach dosiert düngen. Sonst werden die Blättchen zu mastig und überwachsen den Beerenschmuck.

**Weitere Pflege:** Außerhalb der Blütezeit ab und zu sprühen. Bei Bedarf in Einheitserde T oder TKS 2 umtopfen.

**Vermehren:** Durch Teilen nach dem Abfallen der Früchte.

**Schädlinge, Krankheiten:** Blattläuse bei zu warmem Winterstand oder durch Zugluft.

Passiflora

## Passionsblume

*Passiflora caerulea wird kühl überwintert.*

*Passiflora violacea braucht mehr Wärme.*

Von den mehr als 400 Passionsblumen-Arten ist die robuste Blaue Passionsblume (*Passiflora caerulea*) als Zimmerpflanze am bekanntesten. Sie kann in klimatisch milden Lagen mit Winterschutz sogar an eine Hauswand gepflanzt werden. Wärmebedürftiger sind *Passiflora edulis*, *Passiflora racemosa*, *Passiflora violacea* und die Riesengranadilla, *Passiflora quadrangularis*. Allen gemeinsam ist die exquisite Blüte, deren Teile als Symbole für das Leiden Christi angesehen wurden. In alten Schriften botanischer Missionare aus dem 17. Jahrhundert heißt es: Die mit drei Spitzen beendeten Blätter stellen die Lanze dar. Die Ranken die Geißel, die drei Blumengriffel die Kreuznägel, die Narbe den Schwamm, die Blütenbodenfäden die Dornenkrone, die Zentralsäule den Pfahl, an den Christus während der Geißelung gebunden war. Jesuiten gaben der Gattung daraufhin den Namen *Passiflora* (von lateinisch: *passio* = Leiden und *flos* = Blume). Alle *Passiflora*-Arten sind emsige Kletterer, die meterlange Triebe bilden und sich am optimalsten an einem Spalier oder Gerüst entwickeln. Die im Handel häufig angebotenen, im Bogen gezogenen Pflanzen sind in der Regel anfällig für Spinnmilben und Weiße Fliege, weil das Laub zu gedrängt zusammensteht und keine Luft dazwischen zirkulieren kann.

**Blütezeit:** *Passiflora caerulea* und *Passiflora edulis* Juni bis August/September; *Passiflora quadrangularis* Mai bis Juli; *Passiflora racemosa* Mai bis September; *Passiflora violacea* August und September.

**Familie:** *Passifloraceae*, Passionsblumengewächse.

**Heimat:** Tropisches Amerika.

**Standort:** Ganzjährig hell bis sonnig und luftig. Im Sommer warm, im Winter kühler. *Passiflora caerulea* und *Passiflora edulis* um 10 °C, *Passiflora violacea* um 15 °C. Diese Ruheperiode fördert die Blütenentwicklung. *Passiflora racemosa* und *Passiflora quadrangularis* kann man ganzjährig im feuchtwarmen Blumenfenster halten. *Passiflora caerulea, Passiflora violacea* und *Passiflora edulis* dürfen auch im Freien übersommern.

**Gießen, Düngen:** Im Sommer reichlich, im Winter gerade nur soviel gießen, daß der Ballen nicht austrocknet. Von März bis August wöchentlich düngen.

**Weitere Pflege:** Im Frühjahr vor dem Umtopfen in Einheitserde oder Blumenerde auf 2 bis 3 Triebe zurückschneiden. Ältere Pflanzen nur selten umtopfen, jüngere jährlich.

**Vermehren:** Durch leicht verholzte Kopfstecklinge bei 22 °C Bodenwärme. Die bewurzelten Stecklinge im Gegensatz zur Mutterpflanze im ersten Jahr warm und hell überwintern. Passionsblumen können auch leicht aus Samen vermehrt werden, zum Beispiel von gekauften Früchten der Arten *Passiflora edulis* (→ Seite 64/65) oder *Passiflora mollissima.*

**Schädlinge, Krankheiten:** Blühfaulheit durch zu kalten Stand und Nährstoffmangel. Schmierläuse bei Frischluftmangel und Wärme am Winterstandort. Spinnmilben und Thripse.

**Mein Tip:** Keine Sorge, wenn Ihre *Passiflora caerulea* zum Winter hin die Blätter abwirft. Im Frühjahr treibt sie wieder neu aus.

Pelargonium-Grandiflorum-Hybriden

## Edelpelargonien, Englische Pelargonien

*Blühende Edelpelargonien gibt es ganzjährig.*

Die einzelnen Blüten der Edelpelargonien sind exotisch gefleckt oder getigert und können bis 5 cm groß sein. Sie erscheinen in dichten Dolden in verschiedenen Farben von Weiß über Rosa und Rot bis hin zu einem tiefen Violett. Die maigrünen Blätter sind am Rand gezähnt und häufig größer als die der Balkonpelargonien. Edelpelargonien wachsen meist eintriebig, bilden holzige Stengel und werden etwa 40 cm hoch. Inzwischen sind auch kleiner bleibende Sorten mit zierlicheren Blüten und Blättern auf dem Markt.

**Blütezeit:** Von April bis Juni. Die Blütezeit ist jedoch über Temperatur und Tageslänge steuerbar, daher werden die Pflanzen das ganze Jahr über blühend angeboten.

**Familie:** *Geraniaceae*, Storchschnabelgewächse.

**Heimat:** Südafrika. Im Handel sind jedoch nur Züchtungen.

**Standort:** Ganzjährig sehr hell bis vollsonnig und luftig. Ab Juni auf einem geschützten Balkon auch draußen. Im Sommer warm, im Winter kühl bei 10 bis 15 °C.

**Gießen, Düngen:** Von März bis August reichlich gießen, aber Staunässe unbedingt vermeiden! Wöchentlich düngen. Danach Wasser reduzieren und im Winter nur selten wässern.

**Weitere Pflege:** Im Frühjahr Triebe zurückschneiden und in mit Sand vermischte Einheitserde T umtopfen. Sobald sich der Neuaustrieb zeigt, Pflanze etwas wärmer stellen und wieder mehr gießen.

**Vermehren:** Durch Kopfstecklinge, am besten im August, in einem Torf-/Sandgemisch. Bewurzelte Jungpflanzen umtopfen, sobald der Wurzelballen größer wird und entspitzen.

**Schädlinge, Krankheiten:** Weiße Fliege und Blattläuse. Grauschimmel und Pilzinfekte durch zu feuchten, dunklen Stand und Frischluftmangel.

Pentas lanceolata

## Pentas

*Pentas ist in Rosa, Lachs und Karminrot erhältlich.*

Von den 50 Arten, die im tropischen und subtropischen Afrika und Madagaskar beheimatet sind, ist bei uns nur *Pentas lanceolata* in Kultur. Sie ist in tropischen Ländern eine beliebte Gartenpflanze und wird bei uns seit mehr als 100 Jahren in Gewächshäusern gezogen. Der in Zimmerkultur 30 bis 60 cm große, aufrechte bis niederliegende Halbstrauch blüht mit endständigen Trugdolden in Weiß, Lachs, Rosa und Karminrot. Die Einzelblütchen bestehen aus 20 etwa 3 cm langen Röhren. Die Blätter sind eiförmig bis länglich-elliptisch und behaart.

**Blütezeit:** September bis Januar.

**Familie:** *Rubiaceae*, Krappgewächse.

**Heimat:** Tropisches Afrika, Arabien.

**Standort:** Ganzjährig sehr hell, aber nicht sonnig. Im Sommer warm und luftig, auch im Freien; im Winter kühl um 12 bis 15 °C.

**Gießen, Düngen:** Nur enthärtetes, zimmerwarmes Wasser verwenden. Mit viel Fingerspitzengefühl gießen. Staunässe vermeiden! Nach der Blüte bis zum Neuaustrieb trockener halten. Alle 14 Tage niedrig dosiert düngen.

**Weitere Pflege:** Im Frühjahr in Einheitserde T oder TKS 2 umtopfen.

**Vermehren:** Durch Kopfstecklinge im heizbaren Vermehrungsbeet. Jungpflanzen mehrmals entspitzen, damit sie sich schön verzweigen, zweimal umpflanzen und nach dem letzten Umpflanzen alle 14 Tage düngen.

**Schädlinge, Krankheiten:** Gelbe Blätter durch Staunässe, kalte Füße, zu hartes Gießwasser.

**Mein Tip:** Die Pentas wird vom Gärtner mit Wuchshemmstoffen behandelt und behält ihren kompakten Wuchs nur begrenzte Zeit. Darum: Pflanze öfter stutzen, solange sich noch keine Blütenknospen zeigen.

**Nasse Füße sind Gift für diese warmblütige Schönheit, die zu Füßen des Kilimandscharo, in Arabien und Abessinien die Gärten verschönt.**

Primula
## Primel

*Links Primula malacoides, rechts Primula obconica.*

Von den etwa 500 Primel-Arten haben folgende als Topfpflanzen Bedeutung:
- *Primula malacoides*, die Flieder-, Braut- oder Etagenprimel. Sie ist einjährig und wird nach dem Abblühen weggeworfen.
- *Primula obconica*, die Becherprimel. Sie wird 25 cm hoch, blüht mit dicken, weißen, rosafarbenen, roten oder hellvioletten Blütendolden und kann weiterkultiviert werden.
- *Primula vulgaris* (*syn. Primula acaulis*), die Kissenprimel, ist in Weiß, Creme, Gelb, Orange, Rosa, Rot, Purpur, Violett und Blau im Handel.

**Blütezeit:** Winter und Frühjahr. *Primula obconica* auch ganzjährig.
**Familie:** *Primulaceae*, Primelgewächse.
**Heimat:** *Primula vulgaris* westliches und südliches Europa, die anderen Arten stammen aus China. Im Handel sind jedoch nur Zuchtformen.
**Standort:** Hell, aber nicht sonnig. Vor allem zur Blütezeit kühl (10 bis 15 °C). Die Pflanzen vertragen nur kurzfristig geheizte Zimmer. Die meiste Wärme verträgt die Becherprimel.
**Gießen, Düngen:** Stets leicht feucht halten, aber Staunässe vermeiden. Während der Blütezeit alle 14 Tage schwach konzentriert düngen.
**Weitere Pflege:** *Primula vulgaris* nach dem Abblühen in den Garten pflanzen, sie blüht dort im nächsten Frühjahr wieder. *Primula obconica* kann nach der Blüte umgetopft werden.
**Vermehren:** Durch Samen, meist im Sommer. Für den Laien schwierig.
**Schädlinge, Krankheiten:** Wurzelbräune und gelbe Blätter durch zu warmen Stand, zu hohe Düngegaben, Trockenheit, Staunässe oder zu hartes Wasser.
**Warnung:** Der Kontakt mit der Becherprimel kann bei empfindlichen Menschen Allergien hervorrufen.

*Kissenprimeln – ein schöner Gruß vom Frühling.*

Reinwardtia indica
## Reinwardtie

*Die Reinwardtie blüht sonnengelb im Winter.*

Die Reinwardtie zählt zu jenen neuen Topfpflanzen, die sich gerade den Markt erobern. Als Winterblüherin ist sie eine wundervolle Bereicherung für den nicht zu warmen Wintergarten. Markenzeichen des attraktiven, etwa meterhohen Halbstrauchs sind leuchtend goldgelbe, in großer Zahl erscheinende Trompetenblüten. Ihren Namen verdankt diese tropische Verwandte unseres heimischen blauen Leins dem holländischen Botaniker Caspar Georg Carl Reinwardt, der im vorigen Jahrhundert den Botanischen Garten Bogor in Djakarta gegründet und ein Buch über die Vegetation des Indischen Archipels geschrieben hat.
**Blütezeit:** November bis März.
**Familie:** *Linaceae*, Leingewächse.
**Heimat:** Gebirge Nordindiens.
**Standort:** Sehr hell und luftig, aber nicht vollsonnig. Im Sommer auch im Freien an halbschattigem Platz. Im Winter um 10 bis 12 °C.
**Gießen, Düngen:** Im Sommer während der Wachstumszeit mäßig feucht halten und alle 14 Tage schwach dosiert düngen. Im Winter weniger gießen.
**Weitere Pflege:** Im Sommer die Triebe öfter stutzen, damit der Halbstrauch einen schönen buschigen Wuchs bekommt und viele Triebe bildet, an denen im Winter die Blüten erscheinen.
**Vermehren:** Durch Kopfstecklinge im Frühjahr. Kühl bewurzeln. Keine Bodenwärme nötig.
**Schädlinge, Krankheiten:** Läusebefall bei zu warmem Winterstand.

# Zimmer-Azalee, Indische Azalee, Japan-Azalee

*Rhododendron simsii mit einfachen Blüten.*

*Varietät mit dichtgefüllten Blüten.*

Als Zimmerpflanzen werden von den mehr als 800 *Rhododendron*-Arten nur die großblumigen Hybriden von *Rhododendron simsii*, der Indischen Azalee, und die kleinblütigen Japan-Azaleen (*Rhododendron obtusum var. japonicum*) angeboten.

**Blütezeit:** *Rhododendron-Simsii*-Hybriden je nach Sorte Winter bis Frühjahr; *Rhododendron obtusum* April, gelegentlich schon zu Weihnachten blühend erhältlich.

**Familie:** *Ericaceae*, Heidekrautgewächse

**Heimat:** Mittelchina, Japan.

**Standort:** Frisch, kühl, luftig, hell bis halbschattig, keine Sonne. Ab Mitte Mai ins Freie an einen halbschattigen Platz geben. Im Herbst und Winter *Rhododendron-Simsii*-Hybriden um 5 bis 12 °C, *Rhododendron obtusum* um 5 °C halten (zum Ausreifen der Knospen). Sobald die Knospen schwellen, wärmer (um 18 °C) stellen.

**Gießen, Düngen:** Nur enthärtetes Wasser verwenden. Azaleen vertragen keinen Kalk. <u>Den Wurzelballen nie austrocknen lassen, aber Staunässe unbedingt vermeiden.</u> Im Sommer reichlich gießen. Zur Knospenbildung im Herbst die Pflanze etwas trockener halten. Nach der Blüte bis August alle 14 Tage einen kalkfreien Blumendünger oder Rhododendrondünger in niedriger Konzentration ins Gießwasser geben.

**Weitere Pflege:** Nach der Blüte Abgeblühtes regelmäßig ausbrechen und Pflanze alle 2 Jahre in Rhododendrenerde umtopfen. Triebe im frühen Sommer mehrmals stutzen. Das fördert einen buschigen Wuchs. Jungtriebe, die sich vor April beziehungsweise während der Blüte bilden, sollten Sie ausknipsen.

**Vermehren:** Durch Kopfstecklinge bei 20 bis 25 °C Bodenwärme. Schwierig, wird nur in Spezialgärtnereien gemacht.

**Schädlinge, Krankheiten:** Blattverkrüppelungen durch Weichhautmilben, Spinnmilben bei zu warmem, lufttrockenem Stand, im Freien auch Fraßschäden durch Dickmaulrüßler möglich.

**Mein Tip:** Zimmer-Azaleen eignen sich vorzüglich für die Bonsaigestaltung. Sie werden in der Erwerbsgärtnerei mehrmals gestutzt und kommen bereits reich verzweigt in den Handel. Optimal zum Gestalten ist eine Topf-Azalee, die den Sommer an einem schattig-feuchten Platz im Garten verbracht hat und im Herbst geformt und in eine Bonsai-Schale gepflanzt wird. Einziger Nachteil: Azaleenholz ist etwas brüchig. Bonsai-Liebhaber empfehlen daher, beim Biegen den Stamm mit beiden Daumen breitflächig zu unterstützen. Erkundigen Sie sich bei einem Bonsai-Spezialisten Ihrer näheren Umgebung, welche Stilform dem individuellen Wuchs der Azalee am besten bekommt. Oder kaufen Sie sich einen Ratgeber, der Schritt für Schritt erklärt, wie man beispielsweise aus einer einfachen Topf-Azalee in 2 Stunden eine fertige Halbkaskade gestalten kann (→ Literatur, Seite 238). Auch die Besenform wird Wuchs und Ansprüchen der Azaleen gerecht. Für zwei der klassischen Stilformen sind Azaleen wenig geeignet: die Wurzelform und die Kaskade. Dafür sind die Azaleenwurzeln und der Saftstrom in den Trieben zu schwach, so daß der Bonsai nicht ausreichend mit Wasser und Nährstoffen versorgt würde.

**Warnung:** Rhododendren können Giftstoffe enthalten.

Rosa chinensis

## Chinesische Rose, Bengalrose, Topfrose, Zwergrose, Kußrose

*Moderne Topfrosen in Mini- und Maxiformat.*

Rosen gehören zu den beliebtesten Blütenpflanzen überhaupt. Damit auch Rosenliebhaber ohne Garten Freude an ihnen haben können, haben Züchter zahlreiche zwergwüchsige Sorten geschaffen, die entzückende Miniaturausgaben der Gartenrosen sind. Am bekanntesten wurden Abkömmlinge der Chinesischen Rose (*Rosa chinensis*) wie 'Minima' (rotblühend). Sie werden etwa 25 bis 40 cm hoch und blühen je nach Züchtung gefüllt oder ungefüllt in allen Rosenfarben. Bekannte Sorten: 'Zwergkönig' (rosa) und 'Zwergkönigin' (rosa), 'Baby Maskerade' (orangegelb), 'Colibri' (rot). Wie alle Rosen sind auch die Minis sommerblühende Sträucher, die im Herbst ihr Laub verlieren und kalt überwintern wollen.

**Blütezeit:** Sommer und Herbst.

**Familie:** *Rosaceae*, Rosengewächse.

**Heimat:** China. Im Handel sind nur Zuchtformen.

**Standort:** Sehr hell bis sonnig und luftig. Im Sommer am besten im Freien an einem hellen, vor praller Sonne geschützten Platz. Im Winter kühl (nicht über 10 °C) halten.

**Gießen, Düngen:** Vom Frühjahr bis zum Herbst gleichmäßig feucht halten. Im Winterquartier nur so viel gießen, daß der Ballen nicht austrocknet. Von März bis Ende Juli alle 14 Tage düngen. Danach nicht mehr, damit das Holz ausreifen kann.

**Weitere Pflege:** Kühl, aber frostfrei überwintern. Im Frühjahr in Einheitserde umtopfen, zurückschneiden, dann heller, aber immer noch kühl halten.

**Vermehren:** Durch Stecklinge, Samen, Veredelung. Für den Laien schwierig.

**Schädlinge, Krankheiten:** Blattläuse, Spinnmilben, Mehltau.

**Mein Tip:** Entfernen Sie regelmäßig die abgeblühten Rosen, das regt die Nachblüte an.

Saintpaulia-Jonantha-Hybriden

## Usambaraveilchen

*Traum in Pastell – Saintpaulia-Jonantha-Hybride.*

Usambaraveilchen gibt es in vielen Varianten mit einfachen, gefüllten, gewellten oder gekrausten Blüten in Weiß und rosafarbenen, roten, violetten und blauen Nuancen, mit zweifarbigen Blüten und als Minis.

**Blütezeit:** Januar bis Dezember, abhängig vom Pflanzenalter. Die Pflanzen blühen mehrmals hintereinander, unterbrochen von einer mehrwöchigen Ruhepause.

**Familie:** *Gesneriaceae*, Gesneriengewächse.

**Heimat:** Tansania.

**Standort:** Hell bis halbschattig. Keine Sonne. Ganzjährig Zimmertemperatur, im Sommer 20 °C oder darüber, im Winter nicht unter 18 °C. Kalte Füße werden schlecht vertragen.

**Gießen, Düngen:** Mit zimmerwarmem, weichem Wasser stets mäßig feucht halten. Nie von oben gießen! Zu kaltes oder zu warmes Wasser auf Blätter und Blüten führt zu häßlichen Flecken. Überschußwasser immer abgießen. Staunässe ist tödlich. Bei aufgedrehter Heizung für indirekte Luftfeuchte (→ Seite 43) sorgen. Im Frühjahr und Sommer wöchentlich schwach düngen.

**Weitere Pflege:** Verblühtes immer wieder herauszupfen. Im Frühjahr in Einheitserde T oder TKS 1 umtopfen.

**Vermehren:** Durch Blattstecklinge bei Bodenwärme über 20 °C.

**Schädlinge, Krankheiten:** Blattläuse, Wolläuse durch Lufttrockenheit. Weichhautmilben, Thripse und Grauschimmel durch feuchtkalte Füße. Mehltau.

*Einfachblühende Mini-Saintpaulien.*

Schizanthus-Wisetonensis-Hybriden

## Spaltblume, Orchidee des kleinen Mannes

*Die einjährigen Spaltblumen kann man selbst aussäen.*

Die Blüten der Spaltblume präsentieren sich in üppigen Sträußen. Sie sind weiß, rosa, gelb, lachs, karminrot oder violett gefärbt und mit getigerten und geflammten Zeichen ausgestattet, die einen Vergleich mit Orchideenblüten durchaus zulassen. Man verwendet die bis zum Herbst prachtvoll blühenden Pflanzen als Balkon- und Beetpflanzen, aber auch als Topfpflanzen für die Fensterbank. Nach der Blüte wirft man die »Orchidee des kleinen Mannes« weg, denn sie wächst einjährig und läßt sich leicht aus Samen (den es überall im Fachhandel gibt) heranziehen.

**Blütezeit:** Juli bis Oktober.

**Familie:** *Solanaceae*, Nachtschattengewächse.

**Heimat:** Chile. Im Handel sind aber nur Zuchtformen.

**Standort:** Blühende Pflanzen sehr hell, luftig und warm. Jungpflanzen im Winter sonnig, luftig und kühl (um 10 °C).

**Gießen, Düngen:** Immer gleichmäßig feucht halten und wöchentlich düngen.

**Weitere Pflege:** Keine.

**Vermehren:** Durch Samen zwischen November und April. Keimtemperatur: 16 bis 18 °C. Jungpflanzen zu mehreren in 12 cm-Töpfe mit Einheitserde T, TKS 1 oder Blumenerde setzen. Kühl und hell kultivieren.

**Schädlinge, Krankheiten:** Selten. Bei einjähriger Kultur unerheblich. Bei vollsonnigem Stand direkt hinter der Fensterscheibe kann es zu Verbrennungen kommen.

**Mein Tip:** Wenn Sie im Herbst aussäen, erhalten Sie frühjahrsblühende Spaltblumen, bei Aussaat im Mai blühen die Jungpflanzen erst im Sommer.

Scutellaria

## Helmkraut

*Das Helmkraut – eine lichthungrige Bergschönheit.*

Wie das Alpenhelmkraut (*Scutellaria alpina*) ist auch das tropische Helmkraut (*Scutellaria costaricana*) eine Gebirgspflanze, die hohe Lichtmengen gewohnt ist. Damit sie auf der Fensterbank nicht allzu staksig in die Höhe schießt, behandeln Gärtner sie mit Wuchshemmstoffen. Die attraktive, etwas verholzende Pflanze wird halbmeterhoch und bildet im Sommer auffällige endständige Ähren mit feuerrot gefärbten kurzlippigen Blüten aus. Sie wurde 1863 bei uns eingeführt.

**Blütezeit:** Mai bis Juli.

**Familie:** *Labiatae*, Lippenblütler.

**Heimat:** Costa Rica.

**Standort:** Ganzjährig sehr hell und luftig, aber nicht sonnig. Im Sommer um 20 °C, im Winter nicht kühler als 15 °C. Wichtig: Die Bodentemperatur sollte nie unter der Lufttemperatur liegen.

**Gießen, Düngen:** Mäßig feucht halten. Von März bis August wöchentlich schwach dosiert düngen.

**Weitere Pflege:** Alle 2 Jahre im Herbst in Einheitserde T umtopfen. Vorher zurückschneiden. Besser: Im Herbst neue Pflanzen heranziehen, die dann im Folgejahr blühen.

**Vermehren:** Durch Kopf- oder Teilstecklinge im Herbst. Sie bewurzeln rasch bei 20 bis 25 °C Bodenwärme. Mehrere Pflanzen zusammen in einen Topf setzen, das ergibt dichtere Tuffs. Nicht entspitzen! Die Blütenstände bilden sich nur am Ende des Triebes.

**Schädlinge, Krankheiten:** Spinnmilben am zu warmen und lufttrockenen Winterstandort.

**Lichtbäder erwünscht: Tropische Gebirgspflanzen wie das Helmkraut verändern bei uns ihren arttypischen Wuchs und wachsen auf der Suche nach Licht in den Himmel.**

Senecio-Cruentus-Hybriden

## Kreuzkraut, Cinerarie, Aschenblume, Läuseblume

*Aschenblumen sind wahrlich keine Aschenputtel – aber anfällig für Blattläuse.*

Die Kreuzkräuter sind mit 2000 bis 3000 Arten die größte und vielgestaltigste Gattung der Korbblütlerfamilie. Als Topfpflanzen wurden die *Senecio-Cruentus*-Hybriden mit ihrem schier unerschöpflichen Farbenreichtum besonders populär. Sie werden im Frühjahr angeboten und nach der Blüte weggeworfen, weil sich eine Weiterkultur nicht lohnt.
Der deutsche Name Aschenblume bezieht sich auf die graugrünen Blattunterseiten, während die volkstümliche Bezeichnung Läuseblume darauf hinweist, daß diese Pflanze zur Lieblingsspeise der Blattläuse gehört.
**Blütezeit:** März und April.
**Familie:** *Compositae*, Korbblütler.
**Heimat:** Feuchtkühle Bergwälder der Kanarischen Inseln. Im Handel sind jedoch nur Zuchtformen.
**Standort:** Hell, luftig, kühl (16 bis 18 °C). Pflanzen nicht dicht gedrängt zusammenstellen!
**Gießen, Düngen:** Reichlich gießen. Wenn möglich für indirekte Luftfeuchte (→ Seite 43) sorgen. Beides fördert die Haltbarkeit der Blüten und verhindert Blattlausinvasionen. Düngen nur, wenn Vermehrung angestrebt ist, von November bis Januar alle 14 Tage, sonst wöchentlich.
**Weitere Pflege:** Umtopfen ist nicht nötig, da die Pflanze nur zur und wegen ihrer Blüte gekauft wird.
**Vermehren:** Durch Samen im Juli/August. Jungpflanzen hell und kühl (9 bis 12 °C) überwintern.

*Blaue Cinerarie mit weißem Grund.*

**Schädlinge, Krankheiten:** Blattläuse. Stecken Sie vorbeugend gegen Blattlausbefall Insektizid-Stäbchen in die Erde.
**Mein Tip:** Im Kakteen- und Sukkulentenhaus vieler botanischer Gärten stehen zahlreiche *Senecio*-Arten. Schauen Sie einmal genau hin. Es ist überraschend, wie vielgestaltig diese Gattung ist und wie wenig die meisten trotz enger Verwandtschaft den Aschenblumen gleichen. Hier läßt sich – ähnlich wie auch bei Euphorbien und Kakteen – beobachten, wie zwei Pflanzen aus völlig unterschiedlichen Familien das gleiche Überlebensrezept verwirklicht haben: *Senecio stapeliiformis* sieht manchen Stapelien zum Verwechseln ähnlich. In der Blüte allerdings unterscheiden sich die Familien. Da erscheinen bei *Senecio* orangefarbene, typische Korbblüten, bei der Stapelie hingegen der arttypische, nach Aas riechende »Ordensstern«. Ein weiteres Beispiel für diese gleichgeschaltete Entwicklung, die der Botaniker Konvergenz nennt, ist der Kap-Efeu, *Senecio macroglossus*, der sich von unserem Efeu, *Hedera,* lediglich durch dickere Blätter unterscheidet. Es gibt sogar wie beim echten Efeu eine weißpanaschierte Form.

Sinningia-Hybriden

# Gloxinie

*Ein elegantes Arrangement – ungefüllte Gloxinien in einer Jardiniere.*

Die *Sinningia* und ihre Verwandten leben in Süd- und Mittelamerika. Dort gibt es etwa 50 verschiedene Arten, die bis auf zwei rhizombildende Spezies alle Knollen besitzen, aber recht unauffällig blühen. Vorfahr unserer heutigen *Sinningia*-Züchtungen ist *Sinningia speciosa.* Sie wächst in Südbrasilien an feuchten, felsigen Hängen und blüht dort mit violettblauen, zierlichen Blütenglocken. 1815 wurde sie in England eingeführt. Die ersten großblumigen Formen entstanden, als *Sinningia regina* zu Kreuzungen herangezogen wurde. Diese 1903 nach Europa gebrachte Art fiel besonders durch ihre braunroten, samtig behaarten Blätter mit der auffälligen weißen Nervatur auf. Die nickenden Blüten sind violett und mit einem blaßgelben, lila gefleckten Mittelstreifen ausgestattet. Aus diesen beiden sowie aus weiteren Arten wie *Sinningia guttata, Sinningia helleri* und *Sinningia villosa* gingen zahlreiche Züchtungen, darunter die bekannte dunkelrote 'Sonnenuntergang' hervor. Sie war die erste *Sinningia*-Hybride mit kleineren, weicheren Blättern, die keine häßlichen Knickstellen mehr bekamen.

Nachdem es eine Weile ruhig um die nostalgischen Gloxinien geworden war, überraschen Züchter nun mit wahren Farbspektakeln, gerade bei dieser Pflanze. Neben der Standardfarbe Rot gibt es Blüten in gebrochenen Rosa- und Violettönen und zweifarbige Blütenglocken, je nach Sorte duftig, samtig oder seidig. Die gefüllten Blüten sehen alten Rosen sehr ähnlich.

Beim Kauf sollte man darauf achten, daß die Pflanzen möglichst viele Blütentriebe mit Knospen aufweisen. Bei den modernen, reicher blühenden Sorten lohnt sich eine Weiterkultur nicht, da die Knollen zu klein für einen nächstjährigen Austrieb sind und bei der Überwinterung meistens eingehen.

**Blütezeit:** März bis August.

**Familie:** *Gesneriaceae*, Gesneriengewächse.

**Heimat:** Die Urheimat der Eltern ist Brasilien. Im Handel sind jedoch ausschließlich Zuchtformen.

**Standort:** Warm und luftfeucht, hell, aber nicht sonnig.

**Gießen, Düngen:** Mit weichem, zimmerwarmem Wasser leicht feucht halten. Ist eine Weiterkultur beabsichtigt, wöchentlich düngen.

**Weitere Pflege:** Nicht sprühen, besser für indirekte Luftfeuchte (→ Seite 43) sorgen. Blätter nicht benetzen! Knollen nach dem Verblühen langsam einziehen lassen. Trockene Blätter entfernen, Knollen abtrocknen lassen und in der alten Erde kühl (15 °C) aufbewahren. Im Frühjahr in frische Erde umtopfen, warm, hell und luftfeucht antreiben.

**Vermehren:** Aus Samen. Für den Laien aufwendig, da von November bis Februar Kunstlicht nötig ist.

**Schädlinge, Krankheiten:** Einrollen der Blätter, Blattläuse durch Lufttrockenheit. Umkippen der Stengel und Fäulnis durch naßkalten Stand und zu tiefes Eintopfen.

**Hinweis:** Genauso gepflegt wird die rotblühende *Sinningia cardinalis* (*syn. Rechsteineria cardinalis*). Das Antreiben der Knolle gelingt hier aber leichter.

Solanum
## Nachtschatten

*Spielart der Aubergine – Solanum melongena.*

*Der Korallenstrauch, Solanum pseudocapsicum.*

3 beliebte Arten der Gattung *Solanum* gedeihen als Zimmerpflanzen prächtig und erfreuen sich deshalb großer Beliebtheit: Der Korallenstrauch (*Solanum pseudocapsicum*), der Eierfruchtbaum (*Solanum melongena*), der eine weiße Spielart der Aubergine und wie diese einjährig ist, sowie *Solanum capsicastrum*, das es auch mit weißbunten Blättern gibt. Die grünlichweißen Blüten sehen Kartoffelblüten sehr ähnlich. Die gelben, orangefarbenen oder leuchtend roten Beerenfrüchte des Korallenstrauches halten, wenn man den Topf nicht zu warm stellt, vom Herbst bis weit in den Winter hinein. Viele werfen die Pflanze weg, wenn der Fruchtschmuck abgefallen ist. Das ist schade, denn die an sich immergrünen, sparrigen Sträucher können weiterkultiviert werden, wenn man sie richtig überwintert.

**Blütezeit:** Mai bis Juni; die Früchte halten von September bis Februar.

**Familie:** *Solanaceae*, Nachtschattengewächse.

**Heimat:** Madeira, Brasilien, Uruguay.

**Standort:** Hell bis sonnig und luftig. Im Sommer auch im Freien. Bei 10 bis 15 °C überwintern.

**Gießen, Düngen:** Im Frühjahr und Sommer reichlich gießen, im Herbst und Winter nur soviel, daß der Ballen nicht austrocknet. Von März bis August alle 14 Tage düngen.

**Weitere Pflege:** Bei warmem Winterstand öfter sprühen – sonst Verlausungsgefahr! Bei Weiterkultur im Frühjahr in Einheitserde T, TKS 2 oder Blumenerde in kaum größere Töpfe umsetzen. Den Wurzelballen etwas verkleinern und Pflanze zurückschneiden.

**Vermehren:** Durch selbstgeerntete Samen. Fruchtfleisch entfernen, Samen trocknen lassen und im Frühjahr aussäen. Jungpflanzen 2mal stutzen, damit sie buschig werden.

**Schädlinge, Krankheiten:** Blattläuse, Spinnmilben und Weiße Fliege durch zu warmen, lufttrockenen Stand.

**Mein Tip:** Kübelpflanzengärtnereien (→ Adressen, Seite 238) halten manchmal noch weitere interessante *Solanum*-Arten bereit, zum Beispiel:

- *Solanum aviculare*, der Känguruhapfel, ein von August bis September blaßviolett blühender Strauch aus Neuseeland und Australien.
- *Solanum jasminoides*, der Kartoffelwein, ist ein raschwachsender Kletterer für den kühlen Wintergarten. Er blüht vom Spätwinter an bis fast zum Sommer mit weißblauen Blüten und kann bei guter Ernährung 10 m lange Triebe bilden.
- *Solanum laciniatum*, der geschlitztblättrige Nachtschatten ist ein üppiger Halbstrauch der Tropen, der im Kübel stolze 3 m erreichen kann. Die wundervollen violetten Blüten erscheinen von Frühjahr bis Herbst. Aus ihnen entstehen nach erfolgreicher Bestäubung taubeneigroße Früchte, die im Reifezustand orange gefärbt sind.
- *Solanum rantonnetii*, im englischsprachigen Raum »Blauer Kartoffelbaum« genannt, bringt von Juli bis Oktober (bei optimalen Standorten fast ganzjährig) 3 cm breite blauviolette Einzelblüten hervor. Der aus Südamerika stammende Strauch wächst kräftig und läßt sich zu allen möglichen Formen erziehen.
- *Solanum wendlandii*, auch Costa-Rica-Nachtschatten genannt, ist eine wärmeliebende immergrüne Kletterpflanze mit hakenartigen Stacheln und gilt als der schönste Kletterer der Familie. Die 6 cm großen violetten Blüten erfreuen vom Hochsommer bis zum Spätherbst. Die Blätter sind bis zu 25 cm lang.

**Warnung:** Das Korallenbäumchen sowie die in »Mein Tip« erwähnten *Solanum*-Arten sind in allen Teilen giftig.

Spathiphyllum
## Einblatt, Blattfahne

*Vom Einblatt gibt es Maxi-, Midi- und Miniformen.*

Von den rund 40 Arten, die vor allem im tropischen Amerika wachsen, spielen das 30 bis 40 cm hohe *Spathiphyllum floribundum* und das insgesamt größere und höhere *Spathiphyllum wallisii* als Zimmerpflanzen die größte Rolle. Von letzterer gibt es sogar eine duftende Sorte, die 'Mauna Loa' heißt. Das Einblatt, übrigens eine der besten Hydropflanzen, besitzt immergrüne, ungeteilte, glänzende Blätter. Sie entspringen in Büscheln einem kaum aus dem Boden herausragenden Stamm. Im Sommer wird der für die Familie typische Blütenstand gebildet. Er besteht aus dem ährigen, cremefarbenen Blütenkolben und dem weißen oder grünweißen Hochblatt.

**Blütezeit:** März bis September.

**Familie:** *Araceae*, Aronstabgewächse.

**Heimat:** Kolumbien, Venezuela.

**Standort:** Hell bis halbschattig; bezüglich der Lichtintensität erstaunlich anpassungsfähig. Ganzjährig Zimmertemperatur (18 bis 25 °C), im Winter nicht unter 16 °C.

**Gießen, Düngen:** Im Frühjahr und Sommer mäßig mit enthärtetem, zimmerwarmem Wasser gießen. Während der Ruhezeit von Oktober bis Januar weniger gießen. Von März bis August alle 14 Tage schwach dosiert düngen.

**Weitere Pflege:** An warmen Tagen sprühen oder für indirekte Luftfeuchte (→ Seite 43) sorgen. Im Februar/März in Einheitserde T mit untergemischten Styroporflocken umtopfen.

**Vermehren:** Durch Aussaat oder Teilen beim Umtopfen.

**Schädlinge, Krankheiten:** Schildläuse und Spinnmilben durch Lufttrockenheit. Pflanze 1 bis 2 Tage eintüten (→ Seite 50).

**Warnung:** Das Einblatt enthält haut- und schleimhautreizende Stoffe.

Stephanotis floribunda
## Kranzschlinge, Madagaskar-Jasmin

*Die Kranzschlinge liebt keine Ortsveränderung.*

In ihrer Heimat wächst die Kranzschlinge als immergrüner Kletterstrauch mit langen Ranken. Aber sie ist auch eine beliebte Zimmerpflanze. Die Blätter sind dunkelgrün und glänzen ledrig. Im Sommer bilden sich die Scheindolden mit den schneeweißen, wachsartigen Blütensternen, aus denen sich manchmal Früchte entwickeln. Wer nicht viel Platz hat, kann die Pflanze am Bogen wachsen lassen. Im geräumigen Wintergarten läßt sie sich an einem stabilen Spalier gut ziehen.

**Blütezeit:** Juni bis September. Bei Steuerung der Blüte durch Temperatur und Lichtintensität auch im Winter blühend.

**Familie:** *Asclepiadaceae*, Seidenpflanzengewächse.

**Heimat:** Madagaskar.

**Standort:** Sehr hell und luftig, aber nicht sonnig. Im Sommer 20 bis 25 °C warm, im Winter 12 bis 14 °C kühl. Verträgt vor allem nach dem Knospenansatz keinen Ortswechsel, daher Lichtmarke (→ Seite 45) anbringen!

**Gießen, Düngen:** Von März bis August reichlich mit zimmerwarmem, weichem Wasser gießen. Der Ballen darf nie austrocknen. Danach zum Ausreifen der Triebe sparsamer gießen. Von Oktober bis Januar nur schwach feucht halten. Von März bis August wöchentlich düngen.

**Weitere Pflege:** Im Sommer öfter sprühen. Nur bei Bedarf im Frühjahr in Einheitserde T, TKS 2 oder Blumenerde umtopfen. Kahle Triebe einkürzen.

**Vermehren:** Durch Kopf- oder Teilstecklinge. Diese von Frühjahr bis Sommer schneiden und in einem heizbaren Vermehrungsbeet bewurzeln.

**Schädlinge, Krankheiten:** Spinnmilben, Blatt- und Schildläuse durch zu warmen, lufttrockenen Winterstand. Gelbe Blätter durch hartes Gießwasser oder Lichtmangel. Knospen- und Blütenfall durch Zugluft oder Standortwechsel.

**Duftende Sterne sind das Markenzeichen der Kranzschlinge. Sie verströmt ein ähnlich intensives Parfüm wie der weltberühmte Jasmin.**

Streptocarpus

## Drehfrucht, Kap-Primel

*Wie ein duftiger Blütenstrauß – Streptocarpus-Hybride.*

*Streptocarpus wendlandii besitzt nur ein riesiges Blatt, dessen Unterseite purpurrot ist.*

Im Jahre 1824 brachte ein Botaniker die erste Drehfrucht nach Europa. Seither sind zahlreiche Hybriden entstanden mit orchideenhaft-eleganten Blüten in Weiß, Lachs, Rosa, Rot, Violett und Blau, von denen manche einen getigerten Schlund oder gekrauste Ränder zeigen. Im Handel sind neuerdings auch kleinblütige Arten wie der hellblau blühende *Streptocarpus saxorum* (→ Foto, Seite 30), der sich sehr hübsch als Ampelpflanze macht.

**Blütezeit:** Mai bis September.

**Familie:** *Gesneriaceae*, Gesneriengewächse.

**Heimat:** Südafrika, tropisches Afrika, Madagaskar, Thailand und Burma.

**Standort:** Hell bis halbschattig, aber nicht sonnig. Ganzjährig Zimmertemperatur. Bei den kleinblütigen Hybriden kann die Temperatur im Winter bis auf 15 °C absinken.

**Gießen, Düngen:** Zimmerwarmes, weiches Wasser verwenden. Pflanze gleichmäßig feucht halten, im Winter etwas weniger gießen. Von März bis August alle 14 Tage schwach dosiert, aber niemals auf trockenen Wurzelballen düngen.

**Weitere Pflege:** Für Luftfeuchte sorgen. Im Frühjahr in Einheitserde T, TKS 2 oder Blumenerde umtopfen.

**Vermehren:** Die Hybriden durch Blattschnittlinge (Blatthälften, Teile davon oder senkrecht zur Mittelrippe geschnittene Blatteile) bei Bodenwärme von 20 °C im geheizten Vermehrungsbeet. Ganzjährig möglich, die günstigste Zeit ist das Frühjahr. Die Jungpflanzen bilden sich an den Blattnerven. Die Arten werden im Frühjahr ausgesät.

**Schädlinge, Krankheiten:** Blattläuse, Spinnmilben, Thripse durch Lufttrockenheit. Braune Blattränder durch zu feuchte oder zu trockene Haltung.

Tillandsia

## Tillandsie, Luftnelke

*Tillandsia cyanea gehört zu den grünen Arten.*

Mit über 400 Arten ist *Tillandsia* die größte und artenreichste Gattung in der Familie der Ananasgewächse. Tillandsien leben meist epiphytisch auf Bäumen, Felsen oder anderen sich bietenden Unterlagen. Es gibt grüne und graue Pflanzen. Bei den grauen sind die schmalen bis grasartigen Blätter dicht mit silbergrauen Saugschuppen besetzt, die Luftfeuchte festhalten können, daher auch der Name Luftnelke. Die meisten Tillandsien beanspruchen relativ wenig Platz. Angeboten werden artgerecht auf Äste aufgebundene Exemplare sowie auf Steine oder Holz aufgeklebte, eine unnatürliche Kulturweise und völlig sinnlose Mode, die ein echter Pflanzenfreund nicht unterstützen sollte.

**Blütezeit:** Je nach Art Frühjahr oder Sommer.

**Familie:** *Bromeliaceae*, Ananasgewächse.

**Heimat:** Tropisches und subtropisches Amerika.

**Standort:** Graue Tillandsien ganzjährig hell, im Sommer sonnig und warm, am besten ins Freie zur Sommerfrische. Im Winter 10 bis 15 °C. Grüne Tillandsien ganzjährig warm und hell, aber nicht sonnig; idealer Standort: das feuchtwarme Blumenfenster.

**Gießen, Düngen:** Im Sommer täglich mit kalkfreiem Wasser einnebeln, im Winter 1- bis 2mal wöchentlich. Im Sommer alle 14 Tage schwach dosierten Dünger ins Sprühwasser geben.

**Weitere Pflege:** Für indirekte Luftfeuchte (→ Seite 43) sorgen.

**Vermehren:** Durch Kindel, die man erst von der Mutterpflanze trennt, wenn sie halb so groß wie diese sind, und auf Äste bindet.

**Schädlinge, Krankheiten:** Selten, Woll-, Schildläuse.

**Mein Tip:** Tillandsien sind durch containerweises Ausführen aus ihrer Heimat stark gefährdet. Kaufen Sie daher nur in Kultur vermehrte Pflanzen (→ Adressen, Seite 238).

Vriesea

## Vriesee

*Vriesea splendens ist die bekannteste Art.*

Die als Zimmerpflanzen angebotenen Vrieseen sind meist gezüchtete Hybriden. Man unterscheidet grünblättrige und buntblättrige Vrieseen.
Am bekanntesten ist *Vriesea splendens*, das Flammende Schwert. Sie bildet Rosetten aus etwa halbmeterhohen Blättern mit auffallend braunroten Querstreifen und eine orangerote, flache Blütenähre. Daneben gibt es grünlaubige Hybriden mit dunkelroten Blütenständen oder Kreuzungen aus *Vriesea carinata* und *Vriesea psittacina*, der Papageien-Bromelie, mit mehrfarbigen Blütenähren. Vrieseen können auf Epiphytenstämme gebunden oder in nicht zu großen Töpfen mit lockerer Erde kultiviert werden.
**Blütezeit:** Vrieseen-Hybriden werden ganzjährig blühend angeboten und sterben nach der Blüte allmählich ab.
**Familie:** *Bromeliaceae*, Ananasgewächse.
**Heimat:** Brasilien.
**Standort:** Hell bis halbschattig. Ganzjährig warm und luftfeucht, am besten in einem klimatisierten Blumenfenster. Wichtig: Bodenwärme über 18 °C.
**Gießen, Düngen:** Mit zimmerwarmem, weichem Wasser stets leicht feucht halten. Wasser in den Trichter und auf den Ballen geben. Im Sommer alle 14 Tage schwach dosiert düngen.
**Weitere Pflege:** Öfter sprühen und für indirekte Luftfeuchte (→ Seite 43) sorgen. Umtopfen entfällt, da die Pflanze nach der Blüte eingeht.
**Vermehren:** Durch Kindel, die halb so groß wie die Mutterpflanze sein müssen. Bilden sich bei *Vriesea* aber nicht so leicht wie bei anderen Bromelien. Aufbinden oder in kleine Töpfe mit Einheitserde T topfen, der man Styroporflocken untermischt.
**Schädlinge, Krankheiten:** Wachstumsstörungen und Blattschäden durch Unterkühlung, zuviel Nässe und trockene Heizungsluft.

Zantedeschia

## Zimmerkalla, Schlangenwurz

*Die Kalla blüht nur nach eingehaltener Ruhezeit.*

Die beliebteste Zimmerkalla, *Zantedeschia aethiopica*, kommt aus den sommertrockenen Sumpfgebieten Südafrikas. Dort wächst sie als etwa 80 cm hohe, ganz oder teilweise einziehende Staude mit starkem, fleischigem Wurzelstock. Die saftig-grünen, glatten Blätter stehen an aufrechten Stielen. Der Blütenstand besteht aus dem weißen Hüllblatt (Spatha) und dem gelben Blütenkolben.
Im Handel sind auch Knollen der rosablühenden *Zantedeschia rehmannii* und der gelbblühenden *Zantedeschia elliottiana*. (→ Adressen, Seite 238). Sie werden hauptsächlich für die Schnittblumengewinnung angetrieben.
**Blütezeit:** Frühjahr bis Frühsommer.
**Familie:** *Araceae*, Aronstabgewächse.
**Heimat:** Tropisches Afrika, Südafrika.
**Standort:** Vollsonnig bis halbschattig. Im Sommer warm, im Winter kühl. Ab Mitte Mai ins Freie stellen, im Herbst hereinholen.
**Gießen, Düngen:** Nach der Blüte 2 Monate (Mai und Juni) lang (entsprechend der Sommertrockenheit am Heimatstandort) völlig trocken halten. Danach Ballen ausschütteln, neu eintopfen und langsam Wassergaben steigern. Die Pflanzen brauchen in dieser Wachstumszeit viel Feuchtigkeit. Vor der neuerlichen Blütenbildung Wassergaben etwas einschränken und bei Beginn der Blüte wieder reichlich gießen. Ab Juli bis zur Blüte wöchentlich düngen.
**Weitere Pflege:** Keine.
**Vermehren:** Durch Teilen der Wurzelstöcke nach der Ruhezeit Mitte Juli.
**Schädlinge, Krankheiten:** Spinnmilben und Blattläuse am zu warmen, Winterstandort.
**Mein Tip:** In klimatisch günstigen Gegenden und sehr geschützten Lagen kann die Kalla auch im Garten frei ausgepflanzt werden.

**Aparte Blütenpflanzen: Kleine Auslese attraktiver Neuheiten, Raritäten für Liebhaber und dazu Pflanzen mit außergewöhnlichen Blüten**

*Halbgeöffnete Pavonia-Blüte mit purpurrotem Hüllkelch, rosa Narben und blauen Staubbeuteln.*

Pavonia multiflora
## Pavonie

Immergrüner kleiner Strauch. Die Blüten besitzen einen purpurroten Hüllkelch, eine etwas dunklere Krone, die Narbe ist rosa, die Staubblätter sind blau.

Blütezeit: Herbst bis Frühjahr. Familie: *Malvaceae,* Malvengewächse. Heimat: Brasilien. Standort: Ganzjährig hell und warm, im Winter nicht unter 15 °C. Gießen, Düngen: Mit weichem Wasser nur mäßig feucht halten. Von März bis August wöchentlich schwach dosiert düngen. Weitere Pflege: Die Pflanze braucht hohe Luftfeuchte. Öfter sprühen. Im Frühjahr in Einheitserde T umtopfen. Rückschnitt nach der Blüte. Vermehren: Durch Kopfstecklinge. Schwierig. Hinweis: Genauso gepflegt wird die eigenartige *Goethea cauliflora,* deren scharlachrote Blüten sich von Juli bis Oktober seitlich aus dem Stamm entwickeln.

Globba winitii
## Globba

Ingwerähnliche Pflanze mit knollenförmigen Wurzeln, breitlanzettlichen großen Blättern und überhängenden Blütenrispen. Bekannt sind etwa 100 Arten, von denen man einige in Botanischen Gärten bewundern kann. Man erkennt sie sofort an ihren eigenartigen Blüten, die bei anderen Arten auch cremefarben sein können. Neben *Globba winitii* findet man noch *Globba atrosanguinea* aus Borneo, *Globba bulbifera,* die brutknospentragende Globba, und die von den Südseeinseln stammende *Globba marantina.*
Mein Tip: Wer das Glück hat, eine Kurkuma oder Safranwurz *(Curcuma roscoeana)* zu bekommen, pflegt sie genauso wie die Globba.

Blütezeit: Juli bis November. Familie: *Zingiberaceae,* Ingwergewächse. Heimat: Thailand. Standort: Sehr hell, aber nicht vollsonnig. Ganzjährig 20 bis 23 °C. Gießen, Düngen: Mäßig gießen. Von März bis August wöchentlich schwach dosiert düngen. Weitere Pflege: Für hohe Luftfeuchte sorgen! Im Dezember/Januar Laub welken, aber Knolle nicht ganz austrocknen lassen. Im Frühjahr in Einheitserde T umtopfen und wieder antreiben. Vermehren: Durch Brutknöllchen oder Teilen älterer Pflanzen.

Eranthemum pulchellum

## Eranthemum

Kleiner Strauch mit dunkelgrünen Blättern und kräftig blauen Ährenblüten. Wird meist einjährig kultiviert. Wunderbarer Winterblüher für den Wintergarten.

Blütezeit: Dezember bis Februar. Familie: *Acanthaceae,* Akanthusgewächse. Heimat: Indien. Standort: Hell, aber nicht sonnig. Im Sommer 18 bis 23 °C, im Winter nicht unter 16 °C. Gießen, Düngen: Ganzjährig mäßig feucht halten. Von März bis August alle 3 Wochen düngen. Weitere Pflege: Bei Weiterkultur im März in Einheitserde T, TKS 2 oder Blumenerde umtopfen. Vermehren: Nach der Blüte durch Kopfstecklinge bei 20 bis 25 °C Bodenwärme.

Oxalis adenophylla

## Sauerklee

Staude mit graugrünen Blättern, die sich abends in Schlafstellung zusammenfalten. Die pinkfarbenen Blüten sitzen an etwa 5 cm langen Stielen.

Blütezeit: April. Familie: *Oxalidaceae,* Sauerklee. Heimat: Chile, Argentinien. Standort: Hell bis vollsonnig und ganzjährig kühl. Gießen, Düngen: Während der Wachstumszeit mäßig feucht halten und wöchentlich düngen. Weitere Pflege: Pflanze zieht im Herbst ein und treibt nach einer Ruheperiode wieder aus. Vermehren: Durch Brutknöllchen.

Smithiantha-Hybriden

## Smithianthe

Die Smithianthe, benannt nach der englischen Pflanzenzeichnerin Matilde Smith (um 1840), war früher auch unter dem Namen *Naegelia multiflora* bekannt. Die modernen Züchtungen entstanden aus *Smithiantha multiflora* und *Smithiantha zebrina.* Sie besitzen weiche, braun gemusterte Blätter und orangerote Blüten. Die kleinen Stauden erneuern sich aus schuppigen Rhizomen. Blütezeit: Juli bis September. Familie: *Gesneriaceae,* Gesneriengewächse. Heimat: Südmexiko. Standort: Hell und warm. Gießen, Düngen: Von März bis Oktober mit weichem Wasser gleichmäßig leicht feucht halten. Alle 14 Tage schwach dosiert düngen. Pflanze im Winter völlig trocken halten. Weitere Pflege: Für indirekte Luftfeuchte (→ Seite 43) sorgen. Ab Oktober Laub welken lassen. Rhizome im alten Topf trocken und kühl (um 12 °C) überwintern. Im Frühjahr in Einheitserde P topfen, angießen. Im Folienbeutel antreiben (→ Seite 59). Vermehren: Durch Aussaat oder Teilen der Rhizome. Mein Tip: Die im 2. Jahr selbst aus Rhizomen herangezogenen Pflanzen sind weniger auf tropische Bedingungen angewiesen als gekaufte, die im Warmhaus groß geworden sind.

Anigozanthos flavidus

## Känguruhpfote

Buschige Pflanze mit lanzettlichen Blättern, die im Sommer aparte, wollig-filzige Blüten hervorbringt.

Blütezeit: Mai bis August. Familie: *Haemodoraceae,* Haemodoragewächse. Heimat: Südostaustralien. Standort: Ganzjährig sehr hell. Im Sommer warm (möglichst im Freien), im Winter kühl (10 bis 15 °C). Gießen, Düngen: Im Sommer reichlich gießen. Von März bis August wöchentlich niedrig dosiert düngen. Im Winter trockener halten. Weitere Pflege: Bei Bedarf im Frühjahr in TKS 2 mit Lehmzusatz umtopfen. Vermehren: Durch Teilung älterer Pflanzen, auch durch Samen. Mein Tip: Die Känguruhblume ist äußerst lichthungrig und setzt in schlechten Sommern kaum Blüten an. Außerdem verliert sie, vor allem bei zu dunklem Stand, ihren kompakten Wuchs, der darauf zurückgeht, daß die Gärtner sie anfangs mit wuchshemmenden Stoffen behandeln. Übrigens: Wer keine fertigen Pflanzen von *Anigozanthos flavidus* bekommt, kann die verwandte *Anigozanthos manglesii* aus Samen selbst heranziehen (→ Adressen, Seite 238).

**Prachtvolle Blütenpflanzen, die bald der Fensterbank entwachsen, die Sommerfrische im Freien lieben und im Winter einen kühlen Standort brauchen**

Abutilon-Hybriden

## Schönmalve, Zimmerahorn

Strauch mit grün oder grüngold geflecktem Laub. Im Handel sind Hybriden aus Kreuzungen verschiedener Arten. Außerdem *Abutilon megapotamicum* und *Abutilon pictum.*

Blütezeit: Ganzjährig. Familie: *Malvaceae,* Malvengewächse. Heimat: Mittel- und Südamerika. Standort: Im Sommer im Freien, hell bis halbschattig, ab September ins Haus holen und hell und kühl (12 bis 14 °C) überwintern. Gießen, Düngen: Von März bis August reichlich gießen und zweimal wöchentlich düngen. Von September bis Februar nur ballenfeucht halten. Weitere Pflege: Im Frühjahr in Einheitserde T umtopfen. Zuvor um 2/3 zurückschneiden. Vermehren: Durch krautige Stecklinge im Frühjahr oder halbverholzte im August.

Chamelaucium uncinatum

## Chamelaucium

Immergrüner kleiner Strauch mit nadelfeinen Blättern und kleinen dunkelrosa oder weißen Blüten.
Blütezeit: März bis April. Familie: *Myrtaceae,* Myrtengewächse. Heimat: Westaustralien. Standort: Im Sommer vollsonnig, warm und luftig. Ab September hell und kühl (bei 10 °C) überwintern. Gießen, Düngen: Mäßig feucht halten, im Winter noch weniger. Bei Staunässe Blütenfall! Von März bis August alle 14 Tage düngen. Weitere Pflege: Nach der Blüte Triebe zurückschneiden. Bei Bedarf im Frühjahr in Einheitserde T umtopfen. Vermehren: Durch krautige Stecklinge bei 25 °C Bodenwärme.

Cytisus x racemosus

## Geißklee

Immergrüner Strauch mit kleinen, dreizähligen Blättern und leuchtendgelben Blütentrauben. Im Handel sind buschige hohe Topfpflanzen, die bei guter Pflege in die Breite gehen und meterhoch werden können, sowie entzückende Hochstämmchen. Der Geißklee zählt wie die Glockenblume (→ Seite 100) zu den wenigen Zimmerpflanzen, für die man das Gießwasser nicht enthärten muß.
Blütezeit: Februar bis Mai. Familie: *Leguminosae,* Hülsenfrüchtler. Heimat: Kanarische Inseln, Madeira. Standort: Im Sommer im Freien vollsonnig bis hell und warm, ab September/Oktober ins Haus holen und hell und kühl (8 bis 10 °C) überwintern, damit sich die Blütenanlagen bilden können. Gießen, Düngen: Ganzjährig beständig leicht feucht halten. Im Sommer mehr, im Winter weniger gießen. Von März bis August wöchentlich, im Winter monatlich düngen. Weitere Pflege: Junge Pflanze jedes Jahr nach der Blüte in Einheitserde T umpflanzen. Rückschnitt nach der Blüte verhindert Verkahlen. Mein Tip: Während der Blütezeit hell (aber keine volle Sonne) und kühl stellen. Warnung: Der Geißklee kann wie andere *Cytisus*-Arten Giftstoffe enthalten.

Bougainvillea
## Bougainvillee

Kletterpflanze mit auffällig gefärbten Hochblättern in Cremeweiß, Lachs, Rosa, Rot oder Violett. Als bogig gezogene Topfpflanze, Busch oder Hochstämmchen erhältlich. Außerdem findet man *Bougainvillea glabra* und Sorten sowie die starkwachsende *Bougainvillea spectabilis,* die mit Dornen ausgestattet ist und für ihren Ausbreitungsdrang mindestens einen Wintergarten braucht.
Blütezeit: April bis Juni. Familie: *Nyctaginaceae,* Wunderblumengewächse. Heimat: Brasilien. Standort: Im Sommer im Freien sonnig bis sehr hell, warm und geschützt aufstellen. Ab September ins Haus holen und hell und kühl (10 bis 14 °C) halten. Gießen, Düngen: Ab Austriebsbeginn bis August reichlich gießen und wöchentlich düngen. Danach trokkener halten. Ab November nur wenig, bei Laubabfall nicht mehr gießen. Weitere Pflege: Im März zurückschneiden und in Einheitserde T oder TKS 2 mit Lehm umtopfen. An sonnigen Tagen sprühen. Vermehren: Schwierig.

Callistemon citrinus
## Zylinderputzer, Schönfaden

Immergrüner Strauch mit graugrünen lanzettlichen Blättern und etwa 10 cm langen, flaschenbürstenartigen Blütenähren, bei denen die roten Staubfäden besonders hervortreten. Die bei uns geläufigste Art *Callistemon citrinus* (syn. *Metrosideros citrina* oder *Callistemon lanceolatus*) wird in ihrer Heimat etwa 3 m hoch und wächst auch bei uns im Topf relativ schnell zu einer stattlichen Pflanze heran.
Blütezeit: Juni bis Juli. Familie: *Myrtaceae,* Myrtengewächse. Heimat: Südostaustralien, Neukaledonien. Standort: Im Sommer im Freien vollsonnig oder sehr hell und warm aufstellen. Ab September ins Haus holen und hell und kühl (6 bis 8 °C) überwintern. Gießen, Düngen: Im Sommer mit weichem Wasser gießen und wöchentlich düngen. Weitere Pflege: Im Frühjahr in Einheitserde T oder Rhododendronerde umtopfen. Vermehren: Durch Kopfstecklinge von August bis Oktober bei 20 bis 25 °C Bodenwärme. Hinweis: Genauso gepflegt wird der Eisenholzbaum (*Metrosideros excelsa*).

*Hier zeigt die Gartenstaude Campanula poscharskyana, was für eine bezaubernde Ampelpflanze sie ist.*

Campanula poscharskyana
## Kleinblütige Glockenblume

Etwa 15 cm hohe, dichtbuschige, polsterbildende Gartenstaude mit zahlreichen himmelblauen Blütenglocken in kurzen Trauben und herzförmigen Blättern. Ausläufertreibend. Schöne Ampelpflanze.
Blütezeit: Juni/Juli und länger. Familie: *Campanulaceae,* Glockenblumengewächse. Heimat: Dalmatien. Standort: Halbschattig. Gießen, Düngen: Im Sommer reichlich gießen. Die Pflanze liebt kalkreiches Gießwasser. Wöchentlich düngen. Weitere Pflege: Nach der Blüte in den Garten pflanzen (die Glockenblume treibt im Frühjahr wieder aus) oder kühl und hell mit geringen Wassergaben überwintern. Vermehren: Im Garten durch Ausläufer im Sommer.

# GRÜN PFLANZEN

**Grünpflanzen sollten in keinem Zimmergarten fehlen, denn sie bilden den natürlichsten Hintergrund für die Farbenpracht der Blütenpflanzen.**

Eigentlich sind alle Grün- oder Blattpflanzen Blütenpflanzen. An ihrem Heimatstandort tragen sie regelmäßig Blüten und Früchte. Ausnahmen: Palmfarn, Zimmertanne und Zimmerzypresse. Sie sind entwicklungsgeschichtlich ältere Pflanzen und waren bereits viele Millionen Jahre vor der Entstehung der Blütenpflanzen da. Die geläufige Einteilung der Zimmerpflanzen in Grün- und Blütenpflanzen erfolgt eigentlich nur aus optischen Gründen. Viele sogenannte Grünpflanzen blühen bei uns nie, weil sie in ihrer Heimat meterhohe Bäume sind und im Topf immer Jungpflanzen vor der Blühreife bleiben. Andere werden zu den Grünpflanzen gezählt, weil ihren Blättern eine größere Schmuckwirkung zukommt, als den oft bescheidenen oder unauffälligen Blüten. Die Grünpflanzen-Parade auf den Seiten 142 bis 191 macht Sie mit den schönsten und bekanntesten Arten und Sorten, mit bizarren Raritäten und interessanten Marktneuheiten bekannt. Farne und Palmen, die eigentlich auch zu den Grün- oder Blattpflanzen gehören, wurden hier bewußt ausgeklammert. Sie erhalten eigene Kapitel, weil sie von Botanik und Pflege her sehr verschieden sind.

Grünpflanzen eignen sich wegen ihrer unterschiedlichen Wuchsformen, Blattgrößen, -strukturen und -farben wunderbar zum Ausgestalten von Wohnräumen. Sie können von Säulen oder Podesten herunterrieseln, unter der Decke hängen, raumteilende Gitterwände begrünen oder am Fenster als lebendiger Vorhang dienen. Besondere Blickfänge sind Pflanzen, die bei guter Pflege zu stattlichen Zimmerbäumen heranwachsen.

Nicht zu unterschätzen ist die positive Wirkung, die Grünpflanzen auf uns ausüben. Grün ist die Farbe, die der Mensch am meisten braucht. Ihr Wesen ist friedlich, sie vertreibt Depressionen und wirkt entspannend. Das wundert nicht, wenn man weiß, daß die Linse unseres Auges sich im Gegensatz zu anderen Farben bei Grün nicht umstellen muß. Die beliebtesten »Grünen« sind laut Statistik *Yucca* und Gummibaum,

*Die Riesenblätter der Anthurien sind regelrechte Lichtfallen. Mit der großen Blattfläche versucht die Pflanze von dem spärlichen Licht, das durch das Laubdach des Regenwaldes dringt, soviel wie möglich zu erhaschen.*

außerdem Birkenfeige, Efeu, Zimmerwein, Philodendron, Drazäne, Dieffenbachie, nicht zu vergessen die diversen Zimmergräser. Wer Ausgefallenes sucht, findet sicher Gefallen an so ungewöhnlichen Gewächsen wie der Erbsenpflanze, einer sukkulenten *Senecio*-Art (→ Seite 193) oder an den ornamentalen Blättern von *Anthurium* (→ Foto, oben) oder *Alocasia* (→ Foto, links).

### Was Sie über Grünpflanzen wissen sollten

Grünpflanzen entstammen allen möglichen Pflanzenfamilien. Einige von ihnen bescheren uns besonders viele grüne Vertreter: Aronstabgewächse, Begoniengewächse, Araliengewächse, Ananasgewächse, Weinreben- und Marantengewächse (→ Foto, Seite 33). Bemerkenswert ist das Kaleidoskop an Wuchs- und Vegetationsformen. Es gibt aufrecht wachsende, kriechende und kletternde, krautig, strauchig oder baumartig wachsende, immergrüne und laubabwerfende Blattpflanzen, Gräser, Epiphyten, Sukkulente und Karnivoren (fleischfressende Pflanzen). Die Blattgröße variiert von nadelfein bis bratschengroß. Die Blätter sind je nach Art dünn oder dickfleischig, derb-ledrig oder samtigweich, behaart, wachsüberzogen. Aufregende Blattmuster und -farben dokumentieren, wie einfallsreich die Natur ist. Einige Blattmalereien, Panaschierungen genannt, sind aber auch durch Züchterkunst entstanden.

### Die artgerechte Pflege

Die Blätter sind der Lebensnerv der Pflanze, der Ort, an dem Photosynthese (→ Seite 79) und Atmung (→ Seite 69) stattfinden. Behalten Sie sie immer im Auge. An ihnen zeigen sich Krankheiten und Schädlingsbefall zuerst. Denken Sie - unabhängig von individuellen Pflegeplänen - beim Gießen daran, daß ein üppig belaubtes Exemplar stets mehr Wasser braucht als ein spärlich belaubtes, weil es größere Verdunstungsflächen besitzt. Bei vielen Grünpflanzen kann man bereits an den Blättern Lichtverträglichkeit und Wasserbedarf ablesen (→ Seite 16 und 26).

*Wer würde in dieser Pflanze seine Birkenfeige erkennen? Am Heimatstandort bildet Ficus benjamina dicke Luftwurzeln, die sie wie kräftige Haltetaue zum Boden schickt.*

Acorus gramineus
## Zwergkalmus

*Gelbgestreifter Kalmus 'Argenteostriatus'.*

Der Zwergkalmus, eine Sumpfpflanze, sieht (wie sein Zuname *gramineus* = grasartig besagt) einem Gras ähnlich. Er gehört aber zur selben Familie wie das Fensterblatt (→ Seite 172) oder der Philodendron (→ Seite 178/179) und ist ein enger Verwandter der Magenwurz, *Acorus calamus*, einer alten Heilpflanze. Im Handel sind weiß- und gelbgestreifte Sorten mit etwa 50 cm langen schilfartigen Blättern, wie 'Argenteostriatus' und 'Aureovariegatus'. Besonders hübsch ist die Sorte 'Pusillus', die nur 10 cm hoch wird und ein echter Zwerg ist. Alle sind mit einem kriechenden Wurzelstock ausgestattet und dekorative Pflanzen für kleine oder große Wassergärten im Haus oder Wintergarten.

**Familie:** *Araceae*, Aronstabgewächse.
**Heimat:** Japan, China, Thailand, Indien.
**Standort:** Hell bis halbschattig, nicht sonnig, aber luftig. Im Winter kühl (bis 0 °C), möglichst nicht wärmer als 16 °C. Die Pflanze liebt die Sommerfrische an einem hellen, feuchtkühlen Platz im Garten, am besten in der Sumpfzone eines Gartenteiches. Topf einsenken und im Herbst herausnehmen.
**Gießen, Düngen:** Reichlich gießen. Als Sumpfpflanze darf der Zwergkalmus niemals austrocknen. Topf am besten in wassergefüllten Untersetzer stellen. Von Frühjahr bis Herbst alle 14 Tage düngen, im Winter alle 6 bis 8 Wochen.
**Weitere Pflege:** Bei Bedarf im Frühjahr in TKS 2 umtopfen.
**Vermehren:** Durch Teilen des Wurzelstocks im Frühjahr.
**Schädlinge, Krankheiten:** Spinnmilben und Thripse, Kümmerwuchs und Blattschäden am zu warmen, lufttrockenen Winterstandort.

Aeonium
## Rosetten-Dickblatt

*Aeonium arboreum, ein »Rosettenbäumchen«.*

Der Name *Aeonium*, von griechisch: *aionios* = ewig, ausdauernd, deutet darauf hin, daß es sich bei dieser sukkulenten Pflanze um einen Durstkünstler handelt. Tatsächlich braucht das *Aeonium* seine saftreichen Blätter am Heimatstandort als Wasserreservoir, um regenarme Zeiten zu überstehen. Die Blätter sind rosettenförmig angeordnet und sitzen bei der bekanntesten Art, *Aeonium arboreum*, auf bis zu 1 m hohen kahlen Stämmchen, so daß die Pflanze wie ein Rosettenbäumchen aussieht. Die Varietät 'Atropurpureum' besitzt im Sommer weinrote Blätter, die im Winter bei zuwenig Licht vergrünen. Sehr eigenartig wirkt *Aeonium tabuliforme*. Es bildet 15 bis 30 cm breite, tellerförmige Rosetten, die auf der Erde aufsitzen und aus 100 bis 200 Einzelblättern bestehen. Aeonien blühen bei Zimmerkultur selten.

**Familie:** *Crassulaceae*, Dickblattgewächse.
**Heimat:** Kanarische Inseln, Marokko.
**Standort:** Hell bis vollsonnig. Kann zur Sommerfrische an regengeschützter Stelle im Garten eingesenkt werden. Im Winter bei 10 bis 16 °C halten.
**Gießen, Düngen:** Sparsam gießen, aber die Blätter dürfen nie vor Trockenheit schrumpfen! Im Winter nur ganz selten wässern. Von Mai bis September alle 14 Tage Kakteendünger ins Wasser geben.
**Weitere Pflege:** Bei Bedarf im Frühjahr in Kakteenerde oder Einheitserde P mit Lehm und Sand umtopfen.
**Vermehren:** Durch Blattrosetten oder Einzelblätter. Vor dem Stecken Schnittflächen antrocknen lassen. *Aeonium tabuliforme* nur durch Samen.
**Schädlinge, Krankheiten:** Bei zuviel Wasser, Staunässe und zu warmem Winterstand.

Aglaonema
## Aglaoneme, Kolbenfaden

*Die Sorte 'Silver King' ist fast blattgrünfrei.*

Die Silberzeichnung auf den Blättern ist das Markenzeichen des Kolbenfadens. Am geläufigsten ist *Aglaonema commutatum* mit silbergrün gestreiften, gefleckten oder gesprenkelten Sorten wie 'Silver King', 'Silver Queen', 'San Remo' und 'Pseudobracteatum'. Die Pflanzen bilden 50 cm hohe Stämmchen mit krautigen, breitovalen Blättern, können blühen und nach der Blüte rote Beerenfrüchte bilden. Kleiner bleibt *Aglaonema costatum*. Seine Stämme verzweigen sich an der Basis buschig.

**Familie:** *Araceae*, Aronstabgewächse.

**Heimat:** Südostasien.

**Standort:** Schattig bis halbschattig. Ganzjährig warm, im Winter nicht unter 16 °C.

**Gießen, Düngen:** Mit weichem, zimmerwarmem Wasser gießen, im Frühjahr/ Sommer mehr, im Herbst/Winter etwas weniger. Von März bis August alle 14 Tage niedrig dosiert düngen.

**Weitere Pflege:** Für Bodenwärme und indirekte Luftfeuchte (→ Seite 43) sorgen. Nicht übersprühen, es kann Blattflecken verursachen. Jungpflanzen jedes Frühjahr, ältere nur bei Bedarf in flache Gefäße mit Einheitserde T, TKS 2 oder Blumenerde umtopfen. Styroporflocken unter die Erde mischen.

**Vermehren:** Durch Teilung beim Umtopfen oder im Frühjahr und Sommer durch Kopfstecklinge im heizbaren Vermehrungsbeet (schwierig).

**Schädlinge, Krankheiten:** Spinnmilben, Schild-, Woll- und Blattläuse durch zu trockene Zimmerluft. Wachstumsstörungen und braune Blattränder durch zu hartes, kaltes Gießwasser und kalte Füße.

**Warnung:** Die Pflanze enthält haut- und schleimhautreizende Stoffe. Die Beeren sind giftig.

Alocasia
## Alokasie

*Blattschönheit fürs Blumenfenster – Alocasia.*

Die Alokasie gilt als eine der schönsten Blattpflanzen überhaupt. Von den rund 70 Arten der Gattung werden bei uns nur wenige angeboten. *Alocasia lowii* aus Borneo trägt dunkelolivgrüne, bis zu 40 cm lange Blätter mit weißen Hauptnerven. Bei *Alocasia sanderiana* aus Mindanao (Philippineninsel) glänzen die dunkelolivgrünen Blätter metallisch und sind mit silberweißen Blattadern und -rändern geschmückt. Von diesen prachtvollen Exotinnen gibt es in den USA zahlreiche Züchtungen. Am besten sind sie in einem geräumigen Gewächshaus oder geschlossenen Blumenfenster untergebracht, da sie hohe Ansprüche an Temperatur und Luftfeuchte stellen und viel Platz brauchen.

**Familie:** *Araceae*, Aronstabgewächse.

**Heimat:** Südostasien.

**Standort:** Halbschattig bis schattig. Ganzjährig über 20 °C warm, im Winter etwas kühler, aber nie unter 17 °C.

**Gießen, Düngen:** Nur weiches, zimmerwarmes Wasser verwenden. Im Frühjahr, Sommer und Herbst gut feucht halten, Staunässe jedoch vermeiden. Im Winter nur sparsam gießen (Ruhezeit!). Von März bis August alle 14 Tage niedrig dosiert düngen.

**Weitere Pflege:** Für hohe Luftfeuchte sorgen. Alle 2 Jahre Ende Februar in Einheitserde T, der man Styroporflocken untermischt, umtopfen.

**Vermehren:** Durch Teilen der Rhizome beim Umtopfen. Schnittflächen mit Holzkohlepulver vor Infektionen schützen. Im heizbaren Vermehrungsbeet antreiben.

**Schädlinge, Krankheiten:** Faulen der Rhizome durch zu kühlen Stand.

**Warnung:** Die Pflanze enthält hautreizende Stoffe. Die Blätter einiger Arten enthalten Blausäure.

Aloe

## Bitterschopf

*Allseits bekannt und beliebt – Aloe variegata.*

Die Tiger- oder Papageienaloe, *Aloe variegata*, ist eine beliebte Allerweltspflanze. Sie bildet weißgefleckte, dickfleischige, dreieckige Blätter, die dachziegelartig übereinander angeordnet sind, und wird maximal 30 cm hoch. Eine bekannte, problemlose Zimmer- und Kübelpflanze ist die Brandaloe, *Aloe arborescens.* Mit ihrem Pflanzensaft wurde früher so manches zerschundene Kinderknie geheilt. Sie wächst höher und ausladender, bildet einen oft verzweigten Stamm, der von unten her verkahlt, und trägt grüne, am Rand bestachelte Blätter. Heilzwecken dient auch *Aloe barbadensis* (*syn. Aloe vera*), der Wundkaktus. Diese Art wird heute als »neue« Kosmetikpflanze im Topf angeboten. Der Saft ihrer sukkulenten Blätter soll die Haut verschönen und straffen. Alle *Aloe*-Arten blühen erst als ältere Pflanzen.

**Familie:** *Liliaceae*, Liliengewächse.

**Heimat:** Südafrika.

**Standort:** Vollsonnig. Im Sommer warm, im Winter kühl (6 bis 10 °C). Liebt den Sommeraufenthalt an einem regengeschützten, sonnigen Platz im Freien.

**Gießen, Düngen:** Von Frühjahr bis Herbst mäßig feucht halten, im Winter nur ganz selten gießen. Staunässe unbedingt vermeiden! Während des Sommers alle 2 bis 3 Wochen Kakteendünger schwach dosiert dem Gießwasser zugeben.

**Weitere Pflege:** Bei Bedarf im Frühjahr in Einheitserde P mit Sand oder in lehmige Gartenerde umtopfen.

**Vermehren:** Durch Seitensprosse, die man abtrennt, abtrocknen läßt und dann in sandige Erde steckt.

**Schädlinge, Krankheiten:** Wurzel- und Wolläuse.

Ampelopsis brevipedunculata

## Scheinrebe, Jungfernrebe, Zimmerwein

*Die Scheinrebe liebt die Sommerfrische im Freien.*

Die Gärtner nennen die Scheinrebe wegen ihrer weinähnlichen Blätter manchmal *Vitis heterophylla variegata.* Die korrekte botanische Bezeichnung lautet jedoch *Ampelopsis brevipedunculata.* Im Blumengeschäft trifft man meist auf die kleinblättrige Zuchtform *Ampelopsis brevipedunculata var. maximowiczii* 'Elegans'. Sie ist eine bezaubernde Kletter- und Ampelpflanze mit roten Trieben und grün, weiß oder rosa marmorierten Blättern, die sie im Herbst abwirft, wenn der Standort zu dunkel ist oder die Temperatur zu niedrig. Helle Wintergärten sind daher ideale Standorte für diesen vital wachsenden Kletterstrauch. Dort berankt er in kurzer Zeit Wände, Pfeiler und Spaliere.

**Familie:** *Vitaceae,* Weinrebengewächse.

**Heimat:** Ostchina.

**Standort:** Hell (aber nicht vollsonnig) bis halbschattig. Im Winter so hell wie möglich. Ganzjährig nur mäßig warm, lieber frisch-kühl. Bei etwa 5 bis 12 °C überwintern. Liebt den Sommeraufenthalt im Freien.

**Gießen, Düngen:** Im Sommer reichlich gießen, im Winter weniger. Nach dem Laubfall bei kühler Überwinterung fast trocken halten. Von März bis September alle 14 Tage düngen.

**Weitere Pflege:** Pflanzen jedes Frühjahr in Einheitserde T, TKS 2 oder handelsübliche Blumenerde umsetzen. Im Frühjahr kräftig zurückschneiden.

**Vermehren:** Durch Kopf- oder Teilstecklinge im Sommer.

**Schädlinge, Krankheiten:** Spinnmilben und Thripse nach zu warmer Überwinterung.

Ananas
## Ziernanas

*Für den Ziernanas braucht man Platz.*

Erhältlich sind *Ananas comosus var. variegatus* mit grün-gelb-weiß gestreiften Blättern, *Ananas comosus var. aureovariegatus* mit rosa überhauchten Blättern sowie *Ananas bracteatus,* der über den Früchten kräftig rot gefärbte Hochblattschöpfe trägt. Sie alle bilden bromelientypische Rosetten aus bis zu meterlangen, stachelig gezähnten Blättern und brauchen mit einem Gesamtdurchmesser von 1 m viel Platz. Nur 20 cm große Rosetten bildet dagegen der Zwergananas, *Ananas nanus.* Außerdem gibt es auch von *Ananas bracteatus* Zwergformen und Sorten mit glatten Blatträndern. Wichtig: Ananasrosetten, die geblüht und gefruchtet haben, sterben ab.
**Familie:** *Bromeliaceae,* Ananasgewächse.
**Heimat:** Tropisches Mittel- und Südamerika.
**Standort:** Hell, im Winter auch sonnig. Ganzjährig warm (über 20 °C), im Winter nicht unter 18 °C.
**Gießen, Düngen:** Im Sommer reichlich mit weichem, zimmerwarmem Wasser gießen, im Winter sparsamer. Von Mai bis September alle 14 Tage schwach düngen.
**Weitere Pflege:** Der Ziernanas verträgt trockene Luft. Alle 2 Jahre im Sommer in Einheitserde P, TKS 1 oder handelsübliche Blumenerde umtopfen.
**Vermehren:** Durch Kindel. Erst abtrennen, wenn sie halb so groß wie die Mutterpflanze sind. Oder Blattschopf der Ananasfrucht herausschälen und in Aussaaterde mit Sand bewurzeln. Folienbeutel überstülpen (→ Seite 59), hell und warm stellen.
**Schädlinge, Krankheiten:** Selten.
**Warnung:** Die Blattränder sind gefährlich scharf und spitz. Verletzungsgefahr!

Araucaria heterophylla
## Araukarie, Zimmertanne, Norfolktanne

*Als Zimmerbaum gefragt – die Araukarie.*

Entdecker der Zimmertanne waren der berühmte Captain Cook und der nicht minder berühmte Botaniker Sir Joseph Banks. Von den etwa 18 bekannten Arten ist nur diese Art für die Kultur im Haus geeignet. Die Zimmertanne wird in ihrer südpazifischen Heimat 60 m hoch und besticht vor allem durch ihre symmetrisch aufgebauten, waagerecht abstehenden »Zweigetagen«.
**Familie:** *Araucariaceae,* Araukariengewächse.
**Heimat:** Norfolkinsel.
**Standort:** Rundum hell, aber nicht sonnig. In einer Zimmerecke wächst sie schief! Im Sommer 18 bis 22 °C, auch an halbschattigem, luftigem Platz im Freien, im Winter kühl, mindestens 5 °C.
**Gießen, Düngen:** Nur enthärtetes Wasser verwenden. Im Frühjahr, Sommer und Herbst mäßig feucht halten, im Winter sparsamer gießen. Von März bis August niedrig dosiert düngen.
**Weitere Pflege:** Durch Sprühen für hohe Luftfeuchte sorgen. Höchstens alle 2 bis 3 Jahre in ein leicht saures Substrat umtopfen, zum Beispiel in eine Mischung aus Einheitserde mit ⅓ grobem Sand oder in ein Gemisch aus Laub-, Moorerde und Sand.
**Vermehren:** Durch Kopfstecklinge (abgeschnittene Mitteltriebe) im Dezember und Januar. Sehr schwierig. Klappt nur mit Bewurzelungshormonen und bei sehr hohen Bodentemperaturen.
**Schädlinge, Krankheiten:** Hängende und abfallende Zweige sowie Nadelfall durch zu warmen, lufttrockenen Stand oder zu starkes Gießen im Winter, durch zuwenig Wasser in der Wachstumsphase. Da es im unteren Bereich zu keinen neuen Austrieben kommt, verkahlt der Stamm allmählich.
**Mein Tip:** Ich verwende zum Düngen meiner Zimmertanne erfolgreich Rhododendrondünger.

**Eine Meeresbrise – frisch, feucht und kühl – ist das Lebenselixier der Zimmertanne. Deshalb sollte man sie öfter rundum einnebeln.**

Asparagus
## Zierspargel

Alle etwa 300 *Asparagus*-Arten sind Kräuter oder Halbsträucher, die sich oft stark verzweigen. Was wie »Blätter« oder »Nadeln« aussieht, sind Scheinblätter (umgebildete Seitensprosse/Phyllocladien). Die richtigen Blätter sind meist zu Dornen umgewandelt.
**Familie:** *Liliaceae,* Liliengewächse.
**Heimat:** Afrika, Asien.
**Standort:** Sehr hell, aber nicht sonnig, die Sorte 'Sprengeri' auch vollsonnig. Ganzjährig Zimmertemperaturen um 20 °C, im Winter nicht unter 10 °C.
**Gießen, Düngen:** Im Sommer gleichmäßig feucht halten, im Winter wenig gießen. März bis August wöchentlich düngen.
**Weitere Pflege:** Bei völliger Durchwurzelung in Einheitserde T, TKS 2 oder Blumenerde mit Gartenlehmzusatz umtopfen.
**Vermehren:** Durch Teilen oder durch Aussaat im Frühjahr bei 20 bis 25 °C Bodenwärme. Bei Aussaat den Samen leicht mit Erde bedecken (Dunkelkeimer!).
**Schädlinge, Krankheiten:** Blattläuse, Spinnmilben und Schildläuse nach zu warmer, lufttrockener Überwinterung.
Wichtig: Die Pflanzen reagieren empfindlich auf Pflanzenschutzmittel.
**Warnung:** Die Beeren sind giftig.

**Asparagus-Auswahl**
*Von oben nach unten: Asparagus setaceus 'Pyramidalis', Asparagus acutifolius, Asparagus densiflorus 'Meyeri', Asparagus densiflorus, Asparagus falcatus.*

Aspidistra elatior
## Schusterpalme, Metzgerpalme, Schildblume

*Die Schusterpalme wächst und gedeiht überall.*

In England heißt die Schusterpalme sehr treffend Gußeisen-Pflanze (cast iron plant). Diese Pflanze ist nämlich rundum robust und kommt auch mit dem wenigen Licht zurecht, das Treppenhäuser, Flure oder Geschäftsräume bieten. Sie stammt aus den kühlen, schattigen Gebirgswäldern Japans, wird meterhoch und vergrößert sich ständig durch ihre waagerecht wachsenden Rhizome. Die immergrünen Blätter werden 70 bis 80 cm lang und 10 cm breit. Sie entspringen, tütenförmig zusammengerollt, direkt dem Rhizom und tragen bei der Sorte 'Variegata' auch gelbe oder weiße Streifen. Die unscheinbaren Blüten liegen auf der Erde und sind grauviolett gefärbt.
**Familie:** *Liliaceae,* Liliengewächse.
**Heimat:** China, Japan.
**Standort:** Hell bis schattig, keinesfalls sonnig. Ganzjährig frisch und kühl, im Winter nicht unter 10 °C. Die Schusterpalme verträgt jedoch auch wärmere Temperaturen und trockene Zimmerluft. Buntblättrige Sorte insgesamt heller und wärmer halten. Die Pflanze liebt den Sommeraufenthalt im Freien.
**Gießen, Düngen:** Mäßig feucht halten, im Winter fast trocken. Staunässe unbedingt vermeiden. Von März bis August alle 2 Wochen düngen.
**Weitere Pflege:** Umtopfen im Frühjahr, aber nur bei totaler Durchwurzelung. Ideale Substrate: TKS 2 oder Einheitserde T.
**Vermehren:** Durch vorsichtiges Teilen des Rhizoms, am besten im März/April beim Umtopfen.
**Schädlinge, Krankheiten:** Wurzelfäulnis durch Staunässe, Blattverbrennungen durch grelle Sonne. Schildläuse und Spinnmilben am zu warmen Winterplatz.
**Mein Tip:** Die buntlaubige Sorte 'Variegata' wenig düngen. Bei zu guter Ernährung vergrünen die Blätter.

Beaucarnea recurvata
## Elefantenfuß, Flaschenbaum, Wasserpalme

*Der verdickte Stamm dient als Wasserspeicher.*

Wer den Elefantenfuß einmal in seiner mexikanischen Heimat gesehen hat, ist beeindruckt. Er wächst dort als 8 bis 10 m hoher, vieltriebiger Strauch mit fast 2 m langen, herunterhängenden, graugrünen Blättern. Das Bizarrste aber ist die Stammbasis. Sie kann zu einem breitkugeligen Gebilde von 1 m Durchmesser anschwellen und sieht – genauso wie der Stamm – borkig wie ein Elefantenfuß aus. Die merkwürdige Verdickung dient der Pflanze als Wasserspeicher für Trockenzeiten. Die Pflanze erreicht bei uns natürlich längst nicht die Maße wie am Heimatstandort, kann aber bei guter Pflege auch im Topf oder Kübel meterhoch werden und 60 cm lange Blätter bilden.
**Familie:** *Agavaceae,* Agavengewächse.
**Heimat:** Mexiko.
**Standort:** Hell bis vollsonnig und luftig. Im Sommer an eine regengeschützte Stelle ins Freie stellen. Im Winter hell und kühl, aber nicht unter 10 °C halten.
**Gießen, Düngen:** Im Sommer mäßig gießen, im Winter nahezu trocken halten. Staunässe unbedingt vermeiden, sie ist tödlich! Von Mai bis Oktober alle 4 Wochen düngen.
**Weitere Pflege:** Alle 2 bis 3 Jahre in Einheitserde T umtopfen. Für eine gute Dränage sorgen!
**Vermehren:** Durch Samen oder Seitensprosse, die manchmal erscheinen.
**Schädlinge, Krankheiten:** Spinnmilben und Schildläuse durch einen zu warmen Winterplatz.

Begonia
## Schiefblatt, Blattbegonien

*Begonia masoniana 'Iron Cross', Begonia boweri-Hybriden und Begonia 'Cleopatra' (von links nach rechts).*

Die klassischen Blattbegonien sind die Königsbegonien oder Rex-Hybriden mit ihrer ungeheuren Sortenvielfalt. Ihre Entstehung geht auf das Jahr 1858 zurück, als die Königsbegonie, *Begonia rex,* nach Europa kam und eine bis heute aktive Züchtungsarbeit einleitete. *Begonia rex* ließ sich nämlich überraschend gut mit anderen Arten kreuzen, zum Beispiel mit *Begonia diadema,* deren Gene noch heute erkennbar sind. Rex-Begonien mit Diadema-Blut zeichnen sich durch tief gelappte, gezackte, längliche Blätter aus, während die klassischen Rex-Begonien fast ganzrandige, mehr abgerundete Blätter besitzen. Bizarre Besonderheiten unter den Rex-Begonien sind 'Comtesse Louise Erdody' mit ihrem schneckenförmig eingerollten Blattgrund sowie die purpurrot gerandete 'Bettina Rothschild', die zudem noch durch einen feuerroten Austrieb auffällt. Häufig im Handel sind neben Rex-Begonien die exotisch gefleckten Hybriden von *Begonia boweri,* Mexicross-Hybriden (die *Begonia boweri* und weitere Blattbegonien im Stammbaum haben) und *Begonia masoniana* 'Iron Cross', die auf maigrünen Blättern die schwarze Zeichnung eines »Eisernen Kreuzes« trägt. Diese Blattbegonien sind übrigens auch bezaubernde Ampelpflanzen. Wer sammeln möchte, kann sich weitere Züchtungen, aber auch botanische Arten, die meist besonders attraktive Raritäten sind, von speziellen Begonien-Gärtnereien schicken lassen (→ Adressen, Seite 238). Empfehlenswert sind: *Begonia imperialis* 'Speculata' mit grünen, unregelmäßig braun gerandeten Blättern, *Begonia heracleifolia var. nigricans* mit handförmigen, schwarz getuschten Blättern und hellen Borsten an der Blattunterseite. Dann die rot-schwarzlaubige *Begonia* 'Halina', die farnblättrige *Begonia foliosa* sowie *Begonia goegoensis* mit schildförmigen, fast kreisrunden dunkelgrünen Blättern und leuchtendroten Blattunterseiten. Durch in Silber getauchtes Laub bezaubert 'Sabi', mit rosa Perlen auf der Blattoberfläche die Blattbegonie 'Trush'.

**Familie:** *Begoniaceae*, Begoniengewächse.

**Heimat:** Tropen und Subtropen Asiens, Amerikas und Afrikas.

**Standort:** Hell, aber nicht sonnig. Ganzjährig warm, Wintertemperatur nicht unter 16 °C.

**Gießen, Düngen:** Nur weiches, zimmerwarmes Wasser verwenden. Das ganze Jahr über mäßig feucht halten, aber niemals austrocknen lassen. Staunässe und Ballentrockenheit unbedingt vermeiden! Von März bis September alle 14 Tage niedrig dosiert düngen.

**Weitere Pflege:** Für indirekte Luftfeuchte (→ Seite 43) sorgen. Niemals auf die Blätter sprühen, Blattflecken! Umtopfen nur bei starker Durchwurzelung im Frühjahr in Einheitserde T, TKS 2 oder Blumenerde mit Styroporflocken. Ballen eventuell verkleinern, flache Schalen verwenden.

**Vermehren:** Durch Stecklinge, Blatt- oder Wurzelschnittlinge oder durch Rhizomteile im heizbaren Vermehrungsbeet bei 24 °C Bodentemperatur.

**Schädlinge, Krankheiten:** Nematoden, Echter Mehltau und Wurzelfäule durch schlechte Standortbedingungen oder Pflegefehler. Blattfall im Herbst wird in der Regel durch Neuaustrieb im Frühjahr wieder wettgemacht.

**Mein Tip:** Bei Rex-Begonien werden die Blätter kleiner, wenn man die Blüten nicht abknipst.

Brachychiton rupestris

## Glücksbaum, Australischer Flaschenbaum

*Knorrig wie ein Bonsai – der Glücksbaum.*

Der Glücksbaum stammt aus derselben Familie wie Kakao- und Kolastrauch. Von den 11 bekannten Arten wurde *Brachychiton rupestris* aus Queensland am bekanntesten. Er wächst dort zu einem 6 bis 15 m hohen Baum heran und bildet einen auffälligen, flaschenförmigen Stamm, der im Alter am Naturstandort mehr als 3 m Durchmesser haben kann. Die graugrünen Blätter können an derselben Pflanze sowohl einfach als auch geteilt sein. Im Topf wirkt die oft verschlungen verdickte Stammbasis apart und bizarr. Wie bei *Beaucarnea* (→ Foto, Seite 147), die mit dem Glücksbaum den volkstümlichen Namen Flaschenbaum gemeinsam hat, dient die Verdickung als Wasserspeicher für trockene Zeiten. *Brachychiton rupestris* wird auch als Zimmer-Bonsai angeboten.

**Familie:** *Sterculiaceae,* Sterkuliengewächse.

**Heimat:** Ostaustralien.

**Standort:** Sehr hell bis vollsonnig. Im Sommer 18 bis 20 °C, ab Juni auch an einen regengeschützten Platz ins Freie. Im Winter nicht kühler als 10 °C.

**Gießen, Düngen:** Wenig gießen, eher trocken halten. Staunässe unbedingt vermeiden! Von März bis September alle 4 Wochen schwach dosiert düngen.

**Weitere Pflege:** Im Frühjahr bei völliger Durchwurzelung in Einheitserde T, TKS 2 oder Blumenerde umtopfen. Sand zumischen, das verbessert die Wasserdurchlässigkeit.

**Vermehren:** Durch Kopfstecklinge und aus Samen.

**Schädlinge, Krankheiten:** Spinnmilben und Schildläuse bei zu warmem und dunklem Winterstand. »Umkippen« der Pflanze durch zu reichliches Gießen.

Caladium

## Buntblatt, Buntwurz, Kaladie

*Das Buntblatt gibt es auch mit roten und rosa Varianten.*

Die im Handel erhältlichen Kaladien sind allesamt Kreuzungen und heißen *Caladium*-Bicolor- oder Schomburgkii-Hybriden. Es gibt schneeweiß-, rosa- und rotgefleckte oder marmorierte Spielarten. Gekauft wird dieses buntblättrige Wunder oft als knolliger Wurzelstock, aus dem sich im Sommer die prachtvollen Blätter entwickeln. Im Herbst ziehen sie ein. Überwintert werden nur die Knollen.

**Familie:** *Araceae,* Aronstabgewächse.

**Heimat:** Tropisches Amerika, vor allem Brasilien.

**Standort:** Hell bis halbschattig, keine Sonne. Gleichmäßig warme Boden- und Lufttemperaturen über 20 °C.

**Gießen, Düngen:** Fertig getriebene Pflanzen von Frühjahr bis August gleichmäßig feucht halten, danach nicht mehr gießen, damit das Laub langsam abtrocknen kann. Von März bis Juli wöchentlich düngen.

**Weitere Pflege:** Für hohe Luftfeuchte sorgen, aber nicht auf die Blätter sprühen (→ indirekte Luftfeuchte, Seite 43). Zum Überwintern Knollen bis zum Antreiben in der alten Erde lassen (oder herausnehmen und in Torf legen) und bei 18 °C aufbewahren. Überwinterte Knollen im Januar/Februar in TKS 2, Einheitserde T oder handelsübliche Blumenerde legen. Topf hell, feucht und gut warm halten (Luft- und Bodentemperatur 25 bis 26 °C). Fertig entwickelte Pflanze an 22 °C gewöhnen.

**Vermehren:** Durch Abtrennen der Seitenknöllchen nach Ausbildung eigener Blätter. Oder bei größeren Exemplaren nach der Überwinterung durch Teilen der Knollen, sobald sie 15 cm lange Sprosse ausgebildet haben.

**Schädlinge, Krankheiten:** Blattläuse beim Austrieb durch zu trockene Zimmerluft.

**Warnung:** Enthält haut- und schleimhautreizende Stoffe.

**Den Austrieb abwarten und dann erst teilen, heißt die Devise für alle, die das Buntblatt vermehren möchten. Der Grund: An den Knollen sind vor dem Austrieb die Augen schlecht zu erkennen, man könnte in sie hineinschneiden.**

Calathea
## Korbmarante

*Calathea zebrina – eine der vielen bekannten Arten.*

Geschlossene Blumenfenster, Vitrinen oder feuchtwarme Gewächshäuser sind die Lieblingsplätze dieser Bewohnerin tropischer Regenwälder. Dank Gärtnerkunst gibt es bei uns aber auch Korbmaranten, die im Zimmer ganz gut vorankommen. Allen voran *Calathea makoyana.* Sie ist mit ovalen Blättern ausgestattet, die auf cremefarbenem Grund olivgrüne Flecken tragen, und wird etwa 30 cm hoch. Längliche, 30 cm lange Blätter auf 10 bis 30 cm langen Blattstielen trägt *Calathea lancifolia.* Mit silberweißer Blattfläche und grünem Rand schmückt sich das Laub von *Calathea picturata* 'Argentea'; helle Doppelstriche parallel zu den Seitennerven findet man bei *Calathea ornata* 'Roseo-Lineata', während *Calathea zebrina* hellgrün gezeichnet ist.
**Familie:** *Marantaceae,* Marantengewächse.
**Heimat:** Tropisches Amerika.
**Standort:** Ganzjährig hell bis halbschattig, keine Sonne. Tagsüber 20 °C warm, nachts nicht unter 16 °C. Bei fehlender Bodenwärme Wachstumsstörungen, am zu dunklen Platz leidet die Blattfärbung.
**Gießen, Düngen:** Mit weichem, zimmerwarmem Wasser mäßig feucht halten. Von März bis August alle 14 Tage schwach konzentriert düngen.
**Weitere Pflege:** Für hohe Luftfeuchte durch Sprühen sorgen! Jährlich im Sommer in Einheitserde T, TKS 2 oder Blumenerde umtopfen. Styroporflokken unter die Erde mischen.
**Vermehren:** Durch Teilen des Wurzelstocks beim Umtopfen.
**Schädlinge, Krankheiten:** Spinnmilben, Schildläuse und eingerollte Blätter durch Heizungsluft.
**Mein Tip:** Neuerdings öfter zu sehen: *Calathea crocata,* eine Blatt- und Blütenschönheit mit safrangelben Blütenständen.

Ceropegia woodii
## Leuchterblume

*Die Leuchterblume ist dekorativ und anspruchslos.*

Von den 160 bekannten Arten spielt nur *Ceropegia woodii* eine Rolle als Zimmerpflanze. Sie ist eine sukkulente Durstkünstlerin mit fleischigen Blättern und einem knolligen Wurzelstock. Die bis zu 2 m langen fadendünnen Triebe sind in Abständen mit kleinen, herzförmigen, silbrig gezeichneten Blättern bestückt. Dieser herabhängende Wuchs macht sie zu einer der schönsten Ampelpflanzen, die wir haben. In den Blattachseln zeigen sich im Sommer runde Knöllchen, die bei Erdkontakt rasch Wurzeln bilden. Die kleinen Blüten bestehen aus einer fleischfarbenen Kronröhre, die in 5 schwarzbraune Zipfel mündet. Sie geben der Blüte das Aussehen eines Schirmchens oder einer Leuchte.
**Familie:** *Asclepiadaceae,* Seidenpflanzengewächse.
**Heimat:** Rhodesien, Kapland.
**Standort:** Sehr hell bis vollsonnig. Im Sommer warm, im Winter kühler, aber nicht unter 12 °C. Durchschnittliche Zimmertemperatur wird auch vertragen.
**Gießen, Düngen:** Ganzjährig leicht feucht halten, an kühlen Winterplätzen nur selten gießen. Von März bis August alle 4 Wochen schwach dosiert düngen.
**Weitere Pflege:** Alle 2 bis 3 Jahre im Frühling in Einheitserde T oder TKS 2 mit 1/3 Sand umtopfen.
**Vermehren:** Durch Knöllchen oder Teilstecklinge. Schnittflächen vor dem Stecken abtrocknen lassen.
**Schädlinge, Krankheiten:** Selten.
**Mein Tip:** Mehrere Leuchterblumen, in den Rahmen eines Südfensters gehängt, bilden eine dekorative und pflegeleichte »Pflanzengardine«.

Chlorophytum comosum
## Grünlilie, Graslilie

Die Grünlilie, *Chlorophytum comosum,* bildet dichte Rosettenbüschel, bogige Triebe mit kleinen weißen Blüten und viele Kindel. Sie gedeiht überall. Die Urform ist grünblättrig, bekannter sind aber die gestreiften Varietäten.

**Familie:** *Liliaceae,* Liliengewächse.

**Heimat:** Südafrika.

**Standort:** Sonnig, hell oder halbschattig. Ganzjährig Zimmertemperatur. Kann ab Juni draußen übersommern.

**Gießen, Düngen:** Ganzjährig gleichmäßig feucht halten. Erde nie austrocknen lassen, aber auch nie übergießen. Die Wurzeln faulen leicht. Von März bis August wöchentlich düngen.

**Weitere Pflege:** Bei Wärme und Lufttrockenheit Pflanze ab und zu übersprühen. Sobald die Wurzeln über den Topfrand drücken, in Einheitserde T, TKS 2 oder Blumenerde umtopfen. Geräumiges Gefäß wählen.

**Vermehren:** Jederzeit durch Kindel.

**Schädlinge, Krankheiten:** Blattläuse bei zu warmer, lufttrockener Überwinterung. Braune Blattspitzen durch zuwenig oder zuviel Wasser. Knickblätter bei zuviel Wärme und Lichtmangel.

**Im Nu vom Ableger zum Solitär**
*Grünlilien sind pflegeleicht und schnell von einem Pulk von Kindeln umgeben.*

Cissus

## Zimmerwein, Klimme

*Schönste Sorte – Cissus antarctica 'Ellen Danica'.*

Für die Zimmerpflanzenkultur haben sich folgende Arten bewährt: *Cissus antarctica,* der Australische Wein, auch Russischer Wein, Zimmerrebe oder Känguruhwein genannt. Er klettert stark und bildet über 3 m lange Triebe mit festen, ungeteilten, am Rand gesägten, glänzendgrünen Blättern. *Cissus rhombifolia,* der Königswein, ist, wie der Name sagt, mit rautenförmigen Blättern ausgestattet. Seine schönste Sorte 'Ellen Danica' zeichnet sich durch eingeschnittene, manchmal rötlich behaarte Blätter aus und wächst gedrungener. Beide Arten sind vorzügliche Kletter- und Ampelpflanzen und zum Begrünen von Spalieren und Raumteilern geeignet. Für warmfeuchte Blumenfenster eignen sich *Cissus discolor* und *Cissus amazonica.*

**Familie:** *Vitaceae,* Weinrebengewächse.

**Heimat:** Tropen.

**Standort:** Hell bis halbschattig, keine Sonne. Für *Cissus antarctica* und *Cissus rhombifolia* sind ganzjährig Temperaturen zwischen 16 und 20 °C, im Winter auch um 10 °C geeignet, für *Cissus discolor* und *Cissus amazonica* ganzjährig über 20 °C.

**Gießen, Düngen:** Gleichmäßig leicht feucht halten. Bei kühleren Temperaturen weniger gießen. Von März bis August wöchentlich düngen.

**Weitere Pflege:** Junge Pflanzen jedes Frühjahr, ältere nur bei Bedarf in Einheitserde T, TKS 2 oder Blumenerde umtopfen. Verkahlte Triebe können jederzeit zurückgeschnitten werden.

**Vermehren:** Durch Kopf- und Teilstecklinge im heizbaren Vermehrungsbeet.

**Schädlinge, Krankheiten:** Blattfall, Blattflecken durch ungünstigen Standort und Pflegefehler. Mehltau und andere Pilzkrankheiten durch zuviel Bodennässe im Winter.

Clusia rosea

## Balsamapfel

*Die Clusia ist mit unserem Johanniskraut verwandt.*

Obwohl der Balsamapfel bereits 1692 nach Europa gelangt sein soll, zählt er auf dem Topfpflanzenmarkt zu den Neueinführungen. Er gehört zu einer Gattung epiphytisch wachsender Bäume oder Sträucher und kommt in seiner Heimat auf und zwischen Felsen vor. Die Zweige sind dick, die verkehrteiförmigen Blätter immergrün und ledrig, wobei 20 bis 30 cm Länge keine Seltenheit sind. Die rosafarbenen, duftenden Blüten ähneln großen Kamelien. Sie sind mit goldgelben Staubblättern angefüllt, und die daraus entstehenden Samenkapseln sollen so groß wie Golfbälle sein. Leider erscheinen sie bei Topfkultur nur selten. Aber allein schon aufgrund ihrer attraktiven Blätter ist die *Clusia,* die viel Ähnlichkeit mit dem Gummibaum hat, eine attraktive Grünpflanze mit hohem Dekorationswert.

**Familie:** *Guttiferae,* Guttibaumgewächse.

**Heimat:** Tropen und Subtropen Amerikas.

**Standort:** Hell bis halbschattig, keine Sonne. Ganzjährig warm, auch im Winter nicht unter 18 °C. Kann ab Juni ins Freie an eine warme, sonnengeschützte Stelle.

**Gießen, Düngen:** Stets mäßig feucht halten. Weiches, zimmerwarmes Wasser verwenden. Während der Wachstumszeit alle 14 Tage schwach dosiert düngen.

**Weitere Pflege:** Öfter sprühen. Bei Bedarf im Frühjahr in Einheitserde T umtopfen.

**Vermehren:** Durch Kopfstecklinge im heizbaren Vermehrungsbeet bei Bodentemperaturen zwischen 25 und 30 °C.

**Schädlinge, Krankheiten:** Selten.

Codiaeum
## Kroton, Wunderstrauch

*Die farbenfrohen Blätter sind lichthungrig.*

Ein bekannter Strauch auf den Molukken und ein bunter Papagei unter den Blattpflanzen ist der Kroton. Von der einzigen in Kultur befindlichen Art *Codiaeum variegatum var. pictum* gibt es zahlreiche Variationen. Die ledrigen Blätter können groß, ganzrandig oder gelappt, klein, riemenförmig und zusätzlich in sich gedreht sein. Die Farbpalette reicht von Grün über Gelb, Orange, Rot bis hin zu purpurroten und fast schwarzgrünen Nuancen. Bei den Farbmustern gibt es Flecken, Äderungen, Sprenkelungen oder Streifen. Da sich die Blätter erst im Alter endgültig ausfärben, beobachtet man häufig verschiedenfarbiges Laub auf einer Pflanze.
**Familie:** *Euphorbiaceae,* Wolfsmilchgewächse.
**Heimat:** Südostasien.
**Standort:** Hell, aber nicht sonnig. Ohne ausreichendes Licht verblassen die kräftigen Farben. Ganzjährig warm und möglichst luftfeucht. Zugluft, kalte Füße und Wintertemperaturen unter 16 °C unbedingt vermeiden.
**Gießen, Düngen:** Im Frühjahr/Sommer gleichmäßig leicht feucht halten. Ab September bis März weniger gießen. Von März bis August wöchentlich niedrig dosiert düngen.
**Weitere Pflege:** Öfter sprühen oder für indirekte Luftfeuchte (→ Seite 43) sorgen. Junge Exemplare alle 2 Jahre, ältere nur bei Bedarf in Einheitserde T, TKS 1 oder Blumenerde mit Styroporflocken umtopfen.
**Vermehren:** Von Januar bis März durch Kopf- und Teilstecklinge bei 25 bis 30 °C. Schnittstellen in Holzkohlepuder tauchen, damit der weiße Milchsaft nicht austritt. Weitere Möglichkeit: Abmoosen.
**Schädlinge, Krankheiten:** Schildläuse, Spinnmilben bei zu trockener Luft. Blattfall und Verkahlung durch Pflegefehler.
**Warnung:** Giftpflanze. Der Milchsaft ist haut- und schleimhautreizend.

Codonanthe crassifolia
## Codonanthe

Die Codonanthe besitzt überhängende, verholzende, rötlich überhauchte Triebe. Die Blätter sind gegenständig, ledrig und ein wenig sukkulent, worauf auch der Artname *Codonanthe crassifolia* Bezug nimmt. Die trompetenförmigen Blüten sind weiß und innen rötlich gezeichnet. Die Codonanthe ist eine hübsche Ampelpflanze, die sich im klimatisierten Blumenfenster am wohlsten fühlt.
**Familie:** *Gesneriaceae,* Gesneriengewächse.
**Heimat:** Tropisches Amerika.
**Standort:** Ganzjährig sehr hell, aber nicht sonnig, und warm, am liebsten über 20 °C. Im Winter 4 Wochen lang kühler (um 15 °C) und fast trocken halten. Das fördert die Knospenbildung.
**Gießen, Düngen:** Wurzelballen nur leicht feucht halten. Von März bis Ende August alle 2 Wochen niedrig dosiert düngen.
**Weitere Pflege:** Häufig sprühen. Umgetopft wird im Februar/März oder nach der Blüte in Einheitserde P, der man zur besseren Durchlüftung Styroporflocken untermischt.
**Vermehren:** Durch noch nicht verholzte Stecklinge (mit mindestens 3 Blattpaaren) im Frühsommer. Triebe einfach in das feuchte Vermehrungssubstrat stecken. Wichtig: Bodenwärme. Große Pflanzen können auch geteilt werden.
**Schädlinge, Krankheiten:** Blattläuse, Knospenfall durch Platzwechsel, Temperaturschwankungen, zuviel oder zuwenig Wasser.

*Die Codonanthe braucht hohe Luftfeuchte.*

Coleus-Blumei-Hybriden

## Buntnessel, Flammennessel, Ziernessel

*Am sonnigen Platz lodern die Blätter wie ein Feuer.*

Die Buntnessel ist eine der dankbarsten und farbenfreudigsten Zimmerpflanzen, die wir kennen. Im Handel sind ausschließlich Hybriden in erstaunlicher Farbenvielfalt. Mit Weiß, Creme, Grün, verschiedenen Rottönen, Rosa und Violett malt die Buntnessel gerandete, geäderte, marmorierte, geflammte und gestreifte Blattmuster, die immer wieder anders aussehen. Die Pflanze ist ein Halbstrauch, besitzt kantige Stengel wie unsere Brennessel und wird etwa 50 cm hoch. Ihre blauen, unscheinbaren Blüten ähneln Salbeiblüten. Besonders niedlich ist der kleinlaubige *Coleus pumilus.* Er wächst hängend und ist mit seinen rotweißen, grün gerandeten Blättern eine wunderschöne Ampelpflanze.
**Familie:** *Labiatae,* Lippenblütler.
**Heimat:** Tropisches Asien und Afrika. Im Handel sind jedoch nur Zuchtformen.
**Standort:** Ganzjährig vollsonnig, sonst verlieren sich Färbung und gedrungener Wuchs. Zimmertemperatur, im Winter nicht unter 8 °C.
**Gießen, Düngen:** Im Sommer reichlich gießen, sonst schlappen die Blätter. Im Winter nur mäßig feucht halten. Von März bis August alle 8 bis 14 Tage düngen.
**Weitere Pflege:** Im Frühjahr kräftig zurückschneiden und in Einheitserde T oder handelsübliche Blumenerde umtopfen.
**Vermehren:** Durch Kopfstecklinge (sie bewurzeln in Wasser oder Substrat) oder durch Aussaat (im Warmbeet). Jungpflanzen mehrmals stutzen, damit sie schön buschig werden.
**Schädlinge, Krankheiten:** Spinnmilben durch einen zu trockenwarmen Winterstandort. Weiße Fliege.
**Mein Tip**: Die Blütenbildung kostet die Buntnessel Kraft und führt dazu, daß die Blätter kleiner werden. Entfernen Sie deshalb bereits die Knospenansätze.

Cordyline

## Keulenlilie

*Cordyline fruticosa bildet im Alter einen Stamm.*

Keulenlilien besitzen weiße, keulenförmig verdickte Wurzeln, denen sie den deutschen Namen verdanken. Bekannte Arten und Sorten: *Cordyline fruticosa* und ihre Sorten, mit langgestielten, breit lanzenförmigen, rotbunt gestreiften Blättern, werden etwa meterhoch. *Cordyline australis* und *Cordyline indivisa* hingegen besitzen schmale Blätter, die bei einigen Sorten rot gestreift sind.
**Familie:** *Agavaceae,* Agavengewächse.
**Heimat:** Tropisches Asien, Australien, Neuseeland.
**Standort:** *Cordyline fruticosa* hell, aber nicht sonnig, ganzjährig warm und luftfeucht. Ideal ist ein geschlossenes Blumenfenster. *Cordyline australis* und *Cordyline indivisa* vollsonnig. Im Sommer ins Freie stellen, im Winter kühle Temperaturen von 5 bis 10 °C.
**Gießen, Düngen:** *Cordyline fruticosa* ganzjährig leicht feucht halten. Staunässe unbedingt vermeiden, sonst faulen die fleischigen Wurzeln! Die anderen Arten im Sommer mäßig, im Winter selten gießen. Von März bis August alle 14 Tage schwach dosiert düngen.
**Weitere Pflege:** Pflanze öfter besprühen oder für indirekte Luftfeuchte (→ Seite 43) sorgen. Im Frühjahr bei Bedarf in Einheitserde P, TKS 1 oder Blumenerde umtopfen.
**Vermehren:** *Cordyline fruticosa* meist durch Kopfstecklinge mit 6 bis 10 Blättern; auch durch Stammteilstücke mit 3 bis 6 Blattnarben, die waagerecht in das Substrat gelegt werden und nach dem Austreiben geteilt werden können. *Cordyline australis* und *Cordyline indivisa* durch Aussaat im Januar/Februar.
**Schädlinge, Krankheiten:** Spinnmilben, Schildläuse, Thripse durch trockene Heizungsluft, bei den »kühlen« Arten auch durch einen zu warmen Winterstandort.

Corynocarpus laevigatus
## Karakabaum, Neuseeland-Lorbeer

*Gummibaumähnlich – der Neuseeland-Lorbeer.*

Für helle, nicht allzu warme Räume ist dieser immergrüne Strauch mit den rundovalen dunkelgrünen Blättern eine prächtige Dekorationspflanze. Von den 4 oder 5 Arten der Gattung ist nur die Art *Corynocarpus laevigatus* in Kultur. Ihr botanischer Artname hängt vermutlich mit der glatten, gummibaumähnlichen Beschaffenheit der Blätter zusammen (lateinisch: *laevigatus* = glatt). Der Gattungsname hingegen weist auf die Fruchtform hin (griechisch: *koryne* = Keule, *karpos* = Frucht). In der Natur trägt der Karakabaum längliche, orangefarbene Steinfrüchte, deren Samen sehr giftig sind. Bei uns erscheinen Blüten und Samen jedoch nicht.

**Familie:** *Corynocarpaceae,* Karakabaumgewächse.
**Heimat:** Neuseeland.
**Standort:** Ganzjährig sehr hell. Im Sommer um 20 °C, im Frühjahr/Winter 5 bis 10 °C. Die Pflanze liebt die Sommerfrische im Freien.
**Gießen, Düngen:** Ganzjährig mäßig feucht halten. Am kühlen Winterstandort noch weniger gießen. Von März bis August alle 14 Tage düngen.
**Weitere Pflege:** Bei Bedarf im Frühjahr in Einheitserde T, TKS 2 oder Blumenerde umtopfen.
**Vermehren:** Im Januar/Februar oder August/September durch Teil- oder Kopfstecklinge bei Bodentemperaturen um 20 °C. Jungpflanzen öfter stutzen, damit sie sich schön verzweigen.
**Schädlinge, Krankheiten:** Schildläuse und Spinnmilben am zu warmen, lufttrockenen Winterstandort.
**Warnung:** Die Samen des Neuseeland-Lorbeers sind sehr giftig.

Crassula arborescens
## Dickblatt, Geldbaum

*Crassula ovata, eignet sich auch als Bonsai.*

Von den mehr als 300 bekannten *Crassula*-Arten sind *Crassula arborescens* und die sehr ähnliche *Crassula ovata* als Zimmerpflanzen am bekanntesten geworden. Beide bilden eirunde, dickfleischige, silbergraue oder glänzendgrüne Blätter, wachsen mehrtriebig bis baumartig (*arborescens*) und entwickeln sich bald zu stattlichen, knorrig wirkenden Exemplaren von mehr als 1 m Höhe und Umfang. Dabei werden die Pflanzen ziemlich schwer. Der Geldbaum kann bei guter Pflege sehr alt werden und setzt, selten vor 10 Jahren, kleine rosa oder weiße Blüten an.
**Familie:** *Crassulaceae,* Dickblattgewächse.
**Heimat:** Südafrika.
**Standort:** Hell bis vollsonnig, aber nicht unmittelbar an einem Fenster mit voller Mittagssonne. Im Sommer warm, auch draußen an einem hellen, unbesonnten und regengeschützten Platz. Im Winter möglichst kühl (um 10 °C). Bei zu warmer Überwinterung Blattfall und häßliche langgezogene Triebe.
**Gießen, Düngen:** Im Sommer im Zimmer mäßig feucht halten, im Freien etwas mehr gießen, im Winter fast trocken halten. In den Sommermonaten einmal monatlich mit einem Kakteendünger versorgen.
**Weitere Pflege:** Bei Bedarf im Frühjahr oder Sommer in Einheitserde T, TKS 2 oder Blumenerde mit Lehm- und Sandzusatz umtopfen. Schwere Töpfe mit guter Standfestigkeit verwenden!
**Vermehren:** Durch Kopfstecklinge, die leicht in einem Torf-Sand-Gemisch bewurzeln. Schnittflächen zuvor ein paar Tage abtrocknen lassen.
**Schädlinge, Krankheiten:** Wolläuse durch zu warmen Winterplatz. Wurzelläuse.
**Mein Tip:** Genauso gepflegt werden das Sichelblatt, *Crassula falcata,* und andere *Crassula*-Arten.

**Standfest und schwer müssen die Töpfe für den Geldbaum sein, wenn er älter wird. Zusätzlich noch dicke Kiesel auf die Topfoberfläche legen.**

Cryptanthus
## Erdstern, Versteckblüte

*Der Erdstern ist ein typischer Bodenbewohner.*

Heimat des Erdsterns sind die Trockenwälder Brasiliens. Dementsprechend ist er mit derben Blättern ausgestattet, denen trockene Luft nicht soviel ausmacht. Im Gegensatz zu den meisten epiphytisch lebenden Bromelien wurzelt er in der Erde. Die Erdkultur ist deshalb die artgerechte Pflege des Erdsterns, obwohl er manchmal auch auf Epiphytenstämmen angeboten wird. Dort trocknet er aber meistens ein. Am bekanntesten sind *Cryptanthus bivittatus* mit weiß- oder rosagestreiften gewellten Blättern und *Cryptanthus acaulis* mit grauschuppigen grünen, rosa oder bräunlichen Blättern, die 8 bis 20 cm lang werden können. Die Versteckblüte bildet flache, sternförmige Rosetten, in deren Mitte sich die unscheinbaren weißen Blüten verstecken. Daher auch der Name: von *kryptos* = verborgen und *anthos* = Blüte.
**Familie:** *Bromeliaceae,* Ananasgewächse.
**Heimat:** Brasilien.
**Standort:** Hell bis halbschattig, im Winter auch sonnig. Ganzjährig zwischen 20 und 22 °C warm. Ideal sind Blumenfenster, Vitrinen, Flaschengärten und Terrarien.
**Gießen, Düngen:** Gleichmäßig feucht halten. Von März bis August alle 14 Tage niedrig dosiert düngen.
**Weitere Pflege:** Für hohe Luftfeuchte sorgen. Am Fenster im Sommer täglich, im Winter alle 2 Wochen übersprühen. Bei Bedarf in Einheitserde T, TKS 2 oder Blumenerde mit Styroporflocken umtopfen.
**Vermehren:** Durch Abtrennen der Kindel, die halb so groß wie die Mutterpflanze sein sollten.
**Schädlinge, Krankheiten:** Selten. Schildläuse bei trockener Heizungsluft, Wurzelläuse.
**Warnung:** Der Erdstern enthält hautreizende Stoffe.

Ctenanthe
## Ctenanthe

*Ctenanthe oppenheimiana 'Variegata'.*

Von den rund 10 Arten der Gattung, die alle im brasilianischen Regenwald zu Hause sind, haben sich *Ctenanthe oppenheimiana* und *Ctenanthe lubbersiana* als Topfpflanzen am besten bewährt. Dennoch: Der beste Platz für diese Marantengewächse ist und bleibt das feuchtwarme Blumenfenster. Ctenanthen sind Blattschönheiten und bilden bis zu 40 cm lange Blätter, die oberseits gefleckt oder gestreift sind. *Ctenanthe oppenheimiana* sowie ihre Sorten 'Variegata' und 'Tricolor' erkennt man an den roten Blattstielen und Blattunterseiten. Alle werden fast meterhoch und ebenso breit, da sie Ausläufer treiben. *Ctenanthe lubbersiana* ist etwas zierlicher und erreicht eine Höhe von 60 bis 80 cm.
**Familie:** *Marantaceae,* Marantengewächse.
**Heimat:** Brasilien.
**Standort:** Sehr hell, aber nicht vollsonnig. Am zu dunklen Platz verliert sich die schöne Blattzeichnung. Ganzjährig über 20 °C warm, auch im Winter nie unter 18 °C. Ganz wichtig ist Bodenwärme.
**Gießen, Düngen:** Mit weichem, zimmerwarmem Wasser stets gleichmäßig feucht halten. In der Wachstumszeit alle 14 Tage schwach dosiert düngen.
**Weitere Pflege:** Pflanze öfter einsprühen und für indirekte Luftfeuchte (→ Seite 43) sorgen. Im Frühjahr oder Frühsommer in mit Styroporflocken vermischte Einheitserde umtopfen.
**Vermehren:** *Ctenanthe oppenheimiana* durch Teilen, *Ctenanthe lubbersiana* durch Abschneiden der am Stengelende erscheinenden Blattschöpfe. Bewurzelung nur bei Bodenwärme und feuchter Luft.
**Schädlinge, Krankheiten:** Eingerollte Blätter durch Sonneneinwirkung und zu trockene Luft.

Cupressus macrocarpa
## Zimmerzypresse

*Die Zimmerzypresse wächst sehr schnell.*

Die Zimmerzypresse, ein nicht winterharter Nadelbaum aus Kalifornien, hat bei uns rasch Karriere gemacht. Unter anderem auch deshalb, weil man die eigentlich pyramidenförmig wachsende Immergrüne so schön als dekoratives Kronenbäumchen zurechtstutzen kann. Ein Rückschnitt ist im Zimmer ohnehin unerläßlich, da die Zypressen-Art sehr rasch wächst und so gut es möglich ist versucht, das genetisch vorprogrammierte Baummaß zu erreichen. Im Handel ist vor allem die Sorte 'Goldcrest', die attraktive goldene Nadeln besitzt.
**Familie:** *Cupressaceae,* Zypressengewächse.
**Heimat:** Südkalifornien.
**Standort:** Hell bis halbschattig. Im Sommer am besten draußen an einem hellen, aber nicht sonnigen Platz. Warme Sommertemperaturen und kühle Wintertemperaturen (um 5 bis 10 °C) sind ideal. Bester Standort ist ein ungeheizter Wintergarten.
**Gießen, Düngen:** Im Sommer gleichmäßig feucht halten, im Winter bei niedrigen Temperaturen wenig, bei Wärme mehr gießen. Ballentrockenheit und Staunässe vermeiden! Von März bis September höchstens alle 4 Wochen düngen, sonst wächst die Zimmerzypresse noch rascher.
**Weitere Pflege:** Bei Bedarf im Frühjahr oder Herbst in Einheitserde T umtopfen.
**Vermehren:** Durch Kopfstecklinge im Sommer im heizbaren Vermehrungsbeet. Schwierig.
**Schädlinge, Krankheiten:** Spinnmilben am zu warmen Winterplatz.

Cycas revoluta
## Palmfarn

*Edel und teuer – große Cycas-Exemplare.*

Der attraktive Palmfarn gehört zu den ältesten Pflanzen der Erde und hat mit den pflanzengeschichtlich jungen Palmen nur das Äußere gemeinsam. Er wächst sehr langsam – alle 1 bis 2 Jahre bildet sich ein neuer Blattkranz –, weshalb große Exemplare nach Zentimetern gehandelt werden und schon einmal soviel wie ein Kleinwagen kosten können. Die ledrigen Wedel, die aus einem ananasähnlichen Stamm herauswachsen, wirken sehr dekorativ. Im Handel sind ausschließlich Jungpflanzen von *Cycas revoluta* (oft auch als Bonsai).
**Familie:** *Cycadaceae,* Palmfarngewächse.
**Heimat:** Südostasien, Japan.
**Standort:** Hell, keine Sonne. Im Sommer warm – ältere Exemplare auch im Freien –, im Winter kühl (um 12 bis 15 °C).
**Gießen, Düngen:** Im Sommer gleichmäßig feucht halten, im Winter weniger gießen. Erde zwischendurch immer ab-, aber nie ganz austrocknen lassen. Staunässe unbedingt vermeiden! Von März bis August wöchentlich schwach düngen. Kenner schwören auf Guano oder Trocken-Rinderdung.
**Weitere Pflege:** Alle 2 bis 5 Jahre in mit Sand vermischte Einheitserde T umtopfen.
**Vermehren:** Durch Samen bei Bodentemperaturen von 30 °C. Schwierig und langwierig.
**Schädlinge, Krankheiten:** Wolläuse an zu warmem, ungelüftetem Winterstandort. Schildläuse.
**Warnung:** In der Literatur sind einzelne Fälle von Tiervergiftungen bekannt.

Cyperus

## Zypergras, Papyrus

*Graziler Halm von Cyperus alternifolius.*

*Cyperus albostriatus möchte nicht im Wasser stehen.*

Zypergräser sind Bewohner feuchter Böden und Sümpfe, lieben also auch als Pfleglinge nasse Füße. Erkennungszeichen der meisten Zypergräser sind die schirmartigen Blattschöpfe. Die unscheinbaren kleinen Doldenblüten erscheinen fast ganzjährig. Es gibt etwa 600 Arten, von denen *Cyperus alternifolius,* seine weißbunte Varietät 'Variegatus', die Unterart *ssp. flabelliformis, Cyperus albostriatus, Cyperus gracilis* und *Cyperus haspan* als Zimmerpflanzen eine Rolle spielen.

- *Cyperus alternifolius* wird über 1 m groß und besitzt feinrinnig gestreifte Halme, an deren Ende ein dichter Schopf aus 25 cm langen Blättern mit unauffällig braunen Blüten in der Mitte sitzt. Die weißbunte Varietät vergrünt mit zunehmendem Alter und bei allzu guter Ernährung.
- *Cyperus albostriatus* hat niedrigere Stiele und breitere Blätter mit rauhem Rand. Er wird häufig unter dem falschen Namen *Cyperus diffusus* angeboten.
- *Cyperus gracilis,* das Zwergzypergras, wächst nur 30 cm hoch.
- *Cyperus haspan* wirkt wie eine kleine Papyrusstaude und wird 30 bis 50 cm hoch.
- *Cyperus papyrus,* die echte Papyruspflanze, umgibt ein besonders exotisches Flair. Sie erreicht eine Höhe von mehr als 2 m, bildet einen eleganten Schopf locker herabhängender fadenförmiger Blätter und eine große hundertstrahlige Blütendolde. Ab und zu wird sie als fertige Pflanze angeboten, man kann sie aber auch aus Samen selbst heranziehen.

Verwandt sind alle mit einer so prominenten Nutzpflanze wie der Erdmandel (*Cyperus esculentus*) und der Papyrusstaude (*Cyperus papyrus*).

**Familie:** *Cyperaceae,* Riedgräser, Sauergräser.

**Heimat:** Tropen, Subtropen, gemäßigte Zonen.

**Standort:** Hell bis sonnig, ganzjährig warm. Alle – mit Ausnahme von *Cyperus albostriatus* – dürfen ab Ende Mai ins Freie. Im Winter etwas kühler halten.

**Gießen, Düngen:** Bei hellem und warmem Stand sehr naß halten. Der Untersetzer darf ständig gefüllt sein. Ausnahme: *Cyperus albostriatus.* Diese etwas breitblättrigere Art braucht keine Fußbäder. Es genügt, den Ballen gleichmäßig leicht feucht zu halten. Bei den anderen Arten im Winter bei 12 bis 15 °C auch Fußbäder weglassen. Gedüngt wird bei Topfkultur von April bis August alle 1 bis 2 Wochen schwach dosiert.

**Weitere Pflege:** Im Winter in geheizten Räumen für indirekte Luftfeuchte sorgen und die Pflanzen öfter einmal abduschen. Wenn nötig, wird im Frühjahr in TKS 2, Einheitserde T oder Blumenerde umgetopft. Etwas Lehm und Sand hinzufügen!

**Vermehren:** Durch Teilen der Pflanze oder durch Abschneiden der »Schirme« mit 5 cm langem Stiel. Blätter um ⅓ einkürzen und in zimmerwarmem Wasser bewurzeln (→ Zeichnung, Seite 60). Eine weitere Vermehrungsmöglichkeit ist die Aussaat. Samen gibt's von *Cyperus alternifolius, Cyperus esculentus* und *Cyperus papyrus* (Bezugsquellen → Adressen, Seite 238). Samen nicht abdecken und sehr hell stellen – *Cyperus* sind Lichtkeimer!

**Schädlinge, Krankheiten:** Braune Blattspitzen durch zu trockene Luft oder von zu hartem oder zu saurem Wasser, eingerissene Blätter durch zu kühle Haltung, Spinnmilben und Thripse ebenfalls durch zu trockene Luft.

**Mein Tip:** In Wasserbecken oder Aquarium ausgepflanzte Exemplare nur selten und sehr niedrig dosiert düngen, sonst besteht Übersalzungsgefahr für das Wasser.

Dieffenbachia

## Dieffenbachie

*Eine der zahlreichen Dieffenbachia-Hybriden.*

Die Dieffenbachie ist ein Lieblingskind internationaler Züchter. Am bekanntesten sind die *Dieffenbachia-Amoena*-Hybride 'Tropic Snow' mit großen, 60 cm langen, cremeweiß marmorierten Blättern, *Dieffenbachia bowmannii* 'Camilla' mit 75 cm langen, hellgrün gezeichneten Blättern oder schwachwachsende Varietäten von *Dieffenbachia maculata* mit weiß-grün gefleckten Blättern. Besonders auffällig sind Sorten, bei denen die Blätter weiß und die Ränder grün sind.

**Familie:** *Araceae*, Aronstabgewächse.

**Heimat:** Tropisches Mittel- und Südamerika.

**Standort:** Hell bis halbschattig, niemals sonnig. Bei zu dunklem Stand vergrünen die panaschierten Blätter. Ganzjährig warm, im Winter nicht unter 8 °C. Zugluft und Temperaturschwankungen vermeiden!

**Gießen, Düngen:** Mit weichem, zimmerwarmem Wasser ganzjährig feucht halten. Im Winter sparsamer gießen. Im Sommer wöchentlich niedrig dosiert düngen.

**Weitere Pflege:** Für indirekte Luftfeuchte (→ Seite 43) sorgen oder öfter sprühen. Alle 2 Jahre im Frühjahr in Einheitserde T, TKS 2 oder Blumenerde mit Styroporflocken umtopfen. Bei totaler Verkahlung im Alter Pflanze zurückschneiden. Sie treibt wieder aus.

**Vermehren:** Durch Kopfstecklinge oder Stammstücke im heizbaren Vermehrungsbeet oder bei 25 °C Bodenwärme. Stammstücke mit dem Auge nach oben waagerecht auf das Substrat legen.

**Schädlinge, Krankheiten:** Spinnmilben, Thripse und Blattläuse durch trockene Heizungsluft. Wurzelfäule durch zu nassen Stand und Pilzkrankheiten durch schlechte Standortbedingungen.

**Warnung:** Die Pflanze ist in allen Teilen giftig, ihr Saft ist haut- und schleimhautreizend.

Dizygotheca

## Fingeraralie

*Zierlich und elegant – Dizygotheca elegantissima.*

Die Fingeraralie ist ein Kind exotischer Südseeinseln und bildet dort immergrüne Sträucher bis kleine Bäume. *Dizygotheca elegantissima* ist – wie schon ihr botanischer Artname sagt – mit ihrem filigranzarten Blattwerk eine elegante Erscheinung. Sie wächst in der Regel eintriebig und kann auch im Zimmer fast 2 m hoch werden. Die 7 bis 11 schmalen, langen Einzelblättchen stehen wie Finger einer Hand am dünnen Stengel. Sie sind im Jugendstadium rötlich und zierlich, später dunkelolivgrün und etwas breiter. Noch nicht so lange im Handel: *Dizygotheca veitchii* 'Castor'.

**Familie:** *Araliaceae,* Araliengewächse.

**Heimat:** Südsee.

**Standort:** Hell, aber nicht sonnig. Ganzjährig gleichmäßige Boden- und Luftwärme über 20 °C. Ideal ist ein feuchtwarmes Blumenfenster. Zugluft vermeiden, sonst Blattfall!

**Gießen, Düngen:** Mit enthärtetem, zimmerwarmem Wasser gleichmäßig feucht halten. Keine Staunässe noch Trockenheit, beide sind für die Pflanze tödlich. Im Winter weniger gießen. Von März bis August alle 14 Tage düngen.

**Weitere Pflege:** Öfter sprühen! Junge Pflanzen alle 2 Jahre in Einheitserde T, TKS 2 oder Blumenerde umpflanzen, ältere nur bei Bedarf. Bei zu staksigem Wuchs ist Rückschnitt möglich. Er beeinträchtigt aber den typischen Wuchscharakter.

**Vermehren:** Durch Samen, der sehr frisch sein muß, oder durch Kopfstecklinge. Schwierig.

**Schädlinge, Krankheiten:** Spinnmilben und Schildläuse am zu lufttrockenen und dunklen Winterplatz. Blattfall durch zu nassen oder kühlen Stand, trockene Blattspitzen durch zu niedrige Luftfeuchte oder Ballentrockenheit.

*Dizygotheca veitchii 'Castor'.*

Dracaena

# Drachenbaum, Drachenlilie, Drazäne

*Wächst strauchig – Dracaena surculosa 'Florida Beauty'.*

*Die duftende Dracaena fragrans 'Massangeana'.*

Obwohl Drazänen am Heimatstandort und im reiferen Alter Palmen sehr ähnlich sehen, sind sie mit dieser Pflanzenfamilie genausowenig verwandt wie die Yuccapalme. Allerdings verwechselt man sie häufig mit der Keulenlilie, *Cordyline* (→ Seite 154). Bestes Unterscheidungsmerkmal sind die Wurzeln. Bei Drazänen sind sie orangegelb und glatt, bei Keulenlilien weiß und keulenförmig verdickt. Drazänen zählen zu den beliebtesten und am häufigsten vermehrten Blattpflanzen. Daher sind im Handel eine Vielzahl von Arten und Sorten.

- *Dracaena marginata* dürfte am bekanntesten sein. Sie bildet Blattschöpfe aus sehr schmalen, bogig überhängenden Blättern, die grün, oder wie bei der Sorte 'Tricolor', rosa-creme-grün gestreift sein können.
- *Dracaena fragrans,* die duftende Drazäne, wird ebenfalls häufig kultiviert. Sie besitzt breite, grüngelb oder grün-weiß gestreifte Blätter.
- *Dracaena deremensis* bildet blaugrüne Blätter mit dekorativen weißen Säumen.
- *Dracaena sanderiana* ist weißgelb oder silbergrau gestreift.
- *Dracaena reflexa* besitzt olivgrünes, cremefarben gerandetes Laub. Ihre schönste Sorte: 'Song of India'.
- *Dracaena surculosa* (syn. *Dracaena godseffiana*) ist eine Tropenschönheit, vorrangig fürs Blumenfenster.

**Familie:** *Agavaceae,* Agavengewächse.
**Heimat:** Kanarische Inseln, tropisches und subtropisches Afrika, Madagaskar, Asien und südostasiatische Inseln.
**Standort:** Hell bis halbschattig, aber nicht vollsonnig. Buntblättrige Sorten grundsätzlich so hell wie möglich, damit die Blätter nicht vergrünen. Ganzjährig 18 bis 25 °C warm.
**Gießen, Düngen:** Stets gleichmäßig leicht feucht halten. Weder Staunässe noch Ballentrockenheit, sonst sofort Blattfall! Von März bis August alle 2 Wochen düngen.
**Weitere Pflege:** Öfter sprühen. Alle 2 Jahre in Einheitserde T, TKS 2 oder Blumenerde umtopfen. Rückschnitt jederzeit möglich.
**Vermehren:** Die bunten Sorten können nur vegetativ vermehrt werden, das heißt durch Stammstücke, Kopf- oder Teilstecklinge im heizbaren Vermehrungsbeet bei 25 °C Bodenwärme. Andere Arten (zum Beispiel *Dracaena surculosa* und *Dracaena draco*, der Drachenbaum) werden durch Aussaat vermehrt.
**Schädlinge, Krankheiten:** Braune Blattränder, Schildläuse und Spinnmilben durch trockene Heizungsluft. Verdorrte Blattspitzen durch Gießfehler. Wurzelfäule durch kalte, nasse Füße.
**Mein Tip:** Drazänen vertragen kein Blattglanzspray!

**Anmutige Drazänen-Vielfalt**

1 *Dracaena draco*
2 *Dracaena sanderiana*
3 *Dracaena surculosa 'Florida Beauty'*
4 *Dracaena fragrans 'Massangeana'*
5 *Dracaena deremensis 'Warneckii'*
6 *Dracaena marginata 'Tricolor'*
7 *Dracaena congesta*
8 *Dracaena marginata*
9 *Dracaena glauca*
10 *Dracaena sanderiana*
11 *Dracaena fragrans 'Victoria'*

Epipremnum pinnatum

## Efeutute

*Die Efeutute ist dekorativ und anspruchslos.*

Die Efeutute bildet bis zu 10 m lange Triebe und eignet sich als Ampelpflanze genausogut wie zur üppigen Begrünung von Raumteilern oder Wintergartenwänden. Im Handel ist fast ausschließlich die Sorte 'Aureum'. Die Jugendform bildet herzförmige, grün-gold gemusterte Blätter, die im Alter bedeutend größer und gelappt sein können. Die Pflanze ist manchmal noch unter ihrem alten Namen *Scindapsus* im Handel.
**Familie:** *Araceae,* Aronstabgewächse.
**Heimat:** Salomoninseln im Pazifik.
**Standort:** Hell, halbschattig bis schattig. Aber: Am zu dunklen Standort bilden sich lange Sproßabschnitte, die Blätter vergrünen und bleiben kleiner. Ganzjährig Zimmertemperatur und wärmer, im Winter nicht unter 16 °C.
**Gießen, Düngen:** Gleichmäßig leicht feucht halten. Von März bis August wöchentlich düngen.
**Weitere Pflege:** Alle 2 Jahre in Einheitserde T, TKS 2 oder Blumenerde umtopfen. Rückschnitt jederzeit möglich.
**Vermehren:** Durch Kopf- oder Teilstecklinge, die auch im Wasser bewurzeln. Jungpflanzen zu mehreren in Töpfe setzen.
**Schädlinge, Krankheiten:** Wurzelfäule und Blattfall bei zu nassem oder zu dunklem Stand.
**Mein Tip:** Wer mit der Efeutute Spaliere und Wände begrünen möchte, zieht sie besser in Hydro, da bei dieser Kulturweise das Umtopfen entfällt.
**Warnung:** Enthält haut- und schleimhautreizende Stoffe.

Euonymus japonica

## Spindelstrauch, Falscher Lorbeer

*Euonymus japonica und Sorte 'Aureovariegata' (links).*

Das Pfaffenhütchen (*Euonymus europaea*), die winterharte Art der Gattung *Euonymus,* ist bei uns eine bekannte und geschätzte Gartenpflanze. Für die Zimmerkultur und für den kühlen Wintergarten eignet sich nur die japanische Art *Euonymus japonica.* Sie wird in ihrer Heimat 8 m hoch und erreicht bei uns im Topf oder Kübel Meterhöhe, manchmal auch mehr. Die Blätter des immergrünen Strauches sind oval, leicht gezähnt und ledrig glänzend. Beliebt sind buntlaubige Sorten wie 'Aureomarginata', 'Argenteovariegata', 'Macrophylla', 'Pyramidata' sowie die kleinblättrige Sorte 'Microphylla'. Sie alle werden als Zimmerpflanzen angeboten, bleiben aber auf Dauer nur schön, wenn man sie wie Kübelpflanzen behandelt, das bedeutet ab Mitte Mai im Freien übersommert und im Winter sehr kühl hält.
**Familie:** *Celastraceae,* Spindelbaumgewächse.
**Heimat:** Japan, Korea, Riukiu-Inseln.
**Standort:** Hell bis halbschattig, im Winter sogar sonnig, damit sich die Blattfärbung nicht verliert. Von März bis August um 18 °C, von Oktober bis Februar nicht höher als 10 °C. Bei mehr Wärme für hohe Luftfeuchte sorgen. Draußen übersommern.
**Gießen, Düngen:** Von März bis September reichlich gießen und alle 14 Tage düngen. Danach weniger gießen und nicht mehr düngen.
**Weitere Pflege:** Im Frühjahr bei Bedarf in Einheitserde T, TKS 2 oder handelsübliche Blumenerde umtopfen. Rück- oder Formschnitt ist dabei möglich.
**Vermehren:** Durch Kopfstecklinge von August bis Oktober im heizbaren Vermehrungsbeet bei Bodentemperaturen zwischen 20 und 25 °C.
**Schädlinge, Krankheiten:** Schildläuse, Laubfall und Mehltau bei zu warmem Winterstand.

Euphorbia
## Wolfsmilch

*Kakteenähnlich – Euphorbia pseudocactus.*

Die Wolfsmilchgewächse, viertgrößte Familie der Blütenpflanzen, umfassen auch kakteenartige, blattlose Sukkulenten. Sie sind bizarre, anspruchslose Zimmerpflanzen, von denen nicht wenige Kakteen zum Verwechseln ähnlich sehen. Die im Handel geläufigsten Arten sind: *Euphorbia pseudocactus, Euphorbia tirucalli, Euphorbia erythraeae, Euphorbia balsamifera* und *Euphorbia grandicornis.*

**Familie:** *Euphorbiaceae,* Wolfsmilchgewächse.

**Heimat:** Afrika.

**Standort:** Hell bis vollsonnig. Im Sommer warm, im Winter 15 bis 18 °C. Der Sommeraufenthalt im Freien an einem regengeschützten Platz ist möglich.

**Gießen, Düngen:** Im Frühjahr und Sommer wenig, im Herbst und Winter nur ganz selten gießen. Am besten von unten bewässern. Düngen von April bis September mit Kakteendünger in schwacher Konzentration.

**Weitere Pflege:** Bei Bedarf im Frühjahr in Kakteenerde mit ¼ Gartenlehm umtopfen.

**Vermehren:** Je nach Art durch Samen, abgeschnittene Teile oder Stecklinge. Schnittstelle unter lauwarmes Wasser halten (stoppt Milchfluß und verhindert, daß der Milchsaft die Schnittstelle verklebt). Vor dem Stecken Schnittstelle abtrocknen lassen.

**Schädlinge, Krankheiten:** Selten.

**Warnung:** Euphorbien sind für Mensch und Tier giftig. Der Milchsaft enthält haut- und schleimhautreizende Stoffe: Saft nicht in die Augen bringen und Vorsicht bei offenen Wunden! Bei einigen Arten kann man sich an den Dornen verletzen.

*Euphorbia tirucalli gedeiht gut in Hydro.*

Fatshedera lizei
## Efeuaralie

*Die Efeuaralie ist ein Schattenkünstler.*

Der botanische Name der Efeuaralie ergibt sich aus der Tatsache, daß sie keine eigenständige Gattung, sondern eine Kreuzung aus Zimmeraralie (*Fatsia japonica*) und Efeu (*Hedera helix*) ist. Die Efeuaralie wird etwa 1,5 m hoch und bildet aufrechte Triebe mit zumeist 3- bis 5lappigen, sattgrün glänzenden Blättern. Die Sorte 'Variegata' besitzt schöne weißbunte Blätter und wächst weniger stürmisch in die Höhe.

**Familie:** *Araliaceae,* Araliengewächse.

**Heimat:** Keine, da reine Zuchtform.

**Standort:** Hell bis halbschattig, die Sorte 'Variegata' stets hell, sonst vergrünen die bunten Blätter. Ganzjährig Zimmertemperatur, ausgewachsene Exemplare auch etwas kühler. Die Pflanze im Winter kühler halten (sie verträgt bis 10 °C), bei warmer Überwinterung für Luftfeuchte sorgen.

**Gießen, Düngen:** Von Frühjahr bis Herbst gleichmäßig leicht feucht halten, im Winter am kühlen Platz wenig gießen, in geheizten Räumen mehr und öfter sprühen. Von März bis August alle 14 Tage düngen.

**Weitere Pflege:** Junge Pflanzen jedes Frühjahr, ältere nur bei völliger Durchwurzelung in Einheitserde T, TKS 2 oder Blumenerde umtopfen. Triebe um ¼ zurückschneiden, damit die Pflanze buschig wird.

**Vermehren:** Im August durch ausgereifte Kopf- oder Teilstecklinge, die im Wasser oder Substrat bewurzeln, oder durch Abmoosen.

**Schädlinge, Krankheiten:** Spinnmilben und Schildläuse am zu warmen, lufttrockenen Winterplatz.

**Hinweis:** Ähnliche Ansprüche hat die insgesamt größere Zimmeraralie, *Fatsia japonica.* Sie braucht aber etwas mehr Wasser.

# Feigenbaum, Gummibaum und andere

*Weißbunt panaschierte Kletterficus.*

*Ficus pumila hält sich mit Haftwurzeln fest.*

Prominenteste *Ficus* ist derzeit die kleinblättrige Birkenfeige (*Ficus benjamina*). Sie wird wie der altbekannte Gummibaum (*Ficus elastica*) zimmerhoch und ist in vielen grün- und buntlaubigen Sorten erhältlich.

**Gummibaum und Verwandte**

1 *Ficus deltoidea*
2 *Ficus elastica 'Doescheri'*
3 *Ficus benghalensis*
4 *Ficus pumila*
5 *Ficus pumila 'Sonny'*
6 *Ficus benjamina 'Exotica'*
7 *Ficus sagittata*
8 *Ficus benjamina*
9 *Ficus lyrata*

- *Ficus lyrata,* die Geigenfeige, eignet sich auf Dauer nur für hohe und große Räume oder Eingangshallen, mit ihren gewellten leierförmigen Blättern, die gelegentlich schon Bratschenformat erreichen.
- *Ficus retusa* besitzt ähnliche Blätter wie die Birkenfeige und wird gern für die Bonsai-Gestaltung verwendet.
- *Ficus deltoidea* wächst langsam und bleibt klein. Sie ist ebenfalls eine beliebte Bonsai-Pflanze.
- *Ficus pumila,* die Kletterficus, und die weißbunte *Ficus sagittata* 'Variegata' hingegen sind wunderschöne Ampelpflanzen.
- *Ficus buxifolia,* der buchsblättrige Gummibaum, ist ein schnellwachsender Strauch mit beinahe dreieckigen Blättern und kupferfarbenen Trieben.
- Die wärmeliebende *Ficus aspera* 'Parcelli', ein kleiner Strauch aus Polynesien, besitzt abstehende Zweige mit kurzgestielten, großen, weißgrün marmorierten Blättern, die sich rauh anfühlen.
- *Ficus benghalensis,* der indische Banyanbaum, wird groß und besitzt schöngeformte ledrige Blätter.
- *Ficus rubiginosa,* der braunrote Gummibaum, liebt es eher kühler. In seiner australischen Heimat wächst er als 4 m hoher, verzweigter Strauch. Seine Äste beugen sich dort zur Erde, schlagen Wurzeln, treiben aus und bedecken bald große Flächen. Bekannt ist die Sorte 'Variegata'. *Ficus rubiginosa* wächst langsam und möchte im Winter hell und kühl stehen.

**Familie:** *Moraceae,* Maulbeerbaumgewächse.
**Heimat:** Tropen und Subtropen.
**Standort:** Sehr hell, aber nicht sonnig. Ganzjährig Zimmertemperatur, grünlaubige Pflanzen können auch kühler stehen. Wichtig: Bodenwärme und Luftfeuchte.
**Gießen, Düngen:** Im Frühjahr und Sommer mäßig, im Herbst und Winter noch sparsamer gießen. Staunässe vermeiden, sonst Blattfall. Im Sommer alle 14 Tage düngen.
**Weitere Pflege:** Öfter sprühen. Bei Bedarf im Frühjahr in Einheitserde T, TKS 2 oder Blumenerde umtopfen. Rückschnitt und Stutzen führen bei den meisten Arten zur Verzweigung.
**Vermehren:** Durch Stecklinge im heizbaren Vermehrungsbeet bei 25 bis 30 °C oder durch Abmoosen.
**Schädlinge, Krankheiten:** Schildläuse, Spinnmilben, Thripse durch trockene Heizungsluft. Blattfall im Winter als Folge von zu kühlem und nassem Winterstand.

Fittonia verschaffeltii
## Fittonie

*Silbernervige Fittonia-Varietät 'Argyroneura'.*

Die Engländerinnen Elizabeth und Mary Fitton standen Pate für den botanischen Namen der entzückenden kleinen Blattpflanze. In Kultur befinden sich verschiedene Sorten wie die silbernervige 'Argyroneura' oder die rotgeäderte 'Pearcei'. Beide bilden etwa 7 cm große Blätter und sind bewährte Bodendecker für feuchtwarme Blumenfenster, Vitrinen, Gewächshäuser oder warme Grundbeete in Wintergärten. Für Flaschengärten und Mini-Gewächshäuser wurde die besonders kleinlaubige, silbergrüne Sorte 'Minima' entwickelt. Auf der Fensterbank brauchen Fittonien, deren Vorfahren aus den tropischen Regenwäldern Südamerikas stammen, Luftfeuchtespender.
**Familie:** *Acanthaceae*, Akanthusgewächse.
**Heimat:** Kolumbien bis Bolivien.
**Standort:** Hell bis schattig, keine Sonne. Ganzjährig Zimmertemperatur und wärmer. Die Fittonie auch im Winter nie unter 18 °C halten. Keine Zugluft, sonst Blattfall.
**Gießen, Düngen:** Gleichmäßig mit weichem, zimmerwarmem Wasser feucht halten. Von April bis Oktober alle 14 Tage schwach dosiert düngen.
**Weitere Pflege:** Für hohe Luftfeuchte sorgen. Bei Zimmerkultur öfter sprühen. Nur bei Bedarf im Frühjahr in flache Schalen mit Einheitserde T, TKS 2 oder Blumenerde umtopfen. Styroporflocken untermischen.
**Vermehren:** Im Frühjahr durch Kopfstecklinge im heizbaren Vermehrungsbeet. Häufiges Entspitzen macht die Pflänzchen buschiger.
**Schädlinge, Krankheiten:** Asseln und Schnecken, die vor allem im Gewächshaus und im Wintergartenbeet auftreten können.

Grevillea robusta
## Australische Silbereiche

*Ein prachtvoller Zimmerbaum ist Grevillea robusta.*

Diese pflegeleichte Pflanze mit ihren silbriggrünen, gefiederten Blättchen erinnert eher an einen Farn als eine Eiche. Mit der hat sie allenfalls die Größe gemeinsam. *Grevilla robusta*, die – wie der Artname sagt – starke, kernige, wächst nämlich am Heimatstandort in Australien als 50 m hoher Alleebaum! Bei uns erreicht dieses tropische Gehölz innerhalb von 2 bis 3 Jahren Kübelmaß, wird also bis zu 2 m hoch und steht daher am besten in einem geräumigen Wintergarten. Die für die Familie typischen prachtvollen Proteenblüten erscheinen bei Topfkultur leider nie.
**Familie:** *Proteaceae*, Proteusgewächse.
**Heimat:** Australien.
**Standort:** Sehr hell, im Winter auch sonnig. Ganzjährig luftig und eher frisch-kühl als warm. Die Pflanze kann im Sommer an einem schattigen Platz stehen. Im Winter möglichst nicht wärmer als 15 °C halten, sonst entsteht ein häßliches Längenwachstum.
**Gießen, Düngen:** Im Sommer reichlich, im Winter sparsam gießen. Von März bis Oktober wöchentlich düngen.
**Weitere Pflege:** Bei Bedarf im Frühjahr in Einheitserde T, TKS 2 oder Blumenerde umtopfen. Zu hoch gewordene Pflanzen können im Frühjahr kräftig zurückgeschnitten werden, sie verlieren damit aber ihren baumförmigen Wuchs und wachsen eher strauchartig.
**Vermehren:** Durch Samen, der frisch sein muß. Die *Grevillea* gilt als schlechter Keimer. Berufsgärtner säen sie meist in warmgehaltenes Sägemehl aus. Im August können auch halbreife Triebstecklinge geschnitten werden, die aber oft Monate zum Bewurzeln brauchen.
**Schädlinge, Krankheiten:** Aufgehelltes Laub deutet auf unausgeglichene Versorgung mit Nährstoffen hin. Blattläuse und Weiße Fliege.

Guzmania
## Guzmanie

*Eine der zahlreichen Guzmania-Hybriden.*

Der spanische Apotheker Guzman ist der Namensgeber für diese Gattung, von der bisher etwa 100 Arten bekannt sind. Einige von ihnen wurden gärtnerisch bearbeitet und werden heute in großen Zahlen kultiviert. Das Schönste an den Guzmanien sind die auffällig gefärbten Hochblätter. Am bekanntesten ist *Guzmania lingulata,* von der zahlreiche Züchtungen und Ausleseformen im Handel sind. Sie besticht durch grüne Blattrosetten von etwa 50 cm Durchmesser, aus deren Mitte leuchtendrote, wie Satin glänzende Herzblätter hervorgehen. Die Blüten selbst sind nicht so spektakulär wie bei anderen *Guzmania*-Arten oder -Sorten. Guzmanien können auf Epiphytenstämme aufgebunden oder im Topf kultiviert werden.
**Familie:** *Bromeliaceae,* Ananasgewächse.
**Heimat:** Mittel- und Südamerika.
**Standort:** Hell bis halbschattig. Ganzjährig über 20 °C warm und luftfeucht. Ist am besten im Blumenfenster oder Gewächshaus untergebracht.
**Gießen, Düngen:** Mit weichem, zimmerwarmem Wasser auf die Erde und in den Blatttrichter gießen. Im Sommer gefüllt halten, im Winter weniger gießen. Von März bis August alle 14 Tage einen schwach dosierten Dünger ins Gieß- oder Sprühwasser geben.
**Weitere Pflege:** Im Sommer täglich mit weichem, zimmerwarmem Wasser besprühen und auch für indirekte Luftfeuchte sorgen (→ Seite 43). Umtopfen entfällt, da die Mutterpflanze nach der Blüte abstirbt.
**Vermehren:** Durch Kindel, die halb so groß wie die Mutterpflanze sein müssen, bevor man sie abtrennt. In Orchideensubstrat eintopfen. Auch die Aussaat von Samen ist möglich.
**Schädlinge, Krankheiten:** Schildläuse und Spinnmilben durch Lufttrockenheit. Wurzelläuse.

Gynura
## Gynure, Samtpflanze

*Das Purpurrot der Gynure ist einzigartig.*

Die mit Purpurflaum besetzten Blätter der Gynure, *Gynura aurantiaca,* machen den Reiz dieses tropischen Halbstrauchs aus. Er ist in den Gebirgswäldern Javas zu Hause, wächst zuerst aufrecht, später kletternd und wird dort halbmeter- bis meterhoch. *Gynura aurantiaca* wurde bereits 1880 in Belgien eingeführt. Neuer im Sortiment ist *Gynura scandens* aus Tropisch-Ostafrika. Ihre Blätter sind ebenfalls violett behaart, aber im Gegensatz zur Java-Gynure gröber gezähnt. Beide sind etwas rare, aber äußerst attraktive Ampelpflanzen. Die kleinen orangefarbenen Blüten, die im Sommer erscheinen, kneift man besser aus. Sie riechen unangenehm und sind ohnehin unscheinbar.
**Familie:** *Compositae,* Korbblütler.
**Heimat:** Java, Ostafrika.
**Standort:** Sehr hell, im Winter auch sonnig, aber Mittagssonne meiden. Am zu dunklen Platz verlieren die Blätter die Färbung, und es bilden sich lange Abstände zwischen den Blattpaaren. Ganzjährig Zimmertemperatur zwischen 18 und 20 °C, im Sommer auch darüber.
**Gießen, Düngen:** Im Frühjahr und Sommer etwas mehr gießen, im Herbst und Winter sparsamer. Nur im Sommer wöchentlich schwach dosiert düngen.
**Weitere Pflege:** Für indirekte Luftfeuchte (→ Seite 43) sorgen, aber nicht auf die Pflanze sprühen. Im Frühjahr in Einheitserde T, TKS 2 oder Blumenerde umtopfen. Nach 2 Jahren die Pflanze durch selbstgezogene Jungpflanzen ersetzen, da sie meist unansehnlich wird. Immer wieder zurückstutzen, damit sie sich ständig verzweigt.
**Vermehren:** Im Frühjahr oder Herbst durch Stecklinge, die problemlos bewurzeln.
**Schädlinge, Krankheiten:** Häufig Blattläuse.

**Jungpflanzen von Gynura sind leichter über den Winter zu bringen als ältere. Wer keinen optimalen Überwinterungsplatz hat, macht besser im Herbst Stecklinge.**

Haworthia
## Haworthie

*Haworthien sind Kleinode für Sukkulentensammler.*

Haworthien sind kleine, sukkulente Blattpflanzen, die wieder sehr in Mode kommen. Sie stammen aus Südafrika, wo sie sich in Gebüschen oder unter Felsblöcken regelrecht vor der Sonne verstecken. *Haworthia truncata* verkriecht sich sogar bis zu den Blattspitzen im Boden. In gärtnerischer Kultur sind hauptsächlich *Haworthia fasciata* mit quergestreiften Rosettenblättern sowie *Haworthia glabrata,* deren Blätter dicht an dicht mit perlenartigen weißen Höckerchen besetzt sind. Die Blüten erscheinen an langen Stengeln und sind eher unscheinbar. Weitere aparte Arten wie *Haworthia attenuata, Haworthia limifolia* oder *Haworthia reinwardtii* findet man in gutsortierten Kakteengärtnereien (→ Adressen, Seite 238).

**Familie:** *Liliaceae,* Liliengewächse.

**Heimat:** Südafrika.

**Standort:** Hell, aber nicht vollsonnig. Die Haworthie liebt die Sommerfrische an einem regengeschützten Platz. Im Sommer warm, im Winter am besten um 10 bis 15 °C halten. Es wird aber auch Zimmertemperatur (um 18 °C) vertragen.

**Gießen, Düngen:** Im Frühjahr und Sommer wenig gießen, im Herbst und Winter nur sporadisch. Staunässe unbedingt vermeiden! Düngen von März bis August alle 4 Wochen mit Kakteendünger.

**Weitere Pflege:** Alle 2 Jahre im Frühjahr oder Sommer in Einheitserde T mit jeweils ⅓ Lehm und Sand umtopfen.

**Vermehren:** Aus Samen und durch Seitentriebe, die aus den Achseln der unteren Blätter entstehen. Seitentriebe abnehmen, antrocknen lassen und erst dann einpflanzen.

**Schädlinge, Krankheiten:** Selten.

**Hinweis:** Genauso gepflegt werden die ähnlich aussehenden Gasterien. Sie vertragen jedoch mehr Sonne.

Hedera helix
## Zier- oder Zimmerefeu

Im alten Ägypten galt der Efeu als Osiris-Pflanze, im antiken Griechenland war er dem Dionysos geweiht. In der Neuzeit wurde er zu einer Lieblingspflanze der Gärtner, und die Spielarten, die es mittlerweile für drinnen und draußen gibt, lassen sich kaum zählen. Berühmt wurde die großblättrige weißbunte Sorte 'Gloire de Marengo'. Daneben spielen für die Zimmerpflanzenkultur noch die Zuchtformen von *Hedera helix ssp. canariensis* und *Hedera colchica* eine Rolle. Alle haben die typischen drei- bis fünffach gelappten Efeublätter, die bei jeder Sorte anders sind: mal weiß, mal creme, mal gelb gezeichnet oder schlicht und einfach grün. Der Efeu ist selbstklimmend und hält sich an allem fest, was sich ihm bietet. Alle Sorten sind herrliche Ampelpflanzen.

**Familie:** *Araliaceae,* Araliengewächse.

**Heimat:** Europa, Asien, Nordafrika. Im Handel sind jedoch nur Zuchtformen.

**Standort:** Hell bis halbschattig. Ganzjährig Zimmertemperatur; im Winter auch kühler, buntblättrige Sorten jedoch nicht unter 15 °C. Faustregel: Je grünblättriger, desto schattiger und kühler, je buntblättriger, desto heller und wärmer stellen.

**Gießen, Düngen:** Zimmerwarmes Wasser verwenden. Im Frühjahr, Sommer und Herbst stets leicht feucht halten, im Winter etwas weniger gießen. Von März bis August wöchentlich schwach konzentriert düngen.

**Weitere Pflege:** In geheizten Zimmern für indirekte Luftfeuchte (→ Seite 43) sorgen und öfter sprühen. Jährlich in Einheitserde T, TKS 2 oder Blumenerde umtopfen.

**Vermehren:** Durch Kopfstecklinge, die in Wasser oder Erde leicht bewurzeln. Oder durch Absenker (→ Zeichnung, Seite 60). Immer mehrere Jungpflanzen in einen Topf setzen. Dadurch wird die Pflanze buschiger.

**Schädlinge, Krankheiten:** Schildläuse bei Heizungsluft. Spinnmilben bei zu warmer Überwinterung.

**Mein Tip:** Bei zu warmem Winterstand und gleichzeitig zu geringen Lichtmengen entwickelt der Efeu schwache Triebe, die man im Frühjahr besser zurückschneidet.

**Warnung:** Die Beeren sind stark giftig. Sie bilden sich allerdings nur bei älteren Pflanzen, die im Freien oder im Wintergarten gepflegt werden.

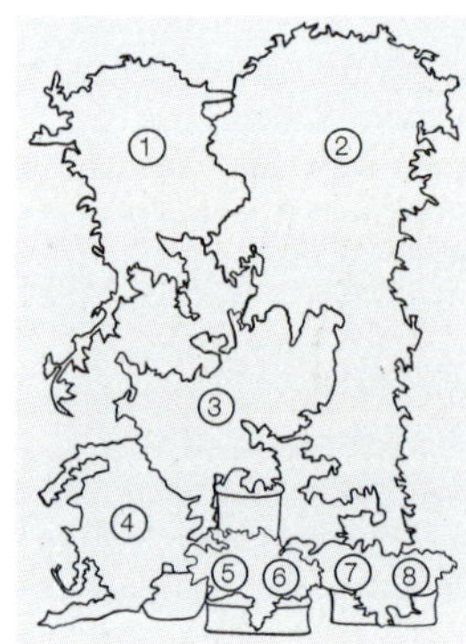


**Schöne Efeu-Sorten:** ▶
*1 'Ingrid'*
*2 'Eva'*
*3 'Gold Child'*
*4 'Gertrud Stauss'*
*5 Dänische Neuzüchtung, die von 'Gold Child' abstammt*
*6 Typ Schäfer III*
*7 'Königers Auslese'*
*8 'Calico'*

Hypoestes phyllostachya
## Buntfleckige Hüllenklaue, Punktblume

*Punktblumen sind wunderschöne Bodendecker.*

Der botanische Name dieser hübschen kleinen Tropenpflanze leitet sich ab aus dem Griechischen *hypo* = unter und *hestenai* = stellen – ein Hinweis, der vielleicht auf die gute Eignung als Bodendecker schließen läßt. In ihrer madagassischen Heimat wächst die *Hypoestes* als 50 cm hoher zierlicher Strauch. Die Blätter sind mit mehr oder weniger großen roten oder rosafarbenen Punkten oder Flecken übersät oder weißgrün panaschiert. Bei uns bleibt sie eher krautig und wird in der Regel nur einjährig kultiviert, da das Laub mit der Zeit verblaßt und der Strauch, bedingt durch Lichtmangel, sparrig wird.
**Familie:** *Acanthaceae,* Akanthusgewächse.
**Heimat:** Madagaskar.
**Standort:** Sehr hell, keine Sonne. Ganzjährig warm und luftfeucht, im Sommer bei 20 bis 23 °C, im Winter nicht unter 18 °C, am besten im geschlossenen Blumenfenster.
**Gießen, Düngen:** Topfballen ganzjährig nur mäßig feucht halten. Von März bis August alle 14 Tage schwach dosiert düngen.
**Weitere Pflege:** Für hohe Luftfeuchte und Bodenwärme sorgen. Bei Weiterkultur im Frühjahr in Einheitserde T, TKS 2 oder Blumenerde umtopfen. Styroporflocken untermischen. Rückschnitt fördert Neuaustrieb und buschiges Wachstum.
**Vermehren:** Durch Kopfstecklinge bei 25 bis 30 °C Bodenwärme. Jungpflanzen mehrmals stutzen, damit sie sich verzweigen. Auch Aussaat möglich.
**Schädlinge, Krankheiten:** Selten.
**Hinweis:** Genauso gepflegt werden das rötlichbunte *Pseuderanthemum* und das silbergrün belaubte *Chamaeranthemum,* beide enge Verwandte von *Hypoestes.*

Iresine
## Iresine

*Wird mit der Zeit buschig – Iresine herbstii.*

Wünschen Sie sich einen leuchtendroten Farbklecks auf der Fensterbank? Dann ist die Iresine genau das Richtige. Ihre Blätter sehen aus, als wären sie gleich zweimal in den Farbtopf mit Weinrot gefallen. Zwei von den insgesamt 70 Arten sind bei uns beliebte einjährige Zimmer- und Freilandpflanzen: *Iresine herbstii* mit rundlichen und *Iresine lindenii* mit spitzovalen Blättern. Bei der Sorte 'Aureoreticulata' sind nur die Stengel und Hauptadern weinrot gefärbt, die Blattflächen dagegen grün-gold panaschiert. Sie alle werden im Topf nicht höher als 30 cm und entwickeln sich in wenigen Monaten zu einem dichten Busch.
**Familie:** *Amaranthaceae,* Fuchsschwanzgewächse.
**Heimat:** Südamerika.
**Standort:** Im Haus ganzjährig so hell wie möglich, draußen auch sonnig. An einem dunklen Platz verfärbt sich die Iresine schwarzrot. Warm und luftig, im Winter nicht unter 15 °C halten.
**Gießen, Düngen:** Im Sommer gut, ansonsten nur mäßig gießen. Trockene Heizungsluft wird schlecht vertragen. Von März bis August wöchentlich düngen.
**Weitere Pflege:** Umtopfen entfällt. Man zieht besser in jedem Jahr neue Pflanzen heran.
**Vermehren:** Durch Kopfstecklinge, die in Wasser oder Erde leicht bewurzeln. Jungpflanzen mehrmals stutzen, damit sie sich schön verzweigen.
**Schädlinge, Krankheiten:** Selten, gelegentlich Blattläuse.
**Mein Tip:** Besonders apart sieht die Iresine in einem roten oder schwarzen Übertopf aus. An einem Standort im Gegenlicht leuchten ihre Farben wie Burgunder.

Leea quineensis

## Leea

*Besonders apart – die rotlaubige Sorte 'Burgundy'.*

Der bekannte schottische Gärtner James Lee ist Taufpate dieser wunderschönen Blattpflanze, die 1880 in England eingeführt wurde, lange in Vergessenheit geriet und heute wieder im Handel ist. Sie ist die einzige Gattung der Familie. Von den 70 Arten, die in den Tropenwäldern Südasiens als kleine Sträucher wachsen, findet man vor allem *Leea quineensis* und ihre rotlaubige Sorte 'Burgundy'. Manchmal bilden sich auch schirmartige Blütendolden. Sie erinnern ein bißchen an Weinblüten. Tatsächlich steht die Familie den Weinrebengewächsen nahe.

**Familie:** *Leeaceae,* Leeagewächse.

**Heimat:** Südasien.

**Standort:** Hell, keine Sonne. Ganzjährig über 20 °C, im Winter auf keinen Fall unter 16 °C. Die Pflanze liebt hohe Luftfeuchte und ist daher am besten in einem geschlossenen Blumenfenster untergebracht.

**Gießen, Düngen:** Mäßig feucht halten, aber Ballentrockenheit und Staunässe unbedingt vermeiden, sonst plötzlicher Laubfall. Von März bis August alle 14 Tage schwach dosiert düngen.

**Weitere Pflege:** Öfter sprühen. Im Frühjahr in Einheitserde T, TKS 2 oder Blumenerde umtopfen. Styroporflocken oder Sand untermischen, damit die Erde durchlässiger wird.

**Vermehren:** Durch Samen, Kopf- oder Teilstecklinge im heizbaren Vermehrungsbeet. Schwierig.

**Schädlinge, Krankheiten:** Blattläuse, Spinnmilben durch trockene Heizungsluft.

**Mein Tip:** Das Ausscheiden von Zuckertröpfchen ist keine Krankheit, sondern arteigen und ein Zeichen dafür, daß sich die Pflanze wohl fühlt.

Maranta

## Marante, Pfeilwurz

*Maranta leuconeura 'Kerchoviana'.*

Die Familie der Marantengewächse ist in den tropischen Regenwäldern beheimatet. Zur Gattung *Maranta* zählen 23 Arten mit knolligen Wurzeln und endständigem Blütenstand. Bei uns ist *Maranta leuconeura* am bekanntesten. Von ihr gibt es zahlreiche Sorten, zum Beispiel 'Kerchoviana' mit dunklen Flecken auf smaragdgrünen Blättern. Andere Blattschönheiten sind 'Massangeana' mit kleineren, unterseits roten Blättern und 'Erythroneura' mit ebenfalls smaragdgrünen Blättern, hellen Zacken entlang der Mittelrippe und roten Seitennerven. Alle Maranten sind wundervolle Bodendecker für Tropenfenster.

**Familie:** *Marantaceae,* Marantengewächse, Pfeilwurzgewächse.

**Heimat:** Regenwälder Südamerikas.

**Standort:** Hell, keine Sonne, ganzjährig sehr warm, nie unter 18 °C.

**Gießen, Düngen:** Im Sommer reichlich, im Winter sparsamer gießen. Von April bis August alle 14 Tage schwach dosiert düngen.

**Weitere Pflege:** Auf der Fensterbank täglich mit weichem Wasser einsprühen oder für indirekte Luftfeuchte (→ Seite 43) sorgen. Bei Bedarf im Frühjahr in Einheitserde T, Blumenerde oder TKS 2 umtopfen. Styroporflocken hinzufügen!

**Vermehren:** Durch Teilen beim Umtopfen im Frühjahr oder durch Kopfstecklinge.

**Schädlinge, Krankheiten:** Blattrandnekrosen bei zu kühlem Stand. Spinnmilben bei zu trockener Luft. Ausgeblichene Blätter durch zuviel Licht.

**Mein Tip:** Eingerollte Blätter bei Tage sind ein Zeichen von zu trockener Haltung. Nachts ist es ein arttypisches »Verhalten«; Maranten rollen nämlich nachts ihre Blätter in Schlafstellung tütenartig zusammen.

**Die Stecklinge bewurzeln bei Maranten im Treibhausklima eines lichtdurchlässigen Folienbeutels relativ schnell.**

Monstera deliciosa
## Fensterblatt

*Monstera deliciosa bildet kräftige Luftwurzeln.*

Schön geschnittene Blätter und ein imposanter Wuchs haben das Fensterblatt zu einer unserer beliebtesten Grünpflanzen gemacht. Bei guter Pflege bildet diese Schlingpflanze bis zu 5 m lange Triebe und zahlreiche Luftwurzeln. Deshalb braucht sie auch ein Gerüst oder einen Epiphytenstamm, an dem sie sich festhalten kann. Die im Jugendstadium herzförmigen, später tief eingeschnittenen Blätter sind dunkelgrün und glänzen ledrig. Ältere Exemplare blühen jährlich mit einem von weißen Hüllblättern umgebenen Kolben, aus dem sich ein nach Ananas riechender violetter Fruchtstand entwickelt. Im Handel sind neben der grünlaubigen Art die kleiner bleibende Sorte 'Borsigiana' und die weißbunte Form 'Variegata'.
**Familie:** *Araceae,* Aronstabgewächse.
**Heimat:** Mexiko.
**Standort:** Hell, aber nicht sonnig (gedeiht auch noch im Schatten). Ganzjährig zwischen 18 und 22 °C. Das Fensterblatt liebt hohe Luftfeuchte und Bodenwärme.
**Gießen, Düngen:** Ganzjährig nur mäßig feucht halten. Von März bis August alle 14 Tage niedrig dosiert düngen.
**Weitere Pflege:** Blätter ab und zu abwaschen, damit die Pflanze »atmen« kann. Öfter sprühen. Bei Bedarf vorsichtig in Einheitserde T umtopfen. <u>Luftwurzeln weder verletzen noch abschneiden!</u>
**Vermehren:** Durch Kopfstecklinge im heizbaren Vermehrungsbeet oder durch Abmoosen.
**Schädlinge, Krankheiten:** Schildläuse, Spinnmilben durch Lufttrockenheit.
**Warnung:** Enthält haut- und schleimhautreizende Stoffe. Darum auch die Früchte nicht essen.

Myrtus communis
## Myrte, Brautmyrte

*Die Myrte liebt einen Sonnenplatz im Freien.*

Die Myrte gehört zu jenen Pflanzen, um die sich seit eh und je Legenden und Geschichten ranken. Der im Topf oder Kübel kaum mehr als meterhohe immergrüne Strauch aus Mittelmeerregionen war einst der griechischen Göttin Aphrodite geweiht und damit ein Symbol für Jugend und Schönheit. Vor 300 Jahren kam der bei den Griechen und Römern übliche Brauch, der jungfräulichen Braut einen Myrtenkranz aufzusetzen, auch zu uns. Seitdem werden Myrten kultiviert. Es gibt sie als Büsche oder elegante Hochstämmchen. Die Pflanzen blühen im Hochsommer mit zahlreichen kleinen weißen Blüten und können bei guter Pflege uralt werden. Die kleinen Blätter duften beim Zerreiben würzig.
**Familie:** *Myrtaceae,* Myrtengewächse.
**Heimat:** Mittelmeerraum.
**Standort:** Hell bis vollsonnig und luftig. Die Myrte liebt die Sommerfrische. Im Sommer warm, im Winter möglichst nicht wärmer als 10 °C halten.
**Gießen, Düngen:** Nur enthärtetes Wasser verwenden. Im Sommer gleichmäßig feucht halten. Im Freien reichlich gießen. Im Winter gerade eben feucht halten. <u>Staunässe und Ballentrockenheit vermeiden!</u> Von März bis August wöchentlich düngen.
**Weitere Pflege:** Im Haus öfter übersprühen. Junge Myrten jährlich, ältere bei Bedarf im Frühjahr in Einheitserde T, TKS 2 oder Blumenerde umtopfen. Pflanze regelmäßig stutzen. Bei zu starkem Rückschnitt aber keine Blütenbildung!
**Vermehren:** Durch noch nicht verholzte Kopfstecklinge im Frühjahr oder Sommer. Jungpflanzen mehrmals stutzen, damit sie sich verzweigen.
**Schädlinge, Krankheiten:** Weiße Fliege, Schildläuse an ungünstigen Standorten.

Neoregelia

## Neoregelie

*Neoregelia carolinae mit roten Herzblättern.*

Hauptverbreitungsgebiet der Neoregelien sind die Regenwälder Ostbrasiliens, wo sie vorwiegend als Epiphyten leben. Die Rosettenblätter bilden große Trichter, in denen die kurzschäftigen Blüten wie bei *Nidularium* (→ Seite 174) »nisten«. Das Auffälligste sind die farbigen Herzblätter, die ihre leuchtende Färbung oft monatelang behalten. Am bekanntesten sind *Neoregelia carolinae* mit roten Herzblättern und bei der Sorte 'Tricolor' cremeweiß gestreiften Blättern. Lila Herzblätter besitzt *Neoregelia concentrica.* Alle sind dekorative Bewohner für Epiphytenstämme im feuchtwarmen Blumenfenster oder in geräumigen Vitrinen.

**Familie:** *Bromeliaceae,* Ananasgewächse.

**Heimat:** Brasilien.

**Standort:** Sehr hell, im Winter auch sonnig. Ganzjährig warm, im Winter nie unter 18 °C.

**Gießen, Düngen:** Nur weiches Wasser verwenden und grundsätzlich in den Trichter gießen. Trichter im Sommer gefüllt, im Winter kaum gefüllt halten. Während der Wachstumszeit alle 14 Tage einen schwach dosierten Dünger dem Gießwasser beifügen. Alle 14 Tage das Wasser aus dem Trichter abgießen und durch frisches ersetzen.

**Weitere Pflege:** Öfter sprühen. Noch besser: Für indirekte Luftfeuchte (→ Seite 43) sorgen.

**Vermehren:** Durch Aussaat oder Kindel, die halb so groß wie die Mutterpflanze sein müssen, bevor man sie abtrennt. In eine Mischung aus Torf mit Styroporflocken pflanzen.

**Schädlinge, Krankheiten:** Verdorrte Blattspitzen durch zu trockene Luft.

**Mein Tip:** Die unscheinbaren Blüten, die zwischen den kräftig gefärbten Herzblättern sitzen, halten nicht lange. Die Herzblätter hingegen bleiben über Monate hinweg attraktiv. Wenn sie eingehen, stirbt die Mutterpflanze ab.

Nepenthes-Hybriden

## Kannenstrauch

*Der Kannenstrauch ist eine ausgeklügelte Insektenfalle.*

Von den wenigen fleischfressenden Pflanzen, die es auf der Welt gibt, ist der Kannenstrauch die auffälligste. Die Kannen sind nicht etwa Blüten, sondern umgewandelte Blattspreiten und die raffiniertesten Insektenfallen, die man sich denken kann. Sie sind am tropischen Heimatstandort stets zu einem Drittel mit Wasser gefüllt. Ein »Deckel« verhindert, daß es hineinregnet. Er besitzt duftende Drüsen, von denen Insekten angelockt werden, die dann über eine glatte Gleitzone in das mit Giftsekreten angereicherte Wasser rutschen und verdaut werden. Die reinen botanischen Arten sind in Spezialgärtnereien erhältlich (→ Adressen, Seite 238), die Hybriden in Gartencentern. Man kauft sie in Ampeln, in denen die herunterhängenden Kannen sich frei entfalten können.

**Familie:** *Nepenthaceae,* Kannenstrauchgewächse.

**Heimat:** Malaysischer Archipel, Sumatra, Borneo, Philippinen, Australien, Madagaskar.

**Standort:** Sehr hell, aber nicht sonnig. Ganzjährig über 20 °C. Die Pflanze braucht hohe Luftfeuchte. Ideal: Ausgebautes Blumenfenster, Vitrine, feuchtwarmes Gewächshaus.

**Gießen, Düngen:** Nur enthärtetes, zimmerwarmes Wasser verwenden. Substrat gleichmäßig leicht feucht halten. In der Wachstumszeit alle 3 bis 4 Wochen ganz niedrig dosiert düngen.

**Weitere Pflege:** Für hohe Luftfeuchte sorgen, die Pflanze häufig übersprühen. Bei Bedarf im Frühjahr in Orchideensubstrat umpflanzen. Töpfe mit gutem Wasserabzug oder Körbe verwenden. Achtgeben, daß die Wurzeln beim Umtopfen nicht verletzt werden.

**Vermehren:** Über Stecklinge, aber für den Laien schwierig.

**Schädlinge, Krankheiten:** In lufttrockenen Räumen hält die Pflanze nicht lange.

Nidularium
## Nestrosette

*Außen grün, innen knallrot – Nidularium.*

Von den etwa 25 *Nidularium*-Arten, die als Epiphyten in Brasilien leben, sind nur wenige im Handel. Sehr bekannt ist *Nidularium fulgens.* Wie bei *Neoregelia* sitzen auch bei dieser Trichterbromelie die Blüten in der Rosettenmitte gleichsam wie in einem Nest, daher auch der Name, von lateinisch *nidus* = Nest. Verwechslungen beider Arten sind leicht möglich, zumal beide lange vor der Blüte die begehrten knallroten Herzblätter ausbilden. Der *Neoregelia* besonders ähnlich ist *Nidularium innocentii. Nidularium billbergoides* dagegen zeigt gelbe Herzblätter und Blütenstände, die bis 20 cm aus dem Nest herausgucken. Die Blätter sind grün, glänzend und können auch gestreift oder gefleckt sein.
**Familie:** *Bromeliaceae,* Ananasgewächse.
**Heimat:** Brasilien.
**Standort:** Ganzjährig hell, aber nicht sonnig; bei Zimmerwärme halten, die nie unter 18 °C sinken sollte. Die Pflanze liebt hohe Luftfeuchte.
**Gießen, Düngen:** Nur enthärtetes, zimmerwarmes Wasser verwenden. Trichter das ganze Jahr über gefüllt halten und das Substrat nie ganz austrocknen lassen. Bei Wärme reichlicher gießen. Im Sommer wöchentlich schwach konzentriert düngen. Dazu Blätter mit der Düngerlösung besprühen.
**Weitere Pflege:** Für hohe Luftfeuchte sorgen. Alle 2 Jahre in Einheitserde P oder TKS 1 mit Styroporflocken umsetzen.
**Vermehren:** Durch Aussaat oder Kindel, die man beim Umtopfen abtrennt, wenn sie ausreichend groß sind. Sie blühen meist nach 2 bis 3 Jahren.
**Schädlinge, Krankheiten:** Verdorrte Blattspitzen durch trockene Luft. Fäulnisschäden durch kalte, nasse Füße.
**Mein Tip:** Bei zu dunklem Stand können die cremeweiß gestreiften Blätter mancher Sorten vergrünen.

Pachira macrocarpa
## Pachira

*Die Pachira ist sehr apart und pflegeleicht.*

In ihrer Heimat wächst die Pachira zu einem kleinen Baum mit breiter Krone heran. Die karminroten, bis 35 cm großen Blüten stehen wie ein Busch aus Reiherfedern über den lederartigen, handförmig geteilten Blättern. Sie erscheinen bei uns leider nicht, aber die Pflanze ist auch so ein dekoratives Zimmerbäumchen, dem der Ruf vorausgeht, pflegeleicht und genügsam zu sein. Was viele nicht wissen: Die Pachira ist eine enge Verwandte des Affenbrotbaums (*Adansonia digitata*) und des Madagassischen Affenbrotbaums (*Adansonia madagascariensis*) und besitzt wie dieser einen wasserspeichernden Stamm. Daher auch die alte Bezeichnung *Pachira aquatica* für jene Art, die heute unter *Pachira macrocarpa* im Handel ist.
**Familie:** *Bombacaceae,* Wollbaumgewächse.
**Heimat:** Mexiko bis Costa Rica.
**Standort:** Sonnig bis halbschattig. Ganzjährig Zimmertemperatur, im Winter auch etwas kühler, aber nicht unter 12 °C. Die Pflanze liebt hohe Luftfeuchte.
**Gießen, Düngen:** Ganzjährig nur mäßig feucht halten. Von März bis August wöchentlich schwach dosiert düngen.
**Weitere Pflege:** Vor allem im Winter für indirekte Luftfeuchte (→ Seite 43) sorgen. Bei Bedarf im Frühjahr in Einheitserde umtopfen. Zu große Pflanzen zurückschneiden.
**Vermehren:** Aus Samen oder durch Kopfstecklinge im geheizten Beet bei Bodenwärme über 25 °C.
**Schädlinge, Krankheiten:** Plötzlicher Blattfall durch trockenwarme Heizungsluft.

Pachypodium

## Madagaskarpalme, Stern der Steppe, Dickfuß

*Die Blüte ist immer eine Überraschung.*

Im Gegensatz zu Kakteen und vielen anderen Sukkulenten verträgt die Madagaskarpalme Heizungsluft und braucht nicht kühl überwintert zu werden. Bei Junggesellen, die öfter mal das Gießen vergessen, wächst sie in der Regel besser als bei sehr besorgten Pflanzenfreunden. Im Handel sind *Pachypodium geayi* mit schmalen, silbergrauen und *Pachypodium lamerei* mit breiten, frischgrünen Blättern. Beide wachsen in ihrer Heimat als 6 bis 10 m hohe Bäume. Im Zimmer erreichen sie nach etwa 10 Jahren Meterhöhe, und erfahrungsgemäß kann man bei 120 cm Höhe mit den sehr schönen weißen Blütensternen rechnen.
**Familie:** *Apocynaceae,* Hundsgiftgewächse.
**Heimat:** Madagaskar.
**Standort:** Ganzjährig hell bis vollsonnig und warm. Im Winter nicht unter 18 °C. Verträgt trockene, warme Luft, kann also ohne weiteres über einer Heizung stehen.
**Gießen, Düngen:** Im Sommer stets leicht feucht, im Winter fast trocken halten. Keine Staunässe! Von Mai bis August alle 4 Wochen mit Kakteendünger düngen.
**Weitere Pflege:** Alle 1 bis 2 Jahre in halb Kakteen-, halb lehmige Gartenerde umtopfen.
**Vermehren:** Durch Samen, der aber nur selten erhältlich ist.
**Schädlinge, Krankheiten:** Wurzelfäule und schwarz verfärbte Blätter durch kalte, nasse Füße im Winter. Totaler Blattfall durch zuviel Nässe oder Trockenheit. Abwurf der unteren Blätter ist arteigen. Pflanze 2 bis 3 Monate Trockenruhe gönnen. Sobald sich die ersten neuen Blättchen zeigen, wieder gießen.
**Warnung:** Stamm und Blätter der Madagaskarpalme enthalten einen hochgiftigen Milchsaft. An den Dornen kann man sich verletzen. Wer Kinder und Haustiere hat, verzichtet besser auf diese Pflanze.

Pandanus

## Schraubenbaum

*Der Schraubenbaum braucht rundum viel Platz.*

Neugekaufte Schraubenbäume, in der Regel Jungpflanzen von *Pandanus veitchii* oder von *Pandanus sanderi,* sehen mit ihren riemenförmigen, creme- oder weißgestreiften Blättern fast wie Drazänen (→ Seite 160) aus. Mit zunehmendem Alter jedoch entwickelt sich die typische, einem Schraubengewinde ähnliche Blattanordnung; es schieben sich die bizarren Stelzwurzeln aus dem Stamm, verholzen und verankern sich im Boden, und der Schraubenbaum geht atemberaubend in die Breite und in die Höhe. Sie brauchen also auf Dauer viel Platz und freies Umfeld für diesen Exoten, an dessen bestachelten Blatträndern man sich leicht die Strümpfe zerreißen kann.
**Familie:** *Pandanaceae,* Schraubenbaumgewächse.
**Heimat:** Polynesien.
**Standort:** Sehr hell, auch sonnig. Bei sommerlicher Mittagshitze schattieren. Ganzjährig warm, auch im Winter nicht unter 18 °C.
**Gießen, Düngen:** Während der sommerlichen Wachstumszeit stets gut feucht halten, im Herbst und Winter sparsam gießen. Von März bis August wöchentlich düngen.
**Weitere Pflege:** Junge Pflanzen jährlich, ältere bei Bedarf in Einheitserde T, TKS 2 oder Blumenerde mit ⅓ sandiger Gartenerde umtopfen.
**Vermehren:** Durch Kindel von ungefähr 20 cm Länge mit Würzelchen.
**Schädlinge, Krankheiten:** Selten.
**Mein Tip:** Ungleichmäßiges Weißwerden der Blattflächen ist arteigen. An den bestachelten Blatträndern kann man sich verletzen. Beim Umtopfen Blattschopf hochbinden!

**Der Schraubenbaum wächst im Eiltempo und erreicht in wenigen Jahren den Durchmesser eines Wagenrades.**

Pelargonium

# Blattpelargonie, Duftpelargonie

*Diese Blattpelargonien duften, wenn man über ihre Blätter streicht.*

Kennen Sie schon die Schwestern der Balkongeranien? Ihre Blüten sind zwar klein, dafür besitzen sie aufregende Blattmuster oder Blätter, die nach Rosen, Orangen, Äpfeln, Zitronen, Mandeln, Kiefern, Minze, nach Muskat oder Kampfer duften. Zu den Blattpelargonien zählen botanische Wildarten und Züchtungen der stehenden Pelargonien (*Pelargonium-Zonale*-Hybriden).

*Pelargonium-Hybride 'Prince of Orange'.*

*Pelargonium – Stellar-Hybride 'Els'.*

Letztere haben mehr oder weniger gezähnte Blätter mit weiß-roten, weiß-grünroten, grünschwarzen oder grüngelben Zeichnungen. Die einfachen, zierlichen Blüten sind weiß, gelb, rot, weiß-rot, weiß-rosa oder rosa und erscheinen im Sommer. Sie entwickeln sich unterschiedlich groß, einige bleiben Fensterbankpflanzen, andere erreichen bald Kübelmaß.

<u>Duftpelargonien:</u>

- *Pelargonium blandfordianum* (Mandel-, Salbeiduft),
- *Pelargonium x citrosmum* (Zitrusduft),
- *Pelargonium crispum,*
- *Pelargonium* 'Els' (starker Blumenduft),
- *Pelargonium x fragrans* (Zitrus-Kieferduft),
- *Pelargonium gibbosum* (Moschusduft),
- *Pelargonium graveolens* (Zitrusduft),
- *Pelargonium odoratissimum* (Zitronenduft),
- *Pelargonium quercifolium* (Kampferduft),
- *Pelargonium* 'Prince of Orange' (Orangenduft),
- *Pelargonium radens* (Rosenduft),
- *Pelargonium* 'Scarlet Pet' (Orangenduft),
- *Pelargonium tomentosum* (Minzeduft).

<u>Blattpelargonien:</u> 'Masterpiece', 'Dolly Vardon', 'Madame Salleron', 'Bird Dancer', 'Freak of Nature'.

**Familie:** *Geraniaceae,* Storchschnabelgewächse.

**Heimat:** Südafrika.

*Pelargonium-Hybride 'Scarlet Pet'.*

*Pelargonium gibbosum, die Gichtpelargonie.*

**Standort:** Vollsonnig bis hell und luftig. Im Sommer auch im Freien an einem windgeschützten Platz. Hell und bei 10 bis 12 °C kühl überwintern.

**Gießen, Düngen:** Im Sommer reichlich gießen, im Winter relativ trocken halten. Von März bis August wöchentlich düngen.

**Weitere Pflege:** Trockene Luft wird gut vertragen. Im Herbst oder Frühjahr kräftig zurückschneiden und in Einheitserde T, TKS 2 oder Blumenerde umtopfen.

**Vermehren:** Gelingt leicht durch Kopfstecklinge im Frühjahr oder Herbst.

**Schädlinge, Krankheiten:** Blattläuse, Weiße Fliege, Pilz- und Bakterienkrankheiten.

**Warnung:** Wer auf Düfte mit Kopfschmerzen reagiert, sollte nicht zu viele blattduftende Pelargonien im geschlossenen Zimmer halten.

Peperomia

# Zwergpfeffer, Pfeffergesicht, Peperomie

*Peperomien bieten sich zum Sammeln und Gruppieren geradezu an.*

Die kleinen, krautigen Peperomien sind beliebte Sammelpflanzen. Kein Wunder bei der Vielzahl an hübschen Blattstrukturen und -farben. Mehr als 1000 Arten soll es geben. Charakteristisch sind die dicken Stengel und ihre als Wasserpolster ausgebildeten Blattoberseiten. Bei den dickblättrigen Arten kann man das sehr deutlich sehen, wenn man ein Blatt durchschneidet. Peperomien wachsen aufrecht, hängend oder kriechend. Viele sind Epiphyten. Die bei manchen Arten erscheinenden Blütenähren sind weiß.

Bekannte Arten und Varietäten:

- *Peperomia argyreia* mit grün-silbrig gestreiftem Laub auf roten Stielen wird wie das Usambaraveilchen aus Blättern vermehrt.
- *Peperomia arifolia* hat ovale, stark zugespitzte Blätter, deren Oberseite dunkelgrün glänzt.
- *Peperomia caperata* (→ Foto, obere Reihe links und untere Reihe 2. und 4. von links) ist mit runzeligen Blättern, die Sorte 'Tricolor' mit weißgerändertem Laub ausgestattet.
- *Peperomia clusiifolia* zeigt erst im Alter ihre volle Schönheit, die fleischigen Blätter nehmen dann eine starke Rötung an.
- *Peperomia fraseri* besitzt duftende Blätter.
- *Peperomia griseoargentea* hat silbergrünes Laub auf rosa Blattstielen (→ Foto, obere Reihe rechts).
- *Peperomia incana* erkennt man leicht am grauen Filz, der auf den fleischigen Blättern liegt und nur bei hellem Stand erhalten bleibt.
- *Peperomia maculosa* ist mit ungewöhnlich lanzettförmigen, über 20 cm langen Blättern ausgestattet, die eine elfenbeinfarbige Mittelrippe zeigen. Sprosse und Blattstiele sind braunrot gepunktet.
- *Peperomia obtusifolia* (→ Foto, untere Reihe 1. von links) ist eine sehr geläufige Art, die mit grünen und mit weiß oder gelb marmorierten Blättern erhältlich ist. Bekannteste Sorten: 'Jeli', 'Greengold' (→ Foto, untere Reihe 3. von links), 'Albomarginata', 'Minima' (Zwergform). Sie muß von klein auf gestutzt werden, damit sie schön buschig wächst.

Sehr hübsche Ampelpflanzen sind:

- *Peperomia rotundifolia* hat kleine kreisrunde Blätter, die sich aus stecknadelkopfgroßen Scheibchen entwickeln und an fadenförmigen Sprossen sitzen.
- *Peperomia serpens* und ihre buntblättrige Form 'Variegata' kennt man auch unter dem Namen
- *Peperomia scandens.* Sie trägt an ihren langen, kriechenden Trieben herzförmige Blätter.

**Familie:** *Piperaceae,* Pfeffergewächse.

**Heimat:** Tropisches Amerika.

**Standort:** Grünblättrige Arten und Sorten hell, im Sommer auch halbschattig. Buntblättrige sehr hell, aber nicht sonnig. Ganzjährig warm. Arten mit fleischigen Blättern vertragen trockene Heizungsluft, solche mit weicheren Blättern benötigen eine höhere Luftfeuchte.

**Gießen, Düngen:** Nur leicht feucht halten. Kalte Füße im Winter vermeiden! Fäulnisgefahr. Von April bis September alle 3 Wochen düngen.

**Weitere Pflege:** Besonders bei den weichblättrigen Arten von April bis September für hohe Luftfeuchte sorgen. Öfter sprühen. Im Frühjahr oder Sommer in Einheitserde, TKS 2 oder Blumenerde umtopfen. Kahl aussehende Pflanzen im Frühjahr vorsichtig zurückschneiden.

**Vermehren:** Durch Kopf- und Blattstecklinge.

**Schädlinge, Krankheiten:** Blattfall, Blatt- und Stengelfäule durch Pflegefehler. Blattälchen.

Philodendron
## Baumfreund

Seit 140 Jahren erfreuen sich kletternde oder buschig wachsende *Philodendron*-Arten allergrößter Beliebtheit. Um 1850 wurden die beiden wichtigsten Arten, *Philodendron erubescens*, der »Errötende Baumfreund«, und der Kletter-Philodendron, *Philodendron scandens*, eingeführt und kultiviert. Von den rund 275 bekannten Arten hier die bekanntesten für die Zimmerkultur:

- *Philodendron bipennifolium* mit herz- bis speerförmigen, gelappten Blättern,
- *Philodendron bipinnatifidum* mit breitovalen, großen Blättern,
- *Philodendron melanochrysum* mit schwarz-grünem Laub,
- *Philodendron pedatum*, die widerstandsfähige Art,
- *Philodendron selloum*, der stammbildende Baumfreund, und die nichtkletternden Arten *Philodendron martianum* und *Philodendron wendlandii*. Bekannteste Varietäten sind 'Red Emerald', 'Green Emerald' und 'Burgundy'. Alle kletternden Arten brauchen einen Stützstab.
- *Philodendron* 'Lynette' mit ganz untypischen Philodendronblättern ist neu im Handel.

**Sattes Grün aus dem Regenwald**
*Auf dem Korbtisch ein Prachtexemplar von Philodendron selloum, daneben der »Errötende Baumfreund«, Philodendron erubescens 'Red Emerald'.*

*Ein unverwüstlicher Kletterer – Philodendron scandens.*

**Familie:** *Araceae*, Aronstabgewächse.
**Heimat:** Südamerika.
**Standort:** Hell bis halbschattig. Ganzjährig warm, nie unter 18 °C. Wichtig: Die Bodentemperatur soll nicht unter der Lufttemperatur liegen.
**Gießen, Düngen:** Stets leicht feucht halten. Von März bis August alle 14 Tage düngen.
**Weitere Pflege:** Öfter sprühen, besonders bei Austriebsbeginn. Wichtig: Kein Blattglanzmittel verwenden! Junge Pflanzen jährlich, ältere bei Bedarf in Einheitserde T, TKS 2 oder Blumenerde umtopfen. Rückschnitt der Triebspitze, sobald die Pflanze zu hoch wird, ist gut möglich.
**Vermehren:** Durch Kopf- oder Teilstecklinge, durch Abmoosen oder Samen.
**Schädlinge, Krankheiten:** Schildläuse, Thripse durch zu trockene Zimmerluft. Wurzelfäule durch nasse, kalte Füße.
**Mein Tip:** Schauen Sie sich einmal in einem botanischen Garten alte Philodendronexemplare an. Bei vielen Arten sehen die Jugendformen anders als die Altersformen aus.
**Warnung:** Enthält haut- und schleimhautreizende Stoffe.

*Neu mit wunderschönen Blättern – Philodendron 'Lynette'.*

Pilea

# Kanonierblume

*Die bekannteste Sorte – Pilea cadierei 'Minima'.*

Der militärisch klingende Name hat seinen Grund: Bei Berührung der reifen Blütenknospen biegen sich die Staubfäden elastisch zurück und schleudern den Blütenstaub in Wölkchen weg. Die Kanonierblumen, übrigens mit unserer Brennessel eng verwandt, sind kaum mehr als 20 cm hohe Kräuter mit attraktiven spitz- oder rundovalen Blättern. Besonders gern verwendet man sie als Bodendecker fürs Blumenfenster und für die Schalenbepflanzung. Die wichtigsten Arten und Sorten sind *Pilea cadierei* mit silbergrüner, leicht aufgeworfener Blattstruktur, *Pilea crassifolia* 'Moon Valley' mit schwarzgeädertem, runzeligem Laub und *Pilea spruceana* mit Silberstreifen auf graugrünen oder bronzegrünen Blättern. Eine hübsche kleinblättrige Ampelpflanze ist *Pilea nummulariifolia*.

**Familie:** *Urticaceae*, Nesselgewächse.
**Heimat:** Tropen.
**Standort:** Hell bis halbschattig. Ganzjährig warm. Hohe Luftfeuchte ist erwünscht.
**Gießen, Düngen:** Im Frühjahr und Sommer etwas mehr, ab Herbst und im Winter zurückhaltender gießen. Blätter nicht mit Wasser benetzen. Von März bis August wöchentlich düngen.
**Weitere Pflege:** Für indirekte Luftfeuchte (→ Seite 43) sorgen. Im Frühjahr umtopfen und zurückschneiden. Beides lohnt aber selten, da die Pflanzen ohne Kunstlicht im Winter bald von unten verkahlen und unansehnlich werden. Rechtzeitig für Nachwuchs durch Stecklinge sorgen!
**Vermehren:** Durch Kopfstecklinge ganzjährig möglich. Jungpflanzen stutzen und hell und warm überwintern.
**Schädlinge, Krankheiten:** Spinnmilben durch zu trockene Heizungsluft.

Pisonia umbellifera

## Pisonie, Vogel-Fang-Baum

*Panaschiert – Pisonia umbellifera 'Variegata'.*

Die Pisonie sieht zwar aus wie ein buntblättriger Gummibaum, ist aber mit der *Bougainvillea* und der Wunderblume (*Mirabilis jalapa*) verwandt. Von den 50 Arten wird nur *Pisonia umbellifera*, die »doldentragende« Pisonie, im Zimmer kultiviert. Sie wächst in ihrer Heimat als 6 m hoher Baum oder Strauch mit gegenständigen, fast quirlig angeordneten, bis zu 40 cm langen, dünnhäutigen Blättern. Die bei uns angebotene Sorte 'Variegata' hat grün, weiß und silber marmoriertes Laub. Sie wird im Zimmer etwa 1,2 m hoch, vorausgesetzt, man sorgt dafür, daß diese Südseeschönheit sich nie über kalte Füße zu beklagen hat.

**Familie:** *Nyctaginaceae*, Wunderblumengewächse.

**Heimat:** Australien, Neuseeland, Südsee.

**Standort:** Sehr hell, damit sich die Panaschierung nicht verliert, aber keine Sonne. Ganzjährig warme Luft- und Bodentemperaturen, nicht unter 18 °C. Die Pflanze liebt Fußbodenheizung oder eine Heizmatte als Unterlage. Bei Fußkälte faulen die Wurzeln!

**Gießen, Düngen:** Den Ballen immer gleichmäßig feucht halten. Von März bis August alle 14 Tage düngen.

**Weitere Pflege:** Blätter öfter einsprühen und abwaschen, damit sie »atmen« können. Bei Bedarf Pflanze im Frühjahr in Einheitserde T, TKS 2 oder Blumenerde umtopfen. Zu lange Triebe bis ins alte Holz zurückschneiden.

**Vermehren:** Durch Kopf- oder Teilstecklinge im heizbaren Vermehrungsbeet bei Bodentemperaturen zwischen 20 und 25 °C.

**Schädlinge, Krankheiten:** Schild- und Blattläuse durch trockene Heizungsluft. Ballentrockenheit oder Staunässe führen zu braunen Blatträndern, Blattvergilbungen und Blattfall.

Plectranthus

## Harfenstrauch, Mottenkönig

*Ampelpflanze – Plectranthus coleoides 'Marginatus'.*

Prominentester Vertreter der Gattung war seit seiner Einführung 1817 über Jahrzehnte hinweg *Plectranthus fruticosus*, der Mottenkönig. Unsere Vorfahren setzten den violett blühenden Strauch mit dem penetranten Kampfergeruch offenbar erfolgreich gegen die kleiderfressenden Insekten ein. Als Topfpflanze spielt diese Pflanze heute kaum mehr eine Rolle. Sie wurde abgelöst durch zwei andere Arten: einmal durch *Plectranthus oertendahlii* mit kleinen, runden, hellgrünen, weißgeaderten und rotgerandeten Blättern, zum anderen durch *Plectranthus coleoides* und seine Varietät 'Marginatus' mit weißgesäumten Blättern. Beide bilden leicht überhängende Triebe und sind wunderschöne Ampelpflanzen oder Bodendecker.

**Familie:** *Labiatae*, Lippenblütler.

**Heimat:** Südafrika.

**Standort:** Hell bis sonnig und im Zimmer luftig. Kann gut draußen übersommern. Im Winter nicht kühler als 15 °C halten, *Plectranthus fruticosus* auch bis 10 °C.

**Gießen, Düngen:** Gleichmäßig feucht halten. An heißen Sommertagen reichlich gießen, im Winter ganz sparsam. Von März bis August alle 14 Tage düngen.

**Weitere Pflege:** Umtopfen rentiert sich nicht, da ältere Pflanzen oft nicht besonders schön sind.

**Vermehren:** Im zeitigen Frühjahr oder im Sommer durch Kopfstecklinge, die leicht bewurzeln. Öfter entspitzen, damit sich schöne, buschige Pflanzen entwickeln.

**Schädlinge, Krankheiten:** Selten.

Pogonatherum paniceum

## Zimmerbambus

*Der Zimmerbambus darf nie austrocknen.*

Mit dem Bambus hat der Zimmerbambus die grazile Eleganz der immergrünen Halme und die Unterfamilie der Süßgräser gemeinsam. Daß diese um 1980 eingeführte Pflanze zu einem anderen Gräserclan gehört, kann man an der jährlichen Blüte bemerken, denn Bambus blüht ja bekanntlich selten. Tatsächlich deutet der alte Name *Saccharum paniceum* auf enge Verwandtschaft mit dem Zuckerrohr hin. Der Zimmerbambus wächst buschig und bildet dünne, holzige, 15 bis 60 cm lange Halme mit 7cm langen, schmalen Blättern. Die Halme sind geschnitten lange haltbar und werden gern in der Blumenbinderei verwendet.

**Familie:** *Gramineae* (*Poaceae*), Gräser.

**Heimat:** Südostasien.

**Standort:** Hell bis vollsonnig. Ganzjährig warm, auch im Winter nicht unter 15 °C. Liebt hohe Luftfeuchte, verträgt aber auch trockene Luft. Darf an einem halbschattigen Platz draußen übersommern.

**Gießen, Düngen:** Reichlich gießen. Ballen nie austrocknen lassen. Trockenheit kann tödlich sein. Im Sommer sind sogar Fußbäder erlaubt. Von März bis August alle 2 bis 3 Wochen düngen.

**Weitere Pflege:** Jährlich im Frühjahr in Einheitserde T, TKS 2 oder Blumenerde umtopfen.

**Vermehren:** Durch Teilen oder durch Wurzelausläufer beim Umtopfen im Frühjahr.

**Schädlinge, Krankheiten:** Selten.

Polyscias

## Fiederaralie

*Polyscias balfouriana besitzt ungefiedertes Laub.*

Nomen est omen. Die Fiederaralie verrät mit ihrem Namen, daß sie eine Schattenpflanze ist (griechisch: *poly* = viel, *scias* = Schatten). Auf diese Vorliebe weist auch die farnähnliche Beschaffenheit der Blätter mancher Arten hin. Gefiedertes oder stark eingeschnittenes Laub besitzen *Polyscias filicifolia*, *Polyscias guilfoylei* und *Polyscias paniculata*. Um sie längerfristig erfolgreich zu halten, braucht man schon ein feuchtwarmes Blumenfenster. Robuster und daher auch weiter verbreitet, ist *Polyscias balfouriana*. Sie besitzt rundliche bis nierenförmige Blätter mit weißen Rändern, Flecken oder Adern.

**Familie:** *Araliaceae*, Araliengewächse.

**Heimat:** Tropisches Asien, Polynesien.

**Standort:** Hell bis halbschattig. Auf keinen Fall sonnig. Ganzjährig 20 °C und wärmer, nie unter 18 °C. Die Pflanze liebt hohe Luftfeuchte.

**Gießen, Düngen:** Mit weichem, zimmerwarmem Wasser gleichmäßig nur leicht feucht halten. Staunässe unbedingt vermeiden! Von März bis August alle 2 Wochen düngen.

**Weitere Pflege:** Für indirekte Luftfeuchte (→ Seite 43) sorgen und öfter sprühen. Alle 2 Jahre in nicht zu große Gefäße mit Einheitserde umtopfen.

**Vermehren:** Durch Stecklinge im heizbaren Vermehrungsbeet. Schwierig.

**Schädlinge, Krankheiten:** Blatt- und Schildläuse sowie Spinnmilben durch zu trockene Heizungsluft.

**Die bizarre Fiederaralie, besonders die Art Polyscias fruticosa, läßt sich wunderbar zu einem attraktiven Zimmer-Bonsai gestalten.**

Radermachera sinica
## Radermachera, Zimmeresche

*Die Radermachera mag keinen Zigarettenrauch.*

Die Radermachera ist eine der neuen Zimmerpflanzen, die sich in kurzer Zeit die Herzen erobert hat. Die nach dem englischen Pflanzenliebhaber Radermacher benannte Exotin sieht mit ihren doppelt gefiederten, glänzendgrünen Blättern auch wirklich sehr dekorativ aus. In ihrer Heimat wächst sie als immergrüner kleiner Baum und blüht mit schwefelgelben großen Blütenglocken. Bei uns wird sie in einem geräumigen Topf leicht 1,5 m hoch. Blüten wird sie bei Zimmerkultur wohl kaum ansetzen, aber als Blattpflanze ist sie leicht zu pflegen. Nur eines mag sie nicht: Zigarettenrauch. Darauf reagiert sie mit Blattfall. Falls Sie die Pflanze unter diesem Namen nicht bekommen: Sie hieß früher *Stereospermum sinicum*. Wegen ihrer beinahe eschenartig anmutenden Blätter nennt der Volksmund sie auch Zimmeresche.

**Familie:** *Bignoniaceae*, Bignoniengewächse.
**Heimat:** Südwestchina, Taiwan.
**Standort:** Hell und ganzjährig luftig. Im Sommer warm, im Winter bei 15 °C halten.
**Gießen, Düngen:** Nur mäßig feucht halten. Im Winter nur so viel gießen, daß die Blätter nicht abfallen. Von März bis August alle 3 Wochen düngen.
**Weitere Pflege:** Öfter sprühen. Jungpflanzen jährlich, ältere bei Bedarf in Einheitserde T umtopfen. Über die Eignung für Hydrokultur liegen noch wenig Erfahrungen vor.
**Vermehren:** Aus Samen (Adressen, → Seite 238) oder durch Stecklinge.
**Schädlinge, Krankheiten:** Blatt- und Schildläuse sowie Spinnmilben und Thripse nach zu warmer Überwinterung.
**Mein Tip:** Stellen Sie die Radermachera von Juni bis September an einen sonnen- und windgeschützten Platz ins Freie, es tut ihr sichtlich gut.

Rhoeo spathacea
## Bootspflanze

*Rhoeo spathacea bildet »Blütenschiffchen«.*

Ohne Blüten hält man die *Rhoeo* auf den ersten Blick für eine Drazäne oder Bromelie. Wenn aber im Juni/Juli die kleinen Blüten erscheinen, wird sofort klar, daß es sich um eine eigene und eigenwillige Gattung handelt. Die Blütenstände mit den zierlichen weißen »Zipfelblüten« sitzen nämlich in taschen- oder bootsförmigen Hochblättern in den Blattachseln ganz unten direkt am Stamm. *Rhoeo spathacea* ist die einzige Art der Gattung. Am häufigsten verbreitet ist die Sorte 'Vittata', deren schwertförmige, etwa 30 cm lange Blätter eine grün-weiß gestreifte Ober- und purpurrot leuchtende Unterseite besitzen.

**Familie:** *Commelinaceae*, Commelinengewächse.
**Heimat:** Mittelamerika.
**Standort:** Hell, aber nicht sonnig. Ganzjährig Zimmertemperatur, nie unter 18 °C. Die Pflanze liebt, vor allem während der Wachstumszeit im Sommer, eine hohe Luftfeuchte.
**Gießen, Düngen:** Nur mit weichem, zimmerwarmem Wasser gießen. Im Sommer stets leicht feucht, im Winter trockener halten. Von März bis August wöchentlich düngen.
**Weitere Pflege:** Für indirekte Luftfeuchte (→ Seite 43) sorgen. Pflanze bei Bedarf im Frühjahr in größere Töpfe mit Einheitserde T, TKS 2 oder Blumenerde setzen.
**Vermehren:** Durch Seitentriebe, Kopfstecklinge und Samen (Adressen, → Seite 238).
**Schädlinge, Krankheiten:** Einrollen der Blätter und braune Blattspitzen bei zu trockener Luft. Fäulnis am Wurzelhals durch zuviel Gießen, vor allem im Winter.
**Mein Tip:** Eintriebig gewachsen, sieht die *Rhoeo* besonders schön aus. Nehmen Sie die Seitentriebe weg. Wer Verzweigungen wünscht, muß die Pflanze öfter stutzen.

Rhoicissus capensis

## Kapwein, Kapland-Klimme, Sumachwein

*Der Kapwein ist ein stark wachsender Schlinger.*

Der Kapwein ist ein vitaler Klettermaxe, für den Sie ein stabiles Gerüst benötigen. Er bildet bis zu 18 cm breite, herzförmige, ungeteilte, grünglänzende Blätter, die unterseits rötlich behaart sind. Behaart sind auch die leicht holzigen Triebe. In mediterranen Regionen findet man ihn häufig als üppige Berankung von Balkonen und Pergolen. Er verträgt Kühle bis 5 °C und kann zur Begrünung kühler, frostfreier Wintergärten verwendet werden.

**Familie:** *Vitaceae*, Weinrebengewächse.

**Heimat:** Kapland/Südafrika.

**Standort:** Hell bis halbschattig und luftig. Keine Sonne. Im Sommer nicht zu warm, im Winter am besten zwischen 6 und 10 °C. Zimmertemperatur wird aber durchaus toleriert. Die Pflanze liebt ein schattiges Sommerquartier.

**Gießen, Düngen:** Mäßig feucht halten, im Winter weniger gießen. Der Kapwein ist mit runden Grundknollen ausgestattet, Speicherorganen, mit denen er am Heimatstandort Trockenzeiten übersteht. Staunässe vermeiden, denn nasse Füße bringen ihn um! Von Mai bis August alle 14 Tage düngen.

**Weitere Pflege:** Blätter durch vorsichtiges Abwaschen öfter entstauben. Im Frühjahr in größere Gefäße mit Einheitserde T, TKS 2 oder Blumenerde umtopfen. Auch ein Rückschnitt der Triebe ist bei zu starkem Wachstum möglich.

**Vermehren:** Durch Teil- oder Kopfstecklinge.

**Schädlinge, Krankheiten:** Mehltau und andere Pilzkrankheiten durch zuviel Wasser. Spinnmilben.

Sansevieria trifasciata

## Bogenhanf, Sansevierie

*Sansevierien sind nahezu unverwüstlich.*

Der Bogenhanf war schon 1770 in Österreich in Kultur. Noch heute erfreut er sich größter Beliebtheit, was sicher an seiner sagenhaften Zähigkeit liegt. Vielleicht hat ihm diese Eigenschaft den volkstümlichen Namen »Schwiegermutterzunge« eingetragen. Bogenhanf heißt er übrigens wegen seiner hanfartigen Fasern, aus denen die Eingeborenen Bogensehnen fertigten, *Sansevieria* nach dem Fürsten von Sansevierio. Von den 70 bekannten Arten ist vor allem *Sansevieria trifasciata* in gärtnerischer Kultur. Es gibt hohe Sorten mit nahezu 1 Meter langen, straff aufrecht wachsenden Blättern wie die gelbgerandete 'Laurentii' und niedrige rosettenartig wachsende wie die goldgelb gestreifte 'Golden Hahnii' und die weißpanaschierte 'Silver Hahnii'. Alle Sansevierien besitzen Rhizome, die sich mitunter so stark entwickeln, daß sie die Töpfe sprengen.

**Familie:** *Agavaceae*, Agavengewächse.

**Heimat:** Tropisches Westafrika.

**Standort:** Sonnig bis halbschattig. Ganzjährig Zimmertemperatur, die bis auf 15 °C absinken kann.

**Gießen, Düngen:** Wenig gießen. Erde immer abtrocknen lassen. Kalkhaltiges Gießwasser wird vertragen. Düngen von März bis August alle 2 bis 3 Wochen mit Blumen- oder Kakteendünger.

**Weitere Pflege:** Jährlich in flache Gefäße (wegen der Rhizome!) mit Einheitserde T oder Blumenerde umtopfen.

**Vermehren:** Durch Teilen und Nebentriebe. Oder durch Blattstecklinge (auf diese Weise vermehrte buntlaubige Sorten bringen aber nur grüne Abkömmlinge hervor!).

**Schädlinge, Krankheiten:** Selten. Nur zuviel Wasser bringt die Sansevierie um.

**Mein Tip:** Alte Exemplare überraschen mit wundervoll duftenden Blüten.

Saxifraga stolonifera

## Steinbrech, Judenbart

*Der Judenbart ist eine unserer schönsten Ampelpflanzen.*

*Saxifraga stolonifera* heißt soviel wie »ausläufertreibender Steinbrech«. Tatsächlich hat diese charakteristische Eigenschaft die kleine Staude zu einer beliebten Ampelpflanze gemacht. Im Handel ist neben der reinen Art mit rundlich-nierenförmigen, behaarten Blättern (die oberseits dunkelgrün mit weißgrauer Adernpanaschierung und unterseits violett gefärbt sind) die Sorte 'Tricolor' mit dreifarbig grün-weiß-rosa Blättern. Die Blattstengel wachsen aus einer Rosette heraus. Die bis zu 50 cm langen fadendünnen Ausläufer tragen an ihren Enden Jungpflänzchen (Kindel). Im Sommer erscheinen Rispen mit kleinen weißen Sternblüten.

**Familie:** *Saxifragaceae*, Steinbrechgewächse.

**Heimat:** China, Japan.

**Standort:** Hell bis halbschattig, luftig und kühl, im Winter frostfrei, in milden Gegenden mit entsprechendem Schutz sogar winterhart. Die bunte Sorte 'Tricolor' ist für ganzjährigen Zimmeraufenthalt geeignet und muß heller und wärmer (auch im Winter bei mindestens 15 °C) gehalten werden.

**Gießen, Düngen:** Nur mäßig feucht halten, im Winter bei kühlem Stand wenig gießen. Von März bis August wöchentlich düngen.

**Weitere Pflege:** Bei Bedarf im Sommer in Einheitserde umtopfen.

**Vermehren:** Durch Kindel, die häufig schon bewurzelt sind. Diese Jungpflanzen zu mehreren in einen Topf pflanzen, das ergibt üppigere Tuffs.

**Schädlinge, Krankheiten:** Blattläuse bei zu warmem Stand, Wurzelfäule durch zuviel Gießen.

**Mein Tip:** Die Ausläufer des Judenbartes können sowohl frei baumeln (zum Beispiel bei Ampelpflanzen) als auch aufliegen (zum Beispiel als Bodendecker im Wintergarten).

Schefflera

## Strahlenaralie

*Schefflera arboricola wächst gut am Moosstab.*

An der Wachstumsfreude der Schefflera läßt sich ablesen, daß sie in ihrer Heimat als Strauch oder Baum wächst. Bei uns trifft man hauptsächlich auf 2 Arten: *Schefflera arboricola* und *Schefflera actinophylla*, deren jetzt gültiger botanischer Name *Brassaia actinophylla* lautet. Die erstgenannte bleibt im Wuchs zierlicher, ihre Blätter sind kleiner, schmaler und neuerdings auch panaschiert erhältlich. Bei *Brassaia* können die langstieligen, wie gelackt aussehenden Blätter bis zu 30 cm lang werden. Charakteristisch für beide ist die handförmige Anordnung der Blätter.

**Familie:** *Araliaceae*, Araliengewächse.

**Heimat:** Taiwan, Nordostaustralien, Neuguinea.

**Standort:** Hell bis halbschattig. Im Sommer luftig, günstig sind 10 bis 18 °C, an sonnen- und windgeschütztem Platz. Unterbringung auch im Freien möglich. Grüne Arten im Winter kühl (12 bis 16 °C), panaschierte nicht unter 18 °C halten.

**Gießen, Düngen:** Stets nur leicht feucht halten, am kühlen Winterstandort ganz sparsam gießen. Von März bis August alle 14 Tage düngen.

**Weitere Pflege:** Am warmen Standort öfter sprühen. Jüngere Pflanzen jährlich in Einheitserde T, TKS 2 oder Blumenerde umtopfen, ältere nur bei Bedarf. Wer nicht möchte, daß die Pflanzen zu groß werden, kann sie zurückschneiden oder durch Entspitzen zu gedrungenem Wachstum anregen.

**Vermehren:** Durch Samen (im August/September oder von Dezember bis Februar), Abmoosen oder durch Kopfstecklinge im heizbaren Vermehrungsbeet. Schwierig.

**Schädlinge, Krankheiten:** Schildläuse bei zu warmem, lufttrockenem Winterstand. Laubfall bei Temperaturen unter 12 °C.

**Warnung:** Enthält haut- und schleimhautreizende Stoffe.

Scirpus cernuus

## Simse, Frauenhaar

*Statt Blätter binsenartige Halme.*

Die Simse zählt wie das Zypergras zu den Riedgräsern und wird neuerdings, in eine braune Plastik- oder Pappröhre eingezwängt, als »Grasbäumchen« verkauft. Dies ist nicht der natürliche Wuchs. Am Heimatstandort stehen die 20 cm langen, binsenartigen Halme in vollem Licht und wachsen deshalb stramm aufrecht. Nur im Schatten werden sie länger und biegen sich weich nach unten. Dieser überhängende Wuchs macht die Simse als Ampelpflanze geeignet, verführt leider aber auch zu oben erwähnten Spielereien, die das Leben der Pflanze nicht gerade verlängern. Das ganze Jahr über bilden sich an den Spitzen der dünnen Halme winzige Blütenähren.

**Familie:** *Cyperaceae*, Riedgräser.

**Heimat:** Mittelmeerraum, Subtropen und Tropen.

**Standort:** Hell bis halbschattig, keine Sonne. Ganzjährig Zimmertemperatur.

**Gießen, Düngen:** Reichlich gießen. Nie austrocknen lassen. Die Pflanze liebt Fußbäder wie das Zypergras. Von März bis August alle 2 Wochen schwach konzentriert düngen.

**Weitere Pflege:** Im geheizten Wohnraum für indirekte Luftfeuchte (→ Seite 43) sorgen. Jedes Frühjahr in Einheitserde T, TKS 2 oder Blumenerde mit ¼ Sandanteil umtopfen.

**Vermehren:** Durch Samen oder durch Teilen (beim Umtopfen im Frühjahr).

**Schädlinge, Krankheiten:** Trockene Spitzen durch mangelnde Luft- und Bodenfeuchte. Blattläuse. Achtung: Die Simse verträgt viele Pflanzenschutzmittel nicht.

**Mein Tip:** Das Frauenhaar eignet sich wunderbar zur Bepflanzung von Sumpfzonen in Terrarien oder Zimmer-Wassergärten. Es darf aber nicht mit dem gesamten Ballen im Wasser stehen.

Sedum

## Fetthenne

*Sedum morganianum mit dickfleischigen Blättern.*

Von den rund 600 sukkulenten Arten haben vor allem aus Mexiko stammende Arten bei uns Bedeutung erlangt. Eine attraktive Ampelpflanze ist *Sedum morganianum*, deren 50 cm oder länger werdende überhängende Sprosse dicht an dicht mit graubereiften, stielrunden Blättern besetzt sind. Leider fallen die kleinen Blätter, wie auch bei anderen Arten, bei der geringsten Berührung leicht ab. Einen aufrechteren Wuchs besitzt *Sedum rubrotinctum*, dessen Blätter sich im Sonnenlicht rot verfärben. Sehr bekannt ist auch das aus Japan stammende winterharte *Sedum sieboldii*, dessen rundliche blaugrüne Blätter mit rötlichem Rand nicht so dick sind wie bei den erstgenannten Arten. Bei artgerechter kühler Kultur zieht diese Pflanze im Herbst ein und treibt im Frühjahr wieder neu aus.

**Familie:** *Crassulaceae*, Dickblattgewächse.

**Heimat:** Mexiko, *Sedum sieboldii* aus Japan.

**Standort:** Hell bis vollsonnig. Im Sommer warm, an geschütztem Platz auch im Freien. Im Winter kühl (5 bis 10 °C). Zimmerwärme wird allenfalls an extrem hellen Standorten vertragen, ist aber auf Dauer nicht artgerecht. *Sedum sieboldii* sollte möglichst kühl kultiviert werden.

**Gießen, Düngen:** Im Sommer sparsam gießen, im Winter die Pflanze nur ab und zu etwas anfeuchten. Im Sommer alle 4 Wochen Kakteendünger geben. Zuviel Dünger verändert die Pflanzengestalt und die Blattfarben.

**Weitere Pflege:** Bei Bedarf in Kakteenerde umtopfen.

**Vermehren:** Durch Triebstecklinge oder einzelne Blätter. Schnittflächen vor dem Stecken einige Tage trocknen lassen.

**Schädlinge, Krankheiten:** Fäulnis durch zu nassen Stand.

Soleirolia soleirolii

## Bubiköpfchen

*Das Bubiköpfchen will es immer feucht.*

Auf Korsika und Sardinien findet man dieses kleinblättrige Teppichgewächs in Mauerfugen, zwischen Trittplatten und an Felsen. Wer ein Gewächshaus hat, weiß, wie schnell es sich auch dort in den Bodenbeeten breitmachen kann. Das Bubiköpfchen (früher *Helxine soleirolii*) ist aber auch eine dekorative Pflanze für Töpfe und Ampeln.
**Familie:** *Urticaceae*, Nesselgewächse.
**Heimat:** Mittelmeerraum.
**Standort:** Hell bis halbschattig. Im Winter werden Zimmerwärme wie auch kühlere Temperaturen akzeptiert. Die Pflanze verträgt sogar Kälte bis an die Frostgrenze.
**Gießen, Düngen:** Mäßig, aber gleichmäßig gießen. Bei kühlem Winterstand nur leicht feucht halten. Die Pflanze nicht austrocknen lassen, sie reagiert auf unregelmäßige Wassergaben mit Blattflecken und Verkahlen. Von März bis August alle 4 Wochen düngen.
**Weitere Pflege:** Öfter sprühen. Umtopfen entfällt, da man durch Teilen leicht neue Pflanzen erhält, die sich schnell schön bestocken.
**Vermehren:** Durch Teilen. Stücke in Töpfe mit Einheitserde T, TKS 2 oder Blumenerde setzen. Oder durch Stecklinge, die ganz leicht bewurzeln. Immer mehrere in einen Topf setzen.
**Schädlinge, Krankheiten:** Selten.

Sparmannia africana

## Zimmerlinde

Mit Zunahme angebauter Wintergärten gibt es wieder mehr Platz für dekorative Bäume wie die Zimmerlinde – eine ausgesprochene Solitärpflanze. Sie braucht mit zunehmendem Alter viel Raum, um ihre volle Schönheit entfalten zu können. Außerdem schätzt sie ein großzügiges Lichtangebot.
Die großen samtweichen Blätter des baumartigen Strauchs sind lindgrün, beidseitig behaart und hängen an langen Stielen. Bei größeren Pflanzen bilden sich vom Winter bis zum Frühling weiße Blütendolden mit gelben und roten Staubblättern. Die Blühfreudigkeit ist jedoch sehr unterschiedlich, manche Pflanzen blühen nicht.
**Familie:** *Tiliaceae*, Lindengewächse.
**Heimat:** Südafrika.
**Standort:** Sehr hell, aber nicht vollsonnig. An einem nicht optimal belichteten Platz bildet die Pflanze unschöne lange Blattstiele. Ganzjährig mäßig warm, besser noch frisch-kühl, im Winter zwischen 10 und 15 °C.
**Gießen, Düngen:** Die großen Blätter zeigen an, daß die Pflanze viel Feuchtigkeit verdunstet. Darum Substrat immer feucht halten, jedoch Staunässe unbedingt vermeiden. Im Sommer mehr, im Winter je nach Temperatur weniger gießen. Von März bis August wöchentlich düngen, im Winter am hellen Platz alle 2 Monate.
**Weitere Pflege:** Jungpflanzen jährlich, ältere bei Bedarf in Blumenerde umtopfen. Bei Verkahlung ist Rückschnitt bis ins alte Holz möglich.
**Vermehren:** Im Frühjahr durch krautige Stecklinge im heizbaren Vermehrungsbeet. Von Trieben mit Blüten kann man gedrungenere, blühfreudigere Pflanzen erwarten; Stecklinge aus reinen Laubtrieben ergeben starkwüchsige Pflanzen, die erst als ältere Exemplare blühen.
**Schädlinge, Krankheiten:** Verkahlen und Blattfall durch Licht- und Nährstoffmangel und zu warmen Stand. Spinnmilben und Thripse durch Frischluftmangel. Weiße Fliege.
**Mein Tip:** Die Zimmerlinde wurzelt stark und kippt leicht um, wenn sie in zu kleinen Töpfen sitzt. Geben Sie die ausgetopfte Pflanze am besten in einen viel größeren Übertopf und füllen Sie die Zwischenräume reichlich mit wasserspeicherndem Tongranulat (→ Zeichnung, Seite 40). Damit erhält die Zimmerlinde mehr Standfestigkeit und ist in wärmeren Räumen gleichzeitig von aufsteigender Luftfeuchte umgeben.

*Zart und klein – die Blüten der Zimmerlinde.*

**Lindgrüner Baum** ▶
*Die Zimmerlinde wächst schnell, ihre großen, streichelweichen Blätter verdunsten viel Wasser.*

Syngonium
## Purpurtute

*Exotischer Kletterer – die Purpurtute.*

Grün-weiß oder grün-silber panaschierte Blätter sind das Erkennungszeichen der Purpurtute, die leicht mit dem *Philodendron* (→ Seite 178) verwechselt werden kann. Verwirrung stiftet auch der deutsche Name. Purpurfarbenes läßt sich bei dieser Pflanze erst im betagten Alter entdecken, wenn sie ihre grünen Aronstabblüten mit den rotglühenden Spathen hervorbringt. Doch nicht genug der Eigenarten. Während junge Pflanzen allesamt pfeilförmige und ungeteilte Blätter bilden, sieht man bei alten Exemplaren geteilte oder gelappte Blätter. In jedem Fall aber ist die Purpurtute ein attraktiver, exotischer Kletterer, der in Ampeln, am Spalier oder Moosstab bestens gedeiht. Die häufigste Art ist übrigens *Syngonium podophyllum*, von der auch buntblättrige Sorten im Handel sind.

**Familie:** *Araceae*, Aronstabgewächse.

**Heimat:** Mittelamerika.

**Standort:** Buntblättrige Sorten hell, grünblättrige Arten und Sorten hell bis halbschattig, keine Sonne. Ganzjährig warm, auch im Winter nicht unter 18 °C. Die Pflanze braucht hohe Luftfeuchte und Bodenwärme.

**Gießen, Düngen:** Ganzjährig mit weichem, zimmerwarmem Wasser leicht feucht halten. Von März bis August alle 14 Tage düngen.

**Weitere Pflege:** Öfter sprühen und ab und zu den Staub von den Blättern feucht abwischen. Bei Bedarf in Einheitserde T, TKS 2 oder Blumenerde mit Styroporflocken umtopfen.

**Vermehren:** Durch Kopf- oder Teilstecklinge im heizbaren Vermehrungsbeet bei Bodenwärme um 25 °C.

**Schädlinge, Krankheiten:** Schildläuse durch trockene Heizungsluft.

**Warnung:** Enthält haut- und schleimhautreizende Stoffe.

Tetrastigma voinierianum
## Kastanienwein, Tonking-Wein

*Der Kastanienwein wächst stürmisch.*

Der Kastanienwein ist ein in Schüben ungestüm wachsender Schlingstrauch, der in einem Jahr ohne weiteres 5 bis 6 m zulegen kann und deshalb ein stabiles Gerüst zum Klettern braucht. Seinem Wuchsverhalten nach zählt der Kastanienwein zu den immergrünen Lianen und bildet spiralig eingedrehte Ranken. Er hat drei- bis fünfzählige, gezähnte, oberseits dunkelgrüne, unterseits braunfilzige Blätter, die an kräftigen Stengeln sitzen. In Topfkultur kommt es nur selten zur Blütenbildung.

**Familie:** *Vitaceae*, Weinrebengewächse.

**Heimat:** Tonking/Vietnam.

**Standort:** Hell bis schattig. Ganzjährig Zimmertemperatur möglich, im Winter auch kühler, jedoch nicht unter 10 °C. Verträgt trockene Zimmerluft.

**Gießen, Düngen:** Im Sommer reichlich (vor allem während eines Wachstumsschubs), im Winter je nach Temperatur sparsamer gießen. Während der Wachstumszeit wöchentlich düngen.

**Weitere Pflege:** Jedes Frühjahr in Einheitserde T, TKS 2 oder Blumenerde umtopfen, dabei kann je nach Bedarf zurückgeschnitten werden.

**Vermehren:** Im Frühjahr durch Stecklinge mit mindestens einem Auge und einem Blatt im heizbaren Vermehrungsbeet bei 25 °C Bodenwärme.

**Schädlinge, Krankheiten:** Selten.

**Mein Tip:** Die jungen Triebe sind ziemlich brüchig. Am besten kontinuierlich am Spalier hochbinden. Geben Sie beim Ziehen über Rundbögen acht, daß die jungen Triebe nicht brechen. Sie vorsichtig, aber gut anbinden, sie werden schnell schwer.

Tolmiea menziesii

## Henne mit Küken, Kindchen im Schoß

*Die Tolmiea liebt es luftig und kühl.*

Die Henne mit Küken ist eine botanische Kuriosität: In den Buchten der herzförmigen, behaarten Blätter bilden sich Brutknospen, die zu kleinen Pflänzchen heranwachsen und Wurzeln bilden, sobald sich das alte Blatt zur Erde neigt. In anderen Ländern hat man ihr ähnlich lustige Namen gegeben, zum Beispiel »Huckepackpflanze«, »Jugend-im-Alter« oder »Tausend Mütter«. Die weitgehend winterharte 25 bis 30 cm hohe Staude ist eine vorzügliche Ampelpflanze, die aber nur am Heimatstandort blüht. Dort erscheinen von Mai bis Juni die traubigen grünbraunen und orangefarbenen Blütenstände.

**Familie:** *Saxifragaceae*, Steinbrechgewächse.

**Heimat:** Nördliche Pazifikküste.

**Standort:** Hell bis halbschattig und luftig. Im Winter kühl bei 5 bis 10 °C. Im Sommer im Freien an einem Schattenplatz.

**Gießen, Düngen:** Im Sommer reichlich gießen, im Winter nur feucht halten. Von März bis August alle 14 Tage düngen.

**Weitere Pflege:** Umtopfen entfällt. Am besten jedes Jahr im Frühjahr oder Sommer neue Pflänzchen in Einheitserde T, TKS 2 oder Blumenerde setzen.

**Vermehren:** Durch »Küken« (→ Foto, unten), die mit oder ohne Mutterblatt auf die Erde gesetzt werden. Außerdem bilden sich Ausläufer.

**Schädlinge, Krankheiten:** Braune Blattränder bei zu warmem Winterstand.

*Blatt mit »Küken«.*

Tradescantia

## Dreimasterblume, Tradeskantie, Flinker Heinrich

*Grünlaubige Tradescantia fluminensis.*

Diese Grünpflanze kann man jedem empfehlen. Sie wächst schnell, stellt kaum Pflegeansprüche und ist zudem noch eine wunderschöne Ampelpflanze. Von den bis zu 60 Arten haben sich für die Zimmerkultur folgende am besten bewährt:

- *Tradescantia albiflora* mit kleinen, spitzovalen Blättern und ihre Zuchtformen 'Rochford's Silver' und 'Alba-vittata' mit silbergestreiftem Laub, 'Tricolor' mit dreifarbigen Blättern und 'Aureo-vittata' mit gelblichen Blättern.
- *Tradescantia blossfeldiana*, die fleischige, unterseits rote Blätter besitzt, und ihre Spielart 'Variegata', deren cremegrüne Blätter rosa überhaucht sind.
- *Tradescantia fluminensis* 'Variegata' sieht *Tradescantia albiflora* sehr ähnlich.

**Familie:** *Commelinaceae*, Commelinengewächse.

**Heimat:** Südamerika.

**Standort:** Buntblättrige Arten und Sorten unbedingt hell, aber nicht sonnig, grüne hell, zur Not auch halbschattig. Ganzjährig Zimmertemperatur, im Winter auch kühler, bei nicht zu feuchtem Stand bis 10 °C absinkend möglich.

**Gießen, Düngen:** Stets leicht feucht halten. Bei kühlem Stand im Winter wenig gießen. Von März bis August alle 14 Tage düngen.

**Weitere Pflege:** Bei Zimmerwärme öfter sprühen. Umtopfen entfällt. Lieber jedes Jahr neue Pflanzen ziehen. Es gelingt sehr leicht.

**Vermehren:** Ganzjährig durch Stecklinge, die im Wasser oder in Erde leicht bewurzeln. Jungpflanzen entspitzen und stets zu mehreren in einen Topf setzen.

**Schädlinge, Krankheiten:** Selten Blattläuse.

Yucca
## Palmlilie

Seit alters her beliebt als Zimmer- und Kübelpflanzen sind *Yucca aloifolia* mit dichten Schöpfen aus graugrünen, harten und spitzen Blättern und *Yucca elephantipes* mit am Grund knollig verdicktem Stamm und eher lockeren Schöpfen aus dunkelgrünen, 50 bis 100 cm langen, schwertförmigen Blättern.

**Familie:** *Agavaceae*, Agavengewächse.

**Heimat:** Mexiko, Mittel- und Nordamerika.

**Standort:** Sehr hell und sonnig. Im Sommer warm, am liebsten im Freien auf einer sonnigen Terrasse, im Winter kühl (5 bis 10 °C), Zimmertemperatur wird aber toleriert.

**Gießen, Düngen:** Im Sommer draußen reichlich, drinnen mäßig gießen, im Winter je nach Temperatur wenig wässern. Von März bis August alle 3 Wochen düngen.

**Weitere Pflege:** Bei Bedarf in Einheitserde T, TKS 2 oder Blumenerde umtopfen.

**Vermehren:** Durch Stammstücke oder Seitentriebe.

**Schädlinge, Krankheiten:** Nur bei zu warmem oder dunklem Stand im Winter. Blattfall der unteren Etagen ist arttypisch: Stammbildung.

**Mein Tip:** Zu hoch gewordene Yuccas können Sie im Frühjahr an beliebiger Stelle einkürzen. Schnittstelle mit Holzkohle einpudern.

**Warnung:** An den Blattspitzen – vor allem bei *Yucca aloifolia* – kann man sich verletzen.

**Sonnenkind**
*Yucca aloifolia mit besonders üppigen Blattschöpfen.*

Xanthosoma lindenii

## Xanthosoma

*Das Xanthosoma – eine aparte Blattschönheit.*

Wie seine Verwandte, die Alokasie (→ Seite 143) zählt auch das Xanthosoma zu den prachtvollsten Blattpflanzen, die wir haben. Die tropische Staude besitzt wundervolle, weiß geaderte, pfeilförmige Blätter (vor allem die Sorte 'Magnificum') und ist mit einem knollenartigen Rhizom ausgestattet. Ältere Pflanzen bilden den für Aronstabgewächse häufigen Blütenstand mit weißem Hüllblatt. Am besten gedeiht die Blattschönheit im geschlossenen Blumenfenster oder im feuchtwarmen Gewächshaus.

**Familie:** *Araceae*, Aronstabgewächse.

**Heimat:** Kolumbien.

**Standort:** Ganzjährig halbschattig bis schattig, luftfeucht und über 20 °C warm, im Winter nicht unter 18 °C.

**Gießen, Düngen:** Von März bis September stets leicht feucht halten und alle 14 Tage düngen. Im Winter sparsam gießen (Ruhezeit). Staunässe vermeiden!

**Weitere Pflege:** Für hohe Luftfeuchte sorgen (70 %). Alle 1 bis 2 Jahre mit Triebbeginn in Einheitserde T umtopfen. Styroporflocken oder Sand unter die Erde mischen.

**Vermehren:** Durch Teilen der Rhizome beim Umtopfen. Gelingt nur bei hohen Bodentemperaturen.

**Schädlinge, Krankheiten:** Spinnmilben durch zu trockene Luft. Unbedingt vrmeiden: Kalte, nasse Füße. Die Rhizome sind sehr fäulnisempfindlich und können von Bakterien oder Pilzen befallen werden.

**Warnung:** *Xanthosoma lindenii* enthält Stoffe, die Haut und Schleimhaut reizen können. Bei gezüchteten Pflanzen kommt dies allerdings selten vor.

Zebrina

## Zebrakraut

*Das Zebrakraut ist auch in der Ampel schön.*

Die nahe Verwandtschaft mit der Tradeskantie (→ Seite 189) ist nicht zu leugnen. Alle 3 bekannten Arten sind auch in Topfkultur gut zu pflegen: *Zebrina pendula* ist, wie der botanische Name bereits sagt, eine ideale Ampelpflanze. Sehr gern wird sie aber auch als Bodendecker in geräumigen Blumenfenstern oder in Erdbeeten warmer Wintergärten eingesetzt. Im Handel ist vor allem die vierfarbig gestreifte Sorte 'Quadricolor'. *Zebrina purpusii* wächst insgesamt etwas kräftiger und besitzt keine Streifen. Seltener zu finden ist die flockig weiß behaarte *Zebrina flocculosa.*

**Familie:** *Commelinaceae*, Commelinengewächse.

**Heimat:** Mittelamerika.

**Standort:** Hell, nicht sonnig. An dunklen Plätzen verblassen die schönen Farben. Ganzjährig Zimmertemperatur, im Winter nicht unter 12 °C. Verträgt trockene Luft.

**Gießen, Düngen:** Mäßig gießen. Von März bis August alle 14 Tage düngen. Zuviel Wasser und Dünger wirken sich nachteilig auf die Blattfarben aus.

**Weitere Pflege:** Im Frühjahr in Einheitserde T, TKS 2 oder Blumenerde umtopfen. Besser: Jährlich neue Jungpflanzen heranziehen.

**Vermehren:** Durch Stecklinge, die auch im Wasser leicht bewurzeln.

**Schädlinge, Krankheiten:** Selten.

# RARITÄTEN

**Grünpflanzen, die nicht jeder hat: Bizarre Gestalten mit merkwürdigen Blättern, Neues aus Fernost, wiederentdeckte alte Bekannte**

Bambusa vulgaris 'Striata'
## Bambus

Abgesägte und bewurzelte, grüngestreifte, gelbe, dicke Halme mit seitlich üppig belaubtem Austrieb oder Austrieben. Die Pflanze wird etwa meterhoch, Durchmesser der Halme 6 bis 8 cm. Familie: *Gramineae,* Gräser. Heimat: Tropen. Standort: Im Sommer sehr hell und warm, ab Juni auch draußen. Im Winter kühler, aber nicht unter 5 °C. Gießen, Düngen: Bei Wärme reichlich, bei Kühle weniger gießen. Staunässe vermeiden! Im Sommer alle 3 Wochen düngen. Weitere Pflege: Jedes Frühjahr in Einheitserde T umtopfen. Bei zu warmem, lufttrockenem Winterstand anfällig für Spinnmilben. Vermehren: Schwierig. Hinweis: Gedeiht auch in Hydro.

*Bambusa vulgaris 'Striata'. Der Sortenname 'Striata' bezieht sich auf den grüngestreiften Halm, der unterschiedlich üppig austreiben kann.*

Dionaea muscipula
## Venusfliegenfalle

Kleine, rosettenbildende, fleischfressende Pflanze, mit Fallenblättern, die bei Berührung durch ein Insekt oder einen Gegenstand zuschnappen. Die Venusfliegenfalle ist eine interessante Pflanze, die es im Haus aber nur an einem feuchtkühlen und auch im Winter hellen Platz länger aushält.

Familie: *Droseraceae,* Sonnentaugewächse. Heimat: Carolina/USA. Standort: Hell, kühl und luftig. Im Sommer im Freien, im Winter bei 5 bis 10 °C. Gießen, Düngen: Mit weichem Wasser stets leicht feucht halten (Sumpfbewohnerin!). Nur im Sommer ab und zu schwach dosiert düngen. Weitere Pflege: Jedes Frühjahr in flache Schale mit Torf umtopfen. Vermehren: Durch Blattstecklinge oder Teilen.

Testudinaria
## Elefantenfuß

Halbstrauchige Kletterpflanze mit auf dem Boden aufliegenden harten, holzigen Knollen, deren Oberfläche höckerig *(Testudinaria elephantipes)* oder glatt *(Testudinaria sylvatica)* sein kann. Blätter nieren- bis herzförmig und frischgrün an meterlangen Trieben.

Familie: *Discoreaceae,* Yamswurzelgewächse. Heimat: Südafrika. Standort: Hell- bis vollsonnig, ganzjährig nicht unter 18 °C. Gießen, Düngen: Die Pflanze braucht im Sommer eine Ruhepause. Währenddessen fast trocken halten. Im Herbst/Winter mäßig gießen und alle 4 Wochen schwach dosiert düngen. Weitere Pflege: Bei Bedarf vor dem Austrieb im August in Kakteenerde mit Bims oder Lavagrus umtopfen. Vermehren: Durch Aussaat oder Stecklinge (schwierig!).

Senecio rowleyanus
## Erbsenpflanze

Kriechpflanze mit dünnen, meterlangen Trieben, an denen sich wie an einer Perlenschnur erbsenförmige, sukkulente Blätter reihen. Blüht im Frühjahr mit kleinen, nach Zimt duftenden Blüten.
Familie: *Compositae,* Korbblütler.
Heimat: Südwestafrika. Standort: Vollsonnig und warm, im Winter auch 10 bis 12 °C. Gießen, Düngen: Sehr wenig, im Winter fast trocken halten, im Sommer einmal monatlich düngen.

Weitere Pflege: Bei Bedarf im Frühjahr in flache Töpfe mit Kakteenerde umtopfen.
Vermehren: Abgebrochene Triebe 2 Tage antrocknen lassen und in sandiger Erde bewurzeln. Hinweis: Ähnlich in Wuchs und Aussehen sind *Senecio citriformis, Senecio herreanus* und *Senecio radicans* – alles ungewöhnliche Ampelpflanzen.

Buddleja indica
## Zimmereiche

Immergrüner anspruchsloser Strauch mit eiförmigen, am Rand gebuchteten dunkelgrünen Blättern und unscheinbaren, gelblich-grünen Blüten, die im Zimmer selten erscheinen.

Familie: *Buddlejaceae,* Schmetterlingssträucher. Heimat: Madagaskar. Standort: Hell, halbschattig. Die Pflanze verträgt Temperaturen zwischen 5 und 22 °C. Gießen, Düngen: Reichlich gießen, im Winter und bei kühlem Stand etwas weniger. Von März bis Oktober wöchentlich düngen. Weitere Pflege: Zu lange Triebe einkürzen. Jedes Frühjahr in Einheitserde T umtopfen. Zuvor etwas zurückschneiden und den Wurzelballen verkleinern. Vermehren: Durch halbverholzte Stecklinge.

Ophiopogon jaburan
## Schlangenbart

Immergrüne grasartige Staude mit grünen oder goldgelb gestreiften Blättern ('Variegatus') und weißen bis violetten Blüten. Sehr robust.
Familie: *Liliaceae,* Liliengewächse.
Heimat: Japan. Standort: Ganzjährig hell und Zimmertemperatur. Im Winter auch kühler. Gießen, Düngen: Ganzjährig gleichmäßig feucht halten, im Winter bei kühlem Stand weniger gießen, bei trockener Heizungsluft sprühen. Von März bis August alle 14 Tage düngen. Weitere Pflege: Bei Bedarf im Frühjahr umtopfen. Vermehren: Im Frühjahr durch Teilen.

Perilepta dyeriana
## Perilepta

Krautiger Strauch mit elliptisch-lanzettlichen Blättern, die dunkelgrün, oberseits bis fast zum Rand metallisch blausilberviolett schimmern und unterseits rot sind.
Familie: *Acanthaceae,* Akanthusgewächse. Heimat: Burma. Standort: Ganzjährig hell bis halbschattig, luftfeucht und warm, im Winter nicht unter 16 °C. Die Pflanze verträgt weder Sonne noch Heizungsluft. Gießen, Düngen: Mit weichem Wasser mäßig feucht halten. Im Sommer alle 14 Tage niedrig dosiert düngen. Weitere Pflege/Vermehren: Da die Perilepta schnell sparrig

wächst und nur Jungpflanzen schön gefärbt sind, im Frühjahr Stecklinge schneiden, die im warmen Vermehrungsbeet rasch bewurzeln. Jungpflanzen ein- bis zweimal stutzen, damit sie buschig werden.

**Ob filigranzart oder derbledrig – ihre Schönheit liegt in den Wedeln und in ihrem elegant überhängenden, straffen Wuchs. Die meisten Farne sind typische Waldpflanzen, die feuchte Luft, lichten Schatten und ständig leichte Bodenfeuchte lieben.**

# FARNE

Gleich dichten Sonnenschirmen und grünen Zeltdächern breiten sie ihre mächtigen Wedelsträuße aus und zeigen dem Reisenden, der unter ihnen Mittagsruhe hält, den ewig blauen Himmel durch die schönsten Spitzenvorhänge, welche die Natur jemals gewebt oder gestrickt hat, schrieb vor etwa 100 Jahren ein Botaniker über die Farne im Regenwald. Aus diesen Worten spricht die Begeisterung, die das ganze vorige Jahrhundert den exotischen Farnen entgegenbrachte. Sie rangierten in den eleganten Salons und Hotelhallen als grüne Dekorationsstücke ganz vorn. Die Engländer der viktorianischen Zeit liebten sie so sehr, daß sie ihnen aus kunstvoll verziertem Gußeisen und Glas sogenannte Ferneries (Farnvitrinen) bauten, in denen Luft- und Bodenfeuchte ziemlich konstant blieben. Noch heute zählen Farne trotz begrenzter Lebensdauer zu den beliebtesten Grünpflanzen.

Daß sie in diesem Buch aus den Grünpflanzen ausgegliedert wurden und in einem eigenen Kapitel behandelt werden, hat zweierlei Gründe:

1. Sie gehören nicht wie alle übrigen Zimmerpflanzen zu den hochentwickelten Blütenpflanzen.
2. Sie besitzen einen dekorativen Zauber eigener Art, der eine gesonderte Darstellung empfiehlt.

Die auf den folgenden Seiten vorgestellten Zimmerfarne zählen alle zur Klasse der *Filicopsida.* Nicht dabei: der Palmfarn *(Cycas),* der in eine andere botanische Schublade gehört und daher bei den Grünpflanzen zu finden ist.

## Was Sie über Farne wissen sollten

Wußten Sie, daß die Farne auf Ihrer Fensterbank zu den Dinosauriern des Pflanzenreiches gehören? Sie sind 250 bis 400 Millionen Jahre alt und haben sich seitdem kaum mehr verändert.

Heute zählen die Botaniker etwa 200 Gattungen und 9 000 Arten zur Abteilung der Farnpflanzen *(Pteridophyta),* die als Kosmopoliten auf der ganzen Welt verbreitet sind. Farne leben auf dem Boden im lichten oder tiefen Schatten heimischer oder tropischer Wälder, bevölkern die Astgabeln hoher Urwaldriesen, siedeln auf sonnenbeschienenen Felsen oder Wasseroberflächen. Der Schwimmfarn *(Salvinia)* überzieht die Gewässer im südlichen Afrika so dicht, daß man auf dieser Decke gehen kann. Ja, es sollen darauf sogar Sträucher wachsen.

Farne blühen nicht. Blüten hat sich Mutter Natur erst sehr viel später einfallen lassen. Anders als bei den hochentwickelten Blütenpflanzen vermehren sich die »primitiven« Farne ähnlich wie Pilze durch Sporen. Diese sitzen auf der Unterseite ausgereifter Blätter und sind je nach Art wie feine Punkte, lockere Häufchen oder exakte Striche angeordnet. Der reife Sporenstaub ist puderfein und kann durch den Wind davongetragen werden. Auf feuchtwarmer Unterlage (zum Beispiel Erde) bildet er einen Vorkeim. Dieser ist mit männlichen und weiblichen Fortpflanzungsorganen ausgestattet, aus deren Verschmelzung erst die junge Farnpflanze entsteht. Dominierendes Merkmal der meisten Arten sind die mehr oder weniger feingefiederten Wedel. Sie können hell- oder dunkelgrün, silbergrau bereift oder rötlich überhaucht, ledrigrobust oder hauchzart sein. Charakteristisch sind weiterhin die hübschen Farnschnecken, aus denen sich die neuen Wedel entfalten. Der Farn schützt durch das Einrollen die Blattspitze - seine empfindlichste Stelle vor Tierfraß.

*Dieser Nestfarn hat sich in der Astgabel eines tropischen Baumes angesiedelt.*

## Die artgerechte Pflege

Die meisten unserer Zimmerfarne sind Waldbewohner warmer Regionen. Das bedeutet, daß sie sich in einem humosen, lockeren, nahrhaften und feuchtehaltenden Substrat am wohlsten fühlen. Grelle Sonneneinstrahlung und Kälte, vor allem Fußkälte, vertragen sie nicht. Farne bilden durch ihre zahlreichen Wedel eine üppige Grünmasse, die viel Wasser verdunstet. Der Boden sollte darum stets leicht feucht, das Gießwasser weich und temperiert sein. Fast alle Arten, besonders aber die zartlaubigen, sind vom Heimatstandort her hohe Luftfeuchte gewöhnt - Hauptursache, weshalb sie in geheizten, lufttrockenen Räumen oft versagen. Leider mögen viele Farne das Sprühen nicht, so daß man auf andere Weise für indirekte Luftfeuchte (→ Seite 43) sorgen muß. Hartlaubige Arten wie der Sichelfarn tolerieren trockene Luft, der Geweihfarn bewahrt seine Blätter durch eine Wachsschicht vor allzu hoher Verdunstung, der Pellefarn ist als Xerophyt (Pflanze, die an sehr trockenen Standorten gedeiht) Trockenheit gewöhnt.

Ideale Standorte für alle Farne sind das Bad, ein feuchtwarmes Blumenfenster, klimatisierte Vitrinen oder Gewächshäuser. Auch bepflanzte Terrarien, Palndarien und natürlich Mini-Gewächshäuser kommen in Frage.

*Farne, die in ihrer Heimat epiphytisch wachsen, können auf borkige Rindenstücke aufgebunden werden. Sie fühlen sich darauf - wie man sieht - wie zu Hause.*

Adiantum

## Frauenhaarfarn, Haarfarn

*Duftig und zart – der Frauenhaarfarn.*

Die meisten der rund 200 *Adiantum*-Arten vertragen weder trockene Zimmerluft noch Zugluft. Im Handel sind nur wenige Arten. Die bekanntesten sind *Adiantum raddianum* mit seinen Varietäten 'Decorum', 'Fragrantissimum' oder 'Fritz Lüth' und *Adiantum tenerum*, von der die Sorte 'Scutum Roseum' rot überhauchte Jugendblättchen besitzt. Charakteristisch für die Frauenhaarfarne sind die dünnen, fast drahtigen, dunkelbraun bis schwarz gefärbten Stiele.

**Familie:** *Adiantaceae*, Frauenhaarfarne.

**Heimat:** Tropische Gebiete der Erde, vor allem Amerikas.

**Standort:** Halbschattig. Keine Sonne. Luft- und Bodenwärme das ganze Jahr nicht unter 20 °C. Die Pflanze braucht hohe Luftfeuchte und ist daher am langlebigsten in einer Vitrine, Fernerie oder im geschlossenen Blumenfenster.

**Gießen, Düngen:** Ganzjährig den Wurzelballen mit weichem, zimmerwarmem Wasser gleichmäßig feucht halten. Der Ballen darf nie austrocknen – sonst verdorren Blätter und Zweige! Von März bis August alle 2 Wochen niedrig dosiert düngen. Hydrodünger verwenden!

**Weitere Pflege:** Für indirekte Luftfeuchte (→ Seite 43) sorgen. Öfter sprühen, vor allem während der Heizperiode. Größere Pflanzen im Frühjahr in Einheitserde P oder TKS 1 umtopfen. Bei stärker gedüngten Substraten Torf zusetzen.

**Vermehren:** Durch Sporen bei Bodenwärme zwischen 24 und 26 °C. Aussaatschalen mit feuchtem Torf unter den Wedeln aufstellen. Auch durch Teilen.

**Schädlinge, Krankheiten:** Stockender Austrieb durch zuviel Nässe. Wachstumsstörungen durch kalte Füße und kalkhaltiges Gießwasser. Trauermückenlarven!

Arachniodes

## Lederfarn

*Arachniodes aristata verträgt Heizungsluft.*

Dieser buschig wachsende Farn besitzt lederartige Blätter, die zwei- bis dreifach gefiedert sind. Die Wedel können 70 cm lang werden. Der Farn wächst epiphytisch und kommt in seiner Heimat in Farnschluchten vor, wo er in Massen auf den Stämmen von Baumfarnen siedelt. Der Wurzelstock ist dick, kriechend und dicht mit langen, rotbraunen Schuppen besetzt. *Arachniodes adiantiformis* und *Arachniodes aristata* sowie ihre Varietät 'Variegatum' sind die bekanntesten Arten der Gattung. Sie kommen aufgrund ihrer ledrigen Blätter ganz gut mit Heizungsluft zurecht.

**Familie:** *Aspidiaceae*, Schildfarne.

**Heimat:** Südafrika, Mittel- und Südamerika, Australien, Polynesien, Neuseeland.

**Standort:** Hell bis halbschattig, keine Sonne. Die Pflanze liebt hohe Luftfeuchte. Ganzjährig Zimmertemperatur möglich, im Winter auch kühler, unter 12 °C jedoch kaum Zuwachs. Kann zur Sommerfrische ins Freie.

**Gießen, Düngen:** Mit weichem, zimmerwarmem Wasser gleichmäßig leicht feucht halten. Im Winter am kühlen Standort Wasser reduzieren, am warmen Standort etwas mehr gießen. Von März bis August wöchentlich niedrig dosiert düngen.

**Weitere Pflege:** Bei warmer Überwinterung öfter sprühen. Bei Bedarf in Einheitserde P oder TKS 1 umtopfen.

**Vermehren:** Durch Teilen und Sporenaussaat im heizbaren Vermehrungsbeet bei 22 bis 24 °C. Auch durch Ausläufer und Rhizomteilung.

**Schädlinge, Krankheiten:** Weiche Stiele durch Lichtmangel. Spinnmilben und Schildläuse durch zu warmen, lufttrockenen Winterstandort mit gestauter Luft, gefolgt von Rußtaupilzen.

**Hinweis:** Empfindlich gegenüber vielen Insektiziden.

Asplenium nidus
## Nestfarn, Streifenfarn

*Der Nestfarn bildet einen Rosettentrichter.*

Dieser Urwaldfarn, der in seiner Heimat beinahe meterlange Blätter bildet, fühlt sich in feuchtwarmer Umgebung am wohlsten, kommt aber auch erstaunlich gut mit trockener Heizungsluft zurecht, besonders die Sorte *Asplenium nidus* 'Fimbriatur'. Der Nestfarn wächst und lebt ähnlich wie eine Bromelie auf Bäumen und sammelt in seinem Blattrosettennest Humus und Regenwasser. Besonders attraktiv sind die dunklen Mittelrippen der Blätter. Was viele nicht wissen: Der Nestfarn ist eng mit unserer heimischen Mauerraute, *Asplenium rutamuraria,* verwandt, einem zierlichen Farn, der sich aus den Ritzen alter Gemäuer drängt.
**Familie:** *Aspleniaceae,* Streifenfarne.
**Heimat:** Tropische Regenwälder Asiens, Afrikas und Australiens.
**Standort:** Halbschattig. Ganzjährig Zimmertemperatur 20 °C und mehr, nie unter 16 °C. Ideal ist ein feuchtwarmes Blumenfenster. Wichtig: Warme Füße. Bei kalten Fensterbänken Wärmematte unterlegen.
**Gießen, Düngen:** Regelmäßig mit enthärtetem Wasser gießen. Im Frühjahr und Sommer einmal wöchentlich schwach dosiert düngen.
**Weitere Pflege:** In geheizten Räumen öfter mit weichem Wasser einsprühen oder für indirekte Luftfeuchte (→ Seite 43) sorgen. Umgetopft wird alle 2 Jahre im Sommer in Blumenerde, Einheitserde T oder TKS 2.
**Vermehren:** Durch Sporen im warmen Vermehrungsbeet.
**Schädlinge, Krankheiten:** Braune Blattränder durch zu trockene Luft oder zu niedrige Temperaturen. Wachstumsstopp durch zu kalte Füße. Anfällig für Nematoden. Bakterienblattkrankheit.
**Mein Tip:** Behandeln Sie den Nestfarn nicht mit Blattglanzspray, er verträgt es nicht.

Blechnum
## Rippenfarn

*Blechnum gibbum ist ein bizarrer Blickfang.*

Diese Farne aus tropischen und subtropischen Regionen sind mit ihren kräftigen Rhizomen und den gefiederten, manchmal auch fiederspaltigen, dunkelgrünen Wedeln sehr dekorativ. Die bekannteste Art, *Blechnum gibbum,* gedeiht auch im Zimmer oder Wintergarten zufriedenstellend. Mit zunehmendem Alter bildet dieser Farn einen meterhohen Stamm, der sich häufig schräg legt, was sehr bizarr aussieht. Mehr Wärme und feuchte Luft brauchen *Blechnum brasiliense,* dessen junge Wedel braunrot sind, und *Blechnum moorei.*
**Familie:** *Blechnaceae,* Rippenfarne.
**Heimat:** Südamerika, Neukaledonien.
**Standort:** Hell bis halbschattig. Im Sommer warm, im Winter Temperatur nicht unter 18 °C. Verträgt weder kalte Füße noch Zugluft.
**Gießen, Düngen:** Enthärtetes, zimmerwarmes Wasser verwenden. Im Sommer gleichmäßig feucht halten, im Winter etwas weniger gießen. Der Ballen darf nie austrocknen. Von April bis August alle 2 Wochen niedrig dosiert düngen.
**Weitere Pflege:** Nicht sprühen, lieber für indirekte Luftfeuchte (→ Seite 43) sorgen. Bei Bedarf im Frühjahr in ein luftdurchlässiges Gemisch aus Einheitserde P mit Styroporflocken umtopfen.
**Vermehren:** Aus Sporen im heizbaren Vermehrungsbeet bei Bodenwärme zwischen 20 und 25 °C oder durch Teilen.
**Schädlinge, Krankheiten:** Schildläuse durch gestaute, Spinnmilben bei trokkener Luft.
**Mein Tip:** Eine zauberhafte Kübelpflanze für schattige Terrassen oder Balkone ist *Blechnum spicant,* das aber im Haus bei etwa 13° C überwintert werden muß.

**Waldbodencharakter sollte das Substrat für Blechnum haben und luftig warm, wasserdurchlässig, aber gleichzeitig auch wasserbindend sein.**

Cyrtomium falcatum
## Sichelfarn, Stechpalmenfarn

*Die Blätter des Sichelfarns glänzen von allein.*

Der Sichelfarn ist ein haltbarer und anspruchsloser Farn für kühle Räume und Wintergärten, der auch noch an sehr schattigen Standorten gedeiht. In geschützten Lagen verschläft er bei uns sogar unter einer Laubdecke unbeschadet einen nicht allzu harten Winter. Seine fein gezähnten, derbledrigen Blätter glänzen wie poliert. Man verwendet sie darum auch wie Ilexzweige in der Blumenbinderei. Die am häufigsten kultivierte Sorte heißt 'Rochfordianum' und hat Ähnlichkeit mit einer Stechpalme. Sie besitzt tief eingeschnittene, fein gezähnte Fiederblätter.
**Familie:** *Aspidiaceae,* Schildfarne.
**Heimat:** Ostasien, Indien, Südafrika.
**Standort:** Hell bis schattig, kühl und luftig. Im Winter möglichst nicht wärmer als 10 bis 14 °C. Kann ab Mitte Mai zum Übersommern ins Freie an einen schattigen, luftigen Platz.
**Gießen, Düngen:** Enthärtetes, zimmerwarmes Wasser verwenden. Von April bis August je nach Temperatur mäßig bis reichlich gießen (ab und zu tauchen) und alle 4 Wochen düngen. Im Winter bei niedrigen Temperaturen nur leicht feucht halten.
**Weitere Pflege:** Öfter sprühen und bei Bedarf im Frühjahr in TKS 1 oder Einheitserde P umpflanzen.
**Vermehren:** Durch Teilen oder durch Sporen. Saatschale mit feuchtem Torf unter die Fieder stellen. Reife Sporen fallen aus und keimen.
**Schädlinge, Krankheiten:** Selten. An einem zu warmen, lufttrockenen Standort kann es zu Schildlausbefall kommen.
**Mein Tip:** Selten, aber besonders apart ist der Fischschwanzfarn *(Cyrtomium caryotideum),* dessen Wedel denen der Fischschwanzpalme *Caryota mitis,* → Seite 207) ähnlich sehen.

Davallia
## Büchsenfarn

*Davallia mariesii mit behaarten Rhizomen.*

Von den etwa 40 *Davallia*-Arten findet man *Davallia bullata* und *Davallia mariesii* am häufigsten. Beide bilden frischgrüne, an Kerbel erinnernde, fein gefiederte Wedel und werden nicht sehr groß. Am besten gedeiht dieser epiphytisch lebende Farn, wenn man ihn auf einen Stamm oder an ein Rindenstück aufbindet und er die hohe Luftfeuchte in einer Vitrine oder im geschlossenen Blumenfenster genießen kann. Es gibt aber einen Trick, ihn auch im Zimmer artgerecht zu versorgen. Man bindet seine braunen oder silbrig behaarten Rhizome um einen Tontopf, dessen Abzugsloch verschlossen ist. Der Tontopf wird nun mit weichem, lauwarmem Wasser gefüllt, das kontinuierlich leichte Feuchte an die Luft sowie an die Außenwand des Topfes und damit an die Farnwurzeln weitergibt.
**Familie:** *Davalliaceae,* Büchsenfarne.
**Heimat:** Kanarische Inseln, tropisches Asien.
**Standort:** Hell, keine Sonne. Ganzjährig warm, <u>nie unter 18 °C.</u> Die Pflanze braucht hohe Luftfeuchte.
**Gießen, Düngen:** Mit weichem, zimmerwarmem Wasser gleichmäßig feucht halten. Die Rhizome dürfen nie austrocknen. Im Sommer alle 2 Wochen schwach dosierten Dünger ins Sprühwasser geben.
**Weitere Pflege:** Öfter einsprühen. Bei Kultur in flachen Töpfen eine grobe Epiphytenmischung (im Fachhandel erhältlich) verwenden.
**Vermehren:** Durch Sporenaussaat oder durch Rhizomstücke, die auf einem feuchten Sand-Torf-Gemisch bei gespannter Luft (→ Seite 43) und Bodenwärme austreiben.
**Schädlinge, Krankheiten:** Schildläuse bei trockener Heizungsluft.

Didymochlaena truncatula

## Mantelfarn, Doppelhüllenfarn

*Der Mantelfarn ist pflegeleicht.*

*Didymochlaena truncatula,* was frei übersetzt soviel bedeutet wie »gestutztes Mantelkleid«, ist in sämtlichen Tropenregionen der Erde zu finden und trägt in den verschiedenen Ländern alle möglichen Namen. In England heißt er zum Beispiel »Cloak Fern« (Mantelfarn). Am Heimatstandort bildet er halbmeterhohe Stämme mit einem Schopf aus gut meterlangen Wedeln. Die ledrig anmutenden ovalen, doppelt gefiederten Blätter sitzen an braunroten Stielen.
Dieser auf der Erde wohnende Farn ist leicht zu pflegen. In botanischen Gärten wird er im sogenannten Lauwarmhaus gehalten. Die dortigen Verhältnisse entsprechen einem nicht allzu stark geheizten Wintergarten. Einziges Handicap: Wie alle Farne verträgt er keine trockene Heizungsluft.
**Familie:** *Aspidiaceae,* Schildfarne.
**Heimat:** Tropische Regionen weltweit.
**Standort:** Ganzjährig hell bis halbschattig. Ab Austriebsbeginn und den Sommer über warm, im Winter kühl (16 bis 18 °C) halten. Ideal ist ein Nordfenster.
**Gießen, Düngen:** Nur enthärtetes, zimmerwarmes Wasser zum Gießen und Sprühen verwenden. Das ganze Jahr über leicht feucht halten. Von März bis August alle 14 Tage schwach dosiert düngen.
**Weitere Pflege:** Öfter sprühen. Jedes Frühjahr in TKS 1 oder Einheitserde P umpflanzen.
**Vermehren:** Durch Sporen oder durch Teilen.
**Schädlinge, Krankheiten:** Bei Ballen- und Lufttrockenheit trocknen die Wedel ein, und die Fiedern fallen ab. Schildläuse durch zu warmen, lufttrockenen Stand.

Microlepia speluncae

## Kleiner Schuppenfarn

*Microlepia bekommt mit der Zeit sehr lange Wedel.*

Von den 45 bekannten Arten, die in tropischen und subtropischen Regionen vorkommen, ist *Microlepia speluncae* als Zimmerpflanze am bekanntesten geworden. Sie besitzt weiche, hellgrüne, spärlich behaarte Wedel und wie *Davallia* (→ Seite 198) kriechend wachsende, behaarte Rhizome. Die Wedel entwickeln ein sehr üppiges Grün, das naturgemäß viel Wasser verdunstet. Dieser Farn, der schon vor 100 Jahren von dem englischen Botaniker Thomas Moore beschrieben wurde, braucht viel Platz, um seine bis zu 1 m langen Wedel ungestört entfalten zu können.
**Familie:** *Dennstaedtiaceae,* Dennstaedtiagewächse.
**Heimat:** Tropische Gebiete weltweit.
**Standort:** Ganzjährig sehr hell, aber auf keinen Fall sonnig. Im Frühjahr und Sommer um 20 °C, im Herbst und Winter nicht unter 16 °C. Die Pflanze liebt hohe Luftfeuchte.
**Gießen, Düngen:** Nur weiches, zimmerwarmes Wasser verwenden. Wurzelballen gleichmäßig gut feucht halten, sonst schlappen die Wedel. Im Winter bei kühleren Temperaturen weniger gießen. Von Mai bis August alle 4 Wochen niedrig dosiert düngen.
**Weitere Pflege:** Für indirekte Luftfeuchte (→ Seite 43) sorgen und öfter sprühen. Bei starkem Wuchs jedes Frühjahr teilen und in Einheitserde P, TKS 1 oder Blumenerde umtopfen.
**Vermehren:** Durch Sporenaussaat bei 20 °C Bodenwärme. Oder durch Teilen beim Umtopfen. Jedes Rhizomteil muß eine aktiv wachsende Spitze aufweisen, aus der sich neue Wedel bilden können.
**Schädlinge, Krankheiten:** Wachstumsstörungen bei zu trockener Luft.

Nephrolepis exaltata

## Schwertfarn

*Mit seinem lichten Grün ist der Schwertfarn überall ein Schmuckstück.*

Bekannteste der 30 Arten dieser Gattung. Inzwischen sind zahlreiche wuchtige und kleiner bleibende Kultursorten mit gekrausten, gewellten oder mehrfach gefiederten Wedeln im Handel. Einige bilden lange Ausläufer, die man auch zum Vermehren nutzen kann.

**Familie:** *Nephrolepidaceae,* Nierenschuppenfarne.

**Heimat:** In tropischen Regionen weltweit verbreitet.

**Standort:** Hell bis halbschattig, ganzjährig warm und feucht, im Winter nicht unter 18 °C. Verträgt bei hoher Luftfeuchte sogar etwas Sonne.

**Gießen, Düngen:** Während der Hauptwachstumszeit von März bis August reichlich mit zimmerwarmem Wasser versorgen und wöchentlich schwach dosiert düngen. Ab Juni zum Abregnen ins Freie stellen. Ab Oktober etwas sparsamer gießen, aber Ballentrockenheit vermeiden.

**Weitere Pflege:** Im Winter täglich sprühen. Jährlich im Frühjahr oder Sommer in Blumenerde, TKS 1 oder Einheitserde P umpflanzen.

**Vermehren:** Meist durch Ausläufer (im Sommer abtrennen und einpflanzen), seltener durch Sporen. Wichtig: Bodenwärme über 20 °C.

**Schädlinge, Krankheiten:** Selten Blattläuse, Spinnmilben, Schildläuse.

**Hinweis:** Die Pflanze ist empfindlich gegenüber vielen Insektiziden.

Pellaea

## Pellefarn, Knopffarn

*Der Pellefarn ist in Ampel und Topf zierlich und reizvoll.*

Die Engländer nennen den Pellefarn (*Pellaea rotundifolia*) wegen seiner runden, ledrigglänzenden Blättchen treffend »button fern« (Knopffarn). Tatsächlich sieht diese *Pellaea*-Art für einen Farn ganz untypisch aus. Sie besitzt nicht die charakteristischen Farnwedel und lebt auch anders als ihre Waldverwandtschaft. Im Gegensatz zu den meisten Farnen hat sie sich nicht der Feuchtigkeit angepaßt, sondern wächst auf relativ trockenen Standorten. Dort bildet sie bis zu 20 cm lange überhängende Triebe, was sich wunderschön in Ampeln macht. Im Handel sind aber auch noch Arten, die ihre Farnherkunft nicht verleugnen: *Pellaea viridis* aus Südafrika und Madagaskar mit halbmeterlangen grünen Wedeln, *Pellaea falcata* aus Südasien, Australien und Neuseeland und *Pellaea atropurpurea* aus Nordamerika, ein fast winterharter Felsenfarn mit 25 cm langen rotbraunen Wedeln.

**Familie:** *Sinopteridaceae,* Pelzfarne.

**Heimat:** Neuseeland, Australien, Norfolkinsel, Amerika, Asien, Afrika, Madagaskar.

**Standort:** Hell, aber nicht vollsonnig. Ganzjährig Zimmertemperatur. *Pellaea rotundifolia* und *Pellaea atropurpurea* im Winter um 15 °C.

**Gießen, Düngen:** Ganzjährig nur mäßig gießen. Staunässe unbedingt vermeiden, sie führt zum schnellen Absterben der Pflanze. Von März bis August alle 2 Wochen düngen.

**Weitere Pflege:** Nicht sprühen! Neu erworbene oder junge Pflanzen jedes Frühjahr in flache Schalen mit Einheitserde P oder TKS 1 umpflanzen. Für guten Wasserabzug sorgen.

**Vermehren:** Durch Sporen, die aber erst bei älteren Pflanzen an den Blattunterseiten erscheinen, und durch Teilung.

**Schädlinge, Krankheiten:** Selten Schildläuse.

Phlebodium aureum
## Tüpfelfarn, Goldfarn

*Phlebodium aureum 'Glaucum'.*

Zwei charakteristische Merkmale zeichnen diesen tropischen Farn aus: Seine stark behaarte Rhizompartie, die aussieht wie eine Hasenpfote, und sein bläulich-grünes Laub mit den goldgelben Sporenansammlungen auf der Unterseite der Blätter. Der Tüpfelfarn, der recht groß werden kann, stammt aus feuchtwarmen Regionen und kommt mit seinen derben Blättern, die wenig Wasser verdunsten, erstaunlich gut mit trockener Heizungsluft zurecht. Im Handel sind verschiedene Sorten wie 'Areolatum' mit breiten gewellten Blättern, die starkwüchsige Varietät 'Mandaianum' mit typischen Farnwedeln und die etwas schwächer wachsende Sorte 'Glaucum'.

**Familie:** *Polypodiaceae,* Tüpfelfarne.

**Heimat:** Südamerika.

**Standort:** Für eine intensive Blaufärbung hell, Halbschatten wird auch vertragen, jedoch keine pralle Sonne. Ganzjährig warm, im Winter auch kühler, aber nicht unter 12 bis 16 °C. Gedeiht am besten im feuchtwarmen Blumenfenster, kommt aber auch gut am Nord-, Ost- oder Westfenster zurecht.

**Gießen, Düngen:** Wurzelballen immer leicht feucht halten und während der Wachstumszeit alle 14 Tage schwach düngen.

**Weitere Pflege:** Im geheizten Zimmer öfter sprühen oder für indirekte Luftfeuchte (→ Seite 43) sorgen. Jedes Frühjahr in Einheitserde P oder TKS 1 setzen.

**Vermehren:** Durch Sporen oder Teilen des Rhizoms.

**Schädlinge, Krankheiten:** Kommen selten vor.

**Mein Tip**: Beim Umtopfen darauf achten, daß die Rhizome aus der Erde herausschauen. Wenn der Farn dabei Übergewicht bekommt, befestigt man die Rhizome zunächst mit Blumendraht (um das Rhizom legen und durch die Abzugslöcher des Topfes ziehen!), bis die Pflanze fest eingewurzelt ist.

Phyllitis scolopendrium
## Hirschzungenfarn

*Am hellen Standort färben sich die Wedel blau.*

Früher war dieser in Europa beheimatete wintergrüne Farn eine beliebte Zimmerpflanze, von der es, vor allem in England, unzählige Spielarten gab. Heute kommt der Hirschzungenfarn mit Zunahme ungeheizter Wintergärten als attraktive Grünpflanze für kühle, schattige Standorte wieder in Mode. Überhaupt gedeiht er, von Tropenhitze und Prallsonne einmal abgesehen, überall. Im Handel sind Sorten mit attraktiv gewellten, länglichen Blättern wie 'Cristata' oder 'Crispa' oder solche mit beinahe petersilienartigen Blättern wie 'Ramosa Marginata' oder 'Ramosa Cristata'.

**Familie:** *Aspleniaceae,* Streifenfarngewächse.

**Heimat:** Europa, Kleinasien, Nordafrika, USA, Japan.

**Standort:** Ganzjährig halbschattig bis schattig, ein Nordfenster ist ideal. Im Sommer 15 bis 18 °C, im Winter um 10 °C. Die Pflanze liebt Freilandaufenthalt von Mitte Mai bis Oktober.

**Gießen, Düngen:** Gleichmäßig feucht, aber nicht naß halten. Während der Wachstumszeit von Mai bis September alle 14 Tage schwach dosiert düngen.

**Weitere Pflege:** Braucht hohe Luftfeuchtigkeit. Öfter übersprühen. Bei Bedarf im Frühjahr in Einheitserde P oder TKS 1 umtopfen.

**Vermehren:** Die Art durch Sporen, die Sorten durch Teilen oder Bewurzelung von Blattstielenden mit einem Stückchen Rhizom.

**Schädlinge, Krankheiten:** Schildläuse und Thripse an zu warmen, lufttrockenen Standorten.

**Mein Tip:** Falls Sie den Hirschzungenfarn bei Ihrem Blumenhändler nicht bekommen, finden Sie die Art und 1 oder 2 Sorten auch in jeder guten Staudengärtnerei.

Platycerium
## Geweihfarn

*Der Geweihfarn ist eine außergewöhnliche Ampelpflanze.*

Der Geweihfarn ist schon ein merkwürdig aussehender Geselle, der sich deutlich von anderen Farnen unterscheidet. Charakteristisch sind die geweihartig verzweigten, oft meterlangen Blätter, die je nach Art an bestimmten Stellen der Blattunterseite braunschwarze, flächige Sporenlager ausbilden. Außerdem ist dieser epiphytisch lebende Farn noch mit anderen, unfruchtbaren Blättern ausgestattet – den dachziegelartig übereinandergelagerten Nischenblättern, die zum Festhalten und als Speisekammer dienen. Sie stehen oben ein wenig ab und bilden eine Art Mulde oder Nische für Regenwasser, aber auch für herabfallendes Laub und verrottende Pflanzenteile, aus denen der Farn seine Nährstoffe bezieht. Der ideale Platz für den Geweihfarn ist das geschlossene Blumenfenster, wo man ihn auf einen kräftigen Epiphytenstamm aufbindet. Genausogut gefällt es ihm in einem stabilen Lattenkörbchen oder in einer Ampel. Die Gattung *Platycerium* umfaßt etwa 17 Arten. Neben der bekanntesten und pflegeleichtesten Art *Platycerium bifurcatum,* die bereits 1808 in England eingeführt wurde, findet man noch den insgesamt größer wirkenden *Platycerium grande* von der Philippineninsel Luzon. Seine sterilen Nischenblätter sind heller grün, leicht gewellt und am Ende eingeschnitten.

*Eine Rarität – Platycerium angolense.*

Die Sporenblätter werden mehr als meterlang und sind in der Jugend filzig behaart. Seltener im Handel ist die afrikanische Art *Platycerium angolense* mit ungeteilten Sporenblättern.
**Familie:** *Polypodiaceae,* Tüpfelfarne.
**Heimat:** Australien, Peru, Madagaskar, Neuguinea.
**Standort:** Hell bis halbschattig, nicht sonnig. Ganzjährig Zimmertemperatur, im Winter auch kühler (aber nie unter 16 °C).
**Gießen, Düngen:** Weiches, zimmerwarmes Wasser in die Nische gießen oder Farn einmal wöchentlich 30 Minuten lang tauchen. Dem Wasser von April bis August einen Dünger zugeben oder in Nährlösung getauchte Torfbrocken hinter die Nischenblätter stecken. ¼ der vorgeschriebenen Düngemenge pro Liter Wasser genügt.
**Weitere Pflege:** Für hohe Luftfeuchte sorgen. Blätter nicht naß abwischen. Damit entfernt man den hübschen, filzigen Belag. Umtopfen entfällt bei aufgebundenen Exemplaren. Eingetopfte Pflanzen in groben, brockigen Torf mit Einheitserde P und Styroporflocken setzen.
**Vermehren:** Durch Sporen (für den Laien schwierig) oder durch Seitentriebe, die sich manchmal bilden.
**Schädlinge, Krankheiten:** Schildläuse an den Wedelunterseiten durch trockenwarme Heizungsluft. Vorsichtig abkratzen oder mit Spiritus-Seifen-Lösung (→ Rezept, Seite 52) einpinseln und dann mit lauwarmem Wasser abwaschen.
**Hinweis:** *Platycerium* ist empfindlich gegenüber vielen Insektiziden.

Pteris

# Saumfarn, Flügelfarn

*Bekannt und beliebt – Pteris ensiformis 'Evergemiensis' (links) und Pteris cretica 'Albolineata' (rechts).*

Die Gattung *Pteris,* mit rund 280 Arten in den Tropen und Subtropen vertreten, bietet eine reiche Auswahl an buntblättrigen, grünen, kleinbleibenden, aber auch kräftiger wachsenden Arten und Sorten. Ihr Name leitet sich von dem griechischen Wort *pteron* = Flügel ab. Charakteristisch für die Saumfarne sind die büschelartigen Wedel, die kurzen, unterirdischen Rhizomen entspringen. Sie wachsen zuerst aufrecht und neigen sich dann mit den Spitzen nach unten. Manche Arten besitzen zweierlei Wedel: kurze, unfruchtbare und längere, fruchtbare, bei denen die Sporenkapseln am Rand der Blattunterseite sitzen. Einige sind mit fruchtbaren oder mit unfruchtbaren Wedeln ausgestattet. Bestes Erkennungszeichen: Fruchtbare Wedel schlagen ihre Fiederblättchen zum Schutz der Sporenkapseln nach unten um, so daß sie glattrandig wirken. Sieht man die Blattzahnung deutlich, handelt es sich um einen unfruchtbaren Wedel. Die bekannteste Saumfarnpflanze ist die robuste *Pteris cretica* und ihre grünen und panaschierten Varietäten wie 'Albo Lineata', die petersilienblättrige 'Rowen' oder 'Wimsettii'. *Pteris cretica* besitzt entweder fruchtbare oder unfruchtbare Wedel an 15 cm langen, schwarzen Stielen. Wärmebedürftiger ist *Pteris ensiformis,* ein entzückender Kleinfarn für Flaschengärten, Minigewächshäuser und Ferneries. Diese Art ist mit fruchtbaren und sterilen Wedeln ausgestattet. Im Handel sind ausschließlich Varietäten wie die 1956 in Belgien entstandene, weißgebänderte 'Evergemensis' oder 'Victoriae', die es bereits seit 1890 gibt. Wer ein klimatisiertes Blumenfenster besitzt, kann auch die besonders schöne *Pteris quadriaurita* beziehungsweise ihre Varietät 'Argyraea' kultivieren. In geräumigen Wintergärten macht sich die knallgrüne *Pteris tremula* aus Neuseeland und Australien sehr schön. Sie wird allerdings meterhoch. Alle sind Erdfarne, die im Topf gehalten und nicht aufgebunden werden müssen.

**Familie:** *Acrostichaceae,* Saumfarne.

**Heimat:** Tropische und subtropische Regionen weltweit, Mittelmeergebiet.

**Standort:** Halbschattig bis schattig. Empfindliche Arten wie *Pteris quadriaurita* und *Pteris ensiformis* ganzjährig um 20 °C, *Pteris cretica* im Winter auch kühler (panaschierte Sorten bei 16 bis 18 °C, grünlaubige bis 12 °C). Hohe Luftfeuchte ist wichtig!

**Gießen, Düngen:** Nur mit enthärtetem, zimmerwarmem Wasser gießen. Im Sommer mäßig, aber gleichmäßig feucht halten, im Winter bei niedrigen Temperaturen etwas weniger gießen. Von April bis August alle 14 Tage schwach dosiert düngen.

**Weitere Pflege:** Ab und zu sprühen. Im Frühjahr in Einheitserde P umsetzen. <u>*Pteris* verträgt keine Zugluft.</u>

**Vermehren:** Durch Teilen im Frühjahr beim Umtopfen oder durch Sporen, die sich so zahlreich bilden, daß sich oft auf den Topfoberflächen benachbarter Pflanzen Jungfarne ansiedeln. Pikieren Sie die Jungpflanzen in ganz kleine Töpfe.

**Schädlinge, Krankheiten:** Schildläuse und Blattläuse durch zu trockenen Stand.

**Mein Tip:** Schneiden Sie unansehnliche, ältere Wedel weg. Die Pflanze regeneriert sich durch Bildung junger Wedel.

# PALMEN

**Palmen bringen die heitere Atmosphäre südlicher Urlaubsländer ins Haus und wirken wie edle Kunstwerke. Einige wachsen bis an die Zimmerdecke und werden mit den Jahren ein Teil unseres Heims.**

Palmen zählen zu den Lieblingen der Innenarchitekten und mildern oft den unterkühlten Glanz moderner Eingangshallen aus Glas und Stahl. Mit Ausnahme von *Washingtonia,* Stecken- und Sabalpalme sind alle hier vorgestellten Arten Zimmerpalmen, die ganzjährig warm stehen und den Sommer nicht im Freien verbringen sollten.

## Was Sie über Palmen wissen sollten

Zur Palmenfamilie gehören mehr als 3 000 Arten und über 200 Gattungen. Palmen wachsen im Schatten tropischer Regenwälder, aber auch im intensiven Licht 3 000 Meter hoher Bergmassive. Sie sind in Savannen, Steppen, Wüsten und an Meeresstränden zu finden und nahezu alle frostempfindlich. In der botanischen Systematik zählen sie zu den jüngeren Pflanzen der Entwicklungsgeschichte. Darauf weisen auch Einkeimblättrigkeit sowie die längs und parallel verlaufenden Blattnervaturen hin.

Markenzeichen der Palmen sind die überaus dekorativen Blätter. Nach deren Aussehen teilt man sie in Fieder- und Fächerpalmen ein.

- Fiederpalmen wie die Bergpalme bilden das, was landläufig als Palmwedel bezeichnet wird.
- Fächerpalmen wie die *Washingtonia* besitzen nahezu kreisrunde Blätter.

Wedel oder Fächer sitzen bei fast allen Palmen am Ende eines unverzweigten Stammes. Mit Ausnahme der Bergpalme blühen Palmen im Zimmer nicht, denn sie kommen im begrenzten Topfraum nicht über das Jugendstadium hinaus.

*Die Kokosnuß, ein Riesensamen, kann Tausende von Kilometern im Meer schwimmen und an neuen Stränden keimen.*

*Nur am freien Naturstandort bilden Palmen kolbenartige Blütenstände mit oft farbenfrohen Früchten, die den Samen enthalten.*

## Die artgerechte Pflege

Der optimale Palmenstandort ist ein sehr heller, aber niemals sonniger Platz. Arten mit hartem, derbem Laub vertragen trockene Luft besser, als solche, mit weichen, filigranfeinen Fiedern. Fächerpalmen weisen große Verdunstungsflächen auf und müssen häufiger mit Wasser versorgt werden. Trockene Heizungsluft und Ballentrockenheit sind übrigens die Hauptursachen für braune Spitzen, eine bei Palmen häufige Erscheinung.

Beim Gießen muß das »Herz« der Palme ausgespart werden. Dieser zwiebelartig verdickte Sproß enthält den Vegetationskegel, aus dem sich die neuen Blätter entwickeln. Fault er, ist die Palme verloren. Genauso tödlich kann Staunässe sein oder Kälte im Wurzelbereich.

Palmen wachsen in ihrer Heimat in mineralischen Böden, auf Sand, Kalkfelsen, in magnesium- und kieselsäurereichem Serpentingestein und im mit Tonerde und Eisen angereicherten roten Bodentyp der Tropen. Mineralische Dünger, kieselsäurereiche Schachtelhalmbrühe (→ Rezept, Seite 52) oder Heilerde bekommen ihnen nach meinen Erfahrungen gut. Als Substrat ist Einheitserde optimal, andere Pflanzstoffe wie TKS oder normale Blumenerde können Sie durch Sand- und Lehmzugaben anreichern und durchlässiger machen.

Archontophoenix cunninghamiana

## Archontophoenix

*Archontophoenix ist eine australische Zimmerpalme.*

Diese Palmenart, bei der sich die Fiederblätter mit zunehmendem Alter verbreitern, ist häufig noch unter ihrem alten botanischen Namen *Seaforthia* oder *Ptychosperma* im Handel. Außerdem kommt es vom Namen her leicht zu Verwechslungen mit *Acanthophoenix,* einer auf Mauritius beheimateten, weniger bekannten Art. *Archontophoenix cunninghamiana* ist in Australien beheimatet und erreicht dort 18 bis 22 m Stammhöhe. Wer Glück hat, kann in botanischen Gärten erwachsene Pflanzen mit lavendelblauen Blütenständen sehen, aus denen später rote Beerenfrüchte hervorgehen.
**Familie:** *Arecaceae,* Palmen.
**Heimat:** Ostaustralien.
**Standort:** Hell, aber nicht sonnig. Ganzjährig Zimmertemperatur, im Winter eher etwas kühler (aber nicht unter 10 °C). Verträgt trockene Heizungsluft schlecht, darum ab Herbst besser ins helle Treppenhaus oder in den Wintergarten stellen.
**Gießen, Düngen:** Gleichmäßig feucht halten, Staunässe aber vermeiden. Von April bis August schwach dosiert düngen.
**Weitere Pflege:** Öfter einsprühen, vor allem, wenn geheizt wird. Bei Bedarf in Blumenerde, Einheitserde T oder TKS 2 umtopfen.
**Vermehren:** Durch Samen im heizbaren Vermehrungsbeet.
**Schädlinge, Krankheiten:** Spinnmilben und Schildläuse am warmtrockenen Standort.
**Mein Tip:** Im Jugendstadium kann man *Archontophoenix* leicht mit der Assaipalme (*Euterpe*), der Kentiapalme (*Howeia,* → Seite 209) oder der Goldfruchtpalme (*Chrysalidocarpus,* → Seite 208) verwechseln. Bestes Erkennungsmerkmal: Die Fiederspitze sieht bei *Archontophoenix* aus wie ein oben abgeschnittenes V.

Areca catechu

## Betelnußpalme

*Die Betelnußpalme sieht im Alter ganz anders aus.*

In ihrer Heimat wird die Betelnußpalme bis zu 30 m hoch. Bei uns erhält man sie häufig als relativ kleine Sämlinge mit 2 bis 4 Blättern, die zunächst noch aussehen wie ein dickes V. Erst im späteren Alter entwickeln sich die sparrigen Fiederblätter. Leider ist die Lebensdauer dieser schlankstämmigen Palme, die bei uns auch als »Mini-Kokospalme« verkauft wird, begrenzt, wenn man ihr kein feuchtwarmes Blumenfenster oder eine geräumige Vitrine bieten kann. Die Betelnußpalme, berühmt geworden durch den Betelpriem, den 300 Millionen Menschen zwischen den Wendekreisen als belebende Droge kauen, wächst nur sehr langsam.
**Familie:** *Arecaceae,* Palmen.
**Heimat:** Philippinen, Südostasien.
**Standort:** Ganzjährig hell, aber nicht sonnig und warm (über 20 °C). Die Pflanze braucht hohe Luftfeuchte und Bodenwärme.
**Gießen, Düngen:** Gleichmäßig feucht halten. Am Fenster in einen ständig mit Wasser gefüllten Untersatz geben. Von April bis August alle 14 Tage schwach dosiert düngen.
**Weitere Pflege:** Für indirekte Luftfeuchte sorgen (→ Seite 43) und öfter sprühen. Selten umtopfen.
**Vermehren:** Durch Samen, die nach etwa 2 bis 3 Monaten bei Bodentemperaturen von 25 °C keimen.
**Schädlinge, Krankheiten:** Wachstumsstörungen bei zu kühlem und lufttrockenem Stand.
**Mein Tip:** Mit einer untergelegten Wärmematte hält es diese Palme sogar auf der Fensterbank lange aus.

Caryota mitis
## Fischschwanzpalme

*Blätter wie abgebissene Fischschwänze – Caryota.*

Von den 27 Arten, die zu dieser Gattung gehören, ist bis jetzt nur *Caryota mitis* als Zimmerpflanze bekannt geworden. Sie ist in den USA schon lange ein geschätzter Zimmergast und seit 1850 in Europa. Ihre doppelt gefiederten Blätter, die aussehen wie angefressene Fischschwänze, machen sie unverwechselbar. Sie wächst buschig, relativ langsam und bildet zahlreiche Ausläufer, die man abnehmen und zur Vermehrung nutzen kann. An optimalen, feuchtwarmen Standorten kann sie 150 cm hoch und fast ebenso breit werden. Ihre auffallenden tiefgrünen Fruchtstände, die aussehen wie gebündelte Nußketten, bilden sich bei Topfkultur nicht. Man kann sie aber häufig in botanischen Gärten bewundern.

**Familie:** *Arecaceae,* Palmen.

**Heimat:** Burma, Java, Philippinen.

**Standort:** Ganzjährig hell und warm. Keine Sonne und nie unter 18 °C. Die Pflanze braucht hohe Luftfeuchte. Ideal ist ein klimatisiertes Blumenfenster oder Gewächshaus.

**Gießen, Düngen:** Wurzelballen immer leicht feucht halten. Staunässe und Ballentrockenheit vermeiden! Von Frühjahr bis Herbst wöchentlich schwach düngen.

**Weitere Pflege:** Für hohe Luftfeuchte sorgen. Am besten täglich einnebeln. Nur bei völliger Durchwurzelung in Einheitserde T oder Blumenerde umtopfen. Zuvor in den neuen Topf eine Dränageschicht aus Kies, Styroporflocken oder Sand geben.

**Vermehren:** Durch Samen (→ Adressen, Seite 238) oder durch Ableger.

**Schädlinge, Krankheiten:** Spinnmilben bei zu lufttrockenem Stand, braune Spitzen nach Ballentrockenheit oder Staunässe.

Chamaedorea elegans
## Bergpalme

*Die Bergpalme blüht schon in jungen Jahren.*

Die zierliche Bergpalme, *Chamaedorea elegans*, besitzt steife, dicht geringelte Stämmchen, die maximal 2 m Länge erreichen und frischgrüne, graziös überhängende Fiederblätter. Sie ist in den dichten, undurchdringlichen Bergwäldern Mexikos und Guatemalas zu Hause und ein Schattenkünstler. Außerdem gehört sie zu den wenigen Palmen, die bereits in jungen Jahren blühen. Die weiblichen Blüten der zweihäusigen Pflanzen strömen einen lieblichen Duft aus, die männlichen sind geruchlos. Bei guter Pflege erscheinen die blaßgelben Blütenstände unabhängig von der Jahreszeit immer wieder. Neu im Angebot: *Chamaedorea cataractum* aus Mexiko und Hawaii, deren Wedel dunkler gefärbt sind.

**Familie:** *Arecaceae,* Palmen.

**Heimat:** Mexiko, Guatemala.

**Standort:** Hell bis halbschattig. Ideal ist ein Nordfenster. Im Sommer bei 20 °C, im Winter kühler halten. Darf ab Juni an einen Schattenplatz ins Freie.

**Gießen, Düngen:** Wurzelballen gleichmäßig feucht halten. Von März bis September alle 3 Wochen schwach düngen.

**Weitere Pflege:** Öfter sprühen. Nur bei Bedarf in TKS 2, Einheitserde T oder Blumenerde umtopfen.

**Vermehren:** Durch Samen (→ Adressen, Seite 238).

**Schädlinge, Krankheiten:** Bei trockener Heizungsluft Befall mit Spinnmilben, bei zuviel Nässe an zu dunklem Standort Wurzelfäule möglich.

**Mein Tip:** Wenn die Bergpalme allzu üppig blüht und Sie die Pflanze nicht unnötig schwächen wollen, schneiden Sie die Blütenstände besser ab, bevor sie sich entfalten.

**Blüten entfernen. In die nachfolgende Samenbildung investiert die Bergpalme ihre ganze Kraft, weil Arterhaltung ihr wichtigstes Ziel ist.**

Chrysalidocarpus lutescens
## Goldfruchtpalme, Arecapalme

*Die Goldfruchtpalme hat die Kentia verdrängt.*

Unter ihrem alten Namen Arecapalme zählt sie derzeit zu den am häufigsten vermehrten Palmenarten. Tatsächlich ist die Eleganz der Goldfruchtpalme jener der Kentia (*Howeia*, → Seite 209) durchaus ebenbürtig. Von der *Howeia* unterscheidet sie sich durch ihr helleres, grüngelbes Laub und durch die »sommersprossigen« Blattspindeln. Am madagassischen Heimatstandort kann sie 10 m hoch werden. In der Wohnung legt sie bei guter Versorgung spielend 20 cm pro Jahr zu. Die Wedel sind meterlang, kammartig gefiedert und sehr dekorativ. Die Pflanze wird in allen Größen und meist als Tuff angeboten. Blüht und fruchtet auch bei Zimmerkultur nach einigen Jahren.
**Familie:** *Arecaceae*, Palmen.
**Heimat:** Madagaskar.
**Standort:** Hell, aber nicht sonnig stellen, ganzjährig sehr warm, nie unter 16 °C.
**Gießen, Düngen:** Stets leicht feucht halten. Bei hohen Bodentemperaturen werden sogar Fußbäder vertragen. Von März bis Anfang August wöchentlich schwach düngen.
**Weitere Pflege:** Trockene Luft vermeiden, unbedingt für Luftfeuchte sorgen. Im Winter täglich sprühen. Alle 2 bis 3 Jahre in TKS 2, Einheitserde T oder Blumenerde umtopfen.
**Vermehren:** Durch Aussaat (→ Adressen, Seite 238) oder durch Teilen. Die Arecapalme bildet Ausläufer.
**Schädlinge, Krankheiten:** Bei zu trockener Luft Läusebefall, gelbe Blätter oder braune Flecken.
**Mein Tip:** Wohnen Sie in einer im Sommer feuchtschwülen Gegend? Dann stellen Sie die Arecapalme ab Anfang Juni an einen schattigen Platz ins Freie. Sie liebt Gewitterregen.

Cocos nucifera
## Kokospalme

*Cocos – braucht viel Licht, Luftfeuchte und Wärme.*

Die Kokospalme ist der Inbegriff der Palmen-Exotik. Was wir kaufen, sind angetriebene, im Vergleich zur Mutter winzige Jungpflanzen. Meist sind sie noch mit der Nuß verbunden, die ihnen die Nährstoffe liefert. Der faserige, sogenannte Schwimmkörper, der unter der glatten Außenhaut der Nüsse sitzt und der Nuß hilft, Tausende von Kilometern im Meer zurückzulegen, verrottet bei uns nicht so schnell wie am feuchtwarmen Heimatstandort. Er wird trocken und hart und kann die Jungpflanze am Wachsen hindern. Dies, und weil der Kokospalme die hohen Lichtmengen ihrer Heimat am Äquator und die feuchte Wärme fehlen, sind die Gründe, warum die meisten Exemplare bei uns nicht alt werden.
**Familie:** *Arecaceae*, Palmen.
**Heimat:** Tropen weltweit. Heimat unbekannt.
**Standort:** So hell, warm und luftfeucht wie möglich. Die Pflanze verträgt volle Sonne. Im Sommer mittags schattieren. Im Winter nicht unter 18 °C halten.
**Gießen, Düngen:** Wurzelballen stets leicht feucht halten. Von April bis September wöchentlich schwach düngen.
**Weitere Pflege:** Für Luftfeuchte sorgen. Öfter sprühen. Möglichst selten umtopfen.
**Vermehren:** Aus Samen beziehungsweise Kokosnüssen.
**Schädlinge, Krankheiten:** Selten. Abwelken der unteren Blätter ist arttypisch, da sich so der Stamm bildet. Braune Spitzen weisen auf Lufttrockenheit hin.
**Mein Tip:** Ich stelle meine Kokospalme im Winter unter eine Pflanzenleuchte und sprühe sie täglich mit weichem, warmem Wasser ein. Auf diese Weise lebt sie länger.

Howeia
## Kentia-Palme

*Die breit überhängende Howeia forsteriana.*

Im Handel sind 2 Arten: *Howeia forsteriana* und *Howeia belmoreana*. Als Jungpflanzen sind beide kaum voneinander zu unterscheiden. Erst später erkennt man sie am Wuchs: Während *Howeia forsteriana* schneller und mehr in die Breite wächst, entwickelt sich *Howeia belmoreana* langsam und straff aufrecht. Beide tragen gefiederte, dunkelgrüne Wedel, sind einstämmig und werden meist als Dreier-Tuff angeboten.

**Familie:** *Arecaceae*, Palmen.

**Heimat:** Lord-Howe-Inseln, Australien.

**Standort:** Hell bis halbschattig. Die Pflanze verträgt keine Sonne, kommt mit wenig Licht aus, wächst dann aber kaum. Ganzjährig Zimmertemperatur, tags bis 25 °C, nachts kühler. Ältere Pflanzen dürfen ab Ende Mai ins Freie an einen windgeschützten, schattigen Platz.

**Gießen, Düngen:** Mäßig gießen. Erde immer gut abtrocknen lassen, bevor erneut gegossen wird. Staunässe unbedingt vermeiden! Von März bis September wöchentlich schwach düngen.

**Weitere Pflege:** Die Kentia-Palme verträgt trockene Heizungsluft relativ gut. Trotzdem im Winter öfter sprühen. Umtopfen in Einheitserde T oder TKS 2 nur bei völliger Durchwurzelung der Erde. Wichtig: Dränageschicht aus Topfscherben oder Blähton einfüllen.

**Vermehren:** Durch Samen bei Bodentemperaturen zwischen 25 und 30 °C.

**Schädlinge, Krankheiten:** Bei zu trockener Luft Befall mit Spinnmilben und Schildläusen. Bei Staunässe fault das Herz.

**Mein Tip:** Waschen Sie mindestens zweimal im Jahr die verstaubten Wedel Ihrer Palme mit klarem, lauwarmem Wasser ab, damit sie wieder besser »atmen« kann. Empfehlenswert: Ein sanfter Mairegen.

Microcoelum weddelianum
## Kokospälmchen

*Das Kokospälmchen liebt hohe Luftfeuchte.*

Das Kokospälmchen zählt zu den meistverkauften Palmen fürs Zimmer und wird sogar häufig als »Anfängerpalme« angeboten. Dabei ist die filigrane Pflanze aus dem tropischen Regenwald eher etwas für Fortgeschrittene, die bereits andere Exoten wie Orchideen oder Bromelien in luftfeuchten Blumenfenstern, Vitrinen oder Wintergärten halten. Unter solchen Bedingungen nämlich fühlt sich das Kokospälmchen wie zu Hause, hier kann es auch lange bleiben, da selbst ältere Pflanzen kaum größer als 150 cm werden.

**Familie:** *Arecaceae,* Palmen.

**Heimat:** Tropisches Brasilien.

**Standort:** Hell und warm, nie unter 20 °C. Vor Sonne schützen. Die Pflanze liebt warme Füße.

**Gießen, Düngen:** Ständig feucht halten, im Winter etwas weniger gießen. Im Frühling und Sommer jeden Monat einmal schwach düngen.

**Weitere Pflege:** Im Winter unbedingt öfter sprühen. Bei Bedarf in TKS 2 oder Einheitserde T mit Styroporflocken umtopfen – in der Regel nur alle 2 bis 3 Jahre.

**Vermehren:** Durch Samen bei 30 °C Bodenwärme.

**Schädlinge, Krankheiten:** Spinnmilben durch zu trockene Luft. Braune Spitzen bei Ballentrockenheit und mangelnder Luftfeuchte, Wachstumsstockung durch kalte Füße.

**Mein Tip:** Eine längere Lebenschance erhält Ihr Kokospälmchen, wenn Sie es ständig mit Luftfeuchte umgeben. Dazu die Pflanze in einen mit Blähton oder Torf gefüllten größeren Topf einfüttern (→ Zeichnung, Seite 43).

Phoenix
## Dattelpalme

*Phoenix roebelenii ist eine elegante Erscheinung.*

Von den 13 bekannten *Phoenix*-Arten sind für den Zimmerpflanzen-Freund vor allem 3 interessant: die Echte Dattelpalme (*Phoenix dactylifera,* → Foto, Seite 64), die Kanarische Dattelpalme (*Phoenix canariensis*) und die Zwergdattelpalme (*Phoenix roebelenii*). Die beiden ersten sind nur als Jungpflanzen fürs Zimmer geeignet. Sie werden rasch groß und sind dann wundervolle Kübelpflanzen für Terrasse und kühle Wintergärten. Die Zwergdattelpalme hingegen wird auch im Alter kaum höher als 1,5 bis 2 m und braucht viel Wärme. Luftfeuchte Vitrinen oder Blumenfenster und warme Wintergärten sind ihre Lieblingsplätze. Sie bildet schlanke Wedel, die elegant überhängen. Die jungen Triebe sehen aus wie mit Mehl bestäubt, die jungen Wedel sind mit weißen Fasern ausgestattet. Die Pflanze bildet einen schönen Stamm mit einer buschigen Wedelkrone.

**Familie:** *Arecaceae,* Palmen.
**Heimat:** Laos.
**Standort:** Sehr hell, aber nicht vollsonnig, ganzjährig warm. Im Winter nie unter 15 °C. Liebt hohe Luftfeuchte.
**Gießen, Düngen:** Wurzelballen stets leicht feucht, aber nie naß halten. Von April bis August niedrig dosiert düngen.
**Weitere Pflege:** Öfter sprühen, bei aufgedrehter Heizung täglich. Bei Bedarf in Einheitserde T mit reichlich Styroporflocken umtopfen.
**Vermehren:** Aus Samen im geheizten Vermehrungsbeet.
**Schädlinge, Krankheiten:** Bleichsucht (Chlorose) bei zu hartem Gießwasser. Spinnmilben bei zu trockener Luft. Wachstumsstörungen und braune Fieder bei fußkaltem Stand, zuviel Nässe im Winter oder zu hartem Gießwasser.

Rhapis
## Steckenpalme, Rutenpalme

*Die Steckenpalme verbreitet fernöstliches Flair.*

Fürs Zimmer ist die kleinbleibende *Rhapis humilis,* die nur meterhoch wird, geeignet, für den Wintergarten und als Kübelpflanze bietet sich *Rhapis excelsa* an, die im großen Gefäß bis zu 2 m erreichen kann. Beide besitzen bambusähnliche, schlanke und mit braunen Fasern besetzte Stengel und waren bereits um die Jahrhundertwende beliebt. Die Fieder werden 15 bis 30 cm breit, die einzelnen Fiederblättchen sind bei *Rhapis humilis* zierlicher, schmäler und zahlreicher als bei *Rhapis excelsa. Rhapis* ist die einzige Palmengattung, die sich auch als Bonsai erfolgreich ziehen läßt (→ Bezugsquellen, Seite 238). In den USA ist sie so beliebt, daß sich manche Gärtnereien ausschließlich mit der »Lady Palm« beschäftigen.

**Familie:** *Arecaceae,* Palmen.
**Heimat:** China, Japan.
**Standort:** Hell bis halbschattig, keine Sonne. Im Sommer warm, im Winter kühl bei 5 bis 10 °C. Kann ab Mitte Mai an einem halbschattigen Platz im Freien übersommern. Gedeiht gut im Treppenhaus, vorausgesetzt, dort herrscht kein Durchzug.
**Gießen, Düngen:** Im Frühjahr und Sommer reichlich wässern. Im Winter sparsam gießen. Von Mai bis August schwach düngen.
**Weitere Pflege:** Wedel gelegentlich übersprühen. In Einheitserde T oder lehmige Gartenerde mit Sand umtopfen, wenn sich der Wurzelballen aus dem Topf schiebt.
**Vermehren:** Durch Samen oder Ableger, die man von der Mutterpflanze trennt und einpflanzt.
**Schädlinge, Krankheiten:** Trockene und braune Wedel durch zu warmen und lufttrockenen Standort. Gelbe Blätter durch Befall mit Spinnmilben.

Sabal

## Sabalpalme, Palmettopalme

*Sabal minor liebt einen hellen Standort.*

Sabalpalmen fallen vor allem durch ihre tief eingeschnittenen Fächerblätter auf. Es gibt stammlose, buschartig wachsende Arten und solche mit mächtigen Stämmen, die sich am Grund schräg erheben. In ihrer Heimat bringen es die größten bei einem Stammdurchmesser von 1 m auf 25 m Höhe. Bekannt sind etwa 25 Arten, deren Verbreitungsgebiet von Venezuela über Mittelamerika und Mexiko durch die südlichen USA bis zu den Antillen reicht. In Kuba beherrschen diese Prachtstücke das Landschaftsbild, und es hat sogar in Italien im Erdzeitalter des Miozän Sabalpalmen gegeben. Im Handel ist *Sabal minor,* die kaum 2 m hoch wird, eher buschig wächst und ausläuferartige Rhizome bildet. Ihre mehr als meterbreiten, tief geschlitzten Blätter sehen manchmal bläulich bereift aus. Außerdem findet man *Sabal palmetto*, deren Blattstielreste ein schönes Stammuster bilden. Beide sind herrliche Wintergarten-Palmen.

**Familie:** *Arecaceae,* Palmen.

**Heimat:** Subtropisches Amerika.

**Standort:** Ganzjährig sehr hell, vor allem im Winter. Im Sommer warm, im Winter kühler (10 bis 15 °C) halten. Darf ab Mitte Mai ins Freie an einen warmen, sonnigen Platz.

**Gießen, Düngen:** Im Sommer reichlich, im Winter nur so viel gießen, daß der Wurzelballen nicht austrocknet. Von Mai bis August wöchentlich schwach düngen.

**Weitere Pflege:** Bei Bedarf in Einheitserde T oder Gartenerde mit Sand umtopfen.

**Vermehren:** Durch Samen, bei *Sabal minor* versuchsweise auch durch Ausläufer.

**Schädlinge, Krankheiten:** Bei hellem Stand selten.

Washingtonia

## Washingtonie, Petticoatpalme

*Die Petticoatpalme braucht viel Platz.*

Als Zimmerpflanze ist diese herrliche Palmenart nur begrenzte Zeit zu halten. Dann wird sie zu groß und stattlich und braucht wenigstens einen Wintergarten. Sie wächst sehr schnell und kann auch im Kübel über 2 m breit und 3 m hoch werden. Angeboten werden die mexikanische Art *Washingtonia robusta* und die kalifornische *Washingtonia filifera*, auch die »fadentragende« genannt. Beide besitzen durch das Muster ihrer Blattstielansätze einen besonders malerischen Stamm. Die Blätter von *Washingtonia robusta* sind glänzend grün, die von *Washingtonia filifera* graugrün.

**Familie:** *Arecaceae,* Palmen.

**Heimat:** Arizona, Kalifornien, Mexiko.

**Standort:** Hell und luftig, im Sommer warm, im Winter kühl bei 10 °C. Verträgt absolut keine Heizung. Ab Mitte Mai ins Freie stellen.

**Gießen, Düngen:** Im Sommer reichlich, im Winter sparsam gießen. Von April bis August alle 14 Tage schwach düngen.

**Weitere Pflege:** Junge Pflanzen jährlich, ältere selten umtopfen. Einheitserde T oder lehmige Gartenerde mit Sand sind geeignet.

**Vermehren:** Durch Samen im heizbaren Vermehrungsbeet.

**Schädlinge, Krankheiten:** Läuse und braune Blattspitzen bei zu trockener und gestauter Luft.

**Warnung:** Washingtonien tragen stark bedornte Blattstiele, an denen man sich verletzen kann. Im Wintergarten oder auf der Terrasse Pflanze so plazieren, daß man beim Durchgehen die Palme nicht streift.

**Ein Unterrock aus alten Blättern, die nicht abfallen, umhüllt den Stamm der Washingtonia und hat ihr in Amerika den Namen Petticoatpalme eingebracht.**

**Man braucht nicht unbedingt ein Gewächshaus oder ein klimatisiertes Blumenfenster, um sich Orchideenträume zu erfüllen. Viele moderne Züchtungen wachsen und blühen auch auf der Fensterbank.**

# ORCHIDEEN

Wenn Usambaraveilchen oder Klivie blühen, freut man sich. Doch läßt die *Coelogyne* pünktlich im März Kaskaden weißer Blüten herunterrieseln, gelingt es, die lichthungrigen Cymbidien zum Blühen zu bringen, den Pulk aus Frauenschuhorchideen mit jedem Jahr zu vergrößern, dann ist das für den ambitionierten Zimmergärtner schon ein kleines Fest.
Am leichtesten zu pflegen sind in der Regel die modernen Hybriden. Diese aus verschiedenen Arten und Gattungen entstandenen Prachtstücke sind durch züchterische Maßnahmen besser auf unsere Klima- und Lichtverhältnisse eingestellt und blühen meist üppiger und williger als die Wildformen. Wer sie kauft, unterstützt auch nicht den Raubbau der Arten und hilft somit, Artenschutz zu praktizieren.

Bei den auf den folgenden Seiten vorgestellten Orchideen handelt es sich vorrangig um Züchtungen, die leicht zu bekommen und zu halten sind. Wen ausgefallene und anspruchsvollere Arten reizen, findet sie mit entsprechenden Pflegetips im Anschluß daran (→ Seite 220/221).

### Was Sie über Orchideen wissen sollten

Entwicklungsgeschichtlich sind Orchideen nicht nur die jüngsten Blütenpflanzen, sie stellen mit etwa 750 Gattungen, 10 000 bis 30 000 Arten und mehr als 70 000 Hybriden auch die größte Pflanzenfamilie dar. Mit Ausnahme der eiskalten Polar- und trockenheißen Wüstengebiete sind sie rund um den Globus vertreten. Sie besiedeln vorwiegend tropische Regen- oder Bergwälder, kühle, sattfeuchte Nebelwälder sowie dem Meer zugewandte Fels- oder Küstenwüsten. Die meisten stammen aus dem asiatischen Raum, viele aus Mittel- und Südamerika. Dort leben sie zumeist auf Bäumen, einige wachsen in der Erde, wenige auch auf Felsen.
Wuchsformen: Bei Orchideen gibt es zwei Wuchsformen:

- Monopodial wachsende Arten wie die *Phalaenopsis,* die einen aus Wurzeln senkrecht nach oben wachsenden Hauptsproß und an den Seiten der Hauptachse Blüten bildet.
- Sympodiale Arten wie die *Cattleya,* die auf einer waagerechten Achse weiterwächst, aus der zahlreiche Sprosse entstehen. Die neuen Triebe kommen seitlich aus der Basis und schieben sich irgendwann über den Topfrand. Sympodiale Orchideen sind mit Schein- oder Pseudobulben ausgestattet. Diese Speicherorgane für Wasser und Nährstoffe weisen darauf hin, daß die Pflanzen am Heimatstandort Trockenperioden durchzustehen hatten. Die Blüten erscheinen am Triebende oder seitlich.

Die Blätter sind mit parallel verlaufenden Blattnerven ausgestattet und meist glattrandig. Farbe und Beschaffenheit geben Hinweise auf den gewünschten Standort. So deuten dunkelgrüne Blätter auf geringen, frischgrüne auf normalen, graugrüne auf einen extrem hohen Lichtbedarf hin. Orchideen, die Kälte oder Sonne vertragen, haben eher harte, schatten- und wärmeliebende eher weiche Blätter.
Orchideenblüten sind von vollendeter Schönheit und meist erstaunlich langlebig.

### Die artgerechte Pflege

Fragen Sie beim Kauf einer Orchidee stets, ob es sich um eine Art oder Hybride für den kühlen, temperierten oder warmen Bereich handelt. Diese grobe Einteilung berücksichtigt die Klimaverhältnisse, aus denen die Pflanze - bei Züchtungen der dominierende Elternteil - kommt. Orchideen aus dem kühlen Bereich sind am schwierigsten, warme - weil im Zimmer - am leichtesten zu halten. Die erforderliche Luftfeuchte läßt sich durch elektrische Luftbefeuchter oder andere Maßnahmen (→ Seite 43) erzielen. Ganz optimal gedeihen alle Orchideen natürlich im klimageregelten Blumenfenster oder Gewächshaus.

*Auf oder an Bäumen lebende Orchideen beziehen ihre Nährstoffe aus dem Mulm zerfallender Pflanzenteile.*

Die Zauberformel für den Blüherfolg heißt: Ruhezeit, Nachtabsenkung der Temperatur, viel Licht im Herbst und stets ausreichende Luftfeuchte.
Faustregel: Orchideen mit derben Blättern und dicken Bulben brauchen eine trockene Ruheperiode, solche mit weichen, zarten Blättern dürfen nie völlig austrocknen.
Im Spätwinter/Frühjahr erfolgt der Neutrieb. Das bedeutet, jetzt mehr Wasser geben.
Im Frühsommer/Sommer wächst die Orchidee und braucht Nährstoffe (Dünger), Wasser und Wärme.
Im Spätsommer/Herbst bilden sich die Bulben, reifen die neuen Triebe, erfolgt die Bildung der Blütenanlagen. Wichtig: Nächtliche Temperatursenkung um 4 bis 6 °C, volles Herbstlicht, weniger Wasser.
Im Herbst/Winter ist Ruhezeit. Sie entspricht den tropischen Trockenperioden. Geben Sie Ihrer Orchidee jetzt viel Licht und wenig Wasser.
Anders als die meisten Zimmerpflanzen wachsen Orchideen nicht in Blumenerde. Sie brauchen ein spezielles Orchideensubstrat (→ Adressen, Seite 238), das einerseits locker, leicht und luftig ist, andererseits Nährstoffe und Wasser speichern kann.

*Orchideen besitzen wohl die bizarrsten Blüten. Die von Encyclia cochleata ähneln geheimnisvollen Insekten.*

Cattleya

## Cattleya

*Cattleya bicolor stammt aus Brasilien.*

*Die blühfreudige Cattleya bowringiana.*

Cattleyen wachsen in ihrer Heimat meist epiphytisch auf Ästen oder an Baumstämmen. Die Blüten sind groß, farbenprächtig und mit einer auffälligen Lippe ausgestattet. Die Knospen entwickeln sich aus einer Scheide (Spatha) heraus. Im Handel sind *Cattleya*-Arten, *Cattleya*-Hybriden und sogenannte Mehrgattungshybriden, zum Beispiel *Brassolaeliocattleya, Epicattleya, Potinara* oder *Sophrolaeliocattleya.* Die Blüten erscheinen in Weiß, Gelb (in vielen Nuancen), Rosa und verschiedenen Rottönen. Besonders gute Zimmerorchideen sind Kreuzungen aus *Cattleya* und *Laelia* (→ Seite 216), sogenannte *Laeliocattleya*-Hybriden, zum Beispiel Alma Wichmann (Frühjahrsblüher), Max und Moritz und Wintermärchen (Winterblüher). Sie werden wie Cattleyen gepflegt.

**Blütezeit:** Je nach Art und Sorte im Frühjahr, Sommer, Herbst oder Winter.

*Mehr Laelia als Cattleya – Laeliocattleya-Hybride Creamton.*

*Weiße Laeliocattleya-Hybride mit gelber Säule.*

*Besonders farbintensiv – Laeliocattleya-Hybride Culminari Recital*

**Familie:** *Orchidaceae,* Orchideen.
**Heimat:** Mittel- und Südamerika, Karibik.
**Standort:** Sehr hell, aber keine pralle Sonne. Ideal ist ein Ost- oder Westfenster. Im Sommer und während der Wachstumszeit tagsüber warm bis 25 °C und luftig. Wichtig: Die Temperaturabsenkung um einige Grade während der Nacht. Im Winter genügen tags 18 °C, nachts 14 °C .
**Gießen, Düngen:** Im Sommer nach Bedarf gießen oder die Pflanze tauchen, im Winter nur so viel wässern, daß Wurzeln und Pseudobulben nicht austrocknen. Im Sommer bei jedem 3. Gießen einen Orchideendünger zufügen.
**Weitere Pflege:** Blätter von Mai bis Oktober häufig übersprühen. Alle 2 bis 3 Jahre in Orchideensubstrat umsetzen. Frühjahrs- und Sommerblüher nach der Blüte, Herbst- und Winterblüher im März, April.
**Vermehren:** Beim Umtopfen durch Teilen der Pseudobulben.
**Schädlinge, Krankheiten:** Schildläuse durch zu trockene Zimmerluft. Achten Sie auf Ameisen, die von der klebrigen Zuckerausscheidung an der Spatha angelockt werden und Blattläuse im Gefolge haben. Die Braunfärbung der Blütenscheide ist arttypisch. Ebenso die Bastbildung bei den Bulben. Sie dient als Sonnenschutz.
**Mein Tip:** Damit Ihre *Cattleya* jedes Jahr wieder blüht, müssen Sie die Pflanze, sobald der Trieb ausgereift ist, kühler stellen und die Wassergaben reduzieren. Bei zu warmer Haltung treibt die *Cattleya* durch und bildet nur Blätter.

Cymbidium
# Cymbidie

*Braune Hybriden sind besonders begehrt.*

*Farbkaleidoskop von Cymbidium-Blüten.*

Von allen Orchideen liefern die Cymbidien die meisten Schnittblumen. Vor allem aus Thailand kommen Tausende von Rispen auf die Blumenmärkte der ganzen Welt. Das ist kein Wunder. Cymbidien-Blüten halten besonders lange in der Vase und bieten ein Farbenspektrum ohnegleichen. Die meisten Cymbidien sind Erdorchideen mit dicken, fleischigen Wurzeln und derben, langen, riemenförmigen Blättern, die meist aus ovalen Pseudobulben herauswachsen. Die Blütentrauben erscheinen am Fuß der Bulben und sind sehr dauerhaft. Im Handel sind die sogenannten Standard-Typen, *Cymbidium*-Hybriden, die im Wintergarten mehr als meterhoch werden, und die etwa 80 bis 100 cm hohen Miniatur-Cymbidien fürs Zimmer. Letztere haben wärmeliebende Vorfahren, blühen ab Herbst und tolerieren geheizte Räume weitaus besser. Die Palette der Blütenfarben reicht von Cremeweiß über Gelb, Orange, Rosa, Rot, Violett, Braun bis hin zu Grün. Bekannte Miniatur-Cymbidien, die im Winter/Frühjahr blühen, sind: Agnes Norton, Show- off, Dag Oleste, Excalibur, Mary Pinchess, 'Del Rey', Miniatures Delight (wundervolle Ampelpflanze!), Minneken, 'Pink Tower', 'Lemförde Surprise' (duftend).

**Blütezeit:** Je nach Art und Sorte im Frühjahr, Sommer, Herbst oder Winter.

**Familie:** *Orchidaceae,* Orchideen.

**Heimat:** Tropisches Asien, Australien.

**Standort:** Ganzjährig luftig, sehr hell und sonnig. Standard-Typen und ältere Mini-Cymbidien von Juni bis Ende September ins Freie an einen hellen, aber nicht vollsonnigen Platz stellen. Im Sommer warm, ab August nachts deutlich kühler halten.

**Gießen, Düngen:** Von März bis Ende September reichlich gießen und die Pflanze alle 4 Wochen mit Orchideendünger versorgen. Im Spätherbst und Winter weniger gießen, nicht düngen.

**Weitere Pflege:** Für hohe Luftfeuchte sorgen. Öfter sprühen. Alle 2 Jahre nach der Blüte in Orchideensubstrat umtopfen.

**Vermehren:** Beim Umtopfen durch Teilen der Pseudobulben.

**Schädlinge, Krankheiten:** Bei zu trockener Luft Spinnmilben. Gelb gesprenkelte und aufgehellte Blätter weisen auf eine Viruskrankheit hin. Pflanze isolieren, damit sie keine andere ansteckt, oder vernichten. Gegen Viruserkrankungen gibt es keine Gegenmittel.

**Mein Tip:** Die Blüten werden bei Cymbidien, die von September bis Januar blühen, im Mai/Juni angelegt, bei Cymbidien, die von Februar bis Mai blühen, im September. Während dieser Periode brauchen die Pflanzen tags viel Wärme und nachts reichlich frische Kühle.

**Die Cymbidium-Hybriden auf den Fotos:**

*Oben links: Grüne Hybride mit gefleckter Lippe.*
*Unten links: Silvia Müller Citronella.*
*Oben rechts: Cremeweiße Hybride mit orangeroter Lippe.*
*Unten rechts: Die bekannte Starbright Capella.*

Laelia

## Laelia

*Laelia purpurata – die Nationalblume Brasiliens.*

In ihrer Heimat wachsen die etwa 50 *Laelia*-Arten größtenteils als Epiphyten in tropischen Wäldern. Es gibt aber auch auf Felsen oder Sandböden wachsende Arten, wie zum Beispiel die Steinlaelien. Zu ihnen zählt die zinnoberrote *Laelia cinnabarina*. Sie sind dem Anfänger zu empfehlen und blühen wie die prächtige *Laelia purpurata* im Frühjahr. Im Sommer blüht *Laelia crispa.* Zu den Herbstblühern zählt die großblumige *Laelia pumila* (violettrosa), während *Laelia anceps* (violettrosa) und *Laelia harpophylla* (orange) im Winter blühen. Durch Kreuzung der Arten entstanden bei Laelien mit Ausnahme der Laeliocattleyen (→ Cattleya, Seite 214) relativ wenig Hybriden.

**Blütezeit:** Je nach Art und Sorte im Frühjahr, Sommer, Herbst oder Winter.
**Familie:** *Orchidaceae,* Orchideen.
**Heimat:** Tropisches Amerika.
**Standort:** Hell bis halbschattig, luftig (aber kein Durchzug). Im Herbst für *Laelia cinnabarina* volle Sonne. Im Frühjahr und Sommer tags 18 bis 24 °C, nachts und im Herbst/Winter etwa 4 °C darunter.
**Gießen, Düngen:** Im Sommer bei großer Wärme reichlich gießen oder tauchen. Erst erneut gießen, wenn das Substrat gut abgetrocknet ist. Im Winter nur so viel Wasser geben, daß die Pflanze nicht schrumpft. Bei jedem 3. Gießen während der Wachstumszeit Orchideendünger hinzufügen.
**Weitere Pflege:** Für hohe Luftfeuchte sorgen. Alle 2 bis 3 Jahre im Frühjahr in frisches Orchideensubstrat umtopfen. Epiphytisch lebende Laelien können auf Kork- oder Baumfarnstücke aufgebunden werden.
**Vermehren:** Beim Umtopfen durch Teilen der Pseudobulben.
**Schädlinge, Krankheiten:** Vorsicht vor gestauter, stickiger Luft, sie wird von Laelien nicht gut vertragen.

Miltonia, Miltoniopsis

## Stiefmütterchen-Orchidee

*Stiefmütterchenblüten bei Miltoniopsis.*

Charakteristisch für Miltonien sind die flach geöffneten Blüten mit der kurzen Säule, die auf den ersten Blick Stiefmütterchen oder Veilchen ähneln. Miltonien werden heute grob in 2 Gruppen unterteilt: *Miltonia*-Arten, die gut für die Zimmerkultur geeignet sind, und *Miltoniopsis*-Arten, die sogenannten Stiefmütterchen-Miltonien, die aus feuchtkühlen Nebelwäldern stammen.
Beide Gattungen umfassen 15 bis 20 Arten. Die epiphytisch lebenden Pflanzen tragen meist hellgrüne, abgeflachte Pseudobulben mit 1 bis 3 schmalen Blättern. Die Blütentriebe entstehen immer an der Basis der jüngsten Pseudobulben. Die Blüten sind mehrfarbig, oft Weiß mit Rot, oder rosa gefärbt.
Im Handel sind vor allem die Sommer- oder Herbstblüher *Miltonia clowesii, Miltonia flavescens* und *Miltonia spectabilis* sowie verschiedene Hybriden.

**Blütezeit:** Sommer/Herbst, teils ganzjährig.
**Familie:** *Orchidaceae,* Orchideen.
**Heimat:** Südamerika.
**Standort:** Ganzjährig hell, aber nicht sonnig. Verträgt auch Halbschatten. Im Sommer nicht über 25 °C, im Winter um 20 °C, nachts 15 bis 18 °C.
**Gießen, Düngen:** Gleichmäßig leicht feucht halten. Im Winter sparsam gießen. Im Frühjahr und Sommer alle 3 Wochen schwach dosiert düngen.
**Weitere Pflege:** Für hohe, indirekte Luftfeuchte (→ Seite 43) sorgen, aber nicht auf die Pflanze sprühen! Selten umtopfen und wenn, dann im Herbst oder Frühjahr in ein Orchideensubstrat für Epiphyten.
**Vermehren:** Durch Teilen der Pseudobulben beim Umtopfen.
**Schädlinge, Krankheiten:** Nur bei Pflegefehlern. Bei leichter Rotfärbung der Blätter zu heller Standort.

Odontoglossum
# Zahnzunge

*Die bekannte Vuylstekeara Cambria 'Plush'.*

*Gelbgetigerte Hybride.*

Die meisten der über 100 Arten sind kühle Bergschönheiten. Sie wachsen in 1500 bis 3000 m Höhe. Einige von ihnen ertragen dort sogar kurzfristige Frostgrade. Von den eigenartigen Blüten, die manchmal am Grund zahnartige Fortsätze besitzen, rührt der botanische Name her, griechisch/lateinisch: *odontos* = Zahn, *glossa* = Zunge. Die Pseudobulben sind eiförmig platt, tragen an der Spitze ein bis drei Blätter und bilden an der Basis traubenförmige Blütenstände, die in aller Regel nach oben zeigen. Eine der anspruchslosesten Arten ist *Odontoglossum grande,* das heute allerdings unter dem eigenen Gattungsnamen *Rossioglossum* geführt wird. Interessant für den Zimmerpflanzenfreund sind vor allem Hybriden und Mehrgattungshybriden von *Odontoglossum,* zum Beispiel:

- *Odontioda* (aus *Odontoglossum x Cochlioda),*
- *Odontonia* (aus *Odontoglossum x Miltonia),*
- *Odontocidium* (aus *Odontoglossum x Oncidium),*
- *Vuylstekeara* (aus *Odontoglossum x Cochlioda x Miltoniopsis)* und
- *Wilsonara* (aus *Odontoglossum x Cochlioda x Oncidium).*

Sie wurden speziell für die Bedürfnisse auf der Fensterbank gezüchtet und zeichnen sich durch üppig bestückte, häufig mehrfarbige Blütenrispen aus, die in den Farben Gelb mit Braun (gefleckt oder getigert), Weiß mit Rosa oder Rot erscheinen.

Von den reinen Arten sind *Odontoglossum bictoniense,* das nach Maiglöckchen duftende *Odontoglossum pulchellum* und *Odontoglossum crispum* für die Zimmerkultur gut geeignet.

**Blütezeit:** Je nach Art und Sorte im Frühjahr, Sommer, Herbst oder Winter.

**Familie:** *Orchidaceae,* Orchideen.

**Heimat:** Mittel- und Südamerika.

**Standort:** Hell bis halbschattig. Ost-, West- oder Nordfenster, im Winter Südfenster. Im Sommer 20 bis 24 °C, nachts kühler. Im Winter 14 bis 18 °C

**Gießen, Düngen:** Während des Wachstums gleichmäßig feucht halten. Im Winter nur so viel gießen, daß Substrat und Pseudobulben nie austrocknen. Von Juni bis August alle 14 Tage über die Blätter düngen (schützt Substrat und Wurzeln vor Salzschäden).

**Weitere Pflege:** Durch Sprühen für hohe Luftfeuchte sorgen. Alle 2 bis 3 Jahre nach der Blüte in frisches Orchideensubstrat umtopfen.

**Vermehren:** Beim Umtopfen durch Teilen der Pseudobulben.

**Schädlinge, Krankheiten:** Bei zuwenig Luftfeuchte wellen sich die Blätter.

**Mein Tip:** Wenn Sie Gartenbesitzer sind, hängen Sie Ihr *Odontoglossum* ab Juni in einen lichtdurchlässigen Baum. Die Orchidee liebt diese Sommerfrische, vor allem aber die der sommerlichen Wärme folgende nächtliche Abkühlung. Wichtig: In regenloser Zeit Gießen nicht vergessen! Bei anhaltendem Regen hingegen holt man die Pflanze besser wieder ins Haus, sonst fault das Substrat.

Ab September geben Sie der Pflanze volle Sonne. Das fördert die Blütenbildung und das Ausreifen der Pseudobulben. Lassen Sie sie bis Mitte Oktober Sonne tanken, aber Vorsicht vor Nachtfrösten! Dann holt man sie ins Haus und stellt sie an einen hellen, kühlen Platz. Der Ansatz neuer Blütenknospen läßt nun nicht mehr lange auf sich warten.

**Das Odontoglossum ist ein wichtiger Elternteil so mancher Zimmer-Orchidee, die unter ganz anderem Namen bekannt ist, wie zum Beispiel die Vuylstekeara.**

Oncidium

## Schmetterlingsorchidee

Oncidien – es gibt etwa 100 Arten – sind in den unterschiedlichsten Temperaturzonen zu Hause und entsprechend formenreich. Die Blütenstände sind mit zierlichen Einzelblumen bestückt, die oft gebändert oder gefleckt sind.
Im Handel gibt es Arten und Hybriden. Fragen Sie beim Kauf immer, ob die von Ihnen ausgewählte Oncidie im temperierten oder im warmen Bereich zu Hause ist.
**Blütezeit:** Je nach Art und Sorte im Frühjahr, Sommer, Herbst oder Winter.
**Familie:** *Orchidaceae,* Orchideen.
**Heimat:** Subtropisches und tropisches Amerika, Karibik.
**Standort:** Im Sommer hell bis halbschattig. Keine direkte Sonne. Tagsüber warm, nachts kühler. Im Winter temperierte Oncidien tags 15 °C, wärmebedürftige um 20 °C und volle Sonne.
**Gießen, Düngen:** Von März bis Oktober Pflanze ständig leicht feucht halten. Von November bis März nur so viel gießen, daß die Pseudobulben und Blätter nicht schlappen. Während der Vegetationsperiode alle 3 Wochen Orchideendünger geben.
**Weitere Pflege:** Für hohe Luftfeuchte sorgen, aber im Winter und Frühjahr behutsam sprühen, der Neutrieb fault leicht. Wenn die Pseudobulben über den Topf quellen, Pflanze in Orchideensubstrat umsetzen. Bester Termin: Am Ende der Ruhezeit (März), wenn die Wurzeln und neuen Triebe zu wachsen beginnen.
**Vermehren:** Beim Umtopfen Pseudobulben teilen.
**Schädlinge, Krankheiten:** Nur bei sehr schweren Pflegefehlern.
**Mein Tip:** Blütenstände bei *Oncidium kramerianum* und *Oncidium papilio (Psychopsis)* nach dem Verblühen nicht abschneiden. Im nächsten Jahr entwickeln sich am selben Stengel neue Knospen.

*Oncidium-Hybride mit getigerten Blüten.*

Paphiopedilum

## Frauenschuh, Venusschuh

*Paphiopedilum-Hybriden sind pflegeleicht.*

Es gibt etwa 60 *Paphiopedilum*-Arten. Weitaus größer ist jedoch die Anzahl der Hybriden, denen sich der Pflanzenliebhaber schon aus Artenschutzgründen zuwenden sollte. Diese Züchtungen sind viel zäher als die botanischen Arten und gedeihen auch im beheizten Raum. Der Frauenschuh hat ein besonderes Wuchsprogramm: Jede Blattrosette bringt nur einen Blütentrieb hervor. Danach bilden sich in den Blattachseln neue Rosetten, die im darauffolgenden Jahr blühen. Die Blüten sind weiß, gelb, grün, braun oder purpur gefärbt und häufig gestreift, gefleckt oder getigert.
**Blütezeit:** Je nach Art und Sorte im Frühjahr, Sommer, Herbst oder Winter.
**Familie:** *Orchidaceae,* Orchideen.
**Heimat:** Tropisches Asien.
**Standort:** Im Sommer halbschattig, im Winter hell, aber nicht sonnig. Ganzjährig Zimmertemperatur, nachts kühler. Ausnahme: Im September nach Triebabschluß 2 bis 3 Wochen nachts kühl und tags sonnig halten.
**Gießen, Düngen:** Für mäßige Feuchte sorgen. Erst gießen, wenn das Substrat abgetrocknet ist. Im Winter sparsamer gießen. Von April bis September alle 3 Wochen niedrig dosiert düngen.
**Weitere Pflege:** Für hohe Luftfeuchte sorgen. Blätter öfter einsprühen. Die Pflanze nach der Blüte umtopfen, aber nur, wenn das Substrat verdichtet ist oder muffig riecht.
**Vermehren:** Beim Umtopfen durch Teilen.
**Schädlinge, Krankheiten:** Befall mit Spinnmilben und Schildläusen möglich. Knospen-, Blatt- und Wurzelfäule durch Staunässe.
**Mein Tip:** Frauenschuhe gedeihen am besten, wenn sie üppig im Pulk wachsen können. Also besser nicht teilen!

Phalaenopsis

# Nachtfalterblume, Malaienblume

*Die Phalaenopsis besitzt breite Blätter.*

*Phalaenopsis-Hybriden blühen fast das ganze Jahr.*

Nachtfalterorchideen bilden keine Pseudobulben, dafür aber viele Wurzeln, die alles umklammern, was sich ihnen bietet. Die Blätter sind zungenförmig und ziemlich breit, die Blüten unterschiedlich geformt, gefärbt und gezeichnet. Sie erscheinen fast das ganze Jahr über in Weiß, Gelb, Rosa, Rot, Violett, Braun und Grün. Im Handel sind Arten, Hybriden (ideal für Anfänger) und Mehrgattungshybriden wie *Asconopsis, Doritaenopsis* oder *Renanthopsis,* die alle ähnlich gepflegt werden.

Anfängern seien *Phalaenopsis*-Hybriden empfohlen, von denen es ein großes und farbenprächtiges Sortiment gibt.

**Blütezeit:** Je nach Art im Frühjahr, Sommer, Herbst oder Winter, Hybriden blühen fast das ganze Jahr über.

**Familie:** *Orchidaceae,* Orchideen.

**Heimat:** Indien, Südostasien, Indonesien, Philippinen, Nordaustralien.

**Standort:** Im Sommer halbschattig, im Winter hell. Auf keinen Fall sonnig. Ganzjährig warm. Tags um 20 bis 22 °C (im Sommer auch wärmer), nachts nicht unter 18 °C. Ausnahme: Im Herbst Pflanzen etwa 4 bis 6 Wochen lang um 16 °C halten. Das regt die Blütenbildung an.

**Gießen, Düngen:** Ganzjährig mäßig feucht halten. Das Substrat darf nie völlig austrocknen, sollte aber abtrocknen, bevor erneut gegossen wird. Nie in das Herz der Pflanze gießen – Fäulnisgefahr! Im Sommer alle 14 Tage schwach dosiert düngen.

**Weitere Pflege:** Öfter die Blätter einsprühen. Bei *Phalaenopsis*-Arten für hohe Luftfeuchte sorgen. Die Hybriden sind an trockene Zimmerluft besser angepaßt. Die Pflanze alle 2 Jahre im Mai in grobes, luftiges Orchideensubstrat umtopfen. Wurzeln nicht verletzen.

**Vermehren:** Durch Kindel, die sich gelegentlich an den Blütenstielen bilden.

**Schädlinge, Krankheiten:** Pilzinfekte durch Übergießen, Schildläuse bei zu lufttrockenem Standort, Knospenfall am zu dunklen Platz. Im Gewächshaus Schneckengefahr.

**Mein Tip:** Die *Phalaenopsis* kann am selben Trieb zwei- bis dreimal blühen, wenn man den Blütenstengel über dem dritten oder vierten Stengelknoten abschneidet, bevor er ganz abgeblüht ist.

*Gesprenkelte Blüten – Phalaenopsis-Hybride Hokuspokus.*

*Mambo heißt diese grüngoldene Züchtung.*

*Die Hybride Cassandra mit purpurroter Lippe.*

# RARITÄTEN

**Erlesene Orchideen aus warmfeuchten Tropenregionen und kühlfeuchten Bergwäldern mit besonderen Ansprüchen.**

Coelogyne cristata
## Hohlnarbe

Für den temperierten Bereich. Epiphytische Orchidee mit 15 bis 30 cm langen, schmalen, dunkelgrünen Blättern, eiförmigen Pseudobulben und überhängenden, weißen Blüten mit goldgelben Kämmen, die zu mehreren an bis zu 30 cm langen Stielen erscheinen.

Blütezeit: November bis März. Familie: *Orchidaceae,* Orchideen. Heimat: Himalaja, Nepal. Standort: Ganzjährig hell und luftig. Keine Mittagssonne. Im Sommer ins Freie. Im Winter tags 14 °C, nachts 8 °C. Gießen, Düngen: Von Mai bis September mäßig gießen und alle 2 Wochen niedrig dosiert düngen. Von Oktober bis April fast trocken halten. Weitere Pflege: Neutriebe nicht überspritzen, damit sie nicht faulen! Die Pflanze bei Bedarf nach der Blüte in Orchideensubstrat verpflanzen. Vermehren: Durch Teilen. Mein Tip: Die *Coelogyne* blüht besser, wenn sie draußen in voller Herbstsonne gestanden hat.

Brassia verrucosa
## Brassie

Für den temperierten Bereich. Orchideen-Art mit flachen Pseudobulben, länglichen, ledrigen Blättern und Blüten, die oft schwanzartige lange Blütenblätter tragen und an halbmeterlangen Stielen sitzen.

Blütezeit: Je nach Art Frühjahr oder Sommer. Familie: *Orchidaceae,* Orchideen. Heimat: Tropisches Amerika. Standort: Sehr hell bis halbschattig. Im Sommer Zimmertemperatur mit Nachtabsenkung auf 16 bis 18 °C. Im Winter tagsüber nicht über 18 °C, nachts um 14 °C. Gießen, Düngen: Von April bis September reichlich mit weichem Wasser gießen und alle 2 Wochen schwach dosiert düngen. Von Oktober bis März nur so viel gießen, daß die Bulben nicht schrumpfen. Weitere Pflege: Regelmäßig sprühen. Bei zu trockener Luft Schildlausbefall. Vermehren: Durch Teilen der Pseudobulben.

Dendrobium densiflorum
## Dendrobium

Für den temperierten Bereich. Epiphytische Art mit bambusartigen Pseudobulben und goldgelben Blütentrauben. Eine der schönsten Dendrobien.

Blütezeit: März bis Mai. Familie: *Orchidaceae,* Orchideen. Heimat: Himalaja, Burma, Indochina. Standort: Ganzjährig sehr hell, nicht sonnig. Im Frühjahr/Sommer warm, ab Oktober 12 bis 15 °C. Gießen, Düngen: Im Frühjahr/Sommer reichlich gießen und alle 14 Tage niedrig dosiert düngen. Ab Oktober weniger gießen, im Winter nur so viel, daß alle Bulben nicht schrumpfen. Weitere Pflege: Vor allem im Sommer öfter sprühen. Vermehren: Durch Teilen der Pseudobulben nach der Blüte.

Zygopetalum Artur Elle

## Zygopetalum

Für den temperierten Bereich. Orchidee mit dicken Wurzeln, 2 oder mehr schmallanzettlichen Blättern, eiförmigen Pseudobulben und auffällig gemusterten und gefärbten Blüten. Der merkwürdige Name kommt aus dem Griechischen und spielt auf die verdickte Schwiele am Lippengrund an, die wie ein Pferdekummet die Blütenblätter zusammenhält (griechisch: *zygon* = Kummet, *petalon* = Blütenblatt). Im Handel sind Arten und Hybriden. Blütezeit: Winter. Familie: *Orchidaceae,* Orchideen. Heimat: Südamerika. Standort: Hell bis halbschattig und luftig. Ganzjährig Zimmertemperatur. Im Winter 15 bis 18 °C. Gießen, Düngen: Durchgehend mäßig feucht halten. Von März bis September alle 2 Wochen niedrig dosiert düngen. Weitere Pflege: Für indirekte Luftfeuchte (→ Seite 43) sorgen, aber nicht sprühen, sonst Blattflecken. Jährlich nach der Blüte umtopfen. Vermehren: Durch Teilen von Pseudobulben mit Blättern.

Masdevallia militaris

## Masdevallie

Für den kühlfeuchten Bereich (Gebirgspflanze!). Nur im kühlen Gewächshaus halten! Orchidee mit fleischigem Wurzelstock und ungewöhnlichen Blüten, bei denen die Blütenkrone fast völlig reduziert und der Blütenkelch zu einem dreizipfeligen Gebilde verwachsen ist. Blütezeit: Je nach Art Frühjahr oder Sommer. Familie: *Orchidaceae,* Orchideen. Heimat: Mittel- und Südamerika. Standort: Hell bis halbschattig. Ganzjährig luftig und kühlfeucht. Gießen, Düngen: Orchidee durchgehend leicht feucht halten, keine Ruhezeit. Im Sommer alle 3 Wochen niedrig dosiert düngen. Weitere Pflege: Bei Bedarf im Frühjahr in Orchideensubstrat umtopfen. Vermehren: Durch Teilen der Rhizome, große Gruppen lassen!

*Bulbophyllum longiflorum wird auch Cirrhopetalum genannt.*

Bulbophyllum longiflorum

## Bulbophyllum

Für den warmen Bereich. Epiphytische Orchidee mit verlängertem, kriechendem Rhizom und kantigen Pseudobulben, an denen ein ledriges Blatt sitzt (daher der Name, von griechisch: *bolbos* = Knolle und *phyllon* = Blatt). Die bizarren Blüten stehen in einer Dolde zu mehreren zusammen. Blütezeit: Juli. Familie: *Orchidaceae,* Orchideen. Heimat: Immergrüne Regen- und Monsunwälder der Tropen. Standort: Ganzjährig hell, tagsüber 20 °C, nachts nicht unter 16 °C. Gießen, Düngen: Gleichmäßig feucht halten, während der Wachstumszeit alle 14 Tage schwach dosiert düngen. Weitere Pflege: Für hohe indirekte Luftfeuchte sorgen (→ Seite 43). Vermehren: Durch Teilen der Pseudobulben.

Sie beanspruchen wenig Platz und Pflege, verwandeln sich über Nacht in strahlende Blütenschönheiten und entfachen wie keine andere Pflanzengruppe Sammellust. Wer den Kindern des Lichts einmal verfallen ist, kommt nicht mehr von ihnen los.

# KAKTEEN

Jeder, der eine sonnige Fensterbank und ein kühles, helles Überwinterungsquartier besitzt, kann sich Kakteen zulegen und die dornigen Gesellen ganz aus der Nähe erleben. Schon ein Tablett bietet Platz für eine kleine Sammlung. Vielleicht fangen Sie - wie auf den folgenden Seiten gezeigt - gleich mit den pflegeleichten Kakteen an? Oder mögen Sie die sich anschließende Gruppe der epiphytisch lebenden Blattkakteen lieber? Schließlich folgt für Liebhaber mit Erfahrung (und möglichst auch Gewächshaus) eine kleine Auswahl von Kakteen für Fortgeschrittene. Die bewußte Gruppierung von Pflanzen mit nahezu identischen Pflegeansprüchen soll Ihnen die Möglichkeit geben, sich gleich mehr als ein halbes Dutzend verschiedener Arten anzuschaffen, die einheitlich zu pflegen sind. Denn richtig reizvoll sind Kakteen nicht einzeln, sondern erst als bunte Gesellschaft.
Der Zauber der Kakteen liegt in ihrer Gegensätzlichkeit. Trutzig und fast abweisend wirken die blütenlosen »Dornenkugeln«. Doch wenn sie plötzlich ihre Blüten aufstecken, eine nach der anderen, seidig-glänzend und fröhlich-bunt, entfalten sie einen hinreißenden Charme.
Um 1500 sollen die ersten Exemplare mit der »Santa Maria« des Christoph Kolumbus nach Europa gelangt sein. Um 1700 waren bereits Melonen-, Säulen-, Laub- und Feigenkaktus bekannt, im Biedermeier erlebte die Kakteenbegeisterung einen Höhepunkt. Heute zählt allein die 1892 gegründete Deutsche Kakteengesellschaft (→ Adressen, Seite 238) über 8600 engagierte Mitglieder.

## Was Sie über Kakteen wissen sollten

Kakteen sind »Amerikaner«. Ihr Verbreitungsgebiet reicht von Kanada bis Patagonien. Die meisten von ihnen besiedeln Savannen und glühendheiße, wüstenartige Trockenregionen. Nur relativ wenige dringen in die feuchtwarmen Tropengebiete ein, kriechen in Büsche, klettern an Bäumen empor oder wachsen in den Astgabeln von Urwaldbäumen. Die Familie der Kakteen, botanisch *Cactaceae* genannt, umfaßt etwa 200 Gattungen und mehrere tausend Arten. Sie sind Blütenpflanzen wie Alpenveilchen und Azalee - warum nur sehen sie so ganz anders aus?

Die charakteristische Kakteengestalt entstand in Jahrmillionen durch Anpassung an einen trockenen Standort. Um die Verdunstungsflächen so klein wie möglich zu halten und sich gegen Sonne und extremes UV-Licht zu schützen, »erfanden« die Kakteen die Kugel- und Säulenform, wandelten die Blätter in Dornen um und legten sich eine dicke Haut zu, die sie zusätzlich noch mit wachsartigen Überzügen, Korkbelägen, dichten Dornen oder silbrigen Haarkleidern ausstatteten. Manche Arten bildeten weit ausgreifende, flach unter der Erdoberfläche sitzende Wurzeln, die auch den kürzesten Regenguß voll ausnützen, andere legten sich dicke Rübenwurzeln als Wasserspeicher zu. Eine wahre Errungenschaft ist die Dickfleischigkeit oder Sukkulenz (von lateinisch: *succus* = Saft). Gemeint ist damit, daß Gewebe, Rinde oder Mark als Wasserspeicher dienen.
Eine häufige Wuchsform junger Kakteen ist die Kugel. Außerdem gibt es Arten, die Säulen oder Polster bilden. Erwachsene Exemplare sehen auch strauch-, baum- oder kandelaberförmig aus. Kletternde Kakteen, wie die Königin der Nacht sind langgliedrig und verzweigen sich strauchartig. Die wenigen Epiphyten der Familie, wie zum Beispiel Weihnachts- und Osterkaktus, besitzen blattartige Sprosse. Die Blüten der Kakteen entwickeln sich je nach Art frühestens an 2 bis 3 Jahre alten Exemplaren oder erst ab einer bestimmten Größe. Blütezeit der meisten Arten sind Frühjahr und Frühsommer. Bis auf Schwarz und Blau sind alle Farben zu finden.

*Der Riesenkugelkaktus (Echinocactus ingens) aus Mexiko wird am Naturstandort tonnenschwer und erlangte unter den Azteken traurige Berühmtheit als Opferaltar.*

## Die artgerechte Pflege

Kakteen sind zwar robust, werden aber leicht totgepflegt - durch zuviel Nässe. Im Sommer können die Pflanzen ruhig stark gegossen werden, wichtig ist, daß keine Staunässe um die Wurzel bleibt und daß erst wieder gegossen wird, wenn das Substrat völlig abgetrocknet ist. Im Herbst wird das Gießen reduziert, im Winter gibt es bei kühlem Stand unter 10 °C überhaupt nichts zu trinken, bei wärmerem Stand nur ganz, ganz wenig. Das Wachstum darf in der dunklen Jahreszeit auf keinen Fall angeregt werden.
Das Substrat muß Wüstensandcharakter besitzen, also gut wasser- und luftdurchlässig sowie mineralisch sein. Lockern Sie die oft zu humusreiche, fertig gekaufte Kakteenerde mit Sand und Bimskies auf.
Vorsicht beim Umtopfen - Verletzungsgefahr! Kakteen sind oft mit sehr wehrhaften Dornen besetzt und lassen sich am besten mit Handschuhen, Styroporstücken (→ Zeichnung, Seite 41) sowie Gurken- oder Gebäckzange greifen.
Völlig anders gepflegt werden die epiphytischen Kakteen. Sie brauchen ein humusreiches, nahrhaftes Substrat, mehr Wasser und hohe Luftfeuchte. Und im Gegensatz zu ihren Wüstenbrüdern sagen sie: Sonne, nein danke!

*Viele strauchförmige Kakteen wachsen im Topf nur säulenförmig. Solche beeindruckenden Kandelaber entwickeln sich ausschließlich am Heimatstandort.*

## Pflegeleichte Kakteen

*Es ist gar nicht so schwer, diese kleinen Gesellen zum Blühen zu bringen.*

Mit den hier gezeigten Kakteen kann jeder Anfänger auf Anhieb Erfolg haben und sie immer wieder zum Blühen bringen.
**Familie:** *Cactaceae*, Kakteen.
**Heimat:** Südliche USA, Mittel- und Südamerika.
**Standort:** Von Frühjahr bis Herbst sehr hell bis sonnig und warm. Ab Oktober hell und kühl (5 bis 12 °C). Ab Ende Mai ins Freie an einen sonnigen Platz. Aber: Vor Regen schützen.
**Gießen, Düngen:** Von Mai bis September durchdringend gießen, Substrat zuvor aber immer abtrocknen lassen. Ab Ende Oktober trockener halten. Bei kühler Überwinterung unter 10 °C nicht, bei wärmerer sehr wenig gießen. Im Frühjahr vorsichtig angießen. Sobald sich ein Neutrieb zeigt, alle 14 Tage Kakteendünger geben. Kurz vor der Überwinterung einen phosphorbetonten Dünger ins letzte Gießwasser geben, das fördert die Blütenbildung.
**Weitere Pflege:** Alle 2 bis 3 Jahre im Frühsommer in Kakteenerde mit Sand und Bimskies umtopfen.
**Vermehren:** Durch Samen im heizbaren Vermehrungsbeet bei etwa 28 °C, günstige Aussaatzeit Ende Februar. Wenn sich die Sämlinge behindern, pikieren.
**Schädlinge, Krankheiten:** Nur bei Überdüngung, zu nasser Haltung, falscher Überwinterung, Verweichlichung oder mangelnder Frischluft.

### Gymnocalycium

Großblütiger, sehr blühfreudiger flachkugeliger bis kugeliger Kaktus. Sproßt an der Basis und wird etwa 15–20 cm hoch und 15 cm dick. Es gibt Arten mit anliegenden oder abstehenden Dornen. Die bis zu 6 cm großen Blüten erscheinen oft schon an dreijährigen Pflanzen.
<u>Empfehlenswerte Arten:</u> *G. andreae* (gelb), *G. Baldianum* (rotviolett), *G. bruchii* (rosa), *G. Denudatum* (cremeweiß), *G. multiflorum* (rosa bis rosaorange), *G. quehlianum* (weiß mit rotem Schlund), *G. uruguayense* (cremeweiß).
<u>Blütezeit:</u> Frühjahr bis Sommer.

### Notocactus

(ab 1993: Parodia)
Kugelige bis kurzsäulige Kakteengattung mit etwa 15 bis 20 cm Höhe und Durchmesser. Sproßt meist erst, wenn sie älter wird und ist mit unterschiedlich aussehenden Dornen ausgestattet. Die Blüten erscheinen in Scheitelnähe und sind etwa 8 cm groß.
<u>Empfehlenswerte Arten:</u> *N. apricus, N. concinnus, N. ottonis, N. submammulosus* (alle gelb), *N. rutilans* (karminrosa), *N. uebelmannianus* (gelb- und wein- bis violettrot).
<u>Blütezeit:</u> Frühjahr bis Sommer.

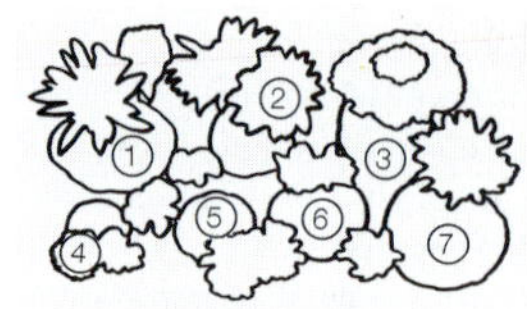


<u>*Kakteen auf dem Foto:*</u>
*1 Gymnocalycium uruguayense*
*2 Notocactus concinnus*
*3 Mammillaria zeilmanniana*
*4 Rebutia ritteri*
*5 Rebutia minuscula*
*6 Echinofossulocactus*
*7 Lobivia vatteri*

### Mammillaria

Der deutsche Name Warzenkaktus weist darauf hin, daß alle Mammillarien in Warzen aufgelöste Rippen besitzen. Die je nach Art flachkugeligen, kugeligen, schlank- und dicksäuligen Kakteen sind unterschiedlich bedornt. Sie sprossen fast alle stark und bilden Polster. Es gibt 50 cm große und nur wenige cm hohe Arten.
<u>Empfehlenswerte Arten:</u> Alle.
<u>Blütezeit:</u> Frühjahr.

*Liebhaber finden die unterschiedliche Bedornung genauso attraktiv wie die Blüten.*

**Rebutia**
Liebenswerte, freudig wachsende Gattung, die auf jedem Fensterbrett Platz findet. Die maximal 8 cm dicken, unter 8 cm großen Kakteen sprossen sehr stark und bilden bald kleine Gruppen. Feine Dornen hüllen den Kakteenkörper ein. Die lustigbunten 2 bis 5 cm großen Blüten sind oft so zahlreich, daß sie den ganzen Kaktus verdecken.
Empfehlenswerte Arten: Alle, besonders aber *R. marsoneri* (gelb), *R. violaciflora* (violett), *R. senilis* und Varietäten (gelb, rot).
Blütezeit: Frühjahr.

**Echinofossulocactus**
Markenzeichen dieser Kugelkaktusgattung sind die tiefen, meist welligen Rippen. Daher rührt auch der Name Lamellenkakteen. Die Randdornen sind hell und dünn, die Mitteldornen kräftig und oft wie Hörner geschwungen. Die Blüten sind je nach Art weißlich bis blauviolett mit dunklerem Mittelstreifen oder gelb, weißlich bis cremefarben mit dunkleren Rückenstreifen.
Empfehlenswerte Arten: Alle. Ein besonders typischer und attraktiver Vertreter ist *E. lamellosus.*
Blütezeit: Zeitiges Frühjahr.

**Lobivia**
(ab 1993: Echinopsis)
Kugelige bis kurzsäulige und vielrippige Gattung. Wird höchstens 30 cm hoch und selten dicker als 10 cm im Durchmesser. Die Bedornung variiert von Art zu Art. Die bis 10 cm großen Blüten erscheinen seitlich. Wichtig: Lobivien brauchen ein tiefes, breites Gefäß.
Empfehlenswerte Arten: *L. backebergiana* (orange), *L. rebutioides* und *L. famatimensis* (gelb), *L. jajoiana* (tomatenrot), *L. pentlandii* (weiß, gelb, rosa bis violett), *L. wrightiana* (rosa).
Blütezeit: Frühjahr bis Sommer.

**Cleistocactus**
Säulenkaktus mit dichtstehenden, meist nadeligen dünnen Dornen. Blüht erst ab 30 bis 80 cm Höhe. Ausnahme: *Cleistocactus wendlandiorum.* Er kann bereits blühen, wenn er 15 cm groß ist. Die röhrigen, bis 9 cm langen Blüten stehen meist senkrecht oder pfeifenförmig vom Kakteenkörper ab und öffnen sich nur etwas.
Empfehlenswerte Arten: *C. laniceps* (rot), *C. straussii* (weinrot), *C. wendlandiorum* (orange).
Blütezeit: Frühjahr bis Anfang Sommer.

**Echinocactus grusonii**
Der Igel- oder Goldkugelkaktus wird in seiner mexikanischen Heimat 1,5 m hoch. Charakteristisch sind die goldgelben Dornen. Die gelben Blüten erscheinen erst im Alter, frühestens bei einem Durchmesser von etwa 60 cm.
Blütezeit: Sommer.

*Kakteen auf dem Foto:*
*1 Cleistocactus straussii*
*2 Echinocereus pectinatus*
*3 Mammillaria bocasana*
*4 Echinocactus grusonii*
*5 Echinofossulocactus spec*
*6 Parodia mairanana*
*7 Mammillaria zeilmanniana*

**Parodia**
Kleinbleibende und relativ früh blühende Kakteen mit flachkugeligen, kugeligen bis zylindrischen Körpern. Erreichen maximal 20 cm Höhe und 8 cm Dicke. Parodien wachsen je nach Art einzeln, aber auch stark sprossend. Die Blüten erscheinen aus dem meist wolligen Scheitel.
Empfehlenswerte Arten: *P. chrysacanthion* (gelb), *P. maassii* (rot), *P. mutabilis* (gelborange), *P. sanguiniflora* (blutrot).
Blütezeit: Frühjahr bis Sommer.

Epiphyllum-Hybriden

## Blattkakteen, Phyllokakteen

*Blattkakteen blühen am üppigsten, wenn sie draußen übersommern durften.*

Der Name *Epiphyllum* bedeutet wörtlich »auf dem Blatt« und weist darauf hin, daß hier entgegen allen botanischen Regeln die Blüte auf einem Blatt zu entstehen scheint. In Wirklichkeit ist dieses Blatt ein abgeflachter, meist aber unscheinbar bedornter Sproß. Epiphyllen leben in ihrer tropischen Heimat als überhängend wachsende Epiphyten. Sie können daher als Ampelpflanzen gehalten werden. Inzwischen gibt es, vor allem in Amerika, mehr als 10000 verschiedene Hybriden. Die Blüten messen je nach Art oder Sorte 5 bis 35 cm Durchmesser und sind weiß, cremefarben, gelb, orange, rosa, rot, purpur oder violett getönt, meist sogar zweifarbige Formen. Kleinwüchsige Sorten wie 'Mimi' sind besonders gefragt. Die größte Auswahl haben Spezialgärtnereien (→ Adressen, Seite 238).

*Rote Epiphyllum-Hybride.*

*Gelbe Epiphyllum-Hybride.*

**Blütezeit:** Mai bis Juli.
**Familie:** *Cactaceae*, Kakteen.
**Heimat:** Südmexiko bis tropischer Bereich Südamerika. Im Handel sind aber nur Zuchtformen.
**Standort:** Hell bis halbschattig, nach Gewöhnung auch sonnig. Sollte im Freien übersommern. Von Frühjahr bis Herbst warm und luftfeucht, im Winter bei 10 bis 15 °C.
**Gießen, Düngen:** Ganzjährig mit weichem, zimmerwarmem Wasser mäßig feucht halten. Von März bis August düngen.
**Weitere Pflege:** Ab und zu sprühen. Bei Bedarf in Bromeliensubstrat oder humus- und torfhaltige Erde umtopfen. Unansehnliche Sprosse und dünne Spieße herausschneiden.
**Vermehren:** Durch Stecklinge. Schnittflächen abtrocknen lassen.
**Schädlinge, Krankheiten:** Blattläuse (vor allem auf Knospen), Schildläuse.

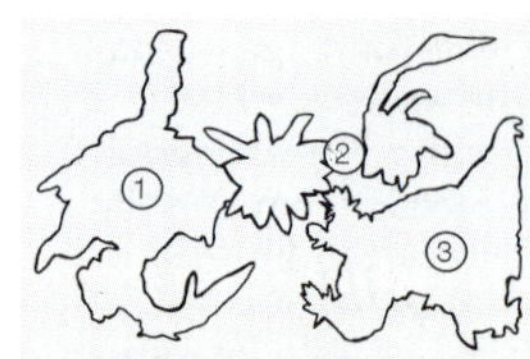


*Kakteen auf dem Foto:*
1. *Rote, großblumige Epiphyllum Hybride*
2. *Weiße Epiphyllum-Hybride*
3. *Nopalxochia phyllanthoides*

**Hinweis:** Genauso gepflegt wird die rosablühende *Nopalxochia phyllanthoides*, bekannt als 'Deutsche Kaiserin', die sich als Ampelpflanze sehr bewährt.
**Mein Tip:** Eine Ruhezeit von November bis März bei kühler Haltung ist das Erfolgsrezept für sicheren Blütenansatz.

*Blüte von Marniera chrysocardium.*

Rhipsalidopsis-Hybriden

## Osterkaktus

*Robust und blühfreudig – der Osterkaktus.*

3 »Ausführungen« von Osterkakteen gibt es:

- *Rhipsalidopsis gaertneri* mit scharlachroten, 4 bis 5 cm langen Blüten,
- *Rhipsalidopsis rosea* mit fünfkantigen, borstig behaarten Gliedern und etwas kleineren, rosa Blüten, sowie
- Kreuzungen aus beiden, die *Rhipsalidopsis x graeseri* heißen und mit rosa bis violetten Blüten erhältlich sind. Alle bringen im Frühjahr eine Fülle leuchtender Blüten hervor, die am Ende der Blattglieder sitzen. Der Osterkaktus wächst in seiner Heimat als Epiphyt.

**Blütezeit:** März bis Mai.
**Familie:** *Cactaceae*, Kakteen.
**Heimat:** Brasilien.
**Standort:** Ganzjährig hell bis halbschattig und warm. Von November bis Januar 8 Wochen bei 10 °C halten. Das fördert die Blütenbildung.
**Gießen, Düngen:** Während der Wachstumszeit (Februar bis Oktober) regelmäßig mit weichem, zimmerwarmem Wasser leicht feucht halten. 4 Wochen nach der Blüte und während der Ruhezeit (November bis Januar) nur wenig gießen. Im Sommer ab und zu Kakteendünger geben.
**Weitere Pflege:** Öfter sprühen. Nur bei Bedarf in Bromeliensubstrat, faserigen Torf oder Einheitserde mit Sand umtopfen.
**Vermehren:** Durch Sproßglieder am besten im Mai (aber auch ganzjährig möglich). Schnittflächen abtrocknen lassen, dann Stecklinge in leicht feuchtem Substrat bewurzeln.
**Schädlinge, Krankheiten:** Wurzelfäule durch zuviel Gießwasser. Abfallen der Knospen durch zu kühlen Stand oder durch zuviel Wärme bei gleichzeitigem Lichtmangel. Schrumpfen der Blattglieder deutet auf zu trockene Haltung oder Wurzelfäule durch zuviel Nässe hin.

Schlumbergera-Hybriden

## Weihnachtskaktus

*Der Weihnachtskaktus liebt Luftfeuchte.*

Der Weihnachtskaktus, so wie wir ihn heute kaufen, ist das Ergebnis aus Kreuzungen des echten Weihnachtskaktus *(Zygocactus truncatus)* und *Schlumbergera russeliana*. Beide Arten wachsen als Epiphyten auf Bäumen im Orgelgebirge bei Rio de Janeiro/Brasilien, in Höhen von 900 bis 1400 m. Im Handel sind bezaubernde Hybriden mit weißen, rosa, roten, purpurroten und violetten Blüten. Mit etwas Glück erwischt man auch eine der neu gezüchteten gelben Sorten wie 'Gold Charm'.

**Blütezeit:** Dezember bis Januar (gelegentlich bis März).
**Familie:** *Cactaceae*, Kakteen.
**Heimat:** Brasilien.
**Standort:** Hell bis halbschattig, wenig Sonne. Die Pflanze liebt die Sommerfrische (bis Ende September) an einem halbschattigen Platz.
**Gießen, Düngen:** Im Sommer mäßig aber regelmäßig feucht halten. Bis Ende Juli alle 14 Tage düngen. Ab August weniger gießen und düngen, damit die Blattglieder ausreifen.
**Weitere Pflege:** Öfter sprühen. Ende September die Pflanze wieder ins Zimmer holen und warm (18 bis 22 °C) stellen. Die kürzere Tageslichtzeit wird die Blütenentwicklung anregen.
**Vermehren:** Gelingt leicht durch Blattstecklinge, die vor dem Stecken ins feuchte Substrat abtrocknen sollten.
**Schädlinge, Krankheiten:** Knospenfall durch wechselnden Lichteinfall, bei Standortwechsel.

## Kakteen für Fortgeschrittene

Die hier abgebildeten Gattungen repräsentieren einen kleinen Querschnitt von Kakteen für den erfahrenen Liebhaber und werden in etwa gleich gepflegt. Um die meisten von ihnen erfolgreich zu kultivieren, ist ein Gewächshaus empfehlenswert. Es garantiert die höchstmöglichen Lichtmengen und eine gezielte Klimatisierung, beides Voraussetzungen für einen sicheren Blütenansatz. Einige, wie *Sulcorebutia* und *Mediolobivia* stammen nämlich aus Gebirgsregionen und sind an intensives UV-Licht gewöhnt.

Kakteen auf dem Foto:

*1 Astrophytum capricorne var. niveum*
*2 Cephalocereus senilis*
*3 Thelocactus bicolor*
*4 Neoporteria villosa*
*5 Mammillaria napina*
*6 Mammillaria laui*
*7 Thelocactus bueckii*
*8 Weingartia multispina*
*9 Astrophytum myriostigma*
*10 Astrophytum asterias*
*11 Mammillaria yaquensis*
*12 Mediolobivia schmiedcheniana*
*13 Sulcorebutia steinbachii*

**Blütezeit:** Bei den meisten Gattungen Frühjahr und Sommer. *Thelocactus* blüht von Frühjahr bis zum Spätsommer.
**Familie:** *Cactaceae*, Kakteen.
**Heimat:** Südliche USA bis Südamerika.
**Standort:** Von Frühjahr bis Herbst sehr hell bis sonnig und warm. Ab Oktober hell und kühl (5 bis 12 °C). Ab Ende Mai können die Kakteen auch an einem sonnigen, warmen Platz im Freien gepflegt werden. Aber vor Regen schützen!
**Gießen, Düngen:** Sobald sich im Frühjahr ein neuer Austrieb zeigt, regelmäßig gießen. Substrat vor jedem neuen Gießen aber abtrocknen lassen.
**Weitere Pflege:** Im Sommer und Herbst ab und zu sprühen. Alle 2 bis 3 Jahre umtopfen. Wichtig: Ein gut wasserdurchlässiges, eher mineralisches Substrat. Keine stark humushaltige Kakteenerde nehmen. Besser: Mischungen aus Bimskies, Lavalit, Perlite und grobem Sand mit etwas Einheitserde.
**Vermehren:** Durch Samen bei etwa 28 °C Bodenwärme.
**Schädlinge, Krankheiten:** Spinnmilben, Wolläuse, Kakteenfäule bei zuviel Nässe vor allem im Winter.
**Mein Tip:** Mit den hier gezeigten Kakteen können Sie auch auf der sonnigen Fensterbank Blütenerfolge feiern.

Melocactus
## Melonenkaktus

*Das Krönchen ist die Blühzone.*

Schon 1588 beschreibt Tabernaemontanus diesen kuriosen Gesellen als Melonendistel. Melokakteen unterscheiden sich von vielen anderen Gattungen durch die Ausbildung einer Ansammlung von Borsten, Haaren und Wolle. Dieses Cephalium, das wie ein Krönchen aussieht, ist die Blühzone des *Melocactus*. Es bildet sich nach etwa 7 Jahren. Der grüne Kaktuskörper schließt damit sein Wachstum ab und schickt sich an zu blühen. Melokakteen gehören zu den wärmeliebenden Arten und schätzen auch im Winter einen sonnigen Platz auf der Fensterbank, der sogar über der Heizung liegen darf.
**Blütezeit:** Mai bis September.
**Familie:** *Cactaceae*, Kakteen.
**Heimat:** Mittel- und Südamerika.
**Standort:** Ganzjährig vollsonnig oder wenigstens sehr hell und warm. Im Sommer ins Freie geschützt und warm stellen.
**Gießen, Düngen:** Im Sommer regelmäßig gießen, von Oktober bis März Wassergaben reduzieren, aber Substrat immer leicht feucht halten. Im Sommer alle 4 Wochen Kakteendünger geben.
**Weitere Pflege:** Ganzjährig öfter sprühen. Alle 2 bis 3 Jahre in flache Töpfe oder großzügige Schalen mit sehr sandigem, nur wenig humushaltigem Substrat umtopfen. Vor allem bei cephaliumtragenden Exemplaren das Wurzelwerk nicht beschädigen.
**Vermehren:** Durch Samen in sandige Erde bei etwa 28 °C Bodenwärme.
**Schädlinge, Krankheiten:** Kakteenfäule bei zuviel Nässe und zu kühlen Temperaturen.
**Mein Tip:** Genauso gepflegt wird das Greisenhaupt (*Cephalocereus senilis*), das im Winter kühler, aber nicht unter 15 °C gehalten werden darf.

# REGISTER

**Deutsche und botanische Pflanzennamen, Sachbegriffe**

Auf den mit * gekennzeichneten Seiten finden Sie eine ausführliche Beschreibung der jeweiligen Pflanze.
Die **halbfett** gesetzten Seitenzahlen verweisen auf Farbfotos und Farbzeichnungen.
U = Umschlagseite.

# A



# B

## G



## H



## I



## J



## K

# Q



# R



# S

# GU GARTENSPASS

*Erfolgreich gärtnern – so gelingt's immer*

ISBN 3-7742-5381-1
*160 Seiten* | € 15,90 [D]

ISBN 3-7742-2087-5
*160 Seiten* | € 15,90 [D]

*Das Erfolgsprogramm von GU für alle, die mit dem Gärtnern anfangen oder Garten, Balkon und Terrasse verschönern wollen.*

**WEITERE TITEL ZUM THEMA GARTEN:**

- Feng Shui – Harmonisches Wohnen mit Pflanzen
- Orchideen – einfach & exotisch
- Kaktus & Co. – einfach & bestechend
- Zitruspflanzen – schnell & einfach
- Basic gardening

GU

Gutgemacht. Gutgelaunt.

**Palmen und andere Exoten**

Werner Koeppe, Streuheidenweg 9, 21680 Stade (Palmen-Jungpflanzen)
Peter Klock, Stutsmoor 42, 22607 Hamburg (Exotische Nutzpflanzen, Versand möglich)
Thysanotus, Postfach 448109, 28281 Bremen (Samen, Versand möglich)
Lothar Seik, Postfach 1348, 72003 Tübingen (Samen, Versand möglich)
Silvia Tunkl, Hauptplatz 8, A-2242 Prottes (Samen, Versand möglich)
Samen-Mauser, Industriestr. 24, CH-8404 Winterthur (Samen, Versand möglich)

**Wasserpflanzen für Zimmergärten**

Karl Wachter KG, 25482 Appen-Etz
Ursula Oldehoff, Gartenstr. 1, Achmühle, 82547 Eurasburg
Berthold-Seerosen, Hadrianstr. 55, 83413 Fridolfing

**Kakteen/Sukkulenten**

Hans Wurzbacher, Ehlvershof 27, 30419 Hannover
Kakteen aus der Ilmesmühle Marga Leue, 36166 Haunetal (Epiphyllum-Kakteen, Echeveria und andere Sukkulenten, Versand möglich)
Andreae, Postfach 3, 64851 Otzberg-Lengfeld (Kakteen, Versand möglich)
Max Schleipfer, Sedlweg 71, 86356 Neusäß bei Augsburg (Kakteen, Versand möglich)

**Bonsai**

Bonsai-Centrum Heidelberg, Mannheimer Str. 401, 69123 Heidelberg (Zimmer-Bonsai, Versand möglich)
Jochen Pfisterer, Friesenbergstr. 27, 76530 Baden-Baden

**Orchideen**

Wichmann-Orchideen, Tannholzweg 1–3, 29229 Celle (Versand möglich)
Wilhelm Hennis, Große Venedig 4, 31134 Hildesheim
Ludwig-Orchideenzucht, Hainebuchenweg 2, 31855 Aerzen (Versand möglich)

**Weitere Spezialgärtnereien**

Peter Fischer, Höden 16, 21789 Wingst (Kamelien)
G. Köhres, Wingertstr. 33, 64390 Erzhause (Kakteensamen, Tillandsien, Versand möglich)
Uhlig Kakteen, Gärtnerei, Hegnacher Straße 31, 71394 Kernen/Rommelshausen (Kakteen, Tillandsien, Versand möglich)
Josef Ruf, Dorfstr. 36, 79730 Murg (Versand möglich, 160 verschiedene Begonienarten)
Flora Mediterranea, Königsgütler 5, 84072 Au/Hallertau (Kübelpflanzen, verschiedene *Solanum*-Arten, Versand möglich)

**Hydrokulturpflanzen und -zubehör**

(nur über Fachhandel erhältlich)
Luwasa Hydrokultur GmbH, Eulenkrugstr. 198, 22359 Hamburg
Leca Deutschland, Postfach 1755, 25497 Pinneberg
Paul Hübecker, GmbH & Co KG, Rosenstr. 77, 47918 Tönisvorst
LENI-Hydrokultur, Postfach 1352, 51691 Bergneustadt
TWL-International-Hydrokultur, Hans-Sachs-Str. 36, 65428 Rüsselsheim

**Kulturhilfen**

Günter Ortmann, Uhlandstr. 31a, 40723 Hilden (Docht- und Dochtmattenbewässerung)
Kuno Krieger, Gewächshausbau und Klimatechnik, Gahlenfeldstr. 5, 58313 Herdecke (Hygrometer, heizbare Vermehrungsbeete)
Manfred Meyer, Eckenheimer Landstr. 334, 60435 Frankfurt/Main (Alles zur Anzucht tropischer und subtropischer Pflanzen, Versand möglich)
Witte & Sutor, Steinberger Str. 2, 71540 Murrhardt (Heizbare Aussaatschalen, Wärmematten, nur über Fachhandel erhältlich)

**Lieferanten von Nützlingen**

Neudorff GmbH, Postfach 1209, 31857 Emmerthal
Sautter und Stepper, Rosenstr. 19, 72119 Ammerbuch-Altingen
Hatto-Welte-Gartenbau, Maurershorn 10, 78479 Insel Reichenau

**Töpfe, Übertöpfe**

Majoli-Keramik, Import GmbH, Querstr. 11, 42699 Solingen-Ohligs (Töpfe/Übertöpfe)
Vetter-Keramik, Postfach 441, 56224 Ransbach-Baumbach (Töpfe/Übertöpfe)
Hygreno, Berger 7, 59394 Nordkirchen (Pflanzenleuchten)
Scheurich-Keramik, Postfach 1160, 63921 Kleinheubach (Töpfe/Übertöpfe)
Klaiber, Burgweg 6, 71711 Murr (Lavaquelle)
Bell'Arte, Hessigheimerstr. 12, 74354 Besigheim (Glasregale, Terrakotta-Töpfe)
Mathias Kehrle, Postfach 1201, 89259 Weißenhorn (Keramik)

**Wichtig:** Die Adressenlisten erheben keinen Anspruch auf Vollständigkeit, sondern enthalten nur Vorschläge. Eine telefonische oder schriftliche Anfrage bei den Herstellern klärt am besten über Sortimente, Spezialitäten und Verkaufsmodalitäten auf. Legen Sie Ihrem Brief stets einen frankierten Rückumschlag bei.

## Pflanzengesellschaften, Vereine

Deutschland

Deutsche Kakteen-Gesellschaft e. V., Geschäftsstelle: Gretel Ruthe, Betzenriedweg 44, 72800 Eningen

Deutsche Fuchsiengesellschaft, Pankratiusstr. 10, 31180 Giesen-Großförste

Deutsche Orchideengesellschaft, Gerd Röllke, Flößweg 11, 33758 Schloß Holte-Stukenbrock

Gesellschaft für fleischfressende Pflanzen, Klaus-Peter Dickscheidt, Zweibrückenstr. 31, 40625 Düsseldorf

European Bamboo Society-Deutschland, Geschäftsstelle: Edeltraud Weber, John-Wesley-Str. 4, 63584 Gründau-Rothenbergen

Kameliengesellschaft, Gerhard Kasimir, Stahlbühlring 96, 68526 Ladenburg

Bonsaiclub Deutschland e.V., Dieter Paul, Dannhalmsweg 35, 26441 Jever

Österreich

Österreichische Orchideengesellschaft, Parkring 12, A-1010 Wien

Gesellschaft Österreichischer Kakteenfreunde, Präsident: Karl Augustin, Siedlung 4, A-2454 Trautmannsdorf

Österreichischer Bonsai-Club, Wolfram Weineck, Spittelwiese 9, A-4020 Linz

Bonsai Centrum, Kurt Fritz, Latschaustr. 10, A-6774 Tschagguns

Schweiz

Schweizerische Kakteengesellschaft, Präsident: Hansruedi Fehlmann, Alte Dübendorfer Str. 12, CH-8305 Dietlikon

Vereinigung Schweizer Bonsai-Freunde, Postfach, CH-5107 Schinznach-Dorf

Schweizerische Orchideengesellschaft, Verena Fischer, Kleinfeldstr. 13, CH-2563 Ipsach

## Weiterführende Literatur

Falls eines der genannten Bücher im Handel nicht mehr erhältlich sein sollte, finden Sie es in der Regel in Bibliotheken.


Becherer, Franz: *Kakteen.* Gräfe und Unzer Verlag, München

Bechtel, H.; Cribb, P.; Launert, E.: *Orchideenatlas.* Eugen Ulmer Verlag, Stuttgart

Brookes, John: *Das grüne Haus.* Christian Verlag GmbH, München

Encke, Fritz: *Kalt- und Warmhauspflanzen.* Eugen Ulmer Verlag, Stuttgart

Encke, Fritz (Hrsg.): *Pareys Blumengärtnerei.* Paul Parey Verlag, Hamburg

Franke, Wolfgang: *Nutzpflanzenkunde.* Georg Thieme Verlag, Stuttgart

Groß, Elvira: *Palmen.* Gräfe und Unzer Verlag, München

Gugenhan, Edgar: *Blütenpflanzen erfolgreich pflegen.* Gräfe und Unzer Verlag, München

Herwig, Rob: *Pareys Zimmerpflanzen Enzyklopädie.* BLV Verlagsgesellschaft mbH, München

Lötschert, Wilhelm, Prof. Dr.: *Palmen.* Eugen Ulmer Verlag, Stuttgart

Margraf, Klaus: *Kranke Pflanzen gesund pflegen.* Gräfe und Unzer Verlag, München

Opitz, Karl-Heinz: *Hydrokultur – die einfache Pflanzenpflege.* Gräfe und Unzer Verlag, München

Pfisterer, Jochen: *Zimmer-Bonsai.* Gräfe und Unzer Verlag, München

Rauh, Werner, Prof. Dr.: *Bromelien.* Eugen Ulmer Verlag, Stuttgart

Rauh, Werner, Prof. Dr.: *Die großartige Welt der Sukkulenten.* Paul Parey Verlag, Hamburg

Rauh, Werner, Prof. Dr.: *Kakteen an ihren Standorten.* Paul Parey Verlag, Hamburg

Recht, Christine: *Blattpflanzen erfolgreich pflegen.* Gräfe und Unzer Verlag, München

Röllke, Frank: *Orchideen.* Gräfe und Unzer Verlag, München

Rücker, Karlheinz: *Die Pflanzen im Haus.* Eugen Ulmer Verlag, Stuttgart

Stelzer, Gottfried: *Gesunde Zimmerpflanzen.* Falken Verlag, Niedernhausen

Wegler, Monika: *Zimmerbrunnen gestalten und bepflanzen.* Gräfe und Unzer Verlag, München


## Zeitschriften

*FLORA.* Gruner + Jahr AG & Co., 20444 Hamburg

*Garten.* Mitgliedszeitschrift der Österreichischen Gartenbaugesellschaft, Parkring 12, A-1010 Wien

*Gartenpraxis.* Verlag Eugen Ulmer, Postfach 700561, 70574 Stuttgart

*Kraut & Rüben.* BLV Verlagsgesellschaft mbH, Lothstr. 29, 80797 München

*Gartenzeitung.* Deutscher Bauernverlag, Brunnenstr. 128, 13355 Berlin

*Mein schöner Garten.* Burda Verlag, Hauptstr. 130, 77625 Offenburg

# IMPRESSUM

**Die Fotografen:**
Apel: Seite 107 r.; BAMBOO/Descat: Seite 213 r., 221 o.; Becherer: Seite 222, 224, 225, 226 o., u.l., u.m., 228, 229; Becker: 62, 66/67; Benary: Seite 117 u. (4); Bonsai-Centrum, Heidelberg: Seite 49 u.; Bornemann: U1 o., u.l.; Busek: Seite 223 l.; Eisenbeiß: Seite 1, 7 m., 53, 104 l., 106 r., 136 o., 143 l., 144 r., 145 l., 147 r., 150 l., 153 l., 154, 155, 156 r., 157 r., 159 o.l., o.r., 163 r., 166 l., 168, 173 l., 175 l., 181 l., 182 l., 183 r, 184 r., 185 l., 189 o.l., u., 191 r., 192 o., 196 l., 197, 198, 199, 202 o., 203, 212, 214 o.r., u.l., 216 r., 217, 218, 219 o.l., o.r., 220 o., r., 221 l., u., 227 r., U4; GEO/George: Seite 13; Heitz: Seite 7 l., Lückel: Seite 220 u.; mein schöner Garten/Krieg: Seite 201; mein schöner Garten/Stork: Seite 12, 24, 51, 216 l., 219 u.r.; Photoplant: Seite 141 r., 195 o., 205 u.; Pott: Seite 205 o.; Rauh: Seite 141 o., 223 r.; Reinhard: U1 u.r.; Reuter: Seite 214 o.l., 215 l., r.o.; Riedmiller: Seite 48 r., 176 u. (4), 206 l., 207 l., 208, 209, 210, 211; Sammer: Seite 64 m.u., 65 u.l.; Sperling: Seite 132 l.; Stork: Seite 39, 48 l., m.o., m.u., 49 o., 56, 57, 148, 158 l., 194, 214 u.m., u.r., 215 m.o., m.u., r.u., 219 u.l., u.m.; Wetterwald: Seite 6, 91 r., 92 r., 93, 95 l., 96 l., 101 o.r., u., 103 l., 105 l., 106 l., 110, 111, 113 l., 118, 119 r., 122, 124 r., 126 o.r., 128 l., 129 r., 132 r., 134 u., 136 r., 137 o.l., u.r., 142 r., 144 l., 145 r., 149 r., 150 r., 152 r., 153 r., 157 l., 162 r., 163 o.l., u., 165, 166 r., 167, 170, 171 r., 172, 173 r., 174, 175 r., 179, 180, 181 r., 182 r., 183 l., 184 l., 186 l., 188, 189 r., 190, 191 l., 192 u.l., u.r., 193, 196 r., 200 r., 202 u., 206 r., 207 r., 227 l.; Wothe: Seite 89, 195 r., 213 l.; Strauß: alle übrigen Bilder.

**Die Zeichner:**
Marlene Gemke: Seite 59 o.; György Jankovics: Seite 14 l., 40 l., 42 l., 44 l., 50, 58 l., 60 l.; Christel Langer: Seite 16, 26, 36, 161, 165, 224, 225, 226, 229; Ushie Dorner: alle übrigen Zeichnungen.

Inhaltlich unveränderte Ausgabe von *Zimmerpflanzen*
ISBN 3-7742-2506-0



Redaktionsleitung: Hans Scherz
Redaktion: Gisela Keil
Lektorat: Mirjam Baumann, Waltraud Flöter, Christine Schulze Buschoff
Gestaltung: G. H. G. Gudrun Hänsel-Geneletti, München
Herstellung: Renate Hutt

ISBN 3-7742-5630-6

Auflage 4. 3.
Jahr 2005 04 03

**Wichtige Hinweise**
In diesem Buch geht es um die Pflege von Zimmerpflanzen im Haus. Einige der beschriebenen Pflanzen sind mehr oder weniger giftig. In der Einleitung zu den Pflanzenporträts (→ Seite 87) werden die Pflanzenfamilien genannt, die besonders giftig sind, sowie gesundheitliche Schädigungen und Beeinträchtigungen aufgeführt, die durch Zimmerpflanzen entstehen können. Darüber hinaus wird in der Beschreibung der einzelnen Pflanzen (→ Seite 84 bis 229) unter dem Stichwort »Warnung« auf die spezifische Gefährdung für die Gesundheit hingewiesen. Tödlich giftige Pflanzen oder minder giftige, die bei geschwächten Erwachsenen oder Kindern erhebliche gesundheitliche Störungen hervorrufen können, sind mit einem Totenkopf gekennzeichnet. Achten Sie unbedingt darauf, daß Kinder und Haustiere die mit dem Stichwort »Warnung« und dem Totenkopf gekennzeichneten Pflanzen nicht essen. Einige Pflanzen sondern hautreizende Stoffe ab, auch darauf wird bei den jeweiligen Pflanzen hingewiesen. Wer an Kontaktallergien leidet, sollte bei der Berührung dieser Pflanzen unbedingt Handschuhe anziehen.